I0042412

LA

CAMPAGNE D'ITALIE

DE 1859

PARIS. — IMPRIMERIE DE CH. LAHURE ET Cie
Rue de Fleurus, 9

LA

CAMPAGNE D'ITALIE

DE 1859

CHRONIQUES DE LA GUERRE

PAR LE BARON

DE BAZANCOURT

APPELÉ PAR ORDRE DE L'EMPEREUR A L'ARMÉE D'ITALIE

avec

le Plan du champ de bataille de **Magenta**

PREMIÈRE PARTIE

TROISIÈME ÉDITION

PARIS

AMYOT, ÉDITEUR, 8, RUE DE LA PAIX

M DCCC LXII

Reproduction interdite. Droits de traduction réservés

Est-il nécessaire que nous répétions ici ce que nous avons dit en publiant notre ouvrage sur l'Expédition de Crimée, — que nous n'avons pas la prétention d'écrire une histoire et d'apprécier des faits vivants encore ?

Le but de ce travail est celui que se proposaient les chroniqueurs guerriers des siècles passés : raconter les événements tels qu'ils se sont produits, — prendre sur le fait, pour ainsi dire, ces grandes actions militaires toutes palpitantes encore de la noble émotion des combats, — en rechercher les détails intimes, si pleins d'intérêt et le plus souvent ignorés, — suivre sur les champs de bataille le drame vivant de la guerre et la trace de notre vaillante armée, — dire les noms de ces héros inconnus que la mort a glorieusement frappés, —

accompagner enfin, jour par jour, heure par heure, pas à pas, ces intrépides bataillons jetés subitement sur la terre d'Italie, au nom de la plus sainte des causes.

Que de noms ont grandi et se sont immortalisés dans cette rapide et mémorable campagne! quelles grandes journées que celles de Magenta et de Solferino, grandes par leurs résultats, plus grandes encore par la valeur de nos troupes, si énergiquement et si habilement conduites par leurs illustres chefs!

Appelé à l'armée d'Italie par ordre de l'Empereur, c'est à ces mêmes chefs que nous nous sommes adressé; c'est à leur bienveillance que nous avons eu recours, pour qu'ils missent à notre disposition les documents officiels qui pouvaient nous venir en aide dans cette tâche difficile; et c'est ici notre devoir de leur exprimer notre profonde reconnaissance pour l'intérêt qu'ils nous ont témoigné, et pour l'empressement avec lequel ils ont répondu à notre appel. — Bien plus, leurs propres souvenirs sont venus compléter ces précieux renseignements, éclairer nos doutes et déchirer bien des voiles.

Nous n'avons pas écrit une seule ligne qui ne fût appuyée sur un document officiel inattaquable; notre source a été la vérité, notre guide, le noble enthousiasme qu'inspirent toujours les grandes choses.

On retrouvera parfois dans notre récit quelques différences sur certains détails de faits consignés dans les rapports publiés par les commandants en chef. Ces légères dissidences proviennent de ce que ces documents ont été rédigés le lendemain du jour où ces faits de guerre s'étaient accomplis, alors que les rapports exactement contrôlés des généraux et des différents chefs de corps n'étaient point encore aussi complets dans leur ensemble qu'ils l'ont été depuis.

Nous le répétons donc, c'est à ces sources officielles que nous avons puisé tous les éléments de notre récit. Une exactitude inattaquable, une vérité absolue, tel est le but vers lequel ont tendu nos efforts.

A l'armée appartient donc ce livre, c'est elle qui l'écrivait chaque jour dans ses étapes infatigables et glorieuses.

CAUSES

DE LA

GUERRE D'ITALIE

1   1

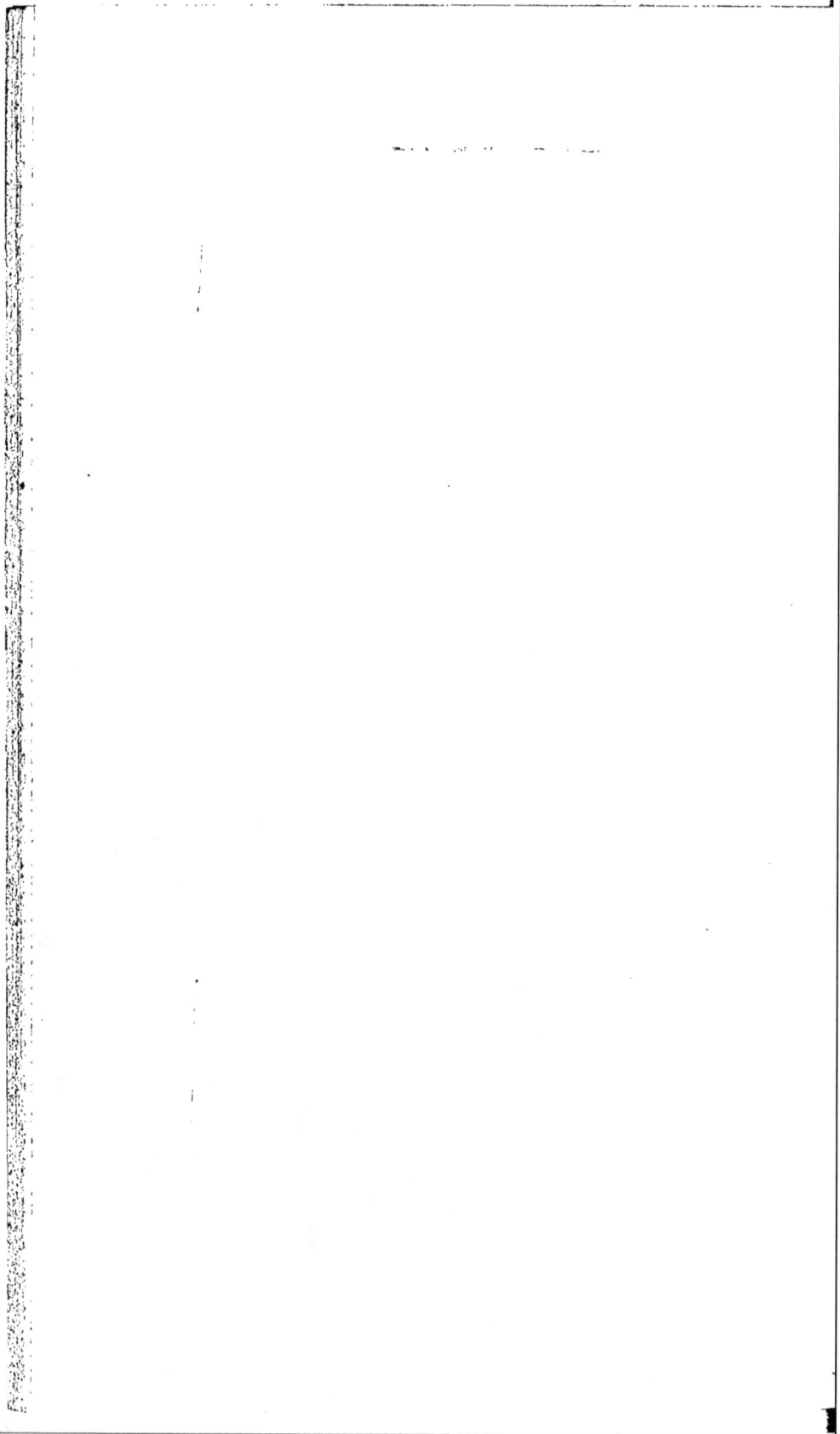

CAUSES

DE LA

GUERRE D'ITALIE

I

Notre intention n'est pas, dans ce rapide résumé, d'apprécier les hautes questions politiques qui ont amené la guerre et de discuter leur valeur; nous n'avons qu'un but : celui d'exposer dans leur ordre successif, aussi lucidement qu'il nous sera possible, les faits qui se sont produits ; — les conséquences inévitables s'en déduiront d'elles-mêmes.

L'Italie était, nul ne peut le nier, dans une position anormale, depuis les traités de 1815; la domination autrichienne n'avait point avancé d'un seul pas dans les sympathies des populations. — Devant l'Europe, la question italienne était posée par les inquiétudes qu'elle lui causait incessamment, par la sourde agitation qu'elle entretenait, et par la fausse situation dans laquelle se trouvaient engagés tous les gouvernements de la Péninsule.

A diverses reprises, les grandes puissances s'étaient émues de cet état de choses et avaient cherché les moyens d'y remédier. — Était-il impossible, en effet, que les hommes d'État appelés à diriger les différents cabinets ne s'en préoccupassent pas sérieusement ?

II

Sans vouloir remonter plus haut dans l'histoire de la politique européenne, nous voyons, en 1848, lord Palmerston, le chef du cabinet anglais, adresser à l'ambassadeur d'Angleterre à Vienne une dépêche dans laquelle il déclare « qu'il n'y a aucune chance pour l'Autriche de pouvoir conserver d'une manière utile et permanente la haute Italie, dont tous les habitants sont profondément imbus d'une haine invincible contre l'armée autrichienne. » Il ajoute: « qu'il serait certainement plus sage de la part du gouvernement autrichien, plus utile à la force réelle de cet empire, d'affranchir les populations de sa domination, qu'elles considéreraient toujours comme un joug. »

L'Angleterre entrevoit même, sans s'en effrayer, les complications d'une guerre européenne, et son premier ministre continue ainsi : « Toutes disposées que pourraient être les puissances alliées et amies de l'Autriche, à lui porter secours, si elle était menacée dans son

existence propre et légitime en Allemagne, il existe au
sujet de ses prétentions à imposer son joug aux Italiens
un sentiment si universel de leur injustice, que ce sentiment pourrait bien avoir pour effet de la laisser avec
bien peu d'aide, dans le cas d'une guerre comme celle
dont je viens de parler. »

Cette pensée, noblement exprimée dans la dépêche du
ministre anglais, était la pensée de tous, appuyée sur
ce droit divin : — l'indépendance des nationalités.

Est-il utile de retracer ici les héroïques et douloureux
épisodes des campagnes de 1848 et 1849?

Un instant, la victoire marcha avec les hardis défenseurs de l'indépendance italienne. — Vainqueurs de
l'Adige, ils s'étaient rendus maîtres de la presque totalité
de la Lombardie.

L'Autriche, effrayée du soulèvement général qui venait
fomenter la révolte jusque dans ses entrailles, et craignant
que les conséquences ne lui devinssent cruellement fatales, fit entendre des paroles de paix ; elle proposa l'indépendance pour la Lombardie et un gouvernement séparé pour la Vénétie, sous la réserve de sa suzeraineté (1).

Ainsi, à cette époque, elle reconnaissait elle-même
que les articles des traités de 1815, sur lesquels elle appuyait son omnipotence en Lombardie, pouvaient et
devaient être modifiés.

(1) Mémorandum du baron Hummelauer, communiqué à lord Palmerston, le 24 mai 1848.
(Voy. le *Recueil des traités et actes diplomatiques concernant l'Autriche et l'Italie*, 1 volume. Paris. Amyot.)

Milan eût le grand tort de refuser ces ouvertures, qui étaient un grand pas vers une position meilleure, et la journée de Novare vint trancher la question sur le champ de bataille, où la vaillante armée piémontaise fut écrasée par le nombre.

L'Autriche comprit sa force, et sentit les entraves que sa diplomatie pourrait apporter sans cesse à la solution d'une question qui touchait, pour elle, à de si grands intérêts. Elle vit à ses côtés la Prusse et la presque totalité des États allemands, qui ne devaient pas, dans leur propre intérêt, accepter l'affaiblissement de puissance et de territoire d'un membre de la confédération germanique; et elle chercha par tous les moyens en son pouvoir à étouffer dans les populations de la Lombardie toute velléité d'indépendance. — Mais la nationalité d'un peuple ne s'étouffe pas; et il était évident pour les esprits sérieux que le royaume Lombardo-Vénitien n'attendait qu'un moment favorable pour relever la tête.

Pendant toute cette période, l'Angleterre ne cacha pas ses sympathies profondes pour les destinées de l'Italie ; elle les avoua hautement. Toutes les notes diplomatiques qui émanent de son cabinet, ainsi que les circulaires adressées à ses agents, le prouvent surabondamment.

Si le cadre restreint que nous nous sommes imposé pour ce rapide examen des causes de la guerre d'Italie, ne nous forçait pas à constater seulement l'existence de ces faits, il eût été curieux et intéressant de les voir se développer

peu à peu, et de démontrer clairement les justes inquiétudes que cette domination causait, depuis tant d'années,
aux gouvernements de l'Europe.

III

La moindre étincelle devait rallumer cet incendie
mal éteint; le fils de Charles-Albert, chéri de ses peuples, étendant sur eux son gouvernement paternel et
libéral, ne pouvait oublier le fatal souvenir de Novare
et le cri d'indépendance de l'Italie autrichienne.

L'appui que vint donner à la Sardaigne l'alliance an-
glo-française et la force morale que cet État acquit en
venant combattre, en 1855, sous les murs de Sébastopol,
à côté de la France et de l'Angleterre, prouvait une
fois de plus l'union sympathique qui existait entre la
Sardaigne et ces deux gouvernements. — C'était remettre
tacitement la question italienne sur le tapis, que d'accepter le concours des armes italiennes, c'était cimenter
une alliance par le sang versé sur les champs de bataille.

En effet, la Sardaigne était admise au Congrès de
Paris, en 1856, et les plénipotentiaires du roi Victor-
Emmanuel venaient s'asseoir à côté de ceux des pre-
mières puissances de l'Europe.

Le comte de Cavour, président du conseil sarde,
s'exprima ainsi dans une note diplomatique relative à

l'incident soulevé au sein du Congrès au sujet de l'Italie.

« Il y a trois ans bientôt, le gouvernement du Roi, par l'organe de ses plénipotentiaires au Congrès de Paris, en signalant à l'attention de l'Europe l'état fâcheux de l'Italie, protestait contre l'extension de l'influence autrichienne dans la Péninsule, en dehors des stipulations des traités, et annonçait que si l'on n'y portait remède, il pouvait en résulter des dangers graves pour la paix et la tranquillité du monde (1). »

A cette époque le comte Walewski, président du Congrès, prenant en haute considération les protestations de la Sardaigne, avait cru devoir appeler sur l'état intérieur de l'Italie la sollicitude et l'attention des plénipotentiaires réunis; lord Clarendon appuya énergiquement les vœux du ministre de l'Empereur des Français (2).

La diplomatie, dès lors, chercha sans relâche une solution à cet état de choses devenu une cause incessante de protestation et de troubles; mais la diplomatie est souvent impuissante contre les faux-fuyants, les lenteurs, les atermoiements. — C'est ainsi que, de 1856 à 1857, rien ne vint améliorer le sort de ce royaume arraché à sa propre nationalité; l'Autriche, au contraire, sentant le levain révolutionnaire monter sans cesse à la surface, appuya plus pesamment encore le joug de son autorité sur ces provinces qui tendaient à lui échapper.

(1) *Recueil des traités de l'Autriche avec l'Italie*, p. 736.
(2) *L'Empereur Napoléon III et l'Italie*, brochure attribuée à un de nos plus éminents publicistes, M. le vicomte de La Guéronnière.

C'était son droit; et il est juste de le dire, elle ne pouvait agir autrement. — Toutes les fois qu'une nation quelconque attache à soi par la conquête un élément étranger, cette nation ne peut maintenir son autorité que par la force; c'est ainsi seulement qu'elle intimidera les sourdes agitations, dont ni bienfaits ni menaces ne pourront jamais arracher le germe. C'est l'histoire indiscutable de toutes les conquêtes. — Demandez-le à César, à Annibal, à Napoléon, à tous les conquérants.

Pour ne pas donner à ce récit des proportions trop considérables, nous laissons de côté, malgré leur importance, les considérations qui se rattachent aux États Pontificaux.

IV

La question italienne, puisque c'est ainsi qu'il est convenu de l'appeler, en était donc là, lorsque les démarches, que ne cessait de faire la France en faveur de l'Italie, et la résistance opiniâtre de l'Autriche à toute concession, furent tout à coup dévoilées par les paroles de l'Empereur des Français au baron de Hubner, représentant de l'Autriche à Paris (1er janvier 1859).

« Je regrette, lui dit Napoléon III, que nos relations avec votre gouvernement ne soient plus aussi bonnes que par le passé, mais je vous prie de dire à l'Empe-

reur que mes sentiments personnels pour lui ne sont
pas changés. »

Ces quelques mots eurent un grand retentissement
dans toute l'Europe ; éclairs précurseurs de l'orage, ils
jetèrent dans les esprits une inquiétude soudaine. — La
guerre entraîne toujours après soi une perturbation
dont les contre-coups se font longtemps sentir.

Certes, on ne pouvait nier que les paroles de l'Empereur eussent une grande importance et indiquassent le
peu d'effet qu'avaient produit auprès du gouvernement
autrichien les tentatives réitérées de la diplomatie. Mais
dans les esprits même les plus sérieux, les appréhensions
souvent dépassent le but; aussi un article inséré, le
7 janvier, au *Moniteur*, journal officiel, vint rendre aux
paroles de Sa Majesté leur véritable sens et exposer
nettement l'état politique des choses.

Cet article disait : « Depuis quelques jours l'opinion publique est agitée par des bruits alarmants, auxquels il est
du devoir du gouvernement de mettre un terme, en déclarant que rien, dans nos relations diplomatiques, n'au-
torise les craintes que ces bruits tendent à faire naître. »

On en était forcément arrivé à cette extrémité où les
événements marchent vite et entraînent souvent les volontés.

Le 10 janvier, jour de l'ouverture des chambres du
Piémont, le discours du roi de Sardaigne vint renouve-
ler les inquiétudes un instant apaisées, et présenter sous
une face sérieusement menaçante cette question qui
préoccupait si grandement tous les cabinets de l'Europe.

Voici le passage qui avait rapport à la domination autrichienne en Italie :

« L'horizon au milieu duquel se lève la nouvelle année n'est pas parfaitement serein. Néanmoins, vous vous consacrerez avec l'empressement accoutumé à vos travaux parlementaires. Forts de l'expérience du passé, marchons résolûment au-devant des éventualités de l'avenir; cet avenir sera prospère, notre politique reposant sur la justice, sur l'amour de la liberté et de la patrie. Notre pays, petit par son territoire, a grandi en crédit dans les conseils de l'Europe, parce qu'il est grand par les idées qu'il représente, par les sympathies qu'il inspire. Une telle situation n'est pas exempte de dangers. Car, si nous respectons les traités, d'autre part, nous ne sommes pas insensibles au cri de douleur qui, de tant de parties de l'Italie, s'élève vers nous. Forts par la concorde, confiants dans notre bon droit, attendons avec prudence et fermeté les décrets de la divine Providence. »

C'est de ce moment-là que commencent les difficultés sérieuses qui devaient amener une déclaration de guerre fatale à l'Autriche, à la gloire de ses armes et à sa juste prépondérance, comme puissance militaire, dans les États européens.

V

Avant de retracer cette nouvelle et dernière phase de la question italienne, disons en quelques mots dans quelle position se trouvait le gouvernement autrichien.

En 1849, la Russie avait apporté à l'Autriche un puissant concours dans la guerre de Hongrie, et ne pouvait lui pardonner ses incertitudes, ses irrésolutions pendant la guerre de Crimée. — Dans la pensée du cabinet de Saint-Pétersbourg, le souvenir de 1849 eut dû régler sa conduite ; une attitude ferme et décisive de la part de cette puissance en faveur de la Russie, son alliée, eût évidemment changé les résultats de la guerre d'Orient. L'Autriche ne pouvait donc se tourner de ce côté, et les relations qui existaient depuis le rétablissement de la paix entre les deux souverains de France et de Russie, lui faisaient craindre de trouver devant elle, sinon un ennemi, du moins une neutralité fatale.

L'Allemagne, cette puissante confédération germanique à laquelle appartient l'empereur d'Autriche, devait être le point d'appui véritable sur lequel s'étayait sa résistance. — Mais l'Allemagne pouvait-elle ouvertement et rationnellement défendre les prétentions de l'Autriche, lorsqu'elle-même réclamait avec tant d'ardeur les duchés de Holstein et de Slesvig ; pouvait-elle, sans être accusée d'inconséquence, incriminer l'Italie, lorsqu'elle agissait sur le Danemark au nom des mêmes droits et des mêmes principes?

La Prusse, de son côté, en admettant pour point de départ d'une transaction conciliatrice entre les parties la conservation de la ligne du Mincio, comme abri nécessaire à l'Allemagne, témoignait à la fois et de sa juste sollicitude pour les intérêts allemands, et de sa sympathie pour la cause italienne.

Les sentiments de la France n'étaient pas douteux ; la froideur de ses relations avec le cabinet autrichien, ainsi que tous ses efforts pour améliorer le sort des provinces italiennes et les aider à reconquérir leur nationalité, disaient assez de quel côté elle porterait le poids de sa puissante protection.

Les faits qui viennent de s'accomplir, mieux que tous les raisonnements, prouvent avec quel désintéressement agissait la France, et combien était loin d'elle toute pensée d'agrandissement territorial.

En Orient comme en Italie, elle prenait le parti de l'opprimé, ne demandant pour elle que la gloire qui s'attache aux nobles causes noblement défendues.

L'Angleterre, par son opinion franchement émise dans les différentes notes diplomatiques de lord Palmerston et celles de lord Clarendon, se trouvait moralement engagée à ne point protéger des prétentions dominatrices sur l'Italie, dont elle avait sans cesse signalé aux yeux de l'Europe la situation anormale et dangereuse.

Elle pouvait tendre de tous ses efforts au maintien

de la paix; — mais là devait se borner son rôle purement conciliateur.

Tel était donc l'état de la question, lorsque le discours du roi de Sardaigne appela l'attention générale sur ces graves difficultés.

VI

La circulaire du comte de Cavour aux agents diplomatiques de S. M. Sarde près les cours étrangères, fut le premier document public qui vint jeter quelque lumière sur une situation que la diplomatie avait enveloppée du plus profond silence.

Le président du cabinet sarde rappelait le Congrès de Paris, et les sympathies unanimes qui s'y étaient manifestées en faveur de l'Italie.

« L'Italie espéra alors, disait-il, et les esprits parurent se calmer, mais les espérances que cette manifestation d'intérêt de la part des puissances occidentales avait fait naître, se sont peu à peu dissipées. L'état de l'Italie ne s'est pas modifié, l'influence prépondérante que l'Autriche y exerce en dehors des limites que les traités lui ont assignées, et qui constitue une menace constante pour la Sardaigne, a plutôt augmenté que diminué (1).

(1) Article 2, comme en conséquence les États de S. A. R... entrent dans les lignes de défense des provinces italiennes de S. M. l'empereur d'Autriche, S. A. R. accorde le droit à S. M. l'Empereur de faire avancer des troupes sur le territoire de...., et d'y faire occuper les for-

« D'autres États de la Péninsule ont persisté dans un système de gouvernement dont le résultat ne pouvait être que le mécontentement des populations et une provocation au désordre.

« Bien que les dangers dont la Sardaigne était menacée, par suite d'un tel état de choses, fussent devenus plus graves et plus imminents, la conduite du gouvernement du Roi a toujours été réglée par un esprit de convenance et de réserve que tous les hommes de bonne foi ne sauraient se refuser de reconnaître.

« Si le gouvernement de S. M. repoussa hautement les prétentions de l'Autriche, qui exigeait des modifications aux institutions du pays, il n'a pas pris une attitude hostile à son égard, lorsque le cabinet de Vienne a cru devoir saisir un prétexte jugé futile par presque tous les hommes d'État de l'Europe, pour rompre avec éclat ses relations diplomatiques avec la Sardaigne.

« La Sardaigne s'est bornée à rappeler de temps en temps aux gouvernements avec lesquels elle entretient des rapports d'amitié, les tristes prévisions que les faits vérifiaient chaque jour, et à appeler leur sollicitude sur les conditions de la Péninsule. »

Puis, en face de cette modération de la Sardaigne, le comte de Cavour montrait l'attitude sans cesse hostile,

---

teresses toutes les fois que l'exigeront les intérêts de la défense commune et la prudence militaire.

Traités d'alliance offensive et défensive entre l'Autriche et les duchés, pages 197, 390, 418.

(*Recueil des traités, conventions et actes diplomatiques concernant l'Autriche et l'Italie*, 1703-1859.)

sans cesse menaçante de l'Autriche, et les mesures militaires que le cabinet de Vienne venait de prendre, mesures
évidemment dirigées contre le Piémont, dont les forces
militaires étaient relativement bien faibles, si on les com-
parait à celles de l'Autriche.

« Ces mesures extraordinaires, ajoutait-il, forcent le
gouvernement du Roi, sans sortir de sa réserve, à se pré-
munir contre un danger qui peut devenir imminent. »

Ces mesures extraordinaires : — les voici.

Même avant le discours du roi Victor-Emmanuel, pro-
noncé le 10 janvier, le journal officiel de Vienne avait
annoncé l'envoi d'un corps de 30 000 hommes en Italie ;
ce corps, ajouté à ceux qui y étaient déjà, portait l'armée
autrichienne à un chiffre hors de proportion avec ce que
peut exiger le maintien de l'ordre et de la tranquillité
intérieure.

Pendant que ces troupes étaient dirigées sur la Lombardie et la Vénétie avec une grande rapidité, des *bataillons de frontière*, qui ne quittent leur contrée qu'en cas
de guerre, se mettaient en marche.

Les garnisons de Bologne et d'Ancône étaient renforcées.

« Mais, cas plus grave (disait le ministre dans cette
note diplomatique), l'Autriche a concentré sur nos frontières des forces considérables ; elle a réuni, entre l'Adda
et le Tessin, et surtout entre Crémone, Plaisance et Pavie,
un véritable corps d'opération qui, certes, ne pouvait

être destiné à maintenir dans l'obéissance ces villes d'une importance tout à fait secondaire.

« Pendant quelques jours la rive gauche du Tessin a présenté l'aspect d'un pays où la guerre va éclater.

« Les villages ont été occupés par des corps détachés; partout on a préparé des logements et pris des mesures pour former des magasins. Des vedettes ont été placées jusque sur le pont de Buffalora qui marque la limite des deux pays. »

En présence de dispositions aussi menaçantes pour la Sardaigne, le gouvernement n'avait-il pas le droit de s'émouvoir et de demander que l'on songeât à le mettre en mesure de faire face aux éventualités qu'un tel déploiement de forces de la part de l'Autriche pouvait laisser présager ?

C'est dans ce but que le ministre se décidait à appeler en Piémont les garnisons établies en Sardaigne et au delà des Alpes, et à demander aux chambres la faculté de contracter un emprunt.

Tel était l'exposé de la situation.

Nous avons entendu la voix de la Sardaigne, écoutons maintenant celle de l'Autriche, émanée d'une dépêche confidentielle adressée par le comte de Buol aux représentants de l'Autriche près des cours confédérées.

I   2

VII

Après avoir reconnu l'inquiétude sérieuse qui pèse sur la situation politique de l'Europe, le ministre rappelle que l'Allemagne a déclaré qu'une violation du droit européen, menaçant une puissance allemande, même dans ses territoires extra-allemands, verrait tous les confédérés se réunir en faisceaux autour de cette puissance, pour maintenir la paix par la force morale d'une semblable union. — Il exalte la modération de son gouvernement, son amour pour la paix.

« Mais, ajoute le comte de Buol, nous ne pouvons nous dissimuler, que tant que la politique de la Sardaigne conservera son caractère actuel d'hostilité contre les traités, tant qu'elle comptera sur la révolution et sur la guerre, la guerre se présente comme une conséquence possible de notre ferme résolution de défendre contre toute atteinte les droits que les traités donnent à l'Autriche en Italie. »

Il n'est pas possible de s'exprimer plus nettement, et de fermer plus catégoriquement la voie à toute espérance de concessions.

Cette note était évidemment rédigée dans le but d'appeler, en cas de guerre, l'Allemagne entière à prendre part à la lutte, et de l'engager à se réunir dans une même pensée d'inviolabilité du territoire, même extra-allemand, de l'Autriche.

Cette puissance, en effet, s'adressait à ses alliés natu-rels, au nom d'un intérêt commun, espérant ainsi mar-cher dans l'arène, escortée par la puissante union de la Confédération germanique.

Il lui restait maintenant à repousser les repro-ches que lui adressait publiquement le cabinet de Turin. Cette réfutation, elle la fait en ces termes :

« Le gouvernement sarde, dit le comte de Buol, pro-teste contre l'influence prépondérante que l'Autriche exerce, selon lui, en Italie, en dehors des limites que les traités lui ont assignés et qui constitue une menace cons-tante contre la Sardaigne. — Examinons cette étrange accusation.

« Il est dans la nature des choses que de grands corps politiques soient toujours appelés à exercer une certaine influence sur les États qui les avoisinent. Ce qui importe à l'intérêt général, c'est que cette influence ne soit jamais usurpée et ne soit pas exploitée au détriment de l'indé-pendance d'un autre État.

« L'Autriche a été plus d'une fois dans le cas de tendre une main secourable à des gouvernements italiens ren-versés par la révolution. Ces secours n'ont jamais été imposés à personne : loin de là, ils n'ont été accordés qu'aux sollicitations des pouvoirs légitimes, avec un entier désintéressement, dans des vues d'ordre de paix et de tranquillité publique. Nos troupes se sont retirées

dès que l'autorité légitime s'est trouvée raffermie au
point de pouvoir se passer de leur assistance. »

C'est ainsi que l'Autriche parle de son intervention à
main armée au profit des gouvernements italiens. Où pui-
sait-elle le droit de cette intervention vis-à-vis les duchés?
— dans sa propre volonté. — N'avait-elle pas fait, selon
l'expression, du ministre sarde, des duchés de Parme, de
Modène et de Toscane, de véritables fiefs de l'empire.
    Voulant expliquer et défendre le but de ces traités, le
gouvernement autrichien ajoute encore :

« Qu'y a-t-il de plus inoffensif, de plus inattaquable,
au point de vue du droit des gens, de plus conforme à
l'intérêt universel du maintien de l'ordre et de la paix,
que des traités d'alliance, conclus entre États indépen-
dants, exclusivement dans l'intérêt d'une légitime défense, et imposant aux parties contractantes des obliga-
tions réciproques qui ne portent pas la moindre atteinte
aux droits de tierces puissances? Mais si ces traités ne
sont d'aucune façon en désaccord avec les principes du
droit public, nous comprenons qu'ils sont de nature à
gêner l'action et les vues ambitieuses d'un gouvernement
qui, non content d'être parfaitement le maître chez lui,
se pose en organe privilégié des prétendues douleurs de
l'Italie et s'attribue la mission, hautement désavouée
par les autres souverains italiens, de porter la parole
au nom de toute la Péninsule. Le droit de faire appel
à des secours étrangers, le comte Cavour, tout en l'accor-

dant dans l'intérêt du désordre, le conteste aux gouvernements légitimes, qui cependant ont la mission de veiller sur l'ordre public, et de garantir la sûreté de leurs sujets paisibles. Et ces étranges principes, le cabinet de Turin les proclame, au moment où il laisse s'accréditer l'opinion qu'il peut compter, dans la poursuite de ses projets aggressifs, sur l'appui d'une grande puissance limitrophe. »

Loin d'être modéré, on le voit, le langage du comte de Buol est plein d'amertume. — En se défendant il accuse, et il accuse avec des paroles irritées.

Sur un pareil terrain, et avec de tels soulèvements dans le cœur, la paix était bien difficile. L'Autriche l'acceptait, si on la lui faisait dans des conditions larges et grandes, mais secrètement, elle penchait pour la guerre, ou tout au moins pour des menaces de guerre, dans lesquelles elle espérait entraîner l'Allemagne.

Nous avons voulu présenter les deux faces de la position actuelle, et relater avec une égale impartialité le langage de la Sardaigne et celui de l'Autriche.

Nous avons fait taire nos propres appréciations. Car les faits parlaient d'eux-mêmes et venaient révéler aux yeux les moins clairvoyants les vérités consciencieusement vraies de la situation.

Il est impossible de ne pas voir toutes les sympathies se tourner vers un peuple se soulevant pour reconquérir sa nationalité. Néanmoins, il fallait bien se l'avouer, le terrain sur lequel une semblable lutte devait s'engager était glissant, et Dieu seul pouvait dire où s'arrêterait le mouvement des armées et des esprits. — Dieu l'a dit.

VIII

Au milieu de ce grave débat, la France devait faire entendre à son tour sa puissante parole. Elle le fit par la bouche même de son souverain.

Le 7 février, l'Empereur Napoléon III, en ouvrant la session législative devant les grands corps de l'État, disait :

« Depuis quelque temps, l'état de l'Italie et sa situation anormale où l'ordre ne peut être maintenu que par des troupes étrangères, inquiètent justement la diplomatie.

« Ce n'est pas, néanmoins, un motif suffisant de croire à la guerre. Que les uns l'appellent de tous leurs vœux sans raisons légitimes; que les autres, dans leurs craintes exagérées, se plaisent à montrer à la France les périls d'une nouvelle coalition, je resterai inébranlable dans la voie du droit, de la justice, de l'honneur national, et mon gouvernement ne se laissera ni entraîner ni intimider, parce que ma politique ne sera jamais ni provocatrice ni pusillanime.

« Loin de nous donc ces fausses alarmes, ces défiances injustes, ces défaillances intéressées! La paix, je l'espère, ne sera point troublée. Reprenez donc avec calme le cours habituel de vos travaux. Je vous ai expliqué franchement l'état de nos relations extérieures; et cet exposé, conforme à tout ce que je me suis efforcé de faire connaître depuis deux mois, à l'intérieur comme à l'étranger, vous prouvera, j'aime à le croire, que ma politique n'a pas cessé un instant d'être la même : ferme, mais conciliante. »

La France tenait évidemment dans sa main la paix ou la guerre. — De quelque côté qu'elle jetât sa volonté, la balance penchait. On ne pouvait nier qu'elle était devenue la première dans les conseils de l'Europe, forte à la fois par son énergie, sa calme fermeté et sa modération.

Jusqu'au dernier moment elle en donna l'exemple, et nous allons voir l'Empereur Napoléon acceptant tour à tour, avec un esprit conciliant, auquel il est impossible de ne pas rendre justice, toutes les propositions, qu'elles vinssent soit de l'Angleterre, soit de la Russie. « La paix, comme il l'avait dit lui-même, avec l'autorité de son auguste parole, ne pouvait être troublée que pour la défense de grands intérêts nationaux. »

Les puissances médiatrices comprirent que le moment d'intervenir était arrivé, si elles voulaient éviter les désastres d'une guerre qui pouvait bouleverser, pour longtemps peut-être, l'équilibre des nations européennes.

L'Angleterre surtout était dans une position favorable. Elle ne cachait pas, d'une part, ses sympathies pour la cause de l'Italie ; mais elle repoussait énergiquement la guerre.

De cette position, naquit la mission de lord Cowley.

L'ambassadeur de Londres à Paris eut de fréquents entretiens avec le comte Walewski, ministre des affaires étrangères; il trouva la France désireuse de la paix et toute prête à accéder à des conditions compatibles avec l'état douloureux de l'Italie et la juste protection due à une nation alliée.

Lord Cowley partit pour Vienne sans instructions officielles de son gouvernement.

Il avait pour mission de sonder les intentions de l'Autriche et de voir de quelle utilité pourraient être les bons offices de l'Angleterre pour le maintien de la paix générale (1).

Lord Cowley en relations intimes avec les hommes d'État les plus éminents de l'Autriche, fut très-bien accueilli à la cour de Vienne et crut rapporter de grandes espérances de conciliation, mais ces espérances ne de-

---

(1) Les points sur lesquels devait peser la négociation du diplomate anglais étaient :

1° Évacuation des États romains par les troupes autrichiennes et françaises.

2° Renonciation aux traités signés par l'Autriche à la suite du traité de 1815 avec les princes italiens et à l'occupation des villes de la Toscane, du duché de Modène qui ne sont pas désignées dans les traités de 1815 comme devant recevoir des garnisons.

3° Engagement pris par l'Autriche de ne pas intervenir, dans quelque cas que ce soit, même sur l'appel de ces princes, dans leurs États.

4° Engagement pris par les puissances européennes de préparer les réformes sollicitées par les peuples italiens.

vaient pas tarder à s'évanouir devant la réalité de la situation.

« En admettant, disait l'Autriche, que les puissances arrivassent à s'entendre sur les concessions demandées, ces concessions lui assureraient-elles, dans l'avenir, la tranquille possession de ses États d'Italie, en dehors des bouleversements qui pourraient survenir. »

IX

L'Angleterre alors demanda à ce sujet des éclaircissements à la Sardaigne.

Le cabinet de Turin les donna (1). Il reconnaissait que la domination de l'Autriche sur les pays situés entre le Tessin, le Pô et l'Adriatique était légale, mais qu'elle avait produit des conséquences déplorables et amené un état de choses qui n'a rien d'analogue dans l'histoire moderne.

Le ministre du roi, appelé à s'expliquer clairement, le faisait avec l'énergie d'une conviction profonde qui avait été le mobile de tous les actes politiques de sa vie.

« Il est de fait, disait-il, que la domination autrichienne inspire une répugnance invincible à l'immense majorité

(1) Mémorandum du 1er mars.

des Italiens qui y sont soumis, que les seuls sentiments qu'ils ressentent pour ceux qui les gouvernent, sont l'antipathie et la haine.

« La véritable cause de mécontentement des Lombards, c'est d'être gouvernés, dominés par l'étranger, par un peuple avec lequel ils n'ont aucune analogie ni de race, ni de mœurs, ni de goût, ni de langues. »

On ne retrouve plus dans ces paroles la calme modération de la première circulaire; l'orage amassé au fond des cœurs gronde à chaque mot.

« Les Milanais et les Vénitiens (ajoutait le ministre), revenus dans leur pays après avoir visité les peuples qui jouissent d'un gouvernement national, sentent plus vivement l'humiliation et le poids du joug étranger.

« Il suffit de parcourir la Lombardie et la Vénétie pour se convaincre que les Autrichiens ne sont pas établis mais campés dans ces provinces. Toutes les maisons, depuis la plus humble chaumière jusqu'au plus somptueux palais, sont fermées aux agents du gouvernement. Dans les lieux publics, aux théâtres, dans les cafés, dans les rues, il y a une séparation absolue entre eux et les habitants du pays, et on dirait une contrée qui a été envahie par une armée ennemie rendue odieuse par son insolence et sa morgue. Cet état de choses n'est pas un fait transitoire, produit par des circonstances exceptionnelles, dont on peut prévoir le terme plus ou moins rapproché; il dure et s'aggrave depuis un demi-siècle, et il est certain que si le mouvement civilisateur de l'Europe ne l'arrête pas, il ne fera qu'empirer.

« Une telle condition n'est pas contraire aux traités, ainsi qu'on l'a déclaré plus haut, mais elle est contraire aux grands principes d'équité et de justice sur lesquels repose l'ordre social ; elle est en opposition avec le précepte que la civilisation moderne proclame : qu'il n'y a de gouvernement légitime que celui accepté par les peuples, sinon avec reconnaissance, du moins avec résignation (1). »

(1) Ce mémorandum remarquable se terminait ainsi :

« Les idées qui viennent d'être exposées sont une réponse claire et précise à l'interpellation que le gouvernement de S. M. Britannique a adressée au cabinet de Turin. En les résumant, il résulte qu'à son avis les dangers d'une guerre ou d'une révolution seraient conjurés, et la question italienne temporairement assoupie aux conditions suivantes :

« En obtenant de l'Autriche, non en vertu des traités, mais au nom des principes d'humanité et d'éternelle justice, un gouvernement national séparé, pour la Lombardie et la Vénétie ;

« En exigeant que, conformément à la lettre et à l'esprit du traité de Vienne, la domination de l'Autriche sur les États de l'Italie centrale cesse, et par conséquent que les forts détachés construits en dehors de l'enceinte de Plaisance soient détruits, que la convention du 24 décembre 1847 soit annulée, que l'occupation de la Romagne cesse, que le principe de la non-intervention soit proclamé et respecté ;

« En invitant les ducs de Modène et de Parme à doter leurs pays d'institutions analogues à celles qui existent en Piémont, et le grand-duc de Toscane à rétablir la constitution qu'il avait librement consentie n 1848 ;

« En obtenant du souverain pontife la séparation administrative des provinces en deçà des Apennins, conformément aux propositions communiquées en 1856 aux cabinets de Londres et de Paris.

« Puisse l'Angleterre obtenir la réalisation de ces conditions ! l'Italie soulagée et pacifiée la bénira, et la Sardaigne, qui a tant de fois invoqué son concours et son aide en faveur de ses concitoyens malheureux, lui vouera une reconnaissance impérissable. »

C'était le cœur oppressé de l'Italie qui parlait ainsi; c'était l'amertume de ses souvenirs, l'orgueil national humilié, le fiel amassé depuis tant d'années qui débordaient.

X

Chaque jour aggravait la situation.

L'esprit public, vivement préoccupé, ne savait, dans ses incertitudes, sur qui faire tomber ses accusations; de toutes parts, une agitation, causée par l'ignorance de la vérité, déplaçait la question. — Déjà les journaux anglais, si prompts aux récriminations et aux colères exagérées, rejetaient sur l'Empereur des Français l'aggravation du mal, et accusaient hautement ce souverain d'entretenir l'effervescence en Italie, dans l'espérance d'amener la guerre; ils parlaient des armements considérables qui se faisaient en France.

Le gouvernement français comprit qu'il ne devait pas laisser plus longtemps s'égarer les esprits sur les intentions de la nation et sur celles de son chef.

Le 5 mars, un article du *Moniteur* vint dire officiellement la vérité. — En faisant taire les suppositions de tout genre et les interprétations faussement accréditées par l'ignorance ou le mensonge, il expliquait nettement la pensée de l'Empereur.

« L'état des choses en Italie, quoique déjà ancien, a pris dans ces derniers temps, aux yeux de tous, un caractère de gravité qui devait naturellement frapper l'Empereur ; car il n'est pas permis au chef d'une grande puissance comme la France de s'isoler des questions qui intéressent l'ordre européen. Animé d'un esprit de prudence qu'il serait coupable de n'avoir pas eu, il se préoccupe avec loyauté de la solution raisonnable et équitable que pourraient recevoir ces difficiles problèmes.

« L'Empereur n'a rien à cacher, rien à désavouer, soit dans ses préoccupations, soit dans ses alliances. L'intérêt français domine sa politique et justifie sa vigilance.

« En face des inquiétudes mal fondées, nous aimons à le croire, qui ont ému les esprits en Piémont, l'Empereur a promis au roi de Sardaigne de le défendre contre tout acte agressif de l'Autriche ; il n'a promis rien de plus, et on sait qu'il tiendra parole.

« Sont-ce là des rêves de guerre ? Depuis quand n'est-il plus conforme aux règles de la prudence de prévoir des difficultés plus ou moins prochaines et d'en peser toutes les conséquences ?

« Nous venons d'indiquer ce qu'il y a de réel dans les pensées, dans les devoirs et dans les dispositions de l'Empereur ; tout ce que les exagérations de la presse y ont ajouté est imagination, mensonge et délire. »

Le gouvernement, après s'être ainsi nettement exprimé, démontrait à quel point, en parlant des ar-

mements considérables de la France, on était encore
loin de la vérité, puis il ajoutait :

« Où sont les paroles, où sont les notes diplomatiques,
où sont les actes qui impliquent la volonté de provoquer
la guerre pour les passions qu'elle satisfait, ou pour la
gloire qu'elle procure ? Qui a vu les soldats, qui a
compté les canons, qui a estimé les approvisionnements
ajoutés avec tant de frais et de hâte à l'état normal et
réglementaire du pied de paix en France ? Où sont les
levées extraordinaires, les appels de classe anticipés ?
Quel jour a-t-on rappelé les hommes en congé renou-
velable ? Qui pourrait montrer enfin les éléments, si
minces qu'on les veuille, de ces accusations générales
que la malveillance invente, que la crédulité colporte et
que la sottise accepte ? »

Nous avons reproduit textuellement les parties importantes de ce document, car il devenait la base réelle de
la situation, en dehors des exagérations et des nouvelles
erronées qui jetaient, chaque jour, le trouble dans
l'esprit public.

XI

Cependant et malgré tout, en Allemagne, l'émotion
était profonde. — Les passions se déchaînaient contre
la France avec une violence sans égale : « La France,

disait-on, veut entreprendre cette guerre par ambition personnelle, elle veut recommencer en Italie, à son profit, un système de conquêtes et d'envahissement. » Mais l'Allemagne, dans ses craintes imaginaires, et au milieu de toutes les calomnies répandues chaque jour par sa presse, oubliait qu'elle se faisait l'écho de mensonges et d'absurdités. — Elle feignait aussi d'oublier que la vie d'une grande nation comme la France n'est pas étroitement enfermée dans ses frontières, et qu'elle a le droit de manifester au dehors son influence salutaire, au profit de la civilisation et des grands intérêts européens.

Quand une nation renonce à ce rôle, n'est-ce pas abdiquer son rang ?

La vigilance protectrice des grandes puissances est le point d'appui, la sauvegarde, la sécurité des petits États.

La France, du reste, ne pouvait s'émouvoir des clameurs injustes qui voulaient devancer les événements, sans même en soupçonner la marche. Seulement, en face des efforts unis de la Prusse et de l'Angleterre auprès du cabinet de Vienne, le gouvernement de l'Empereur n'admettait pas que la vérité, le droit et la justice fussent plus longtemps enveloppés de ténèbres. — Pour démontrer ouvertement à l'Europe la droiture de ses intentions et le but constant de ses efforts, il publiait une nouvelle note dans le journal officiel (15 mars).

Par contre-coup, ces déclarations jetaient le désespoir au cœur du Piémont.

« Nous avons été comme frappés de la foudre, » écrivait-on de Turin.

Mais les esprits sérieux ne pouvaient méconnaître que l'Empereur Napoléon en servant la cause d'un État, ne devait pas en consulter seulement les aspirations personnelles (quelles que fussent ses sympathies pour lui), mais bien défendre un grand principe et la noble cause d'une nationalité.

La position, en effet, entourée, ainsi qu'elle l'était, d'écueils sans nombre, de passions déchaînées, devenait très-difficile. — La France était le point de mire de tous les regards, des espérances d'une part, des irritations de l'autre, mais elle se sentait assez forte dans sa loyauté et dans sa justice pour dominer cette situation.

Les mémorandum, les notes diplomatiques se succédaient.

Le ministre piémontais ne cessait de préciser la question, pour empêcher l'Autriche de s'appuyer sur les traités de 1815, qu'elle avait dépassés depuis longtemps à son profit, entourant d'une chaîne de fer la partie libérale de l'Italie soustraite à sa domination.

« La liberté en Piémont, disait M. de Cavour, est donc, nous le reconnaissons, un danger et une menace pour l'Autriche. Pour y parer, elle n'a que deux partis à prendre : détruire le régime libéral en Sardaigne, ou étendre sa domination sur toute l'Italie pour empêcher que la contagion ne puisse atteindre les États de la Péninsule qui n'ont pas assez de forces à leur disposition pour comprimer les vœux des populations. C'est le second parti qu'elle a embrassé, en attendant d'arriver plus tard, et par une voie détournée, à la réalisation du premier des moyens indiqués.

« L'Autriche a réussi jusqu'ici par ses traités particuliers avec Parme, Modène et la Toscane, par l'occupation indéfinie de la Romagne, qui n'est pas près de cesser, de l'aveu même des cours de Vienne et de Rome, par les fortifications considérables qu'elle y exécute, à se rendre la maîtresse réelle des États de l'Italie centrale, et à entourer le Piémont d'un cercle de fer.

« C'est contre un tel état de choses, que les traités de Vienne ne justifient nullement, que la Sardaigne ne cesse de protester depuis bien des années, en réclamant l'intervention et l'appui des grandes puissances signataires de ces mêmes traités.

« C'est cet état de choses, constituant depuis longtemps une menace et un danger pour la Sardaigne, aggravé récemment par les armements extraordinaires et par les autres actes agressifs de l'Autriche, qui a forcé le gouvernement du Roi à prendre des mesures défensives et à appeler les contingents sous les armes.

« Que cet état cesse, que la domination autrichienne en Italie rentre dans les limites que des stipulations formelles lui assignent, que l'Autriche désarme, et la Sardaigne, tout en déplorant le sort malheureux des populations de l'autre rive du Tessin, bornera ses efforts, ainsi que l'Angleterre le lui a conseillé tant de fois, à une propagande pacifique destinée à éclairer de plus

en plus l'opinion publique en Europe sur la question
italienne, et à préparer ainsi les éléments pour sa solution future. »

Ainsi la plaie saignante s'envenimait chaque jour
davantage.

XII

Mais pendant que lord Cowley était encore à Vienne,
sans avoir trouvé une solution admissible, le gouvernement français et le gouvernement russe entraient en
communication directe, et, la Russie, avec le consentement de la France, s'appuyant sur le congrès de Paris,
demandait une réunion nouvelle des cinq grandes puissances de l'Europe, pour terminer pacifiquement ces
débats.

En effet, en 1856, les plénipotentiaires réunis à
Paris, avaient, dans la séance du 14 avril, exprimé le
vœu que les États entre lesquels s'élèverait un dissenti-
ment sérieux, acceptassent la médiation d'une puissance
amie avant d'en appeler aux armes.

Dans la proposition, telle qu'elle était formulée, le
Piémont n'était pas admis à siéger au congrès.

Le cabinet de Turin, en exprimant son profond étonnement, protesta tout aussitôt contre une semblable
exclusion, regardant comme un droit incontestable
celui d'être appelé à participer à des délibérations
sur une question qui intéressait sa propre existence.

Le Piémont n'avait-il point fait partie du congrès de 1856 et des conférences qui, plus tard, avaient réglé la situation des principautés danubiennes? — N'était-ce pas le Piémont qui avait pris en main, au nom de la nationalité de l'Italie, la cause perdue des populations brisées sous le joug autrichien? — N'était-ce pas lui qui avait versé son sang pour elle, dans la fatale journée de Novare? — N'était-ce pas lui enfin qui, appelant l'Autriche à la barre de l'Europe, signalait ses infractions aux traités de 1815 et ses conventions secrètes avec de petits États italiens, pour l'agrandissement de sa puissance en Italie?

Les cabinets de Paris, de Londres et de Berlin avaient accepté la proposition de la Russie.

Le 22 mars seulement, celui de Vienne se décida à une acceptation conditionnelle.

Une des conditions était le désarmement préalable de la Sardaigne; mais une pareille exigence était inadmissible. — Désarmer la Sardaigne, lorsque l'Autriche conservait sur les frontières des corps d'armée prêts à fondre sur le Piémont au premier signal, c'était livrer le plus faible à la merci du plus fort.

Certes, ces atermoiements sans nombre, ces exigences d'une part, ces refus de l'autre, l'agitation croissante de l'Allemagne, l'élan patriotique qui se manifestait dans le Piémont, les enrôlements volontaires, tous ces événements enfin qui se succédaient les uns aux autres n'étaient pas de nature à calmer les esprits et à les préparer à une médiation conciliatrice; — on sentait, au milieu de ces pénibles débats, frémir impatient le souffle des batailles.

De son côté, cependant, la France ne se contentait pas d'accéder sans hésitation à toutes les propositions qui pouvaient amener la paix, mais, par la voie de son organe officiel, elle protestait hautement contre des inculpations qui tendaient à représenter son gouvernement comme hostile à l'indépendance de la Confédération germanique, et cherchant à attaquer en Allemagne ce qu'elle voulait sauvegarder en Italie.

Non ! la France ne pouvait avoir deux poids et deux mesures : — elle pesait avec la même équité les intérêts de tous les peuples.

Ce qu'elle voulait faire respecter en Italie, elle saurait le respecter en Allemagne.

C'est ainsi que le gouvernement de l'empereur Napoléon III appelant la lumière sur toutes ses démarches, et saisissant les moindres prétextes pour parler un noble langage, digne d'une puissante nation, déchirait les voiles ténébreux dont on cherchait à couvrir le rôle qu'il jouait dans ces graves débats. — On l'accusait de fomenter la guerre ; il répondait en montrant à chacun, au milieu des irritations qui l'entouraient, la modération inaltérable d'un esprit conciliateur.

La diplomatie, infatigable dans ses espérances et dans son courage, s'épuisait en efforts infructueux. — Il était évident, qu'à moins de concessions subites de l'une des deux parties intéressées, la paix était sérieusement compromise.

Enfin, au désarmement de la Sardaigne, fut substitué par l'Autriche elle - même le désarmement général.

« Ce désarmement général, disait-elle, serait admis en principe ; le congrès en réglerait les détails. » Selon les uns, il devait précéder la première réunion; selon les autres, il devait être son premier acte. — Mais il n'était nullement question de l'admission d'un plénipotentiaire sarde au sein du congrès.

XIII

C'était donc encore une phase nouvelle dans laquelle allait entrer cette question déjà si compliquée.

Le cabinet de Londres insistait vivement auprès du gouvernement français, pour qu'il consentît à engager le cabinet de Turin à acquiescer au désarmement général, préalablement à toute réunion.

« Le gouvernement de l'Empereur, dit le *Moniteur* (19 avril), ne s'est point refusé à donner ce nouveau gage de ses dispositions conciliantes, pourvu qu'il fût convenu que la Sardaigne et tous les autres États italiens seraient invités à faire partie du Congrès. »

La difficulté était ainsi sinon vaincue, du moins fort habilement tournée; car l'Autriche comptait des alliés de longue date parmi les États italiens, et l'avantage qu'elle en retirait devait, à ses yeux, compenser largement l'admission de la Sardaigne.

La France même, pour entraîner plus sûrement l'adhésion de l'Autriche, ajoutait « que le gouvernement de l'Empereur ayant admis le principe du désarmement général ne saurait avoir d'objection, quant au moment qui pourrait être jugé le plus opportun, pour en arrêter l'exécution; et si les puissances étaient d'avis d'y procéder même avant la réunion du congrès, il ne verrait, pour sa part, aucun motif de ne point se conformer à ce vœu. »

Toutefois, il ne fallait pas se dissimuler que cette décision, pour ce qui regardait le licenciement des régiments volontaires formés en Piémont, pouvait présenter de grandes difficultés et amener de désastreuses complications.—Était-il possible que ces hommes qui avaient si longtemps espéré et souffert, et qui étaient accourus, au premier appel de la Sardaigne, se ranger sous ses drapeaux, fussent brusquement repoussés? N'était-ce pas, presque à coup sûr, donner le signal d'un mouvement révolutionnaire en Italie? — Le désespoir est mauvais conseiller; et pendant que les puissances régleraient les conditions de la paix extérieure, elles seraient exposées à voir la révolution, dans ce qu'elle a de plus terrible et de plus désespéré, embraser toute la péninsule.

Il fallait pourtant se hâter, sinon le dernier souffle de la paix serait étouffé par la guerre qui courait déjà impatiente sur les deux rives du Tessin.

Aussi l'Angleterre, pensant qu'il fallait frapper un

coup décisif qui mît en demeure les dernières volontés de chacun, proposa aux puissances, comme dernier acte de sa médiation jusqu'alors stérile, quatre propositions résumant dans leur ensemble tous les points en litige.

Les voici :

« 1° Qu'on effectuerait au préalable un désarmement général et simultané ;

« 2° Que ce désarmement serait réglé par une commission militaire ou civile indépendante du congrès. Cette commission serait composée de six commissaires, un pour chacune des cinq puissances, et le sixième pour la Sardaigne ;

« 3° Qu'aussitôt que cette commission serait réunie et qu'elle aurait commencé sa tâche, le congrès se réunirait à son tour et procéderait à la discussion des questions politiques ;

« 4° Que les représentants des États italiens seraient invités par le congrès, aussitôt sa réunion, à siéger avec les représentants des cinq grandes puissances, absolument de la même manière qu'au congrès de Laybach en 1821. »

Les représentations de la Sardaigne au sujet du licenciement des corps volontaires arrivaient trop tard. La France, la Russie et la Prusse avaient immédiatement adhéré aux propositions de l'Angleterre, espérant, par la force de cette union collective et spontanée, entraî-

ner les dernières irrésolutions de l'Autriche, que son
refus exposerait à l'isolement.

Ce dernier effort de la diplomatie aux abois était très-
logiquement combiné, et tout devait faire espérer que la
paix viendrait enfin couronner tant d'efforts persistants
et infatigables.

XIV

Quel ne fut pas l'étonnement de l'Europe lorsqu'elle
apprit que l'Autriche, se dégageant tout à coup des liens
d'une médiation appuyée sur les quatre grandes puissances, avait jeté inopinément son gant dans la lice et
armé son bras du dangereux fer des batailles, en
envoyant au cabinet de Turin, en dehors des négociations entamées, un ultimatum inacceptable, et que le
roi de Sardaigne, gardien de l'honneur de sa nation,
devait repousser avec énergie.

De tous côtés la stupeur fut profonde.

Ainsi l'Autriche, aux présages de la paix, opposait
un acte qui équivalait à une déclaration de guerre.
— Elle détruisait isolément et de parti pris, le travail
suivi avec tant de patience par l'Angleterre, secondé avec
tant de loyauté par la Russie et la Prusse, facilité avec
tant de modération par la France. Non-seulement elle
fermait à la Sardaigne la porte du congrès, mais elle
la sommait, sous peine de s'y voir contraindre par la

force, de mettre bas les armes sans condition aucune, et dans le délai de trois jours.

Un formidable appareil de guerre se déployait en même temps sur les rives du Tessin, et c'est, à vrai dire, au milieu d'une armée en marche, que le général en chef autrichien attendait la réponse du cabinet de Turin (1).

Telle devait donc être l'issue de ces patientes et successives négociations, entreprises dans l'intérêt de la paix générale.—Ainsi devaient être anéanties en un jour, en une heure, toutes les combinaisons de la diplomatie.

Les champs de l'Italie, si souvent arrosés de sang, devaient encore retentir des cris tumultueux de la guerre, et la France allait jeter comme un vol d'aigle sur les frontières étonnées une armée de combattants, qui, deux mois après, pour nous servir de l'éloquente expression du ministre de l'instruction publique (2), rapportait dans les plis de son drapeau mutilé la liberté de l'Italie.

(1) Circulaire du comte Walewski, ministre des affaires étrangères de France, aux agents diplomatiques français à l'étranger.

(2) Discours de S. Ex. M. Rouland, ministre de l'instruction publique, à la distribution des prix, lundi 8 août.

LIVRE PREMIER

LIVRE PREMIER

CHAPITRE PREMIER.

I. — Ainsi donc la diplomatie a fini son rôle ; les dernières tentatives de conciliation ont échoué devant l'attitude hautaine de l'Autriche envers notre allié le roi de Sardaigne. — Son refus d'adhérer aux propositions de l'Angleterre est venu donner un brusque dénoûment aux graves questions politiques qui, depuis plusieurs mois, tenaient l'Europe entière en suspens.

Le 22 avril, le *Moniteur*, journal officiel de l'empire français, confirmait ainsi cette grave nouvelle répandue la veille à Paris.

« L'Autriche n'a pas adhéré à la proposition faite par l'Angleterre et acceptée par la France, la Russie et la Prusse.

« En outre, il paraîtrait que le cabinet de Vienne a résolu d'adresser une communication directe au cabinet de Turin, pour obtenir le désarmement de la Sardaigne.

« En présence de ces faits, l'Empereur a ordonné la

concentration de plusieurs divisions sur les frontières
du Piémont. »

II. — Le doute n'était plus permis ; la guerre devait
fatalement sortir de cette dernière résolution de l'Autriche.

En effet, le comte Cavour (1), président du cabinet

(1)   LE COMTE CAVOUR.

Président du conseil et ministre des affaires étrangères du roi de
Sardaigne, est né à Turin. en 1809. — Après avoir fondé. en 1848, la
feuille constitutionnelle *il Risorgimento* avec le comte César Balbo, il
entra, en 1849, à la chambre des députés.

Ministre du commerce et de l'agriculture, puis chargé du portefeuille des finances, il devint président du conseil, le 4 novembre 1852,
en remplacement de M. d'Azeglio qui s'était retiré. Le comte Cavour
est un véritable homme d'État; orateur distingué, il est profondément
imbu des principes du gouvernement représentatif. Son unique pensée
a été de consolider la monarchie constitutionnelle en Piémont, de maintenir l'indépendance de l'État contre Rome et d'améliorer les finances
du royaume. L'acte le plus important de son administration fut l'acces-
sion de la Sardaigne, le 12 janvier 1855, au traité d'alliance offensive
avec la France et l'Angleterre contre la Russie; il défendit éloquemment
cet acte dans un manifeste daté du 4 mars. — En avril 1855, le comte
Cavour donna sa démission, afin de ne pas être un obstacle aux arran-
gements qu'on croyait possibles avec Rome au sujet des rapports des
monastères avec l'État; mais les négociations n'ayant pas abouti, il
reprit quelques jours après son portefeuille.

Songeant sans cesse à l'indépendance et à l'unité de l'Italie, M. Cavour a exposé, dans le congrès de Paris, les maux des provinces
soumises à la domination autrichienne. Partout et toujours il a été
leur éloquent défenseur, poursuivant avec une infatigable persévérance le noble but qu'il s'était proposé. — Sans cesse, il remettait sur
le tapis cette question brûlante devant les grands conseils de l'Europe;
et l'Italie lui doit l'affranchissement de la Lombardie.

Le roi Victor-Emmanuel l'a toujours trouvé dans les positions les
plus difficiles, donnant à son souverain les preuves d'une intelligence
élevée et d'un dévouement à toute épreuve.—Le comte Cavour est au
rang des hommes d'État les plus éminents dont s'honore la Sardaigne.

sarde, le même jour où le *Moniteur* insérait officiellement dans ses colonnes les lignes que nous venons de citer, recevait des mains du baron de Kellersberg, envoyé par le gouvernement autrichien, une note qui intimait au gouvernement de Sardaigne de désarmer, en procédant aussitôt au licenciement des corps volontaires. — Trois jours étaient accordés pour tout délai.

Voici le texte de cet ultimatum, véritable déclaration de guerre.

« Le gouvernement impérial, Votre Excellence le sait, s'est empressé d'accéder à la proposition du cabinet de Saint-Pétersbourg de réunir un congrès des cinq puissances, pour chercher à aplanir les complications survenues en Italie.

« Convaincus, toutefois, de l'impossibilité d'entamer avec des chances de succès des délibérations pacifiques, en présence du bruit des armes et des préparatifs de guerre poursuivis dans un pays limitrophe, nous avons demandé la mise sur pied de paix de l'armée sarde, et le licenciement des corps francs ou volontaires italiens, préalablement à la réunion du congrès.

« Le gouvernement de S. M. Britannique trouva cette condition si juste et si conforme aux exigences de la situation qu'il n'hésita pas à se l'approprier, en se

déclarant prêt à insister, conjointement avec la France,
sur le désarmement immédiat de la Sardaigne et à lui
offrir, en retour, contre toute attaque de notre part, une
garantie collective à laquelle, cela s'entend, l'Autriche
aurait fait honneur.

« Le cabinet de Turin paraît n'avoir répondu que par
un refus catégorique à l'invitation de mettre son armée
sur pied de paix, et d'accepter la garantie collective qui
lui était offerte.

« Ce refus nous inspire des regrets d'autant plus profonds que, si le gouvernement sarde avait consenti au
témoignage de sentiments pacifiques qui lui était
demandé, nous l'aurions accueilli comme un premier
symptôme de son intention de concourir, de son côté, à
l'amélioration des rapports malheureusement si tendus
entre les deux pays depuis quelques années. En ce cas,
il nous aurait été permis de fournir, par la dislocation
des troupes impériales stationnées dans le royaume
Lombardo-Vénitien, une preuve de plus qu'elles n'y ont
pas été rassemblées dans un but agressif contre la
Sardaigne.

« Notre espoir ayant été déçu jusqu'ici, l'Empereur,
mon auguste maître, a daigné m'ordonner de tenter
directement un effort suprême, pour faire revenir le
gouvernement de S. M. Sarde sur la décision à laquelle
il paraît s'être arrêté.

« Tel est, monsieur le comte, le but de cette lettre.
J'ai l'honneur de prier Votre Excellence de vouloir
bien prendre son contenu en sa plus sérieuse con-

sidération et de me faire savoir si le gouvernement royal consent, oui ou non, à mettre sans délai son armée sur pied de paix, et à licencier les volontaires italiens.

« Le porteur de la présente, auquel vous voudrez bien, monsieur le comte, faire remettre votre réponse, a l'ordre de se tenir, à cet effet, à votre disposition pendant trois jours.

« Si, à l'expiration de ce terme, il ne recevait pas de réponse, ou que celle-ci ne fût pas complétement satisfaisante, la responsabilité des graves conséquences qu'entraînerait ce refus retomberait tout entière sur le gouvernement de S. M. Sarde. Après avoir épuisé en vain tous les moyens conciliants pour procurer à ses peuples la garantie de paix, sur laquelle l'Empereur est en droit d'insister, Sa Majesté devra, à son grand regret, recourir à la force des armes pour l'obtenir.

« Dans l'espoir que la réponse que je sollicite de Votre Excellence sera conforme à nos vœux tendant au maintien de la paix, je saisis, etc.

« Vienne, 19 avril 1859.

« Buol. »

III. — Le 23 avril, le président du conseil sarde présentait à la chambre des députés un projet de loi donnant à S. M. le Roi tous les pouvoirs exécutifs et législatifs, en cas de guerre avec l'Autriche.

Le 24, ce projet était adopté sans discussion, et le 26, le comte Cavour répondait en ces termes au comte

Buol (1), président du conseil de S. M. l'empereur
d'Autriche :

« Turin, 26 avril.

    « Monsieur le comte,

  « Le baron de Kellersberg m'a remis, le 23 courant, à
cinq heures et demie du soir, la lettre que Votre Excellence m'a fait l'honneur de m'adresser, le 19 de ce mois,
pour me mander, au nom du gouvernement impérial, de

(1)   LE COMTE BUOL SCHAUENSTEIN.

  Premier ministre de l'empereur d'Autriche, ministre de la maison de
l'Empereur, des affaires étrangères, et président du conseil, est né le 17 mai
1797. Son père, le comte Jean-Rodolphe, occupa plusieurs postes importants avant la dissolution de l'empire d'Allemagne et fut plus tard
plénipotentiaire de l'Autriche à la diète de Francfort. Sous sa direction,
le jeune comte entra de bonne heure dans la carrière diplomatique.
Attaché à l'ambassade de Florence en 1816, puis à diverses légations
d'Allemagne, il fut envoyé, en qualité de secrétaire d'ambassade, à
Paris (1822) et à Londres (1824). La révolution de 1848 trouva le comte
Buol ministre plénipotentiaire à la cour de Turin. Nommé ambassadeur à Londres en avril 1852, il fut peu de temps après rappelé à
Vienne, par suite de la mort soudaine du prince de Schwarzemberg,
dont il devint le successeur. M. de Buol est un de ces hommes nouveaux, à l'aide desquels le prince de Schwarzemberg cherchait à régé-
nérer la monarchie autrichienne; il a hérité des vues de ce grand
homme d'État, qui le recommanda souvent à son souverain.— La politique intérieure de M. de Buol a été de se concilier les classes
moyennes par des réformes administratives, de tenir en échec l'influence de l'aristocratie, de centraliser l'administration de cet empire
composé d'éléments si hétérogènes. Sa politique étrangère a été d'affranchir son pays de la tutelle du czar, de substituer le protectorat de
l'Autriche sur la Moldo-Valachie à celui de la Russie, et d'assurer la
liberté du Danube.
  En décembre 1854, le comte Buol signa un traité d'alliance avec la
France et l'Angleterre, à la suite duquel la Russie accepta les quatre
garanties qui avaient été posées en principe par les alliés. — Il fut un
des signataires du traité de Paris du 30 mars 1856.

répondre par un *oui* ou par un *non* à l'invitation qui
nous est faite de réduire l'armée sur le pied de paix, et
de licencier les corps formés de volontaires italiens, en
ajoutant que, si, au bout de trois jours, Votre Excellence ne recevait pas de réponse, ou si la réponse qui
lui était faite n'était pas complétement satisfaisante, Sa
Majesté l'empereur d'Autriche était décidée à avoir recours aux armes, pour nous imposer par la force les
mesures qui forment l'objet de sa communication.

« La question du désarmement de la Sardaigne, qui
constitue le fond de la demande que Votre Excellence
m'adresse, a été l'objet de nombreuses négociations
entre les grandes puissances et le gouvernement de Sa
Majesté. Ces négociations ont abouti à une proposition
formulée par l'Angleterre, à laquelle ont adhéré la
France, la Prusse et la Russie.

« La Sardaigne l'a acceptée sans réserve ni arrière-
pensée. Comme Votre Excellence ne peut ignorer ni la
proposition de l'Angleterre, ni la réponse de la Sardaigne, je ne saurais rien ajouter pour lui faire connaître les intentions du gouvernement du Roi à l'é-
gard des difficultés qui s'opposaient à la réunion du
congrès.

« La conduite de la Sardaigne, dans cette circonstance,
a été appréciée par l'Europe. Quelles que puissent être
les conséquences qu'elle amène, le Roi, mon auguste
maître, est convaincu que la responsabilité en retombera
sur ceux qui ont armé les premiers, qui ont refusé les
propositions formulées par une grande puissance et re -

connues justes et raisonnables par les autres, et qui maintenant y substituent une sommation menaçante.

« Je saisis cette occasion, etc.

« C. CAVOUR. »

Cette lettre fut remise au baron de Kellersberg à cinq heures et demie du soir. — A six heures, l'envoyé de l'Autriche, accompagné jusqu'à la frontière par un officier d'état-major, quittait Turin, et se rendait à Vienne en toute hâte.

Le 26 avril, le délai de trois jours était expiré. — Dès lors l'état de guerre existait de fait entre les deux pays, et les hostilités étaient imminentes. A tout instant, on s'attendait à recevoir la nouvelle que les armées autrichiennes avaient franchi le Tessin.

IV. — Depuis près d'un mois déjà, l'attitude de l'Autriche, le ton provoquant de ses généraux, l'impatience avec laquelle ceux-ci semblaient attendre le signal de la guerre, pouvaient faire pressentir la mission hautaine du 22 avril.

Ainsi, dès le 7 du même mois, le général Giulay, après avoir passé en revue à Milan les troupes destinées à partir pour la frontière, publiait l'ordre du jour suivant :

« Soldats ,

« S. M. l'Empereur vous appelle sous les drapeaux pour rabaisser une troisième fois la vanité du Pié-

mont et vider le repaire des fanatiques et des des-
tructeurs de la paix générale de l'Europe. Soldats de
tous grades, marchez contre un ennemi que vous avez
constamment mis en fuite ; rappelez-vous seulement
Volta, Sommacompagna, Curtatone, Montanara, Rivoli,
Santa-Lucia, et une année plus tard à la Cava, à Vige-
gano, à Mortara et enfin à Novare, où vous l'avez dis-
persé et anéanti. Il est inutile de vous recommander la
discipline et le courage : pour la première, vous êtes
uniques en Europe, et pour le second, vous ne le cédez
à aucune armée. Que votre mot d'ordre soit : *Vive l'Empereur et vivent nos droits !* »

GIULAY (1).

(1)   LE GÉNÉRAL GIULAY.

Feldzeugmeister, commandant en chef de l'armée autrichienne en
Italie, est né à Pesth en Hongrie, en 1799. Son père fut ban de Croa-
tie, puis président du conseil aulique en 1830.

C'est en passant par tous les grades militaires, que le comte Giulay
s'éleva aux plus hautes fonctions. Il entra au service un an après la paix
de Paris. Lieutenant-colonel en 1830, il devenait, en 1831, propriétaire
du régiment n° 19 ; puis général-major et brigadier, et enfin en 1846,
lieutenant feld-maréchal et commandant la division de Vienne. — Gouverneur de Trieste, en 1848, il sauva la marine autrichienne par son
talent stratégique. Nommé, après la campagne, ministre de la guerre,
il fut ensuite envoyé, peu avant la guerre de Crimée, en mission particulière à Saint-Pétersbourg, où il sut déployer une grande habileté.
A son retour de Russie, il reçut le commandement d'un corps d'armée
sous le maréchal Radetzky et lui succéda dans le commandement général de l'armée autrichienne en Lombardie, après la mort de cette grande
illustration autrichienne.

Doué d'une intelligence élevée et d'une grande aptitude militaire,
il savait apprécier d'un coup d'œil les situations les plus compliquées,
et les dégager de tous les artifices de la diplomatie. Le général Giulay
brille par la droiture de son caractère et l'inébranlable conviction de
ses devoirs.

C'était la guerre des paroles avant celle des armées.

V.— Du moment que tout espoir de conserver la paix était perdu, il fallait se préparer à la guerre et s'y préparer non dans les conditions ordinaires, mais avec une activité et une rapidité d'exécution qui permissent d'arrêter, dès le début, l'envahissement de l'Autriche, en l'empêchant d'écraser par le nombre la vaillante, mais petite armée du Piémont (1).

Certes, en cette occasion, la France l'a prouvé, — elle peut ce qu'elle veut.

Il y avait, même pour une puissance militaire comme la sienne, un grand danger à venir audacieusement, dans un délai aussi rapide présenter, au pas de course, sur le théâtre de la guerre, ses têtes de colonnes à peine organisées, en face d'une armée redoutable en possession de toutes ses ressources, et prête depuis longtemps pour le combat.

VI. — Mais avant tout, une pensée généreuse guidait l'Empereur ; il fallait placer sous la protection immédiate du drapeau de la France le sol menacé du Piémont, et donner à ses défenseurs la force morale d'une armée alliée qui accourt à son aide, sans perdre un jour, sans perdre une heure.

Sous l'impulsion énergique du souverain, les ordres sont donnés et s'exécutent avec une rapidité sans exemple.

(1) Voir, aux pièces justificatives, l'exposé de la situation lu au Sénat et au Corps législatif, le 25 avril 1859.

La garde impériale est mise sur le pied de guerre et reçoit l'ordre de se tenir prête à partir.

L'armée est constituée (1); — déjà prête à fonctionner avec toutes les branches multiples de son administration, elle montre, en ce moment décisif, toute la puissance de notre organisation militaire.

(1)   COMPOSITION SUCCINCTE DE L'ARMÉE PAR DIVISIONS.

GARDE IMPÉRIALE.

Première division d'infanterie; général Mellinet.
Deuxième division d'infanterie; général Camou.
Division de cavalerie; général Morris.

1er CORPS.

Première division; général Forey.
Deuxième division; général de Ladmirault.
Troisième division; général Bazaine.
Division de cavalerie; général Desvaux.

2e CORPS.

Première division; général de La Motterouge.
Deuxième division; général Espinasse.

3e CORPS.

Première division : général Renault.
Deuxième division : général Trochu.
Troisième division : général Bourbaki.
Division de cavalerie : général Partouneaux.

4e CORPS.

Première division d'infanterie : général Vinoy.
Deuxième division d'infanterie : général de Failly.
Troisième division d'infanterie : général de Luzy de Pélissac.

5e CORPS.

Première division d'infanterie : général d'Autemarre.
Deuxième division d'infanterie : général Uhrich.

L'état nominatif complet de la composition de l'armée d'Italie, lors de sa formation, se trouve aux pièces justificatives de ce volume.

VII. — Cette armée qui doit si glorieusement traverser l'Italie se compose de la garde impériale et de cinq corps.

Le 1er corps est commandé par le maréchal Baraguey d'Hilliers ;

Le 2e par le général de Mac-Mahon ;

Le 3e par le maréchal Canrobert ;

Le 4e par le général Niel ;

Le 5e par S. A. I. le prince Napoléon ;

La garde impériale est sous les ordres du général Regnaud de Saint-Jean-d'Angely.

Le maréchal Randon (1), d'abord nommé major gé-

(1)   LE MARÉCHAL RANDON.

Est né à Grenoble, le 25 mars 1795; il entra de bonne heure au service et fit les campagnes de Russie, de Saxe et de France.

C'est du rang le plus obscur de l'armée qu'il est arrivé à la plus haute des dignités. — Soldat des grandes guerres de l'empire, il était sergent au 93e de ligne, en 1812, et sous-lieutenant, le 18 octobre, pour sa belle conduite à la bataille de la Moskowa.

Promu lieutenant le 10 août 1813, il servit d'aide de camp au général Marchand, son oncle, et reçut, le 28 novembre, le grade de capitaine.

Chef d'escadron du 13e chasseurs le 24 septembre 1830, lieutenant-colonel du 9e chasseurs le 1er mai 1835, colonel du 2e régiment de chasseurs d'Afrique le 27 avril 1838, il fut promu au grade de maréchal de camp le 1er septembre 1841, et à celui de lieutenant général le 22 avril 1847.

Après avoir dirigé les affaires de l'Algérie sous le gouvernement provisoire, il fut chargé du commandement de la 3e division militaire à Metz.

Le 24 janvier 1851 le vit ministre de la guerre; le 11 décembre de la même année, il partait pour l'Algérie en qualité de gouverneur général.

Sénateur depuis 1852, c'est le 18 mars 1856 qu'il fut élevé à la dignité de maréchal de France.

L'expédition de Kabylie venait d'être décidée. Le commandement en fut confié par l'Empereur au maréchal Randon.

Le 21 mai 1857, l'expédition se mit en marche. — Le 24, l'attaque

néral de l'armée, fut appelé plus tard par la confiance
de l'Empereur au ministère de la guerre, et remplacé

commençait contre la puissante tribu des Beni-Raten; elle fit sa
soumission le 27, après de sanglants combats, et livra les otages
qui lui furent demandés. Un poste militaire fut alors établi sur
l'importante position de Socuk-el-Arba et une route de 25 kilomètres fut percée pour relier ce nouveau poste avec celui de Tizi-
Ouzou.

Le 24 juin, la campagne fut reprise. La position d'Ichenden, défendue par 4000 Kabyles, fut emportée après un combat acharné. Jamais
peut-être les Français n'avaient rencontré en Afrique une résistance
aussi énergique et aussi savante.

Le 25 juin, le maréchal Randon attaque les Beni-Jenni et réduit
cette importante tribu.

Le 30 juin, Aguemoun-Isen, dernier centre de résistance à l'extrémité du territoire des Beni-Raten, est aussi détruit, et le 2 juillet, le
pays des Beni-Menguillet était complétement occupé.

De divers points, des tribus kabyles, comprenant leur impuissance,
envoyèrent au quartier général porter des paroles de paix et de soumission; le 11 juillet, le général fit attaquer celles qui étaient demeu-
rées insoumises.

Décidément vaincue après une lutte acharnée, la Kabylie pouvait
être désormais considérée comme une dépendance de la domination
française.—C'était un grand résultat, et l'expédition de 1857 marquera
glorieusement dans les annales, déjà si pleines, de l'armée d'Afrique.

Les campagnes du maréchal Randon sont nombreuses. Il a fait ses
premières armes dans les grandes guerres de l'empire et étudié sur
les champs de bataille de Russie, de Saxe et de France, le rude métier de soldat.

En 1812 il fit la campagne de Russie, en 1813 celle de Saxe, en
1814 et 1815 celles de France.

De 1838 à 1847, il a été employé en Algérie; de 1851 à 1858, il a de
sa personne conduit les colonnes victorieuses qui ont ouvert à la
France l'accès de la Kabylie.

Chevalier de la Légion d'honneur le 19 octobre 1814; officier le
13 novembre 1822; commandeur le 30 juin 1844; grand officier le
26 août 1850, et grand-croix le 24 décembre 1853; il porte de plus
la médaille militaire.

Le maréchal Randon est à la fois une de nos gloires militaires, et
l'une des plus grandes capacités administratives de l'armée.

dans cet important commandement par le maréchal
Vaillant (1).

(1)   LE MARÉCHAL VAILLANT.

Est né à Dijon, le 6 décembre 1790.

Admis, à 17 ans, à l'école polytechnique, il passa à l'école d'application de Metz le 1er octobre 1809, et prit, dès ce moment, une part
active aux dernières guerres de l'empire.

Lieutenant au bataillon de sapeurs, à Dantzig, puis capitaine en
second dans les cadres de la grande armée, il fit la campagne de
Russie; par sa conduite il méritait d'être mis à l'ordre du jour le
8 août 1813, et recevait la croix d'honneur.

Prisonnier de guerre en 1813, il rentrait en France en 1815, pour
concourir à la défense de Paris et assister aux batailles de Ligny et
de Waterloo.

Nommé capitaine en 1816, il employa à des travaux sur l'art militaire les loisirs que la restauration fit à l'armée.

Chef de bataillon en 1826, il prit part à l'expédition d'Alger en 1830.
— Chargé de diriger les opérations du siége du fort de l'Empereur, il
eut la jambe cassée par un biscaïen et fut nommé lieutenant-colonel
en récompense de ses services.

En 1832, on le voit au siége d'Anvers; nommé colonel chef d'état-
major du génie, le 7 janvier 1833, il reçoit bientôt après le commandement du 2e régiment du génie.

En 1837, il retourna en Algérie, où ses connaissances le rendirent
fort utile pour la direction des travaux de défense exécutés dans notre
colonie d'Afrique. — Le brevet de général de brigade venait récompenser ses services le 20 octobre 1838.

Rappelé d'Alger, il reçut en 1839 le commandement de l'école polytechnique, et en 1840 la direction des travaux des fortifications de
Paris sur la rive droite.

Grand officier de la Légion d'honneur en 1844, il est élevé, le
20 octobre 1845, au grade de général de division, et chargé en 1849 des
opérations du siége de Rome, en qualité de commandant de l'armée du
génie dans le corps expéditionnaire.

Le général reçut après cette campagne le bâton de maréchal de
France et la dignité de grand-croix de la Légion d'honneur. Depuis, il
a été revêtu du titre de comte et de la charge de maréchal du palais.

Le 11 mars 1854, il succédait au maréchal de Saint-Arnaud dans les
fonctions de ministre de la guerre.

La guerre d'Orient venait d'éclater. — Les devoirs du nouveau mi

Les divisions des 3ᵉ et 4ᵉ corps reçoivent l ordre d'entrer immédiatement en Piémont par les deux passages des Alpes qui aboutissent à Suze, — le mont Cenis et le col de Genèvre (1); tandis que les 1ᵉʳ et 2ᵉ corps, composés d'éléments divers, s'embarquent de Marseille, de Toulon et d'Alger pour Gênes.

Le 25 avril, la garde impériale était rapidement transportée par la voie ferrée de Paris à Marseille, et s'embarquait aussi à Toulon.

VIII. — Ainsi, par toutes les issues, arrivait sur la frontière sarde l'armée d'Italie.

---

nistre étaient immenses, sa responsabilité terrible; car il fallait, sans relâche et avec une infatigable activité, pourvoir aux besoins si multiples d'une armée engagée dans une expédition lointaine. — Le maréchal ne se dissimula pas les difficultés d'une semblable position et sut par de nouveaux services acquérir encore des droits à la gratitude de la France.

(1) Il y a deux routes pour effectuer le passage des Alpes, celle de Chambéry et celle de Grenoble. — Par la première, celle de Chambéry, nos troupes font le trajet sur les voies ferrées, de Paris à Lyon et de Lyon jusqu'à Saint-Jean-de-Maurienne, en Savoie. — A Saint-Jean-de-Maurienne, point extrême du chemin de fer, elles se dirigent à pied vers le col du mont Cenis, et de là, descendent à Suze, où elles retrouvent le chemin de fer. — La distance de Saint-Jean-de-Maurienne à Suze est de 90 kilomètres (23 lieues).

De Suze à Turin, il y a 8 lieues en chemin de fer.

La seconde route, celle de Grenoble, est franchie un peu moins rapidement. Les troupes, après avoir quitté le chemin de fer à Grenoble, peuvent prendre deux directions différentes pour arriver à Briançon, ville frontière : — l'une par le cours de la Drac, d'un accès difficile et accidenté; l'autre par Gap et Embrun, plus praticable aux troupes de toutes armes.

De Briançon, on entre en Piémont par la route du mont Genèvre, qui vient déboucher à Suze, à l'origine du chemin de fer Victor-Emmanuel. Il faut deux jours pour aller de Briançon à Suze.

Le 1er corps (maréchal Baraguey d'Hilliers) (1) débar-
quait à Gênes, où l'*Algesiras*, portant le pavillon du
contre-amiral Jurien de La Gravière, jetait à terre les
premiers bataillons français ; d'un autre côté, les divisions du maréchal Canrobert et du général Niel arrivaient, à marche forcée, sur Turin.

Le 30 au matin, les têtes de colonne des divisions Renault et Bourbaki faisaient leur entrée au milieu des
acclamations de la population entière qui saluait avec
des cris enthousiastes la France libératrice. — La route
était jonchée de fleurs, l'air rempli de cris d'allégresse.

(1) Le 29, le maréchal Baraguey d'Hilliers, commandant en chef le
1er corps, datait de son quartier général, à Gênes, son premier ordre
du jour :

« Soldats,

« En 1796 et en 1800, l'armée française, sous les ordres du général
Bonaparte, remporta en Italie de glorieuses victoires sur les mêmes
ennemis que nous allons combattre ; plusieurs demi-brigades y acqui-
rent les surnoms de Terrible ou d'Invincible, que chacun de vous, par
son courage, sa ténacité et sa discipline, s'efforcera de faire donner à
son drapeau.
« Soldats, ayez confiance en moi, comme j'ai confiance en vous ; mon-
trons-nous dignes de la France, de l'Empereur, et qu'un jour on dise
de nous ce qu'on disait de nos pères, comme résumant tous les titres
de gloire :

« *Il était de l'armée d'Italie.*

« Au quartier général, à Gênes, le 29 avril 1859.

« *Le maréchal de France, commandant le 1er corps,*

« BARAGUEY D'HILLIERS. »

Il est facile de comprendre quels sentiments firent tressaillir tous les cœurs, lorsque l'étendard de la France apparut dans la capitale du Piémont (1) que menaçait une invasion cruelle et foudroyante. — Devant ce drapeau noblement déchiré par les batailles, toutes les têtes se découvrirent avec vénération, et la ville oppressée se sentit tout à coup respirer librement.

IX. — L'heure du combat n'avait pas encore sonné pour nos intrépides bataillons, et déjà la mort venait frapper un de leurs chefs, énergique soldat auquel le sort jaloux refusait le suprême et grand honneur de mourir en face de l'ennemi : le général de division

(1) TURIN. Capitale du royaume de Sardaigne, à 594 kilomètres S. E. de Paris, 140 k. de Chambéry, 132 kil. S. O. de Milan; sur la rive gauche du Pô, près de son confluent avec la Doire; on compte 156 849 habitants.

Sa fondation est attribuée à une peuplade ligurienne appelée *Taurini*. Il est fait mention pour la première fois de Turin dans l'histoire lors de sa résistance contre Annibal. après le célèbre passage des Alpes par le guerrier carthaginois. — Plus tard, Turin devint une colonie romaine appelée : *Augusta Taurinorum*. Après avoir été détruite par Constantia et saccagée par Attila et Odoacre, nous retrouvons cette ville sous le gouvernement de ses ducs, lors de l'invasion des barbares. — Au xie siècle, elle devint la capitale d'un comté dont le chef Manfred III, le dernier de la branche masculine, maria sa fille unique Adélaïde, en 1045, à Othon de Savoie. Les événements les plus remarquables dans l'histoire moderne de Turin sont les deux sièges mémorables que cette ville soutint en 1649 et en 1706 : le premier pendant la lutte des Français et des Espagnols, le second pendant la guerre de succession.— De 1800 à 1814, Turin passa sous la domination française et fit partie de l'empire français comme chef-lieu du département du Pô.

Bouat(1), commandant une des divisions du 3ᵉ corps, suc-

(1)　　　　　LE GÉNÉRAL BOUAT.

Mort subitement, en arrivant à Suze, d'une attaque d'apoplexie foudroyante. Il est le premier général qui, dans cette guerre, ait mis le pied sur le sol de l'Italie à la tête d'une division française.

Fils de ses œuvres, il n'a dû son avancement successif qu'à son mérite personnel.

Né le 14 août 1802, le jeune Bouat commença par être élève de l'école militaire spéciale, le 15 septembre 1820, et passa sous-lieutenant, le 1ᵉʳ octobre 1822. Envoyé avec ce grade au 3ᵉ de ligne, le 30 décembre 1822, il fut nommé lieutenant dans ce même régiment le 27 octobre 1830.

Lieutenant adjudant-major le 25 avril 1836, capitaine le 31 mai 1836, chef de bataillon au 56ᵉ de ligne le 27 mars 1842, puis au 10ᵉ bataillon de chasseurs à pied, le 17 janvier 1843, Bouat, après avoir été nommé lieutenant-colonel au régiment de zouaves, le 30 octobre 1844, devint colonel du 33ᵉ de ligne, le 25 août 1848.

Après avoir assisté au siège de Rome, le colonel Bouat fut nommé général de brigade le 22 décembre 1851 et appelé au commandement de la deuxième division d'infanterie de l'armée de Paris le 24 du même mois.

Lorsque la guerre d'Orient éclata, le général Bouat fut désigné pour y prendre part et reçut le commandement d'une brigade de la 2ᵉ division d'infanterie de l'armée d'Orient.

Général de division le 14 octobre suivant, il commanda la 1ʳᵉ division d'infanterie du 2ᵉ corps le 9 février 1855, et la 4ᵉ division d'infanterie du 1ᵉʳ corps le 22 mai suivant.

Arrivé en France, il fut mis en disponibilité le 1ᵉʳ août 1856, et recevait, un an après, le commandement de la 3ᵉ division d'infanterie de l'armée de Lyon, devenue 2ᵉ division du 3ᵉ corps de l'armée d'Italie.

Chevalier de la Légion d'honneur le 27 décembre 1830, officier le 6 août 1843, commandeur le 30 juin 1849, il était grand officier depuis le 16 juin 1856.

Le général Bouat compte un grand nombre de campagnes dans ses états de service; il était en Espagne en 1823, assistait à la prise d'Alger, où il fut grièvement blessé, et prenait une part active à nos guerres d'Afrique, depuis 1837 jusqu'en 1848.

Ses éminentes qualités militaires l'avaient désigné au choix de l'Empereur pour la campagne qui allait s'ouvrir. — Appelé à rendre de nouveaux services à son pays, il partait plein d'enthousiasme et d'énergie; mais la mort vint subitement le frapper, et jeter le deuil parmi tous ses compagnons d'armes.

combait à Suze (1), d'une attaque d'apoplexie. Sa mort fut un deuil général pour ses soldats, comme pour ses compagnons d'armes.

Le général Trochu reçut par le télégraphe sa nomination de général divisionnaire, et prit le commandement de la division Bouat.

X. — Chaque jour la concentration de nos troupes s'opérait rapidement sur Gênes, Turin, Alexandrie, et bientôt nous allons les voir occupant des points stratégiques, et couvrant fortement la frontière entre Gênes, Alexandrie et Casale, jusqu'au jour où l'Empereur venait prendre lui-même le commandement en chef, et changeait en mouvements offensifs l'attitude de défense qu'avait dû conserver l'armée d'Italie jusqu'à son arrivée.

Le 3 mai, Napoléon III adressait au peuple français une proclamation qui disait nettement les causes de cette guerre devenue inévitable, et le rôle que la France allait jouer, ainsi que le noble but qu'elle voulait atteindre.

Cette proclamation empreinte des sentiments les plus élevés et les plus généreux, ce langage ferme

---

(1) SUZE. Située au pied du mont Cenis à 53 kilomètres en avant de Turin, au confluent de deux rivières la Cinise et la Doire-Ripaire, à l'embranchement des deux routes du mont Cenis et du mont Genèvre; 2583 habitants. Elle fut prise par les Français en 1690, 1704 et 1796. Le passage des Alpes à l'entrée duquel se trouve cette ville, s'appelle le pas de Suze; il a été forcé en 1629 par les Français, sous le commandement du duc de La Mailleraie.

et noblement désintéressé, digne de la nation française et de son souverain, était le premier acte de
cette immortelle campagne, qui devait, dans un rapide
coup de tonnerre, porter si haut le drapeau de la
France.

XI. — Nous reproduisons, en son entier, ce document, qui appartient à l'histoire :

« Français !

« L'Autriche, en faisant entrer son armée sur le territoire
du roi de Sardaigne, notre allié, nous déclare la guerre.
Elle viole ainsi les traités, la justice, et menace nos frontières. Toutes les grandes puissances ont protesté contre
cette agression. Le Piémont ayant accepté les conditions
qui devaient assurer la paix, on se demande quelle peut
être la raison de cette invasion soudaine : c'est que l'Autriche a amené les choses à cette extrémité, qu'il faut
qu'elle domine jusqu'aux Alpes, ou que l'Italie soit libre
jusqu'à l'Adriatique; car, dans ce pays, tout coin de
terre demeuré indépendant est un danger pour son
pouvoir.

« Jusqu'ici la modération a été la règle de ma
conduite; maintenant l'énergie devient mon premier
devoir.

« Que la France s'arme et dise résolûment à l'Europe :
Je ne veux pas de conquête, mais je veux maintenir sans
faiblesse ma politique nationale et traditionnelle; j'ob-

serve les traités à condition qu'on ne les violera pas
contre moi; je respecte le territoire et les droits des
puissances neutres, mais j'avoue hautement ma sympathie pour un peuple dont l'histoire se confond avec la
nôtre, et qui gémit sous l'oppression étrangère.

« La France a montré sa haine contre l'anarchie ; elle a
voulu me donner un pouvoir assez fort pour réduire à
l'impuissance les fauteurs de désordre et les hommes
incorrigibles de ces anciens partis qu'on voit sans cesse
pactiser avec nos ennemis ; mais elle n'a pas pour cela
abdiqué son rôle civilisateur. Ses alliés naturels ont
toujours été ceux qui veulent l'amélioration de l'humanité, et quand elle tire l'épée, ce n'est point pour dominer, mais pour affranchir.

« Le but de cette guerre est donc de rendre l'Italie à
elle-même, non de la faire changer de maître, et nous aurons à nos frontières un peuple ami qui nous devra son
indépendance.

« Nous n'allons pas en Italie fomenter le désordre, ni
ébranler le pouvoir du saint-père, que nous avons re-
placé sur son trône, mais le soustraire à cette pression
étrangère qui s'appesantit sur toute la Péninsule, con-
tribuer à y fonder l'ordre sur des intérêts légitimes sa-
tisfaits.

« Nous allons enfin sur cette terre classique, illustrée
par tant de victoires, retrouver les traces de nos pères ;
Dieu fasse que nous soyons dignes d'eux !

« Je vais bientôt me mettre à la tête de l'armée. Je
laisse en France l'Impératrice et mon fils. Secondée par

1 5

l'expérience et les lumières du dernier frère de l'Empereur, elle saura se montrer à la hauteur de sa mission.

« Je les confie à la valeur de l'armée qui reste en France pour veiller sur nos frontières, comme pour protéger le foyer domestique ; je les confie au patriotisme de la garde nationale ; je les confie enfin au peuple entier, qui les entourera de cet amour et de ce dévouement dont je reçois chaque jour tant de preuves.

« Courage donc, et union ! Notre pays va encore montrer au monde qu'il n'a pas dégénéré. La Providence bénira nos efforts ; car elle est sainte aux yeux de Dieu la cause qui s'appuie sur la justice, l'humanité, l'amour de la patrie et de l'indépendance.

« Palais des Tuileries, le 3 mai 1859.

« NAPOLÉON. »

XII. — Dès lors, tout se prépara pour le départ de l'Empereur : — Sa Majesté composait sa maison militaire (1)

(1) La maison militaire de l'Empereur se trouvait ainsi composée :

AIDES DE CAMP.

Comte Roguet, général de division.
De Cotte,　　　　　　　　　Ib.
Comte de Montebello,　　Ib.
De Béville, général de brigade.
Prince de la Moskowa,　　Ib.
Fleury,　　　　　　　　　Ib., premier écuyer.
De Waubert de Genlis, colonel d'état-major.
Marquis de Toulongeon,　　　　Ib.
Comte Lepic,　　　　　　　　Ib.
Comte Reille, lieutenant-colonel d'état-major.
Favé, lieutenant-colonel d'artillerie.

et appelait auprès d'elle deux nouveaux aides de camp, le colonel Reille, fils du maréchal, qui avait fait brillamment la campagne de Crimée, et le colonel Waubert de Genlis, officier d'un grand mérite, qui avait gagné sous les murs de Sébastopol ses épaulettes de colonel. — L'Empereur nommait aussi plusieurs nouveaux officiers d'ordonnance attachés à sa personne.

Le 10 mai fut le jour fixé pour le départ.

XIII. — A 5 heures du soir, l'Empereur quittait, en calèche découverte, le palais des Tuileries, pour se rendre à l'embarcadère du chemin de fer. — Aucune troupe n'avait été commandée, c'était la population entière de la capitale qui formait la haie sur tout le parcours que devait suivre Sa Majesté.

OFFICIERS D'ORDONNANCE.

Baron de Menneval, lieutenant-colonel d'artillerie.
Schmitz, chef d'escadron d'état-major.
Brady, capitaine d'artillerie.
Comte d'Andlau, capitaine d'état-major.
Klein de Kleinenberg, *ib.*
Vicomte Friant, capitaine de cavalerie.
De Tascher de La Pagerie, capitaine d'infanterie.
Prince de La Tour d'Auvergne, *ib.*
Eynard de Clermont-Tonnerre, capitaine d'état-major.
Darguesse, capitaine d'infanterie.
Vicomte de Champagny-Cadore, lieutenant de vaisseau.
Prince Joachim Murat, lieutenant de cavalerie.
Baron de Bourgoing, écuyer.
Davilliers, *ib.*
Le baron Nicolas Clary, officier de la garde nationale, fut admis par l'Empereur à faire partie de sa maison militaire comme officier d'ordonnance.

Lorsque la voiture sortit de la cour des Tuileries et déboucha dans la rue de Rivoli, une immense acclamation retentit de toutes parts. La foule, qui se pressait, n'avait plus qu'une âme pour saluer de ses vœux le souverain qui allait prendre en main l'épée de la France, et combattre pour l'indépendance d'un peuple opprimé. — Par moments, cette foule était si compacte et si rapprochée de la voiture, que les chevaux avaient peine à marcher.

XIV. — La France a toujours au cœur quelque chose qui bondit impétueusement au premier appel des batailles. Elle aime avant tout la gloire. — Aujourd'hui, vous la voyez calme et tranquille dans la paix, joyeuse de sa part de labeur dans l'œuvre commune de progrès et de civilisation ; mais que les clairons retentissent à ses oreilles, que les drapeaux troués par la mitraille flottent au vent, vous la voyez accourir fière et heureuse, donnant avec orgueil tous ses enfants pour les champs de la guerre. — A ce moment de patriotisme national, les nuances d'opinions disparaissent ; il n'y a plus que la France qui va combattre et qui doit être victorieuse, car elle est la première des nations guerrières, comme elle est la première des nations civilisatrices.

C'est cette pensée qui, le 10 mai, se traduisait dans la foule élevant ses mille bras, pour acclamer l'empereur Napoléon III allant prendre le commandement en chef de l'armée d'Italie.

A côté de Sa Majesté, était l'Impératrice ; et sur son

visage se peignait à la fois le juste orgueil que donnait à son cœur cet enthousiasme spontané de toute une population, et l'amertume, cette sœur inséparable de l'absence.

Le prince Jérôme, le prince Napoléon, avec sa jeune épouse, le prince Murat, ainsi que tous les membres de la famille impériale, attendaient l'Empereur à la gare du chemin de fer. — Avec eux étaient le maréchal Magnan et le maréchal Vaillant, major de l'armée d'Italie, à la tête de la maison militaire de Sa Majesté.

C'était au palais des Tuileries que les ministres et les grands officiers de la couronne avaient été admis à faire leurs adieux à l'Empereur. — Ces adieux furent touchants et solennels par leur simplicité même. — Toutes les personnes attachées aux divers services de la maison impériale étaient spontanément accourues pour apporter aussi à cette heure du départ leurs acclamations et leurs vœux de victoire.

A six heures un quart, le train impérial quitta Paris; l'Impératrice accompagna son auguste époux jusqu'à Montereau. C'est là que se firent les derniers adieux de la famille, et l'Impératrice, avec cette touchante bonté qui la caractérise, donna une médaille à chacun des officiers de la maison de son auguste époux.

XV. — Les populations de la campagne, accourues avec des torches à toutes les stations, saluaient de leurs vivat le convoi qui passait rapide comme l'éclair.

A midi Sa Majesté atteignit Marseille.

Les heures qui s'écoulaient avaient leur valeur dans la balance des événements. L'Empereur, impatient de rejoindre son armée, se rendit directement du chemin de fer à l'ancien port, où l'attendait le yacht impérial, *la Reine-Hortense*, qui devait le conduire à Gênes.

Toutes les rues étaient ornées de drapeaux aux couleurs nationales, et l'Empereur retrouva à Marseille le même enthousiasme qui, la veille, à Paris, avait accompagné son départ.

XVI. — Vers deux heures, *la Reine-Hortense* gagnait le large, passant au milieu des navires pavoisés et des nombreuses embarcations qui remplissaient le port.

Cent et un coups de canon saluèrent le départ du yacht qu'accompagnait *le Vauban*. — Le ciel était pur; un soleil radieux rayonnait sur les vagues tranquilles, et une brise favorable hâtait la marche des deux bâtiments, qui bientôt disparurent à l'horizon.

XVII. — Le 12 mai, *la Reine-Hortense* était en vue de Gênes (1).

(1) La veille, le syndic de la ville de Gênes avait publié le manifeste que nous reproduisons ici :

« Citoyens,

« Gênes aura demain l'insigne honneur de recevoir Napoléon III, le généreux et puissant allié de notre bien-aimé souverain, le champion de la justice et de la civilisation, le vengeur des peuples opprimés. Après avoir épousé avec une magnanimité sans exemple notre cause, ʼempereur des Français, non content d'avoir envoyé instantanément

Un coup de canon, tiré des batteries du phare de la *lanterne*, annonça l'approche du bâtiment impérial.

C'était le signal qu'attendait le prince de Savoie-Carignan, qui se porta aussitôt, avec sa suite, à la rencontre de l'hôte illustre du Roi. — Le comte Cavour, président du conseil, le comte Nigra, ministre de la maison du Roi, et le marquis de Brême, maître des cérémonies, accompagnaient Son Altesse Royale, ainsi que le prince de La Tour-d'Auvergne, ministre de France à la cour de Turin, avec tout le personnel de l'ambassade et les généraux français Herbillon, commandant militaire de Gênes, Lebœuf, commandant l'artillerie de l'armée, et Frossard, commandant le génie.

La rade était encombrée de barques pavoisées que balançaient mollement les flots tranquilles du port ; tous les navires, inondés de drapeaux et de flammes aux diverses couleurs, avaient leurs équipages montés dans les

---

une armée formidable à notre secours, vient lui-même, accompagné des vœux de toute la France, en prendre le commandement.

« Bientôt l'héritier du nom et de la gloire de Napoléon le Grand combattra aux côtés du roi Victor-Emmanuel II, digne successeur des héros de Savoie, roi de tous les cœurs italiens ; et les liens de famille qui déjà unissent les deux souverains seront encore plus étroitement resserrés par les périls et les chances partagés sur les sanglants champs de bataille.

« Citoyens !

« L'empereur des Français ne pouvait pas nous donner une plus forte preuve de sympathie, ni des arrhes plus sûres de la victoire. Exprimons donc, avec toute l'abondance du cœur, nos profonds sentiments d'admiration et de reconnaissance, pour l'auguste chef de la grande nation qui tend une main fraternelle à l'Italie pour l'aider efficacement à conquérir enfin l'indépendance si longtemps convoitée. »

hunes et rangés sur les vergues. Les ponts des bâtiments
étaient encombrés par une foule avide ; chaque main
tenait un bouquet, et l'œil, aussi loin qu'il pouvait s'é-
tendre, ne voyait que des fleurs dont les couleurs écla-
tantes et diaprées se reflétaient dans l'onde immobile.

Jamais Gênes, dans ses plus beaux jours d'ivresse et
de triomphe, n'avait vu plus splendide spectacle.

XVIII.— Bientôt la foule, impatiente et agitée, vit paraître à l'entrée du port *la Reine-Hortense*, escortée par
le vapeur sarde *l'Amphion*.

Aussitôt le canon des forts lança ses volées retentis-
santes, auxquelles se joignirent, comme un écho humain, les cris de la foule.

L'Empereur était debout sur le tillac, regardant le
splendide spectacle qui se déroulait devant ses regards.
C'était Gênes, avec ses édifices superposés les uns au-
dessus des autres, comme les gradins d'un vaste amphithéâtre, et ses superbes palais resplendissants de lumière, contrastes frappants avec les ruelles étroites et
obscures qui courent en tous sens à leurs pieds. — Au-
dessus de cette ville étrange, se développait, comme une
large ceinture, un réseau de hautes collines d'un aspect
imposant et sauvage.

Gênes, ainsi baignée dans la mer, et sous les rayons
éclatants de son beau soleil, est bien la *cité noble et
royale* chantée par le Tasse et par Alfieri.

Mais ce qui, dans ce jour de fête et d'immense
allégresse, devait surtout frapper la pensée, ce n'était

pas le souvenir de l'ancienne ville des doges, la célèbre patrie du grand Doria et de Christophe Colomb, c'était la ville vivante, animée, tumultueuse, ruisselant sur les quais, courant sur les flots, remplissant l'air de ses acclamations et couvrant la mer d'un tapis de fleurs, sur lequel la barque qui portait l'Empereur vers le port, traçait à peine un sillon qui se refermait aussitôt (1).

XIX. — Parfois aussi les fleurs lancées par ces milliers de bras, formaient au-dessus du canot impérial un dôme éclatant.

« Vive l'Empereur! vive l'Italie! » telles étaient les acclamations qui frappaient l'air de toutes parts.

Le général Regnaud de Saint-Jean-d'Angely, commandant en chef de la garde impériale, entouré d'un nombreux état-major des deux armées, attendait l'Empereur au débarcadère; près de lui étaient l'intendant général de la ville de Gênes, le maire et tout le conseil municipal.

La même fête, les mêmes fleurs, les mêmes acclama-

(1) *Gênes.* Ville des États sardes, à 123 kilomètres S. E. de Turin, à 710 k. S. E. de Paris, située sur le golfe de Gênes, 140 000 habitants. L'une des plus belles villes de l'Europe, surnommée *la Superba.* L'origine de Gênes est antérieure à la seconde guerre punique. Érigée en république au commencement du xᵉ siècle, elle étendit sa puissance sur le littoral de la Méditerranée. En proie à de continuelles dissensions, au milieu de luttes intestines, Gênes éprouva de nombreux changements dans la forme de son gouvernement. Rendue à son indépendance par Doria, en 1528, elle prit en 1797 la dénomination de république ligurienne, jusqu'à ce qu'elle fut incorporée à l'empire français, en 1805. Le congrès de Vienne l'annexa, en 1815, au royaume de Sardaigne.

tions accueillirent Sa Majesté au moment où elle mit le pied sur la darse pour se rendre au *Palazzo Reale*, qui communique par un grand escalier avec le quai lui-même.

XX. — Jamais souverain, jamais libérateur ne fut accueilli par une population entière avec plus d'allégresse et de ferveur enthousiaste ! — Toutes ces fêtes, toutes ces joies étaient l'écho des nobles paroles de la proclamation de l'Empereur :

« J'avoue hautement ma sympathie pour un peuple dont l'histoire se confond avec la nôtre et qui gémit sous l'oppression étrangère ! »

L'histoire enregistre ces grandes manifestations nationales afin qu'elles servent à la fois de souvenir, d'exemple et d'enseignement, et que l'avenir, si prompt souvent à l'ingratitude, n'en perde pas la mémoire.

Le soir, lorsque l'Empereur se rendit au théâtre, de nouvelles ovations l'attendaient; la ville était resplendissante de lumières et offrait un spectacle magique. La nuit avait perdu son ombre et son silence.

Sa voiture avait peine à marcher au milieu des flots agités de toute la population, qui se pressait, tendant les mains, jetant des fleurs, folle de joie et d'espérance. — On sentait tressaillir le cœur de l'Italie.

Sur tout le parcours du cortége impérial, les murs étaient cachés sous d'immenses draperies brodées de toutes couleurs; les drapeaux des deux nations, les ori-

flamraes français et sardes obscurcissaient l'air de leurs
longs plis flottants et s'entremêlaient aux guirlandes de
fleurs et de feuillages.

XXI. — Dès que l'Empereur eut touché le sol italien,
il adressa son premier ordre du jour à l'armée d'Italie.

« Soldats !

« Je viens me mettre à votre tête pour vous conduire
au combat. Nous allons seconder la lutte d'un peuple re-
vendiquant son indépendance et le soustraire à l'oppression étrangère. C'est une cause sainte, qui a les sympathies du monde civilisé.

« Je n'ai pas besoin de stimuler votre ardeur : chaque
étape vous rappellera une victoire. Dans la voie Sacrée
de l'ancienne Rome les inscriptions se pressaient sur le
marbre, pour rappeler au peuple ses hauts faits ; de
même aujourd'hui, en passant par Mondovi, Marengo,
Lodi, Castiglione, Arcole, Rivoli, vous marcherez dans
une autre voie Sacrée, au milieu de ces glorieux souvenirs.

« Conservez cette discipline sévère qui est l'honneur de
l'armée. Ici, ne l'oubliez pas, il n'y a d'ennemis que
ceux qui se battent contre vous. Dans la bataille, demeu-
rez compactes et n'abandonnez pas vos rangs pour courir en avant. Défiez-vous d'un trop grand élan, c'est la
seule chose que je redoute.

« Les nouvelles armes de précision ne sont dangereuses
que de loin. Elles n'empêcheront pas la baïonnette

d'être, comme autrefois, l'arme terrible de l'infanterie française.

« Soldats ! faisons tous notre devoir, et mettons en Dieu notre confiance. La patrie attend beaucoup de vous. Déjà d'un bout de la France à l'autre retentissent ces paroles d'un heureux augure : « La nouvelle armée « d'Italie sera digne de sa sœur aînée. »

« Gênes, 12 mai.

« NAPOLÉON. »

XXII. — Le lendemain, à six heures du matin, le roi Victor-Emmanuel arrivait incognito à Gênes pour serrer la main de son auguste allié, et se mettre, avec son armée, sous le commandement en chef de l'Empereur. — Les deux souverains s'embrassèrent avec effusion ; bientôt, ils allaient se retrouver sur les champs de bataille.

Quelques heures après, le roi de Sardaigne regagnait son grand quartier général établi à Occimiano, entre Casale et Valenza.

Déjà l'arrivée de l'Empereur se manifestait par des mouvements de troupes, et par une décision pleine à la fois de hardiesse et d'opportunité.

Les Autrichiens, solidement établis à Stradella, envoyaient de ce point et de Plaisance de fréquentes reconnaissances ; plusieurs s'étaient montrées à Bobbio, petite ville située sur la limite S. E. des États du roi de Sardaigne ; il était à craindre que l'ennemi ne vînt s'en emparer et menacer notre base d'opérations, en occupant les défilés qui mènent de cette ville à Gênes. L'Empereur comprit l'importance qu'il y avait à couvrir la vallée de la Trebbia, par laquelle toutes nos communications avec Gênes pouvaient être soudainement coupées. Aussi, dès le lendemain de son arrivée, il donna ordre que des troupes se dirigeassent directement par la montagne sur Bobbio.

Le 3ᵉ zouaves, appartenant au corps du prince Napoléon, fut désigné pour cette expédition. Dans la journée du 13, le colonel de Chabron reçut de la bouche même de Sa Majesté les instructions les plus précises : « occuper Bobbio de vive force, si l'ennemi y est déjà ; le repousser s'il se présente. » Le prince Napoléon donna aussi au colonel des zouaves des instructions personnelles, et dans la soirée le régiment fut averti de se tenir prêt à partir le lendemain.

Le 14 mai, à la première heure du jour, le camp était levé.

A sept heures, le prince Napoléon vint passer la revue du régiment en tenue de route. Il tombait une pluie torrentielle.

Après le défilé, pendant lequel les zouaves firent retentir les plus chaleureuses acclamations adressées à la fois au souverain de la France et au prince qui les commandait, le prince Napoléon réunit les officiers autour de lui et leur adressa quelques paroles chaleureuses.

« Des observations m'ont été faites, dit-il en terminant, sur les grandes difficultés de la route; mais j'ai répondu que depuis longtemps le 3ᵉ zouaves savait passer par tous les chemins. Allez donc, officiers et soldats, et rappelez-vous que l'Europe entière est attentive aux grands événements qui se préparent (1).

XXIII. — La colonne expéditionnaire se mit en marche par des chemins tracés souvent à pic sur les flancs escarpés de la montagne. — Toriglio et Ottane furent les gîtes d'étape. — La pluie, qui ne cessait de tomber à flots, rendait la marche souvent très-pénible.

Le 17, à deux heures de l'après-midi, le colonel de Chabron entrait dans Bobbio à la tête de son régiment. — L'ennemi n'avait jamais occupé cette petite ville : seulement la veille, une reconnaissance s'était encore avancée jusqu'aux portes même, et s'était retirée devant la résistance organisée par la garde civique.

Le régiment s'établit aussitôt sur les hauteurs qui dominent toutes les directions par lesquelles l'ennemi pouvait se présenter ; des grand'gardes furent placées sur les crêtes occupant les différents chemins qui aboutissaient au camp. — Mais les Autrichiens s'étaient retirés aussitôt qu'ils avaient appris l'arrivée des Français à Bobbio, craignant, sans nul doute, un mouvement tournant sur Plaisance ou Stradella.

(1)   *Journal historique du 3ᵉ zouaves.*

On adjoignit à cette petite colonne une compagnie de génie avec ses outils, et une section d'artillerie de montagne de l'armée.

Deux routes conduisent de Gênes à Bobbio. — L'une, praticable aux voitures, passe par Tortone et Varzy : les Autrichiens l'occupaient entre cette ville et Bobbio. Il n'entrait pas dans les plans de la suivre. — L'autre n'était qu'une route muletière très-difficile, étroite, escarpée, coupée de torrents, et dans laquelle il n'était pas sans danger de s'engager : ce fut cette voie qui fut choisie pour aller à Bobbio.

XXIV. — Mais retournons à Gênes, que l'Empereur doit quitter dans la journée du 14.

Pendant ce court séjour, il a eu de longues conférences avec son intendant général militaire, M. Paris de Bollardière, s'occupant avec le soin le plus attentif de la question si difficile des subsistances pour une armée aussi rapidement organisée. — En outre, il voulut, avant son départ, régler définitivement les détails relatifs à la tenue des troupes, pendant la durée des opérations de la guerre.

Le chapeau était supprimé et remplacé, en toute circonstance, par le képi, même pour les officiers généraux (1).

XXV. — Le 14, l'Empereur se dirigeait de Gênes sur Alexandrie ; le maréchal Canrobert vint le recevoir aux portes extérieures de la ville, et Sa Majesté faisait son entrée dans la ville accompagnée par une suite nombreuse de généraux français et sardes qui s'étaient mêlés à son état-major.

Alexandrie, comme Gênes sa sœur, réservait à l'Empereur de nouvelles ovations et une réception digne

---

(1) Ce règlement laisse aux soldats d'infanterie le képi, la capote, la veste, un bon pantalon, deux paires de souliers, dont une dans le sac et la tente-abri.

Le surplus d'habillement mis en ballot est dirigé sur Gênes, où doivent être constitués les petits dépôts des corps.

La demi-couverte est supprimée, excepté pour les zouaves et les tirailleurs algériens qui la conservent, ainsi que le collet capuchon.

(*Extrait du journal historique tenu au grand quartier général de l'armée d'Italie*)

du souverain de la France armée pour la liberté de l'Italie.

Napoléon III avait choisi cette place forte, comme point central, pour y établir son quartier général, jus- qu'au jour où se prononcerait sérieusement son mouvement en avant.

Alexandrie (1), par sa position comme par son importance, était désignée d'avance pour servir de base d'opérations à notre armée, et pour mettre à l'abri pendant la guerre nos approvisionnements en vivres et en munitions.

Le prince Napoléon était resté à Gênes pour compléter l'organisation de son corps d'armée, dont une partie encore était attendue d'Afrique. Selon toute probabilité, huit jours devaient suffire pour lui permettre d'entrer en campagne (2). — Dans la seconde partie de ce travail, nous suivrons la marche de ce corps d'armée chargé d'une double mission politique et militaire.

(1) *Alexandrie.* A 65 kilomètres S. E. de Turin, à 56 kil. N. O. de Gênes, 65 kil. S. O. de Milan, sur la rive droite du Tanaro, au-dessus de l'embouchure de la Bormida ; 44 768 habitants.

Fondée en 1168, sous le nom de Césarée, par la ligue lombarde formée contre l'empereur Frédéric Barberousse, Alexandrie prit ensuite le nom du pape Alexandre III, qui l'avait érigée en évêché. De 1796 à 1814, cette cité vécut sous la domination française. Au temps du premier empire, elle était le chef-lieu du département de Marengo. Elle est entourée de fortifications qui en font une place de guerre des plus fortes. Elle occupe une position importante pour le Piémont, en couvrant Turin et Gênes. La citadelle est séparée de la ville par le Tanaro, c'est une sorte d'objet d'art en fortification; tout y est voûté, casematé; son armement et ses approvisionnements sont formidables, et on peut y abriter aisément le nombre d'hommes nécessaire pour sa défense.

(2) *Moniteur* du 16 mai 1859.

CHAPITRE II.

XXVI. — Gênes, Alexandrie et Casale (1) formaient le front défensif de l'armée franco-sarde; c'était une sorte de ligne brisée s'étendant depuis Ivrea (2), où elle s'appuie aux derniers contre-forts des Alpes de Savoie, jusqu'à Gênes. — La force de cette ligne, assez irrégulière dans son tracé, consistait surtout dans l'angle formé à son centre par le Pô et le Tanaro, depuis Casale jusqu'à Alexandrie, avec Valenza pour point intermédiaire.

XXVII. — Maintenant il est indispensable d'exa-

---

(1) *Casale.* A 24 kil. d'Alexandrie, 60 kil. E. N. E. de Turin, à 24 kil. N. N. O. d'Alexandrie, à 20 kil. S. de Verceil, à 80 kil. N. O. de Turin; sur la rive droite du Pô; chef-lieu de la province; 21 000 habitants.

Ville importante, qui fut la capitale de l'ancien marquisat de Montferrat. Il ne reste plus que le château fort de la citadelle élevée en 1590 par le duc Vicenzo, et qui était une des plus fortes places de l'Italie. Les fortifications de Casale ont été récemment renforcées; cette ville est avec Alexandrie et Gênes, une des positions militaires les plus importantes de la Sardaigne. — Casale forme, pour ainsi dire, une barrière du côté de la frontière de la Lombardie.

(2) *Ivrea.* Ville forte des États-Sardes, sur la rive gauche de la Doire, à l'issue de la vallée d'Aoste, à 50 kil. N. N. E. de Turin; 9400 habitants. Cette ville très-ancienne fut prise par les Français en 1641, 1704, 1796 et 1800. Sous l'Empire, elle fut érigée en chef-lieu du département de la Doire.

I   6

miner ce qui s'était passé en Piémont depuis le jour où le roi de Sardaigne, repoussant l'orgueilleux ultimatum de l'Autriche, appelait aux armes la nation entière.

L'armée active, (1) réunissant toutes les ressources

(1) *Journal historique des marches et opérations militaires de l'armée sarde.*

COMPOSITION DE L'ARMÉE SARDE PRÊTE A SE METTRE EN CAMPAGNE :

L'armée se composait de : cinq divisions d'infanterie, et d'une division de cavalerie.

Chaque division d'infanterie comprenait deux brigades, à deux régiments, de quatre bataillons chacun.

Deux bataillons de Bersagliers (un, attaché à chaque brigade).

Trois batteries d'artillerie à 6 pièces (dont deux du calibre de 8 et une de 16).

Une compagnie de sapeurs du génie.

Indépendamment des services accessoires, chaque division comptait en outre :

Un parc divisionnaire d'artillerie.

Un parc divisionnaire du génie comprenant 25 mètres d'équipage de pont du système Bérago.

Un régiment de chevau-légers à quatre escadrons devait aussi, selon la formation normale, être attaché à chacune des divisions actives de l'armée; mais les conditions de la dépense ne permirent à l'origine d'affecter à chaque division que la moitié de cette force.

L'effectif d'une division d'infanterie était, en moyenne, de 11 000 hommes présents sous les drapeaux, 1100 chevaux d'artillerie et 18 pièces.

La division de cavalerie comptait 16 escadrons, auxquels étaient attachées deux batteries. Son effectif était de 2 200 chevaux et 12 pièces d'artillerie.

La réserve d'artillerie comprenait trois batteries, dont deux à cheval et une d'obusiers.

Il faut ajouter à ce total le corps des chasseurs des Alpes commandé par le général Garibaldi et qu'on peut évaluer à 35 000 hommes.

Les forces prêtes à entrer en campagne présentaient ainsi un effectif de 64 000 combattants, 9400 chevaux et 120 pièces d'artillerie attelées.

dont elle pouvait disposer, formait cinq divisions d'infanterie et une de cavalerie.

XXVIII. — Le 2 mai, le roi Victor-Emmanuel adressait une proclamation aux troupes et annonçait sa détermination de prendre en personne le commandement de l'armée.

« Soldats, — disait le Roi, — l'Autriche, qui, sur nos frontières, grossit ses armées et menace d'envahir notre territoire, parce qu'ici la liberté règne avec l'ordre, parce que non la force, mais la concorde et l'affection entre le peuple et le souverain régissent ici l'État, parce que les cris de douleur de l'Italie opprimée trouvent de l'écho, l'Autriche ose nous enjoindre, à nous armés seulement pour la défense, de déposer les armes et de nous mettre à sa merci!

« Cette outrageante injonction devait recevoir la réponse qu'elle méritait : je l'ai dédaigneusement repoussée. Soldats, je vous en fais part, certain que vous prendrez pour faite à vous l'insulte faite à votre roi, à la nation. L'annonce que je vous donne est une annonce de guerre.

« Aux armes, soldats!

« Vous trouverez en face de vous un ennemi qui n'est pas nouveau pour vous. Mais, s'il est brave et discipliné, vous ne craignez pas la comparaison, et vous pouvez vous vanter des journées de Goïto, de Pastrengo, de

Santa Lucia, de Sommacampagna, de Custozza même, où quatre brigades seulement ont lutté pendant trois jours contre cinq corps d'armée. Je serai votre chef. Déjà, à diverses reprises, nous nous sommes connus ; une grande partie d'entre vous et moi, combattions aux côtés de mon magnanime père, dans l'ardente mêlée, où j'ai admiré avec orgueil votre bravoure.

« Sur le champ de l'honneur et de la gloire, vous saurez, j'en suis certain, conserver, même accroître, votre renom de bravoure. Vous aurez pour compagnons ces intrépides soldats de la France, vainqueurs en tant de batailles signalées, dont vous fûtes les frères d'armes à la Tchernaïa, et que Napoléon III, que l'on trouve toujours là où il y a une juste cause à défendre et la civilisation à faire prévaloir, envoie généreusement, à notre aide, en nombreux bataillons. Marchez donc, confiants dans la victoire, et ornez de lauriers fraîchement cueillis votre drapeau, ce drapeau qui, avec ses trois couleurs et avec la jeunesse d'élite accourue de toutes les parties de l'Italie et groupée sous ses plis, vous indique que vous avez pour tâche l'indépendance de l'Italie, cette œuvre juste et sainte qui sera votre cri de guerre.

« VICTOR-EMMANUEL. »

XXIX. — Cette proclamation fut accueillie avec enthousiasme par toute la nation.

De toutes les villes, les volontaires accouraient. Les plus riches fils de famille, les héritiers des plus grands noms quittaient leurs habitations somptueuses pour répondre à l'appel de leur roi et combattre sous les drapeaux de l'indépendance italienne. — Riche ou pauvre, petit ou grand, fort ou faible, chacun voulait apporter le tribut de son sang à la cause commune.

Garibaldi, nom populaire en Italie, patriote éternellement voué à la cause de l'indépendance, homme énergique et audacieux, formait une légion de volontaires, qui devait prendre le nom de *Chasseurs des Alpes*, et dont il recevait le commandement avec le titre de général.

XXX. — Comme un écho rapide, instantané, de cet appel de la guerre, le même jour où le roi Victor-Emmanuel adressait une proclamation à ses soldats, le grand-duc de Toscane réunissait le corps diplomatique et lui annonçait, qu'abandonné par ses troupes et ne voulant pas abdiquer, comme le lui demandait le marquis de Lajatico, chargé de former un cabinet, il ne lui restait qu'à quitter le grand-duché avec sa famille.

Le soir, en effet, le grand-duc s'éloignait de Florence avec une escorte d'honneur. — Un gouvernement provisoire était aussitôt établi.

Il était évident que l'armée ennemie allait marcher sur un sol miné, sentant à chaque instant la terre d'Italie trembler sous ses pas. — Si l'Autriche avait en face d'elle les forces alliées de la France et de la Sardaigne, la révolution intérieure, creusant chaque jour son lit dans ses possessions du royaume lombard-vénitien, devait lui créer des embarras sans cesse renaissants.

—C'étaient deux ennemis à combattre, l'un au dedans, l'autre au dehors.

XXXI. — Le 28 avril, l'empereur d'Autriche annonçait à son peuple, par un manifeste impérial (1), la guerre qui

(1) Nous pensons qu'il n'est pas sans intérêt de connaître ce manifeste impérial, qui contient le résumé de la pensée de l'Autriche et les raisons qui l'ont engagée dans la guerre qui va s'ouvrir. Nous publions ce document en son entier.

Manifeste impérial.

« A mes peuples.

« J'ai donné l'ordre à ma vaillante et fidèle armée de mettre un terme aux attaques, récemment arrivées au plus haut point, que dirige, depuis une série d'années, l'État voisin de Sardaigne contre les droits incontestables de ma couronne et l'inviolabilité de l'empire que Dieu m'a confié.

« J'ai accompli ainsi mon devoir pénible, mais inévitable, de chef de l'État.

« La conscience en paix, je puis élever mes regards vers le Dieu tout-puissant et me soumettre à son arrêt.

« Je livre avec confiance ma résolution au jugement impartial des contemporains et de la postérité. Quant à mes peuples, je suis sûr de leur assentiment.

« Lorsque, il y a plus de dix ans, le même ennemi, violant toutes les règles du droit des gens et tous les usages de la guerre, vint se jeter en armes sur le royaume lombard-vénitien, sans qu'on lui en eût donné aucun motif, et dans le seul but de s'en emparer; lorsque, dans deux combats glorieux, il eut été battu par mon armée, je n'écoutai que la voix de la générosité, je lui tendis la main et lui offris la réconciliation.

« Je ne me suis pas approprié un seul pouce de son territoire, je n'ai porté atteinte à aucun des droits qui appartiennent à la couronne de Sardaigne dans la famille des peuples européens, je n'ai exigé aucune garantie contre le retour de semblables événements; dans la main qui vint presser, en signe de réconciliation, celle que j'avais

allait s'ouvrir, et appelait en Lombardie l'Allemagne
entière à la suite de son armée, en lui laissant entrevoir
que ses propres intérêts seraient gravement compromis
et sa puissance intérieure sérieusement menacée.

sincèrement offerte et qui fut acceptée, j'avais cru ne trouver que la
réconciliation seule.

« J'ai sacrifié à la paix le sang qu'avait versé mon armée pour défendre l'honneur et les droits de l'Autriche.

« Comment répondit-on à cette générosité, peut-être unique dans
l'histoire ? On recommença de suite à faire preuve d'une inimitié qui
croissait d'année en année; on provoqua, par tous les moyens les
plus déloyaux, une agitation dangereuse pour le repos et le bien-être
de mon royaume lombard-vénitien.

« Sachant bien ce que je dois à la paix, ce bien précieux pour mes
peuples et pour l'Europe, je supportai patiemment ces nouvelles
attaques. Ma patience n'était pas encore épuisée, lorsque les mesures
de sûreté plus étendues que m'a forcé de prendre en ces derniers
temps l'excès des provocations sourdes qui se produisaient aux frontières et à l'intérieur même de mes provinces italiennes, furent de nouveau
exploitées par la Sardaigne, pour tenir une conduite plus hostile encore.

« Tout disposé à tenir compte de la médiation bienveillante des
grandes puissances amies pour le maintien de la paix, je consentis à
prendre part à un Congrès des cinq grandes puissances.

« Quant aux quatre points proposés par le gouvernement anglais,
et transmis au mien comme base des délibérations du Congrès, je les
ai acceptés, à la condition qu'ils pourraient faciliter l'œuvre d'une paix
vraie, sincère et durable.

« Mais, étant convaincu que mon gouvernement n'a fait aucune démarche capable de conduire, même de très-loin, à la rupture de la
paix, j'exigeai, en même temps, le désarmement préalable, qui est
cause de tout le désordre et du danger qui menace la paix.

« Enfin, sur les instances des puissances amies, j'ai donné mon
adhésion à la proposition d'un désarmement général.

« La médiation vint échouer contre les conditions inacceptables que
mettait la Sardaigne à son consentement.

« Il ne restait plus alors qu'un seul moyen de maintenir la paix. Je
fis immédiatement adresser au gouvernement du roi de Sardaigne une
sommation d'avoir à mettre son armée sur le pied de paix, et de licencier ses volontaires.

« Nous espérons, disait-il, n'être pas seuls dans cette lutte.

« Le terrain sur lequel nous combattons est aussi arrosé du sang des peuples allemands, nos frères ; il a été conquis et conservé jusqu'à ce jour comme un de leurs

« La Sardaigne n'ayant pas obtempéré à cette demande, le moment est venu où le droit ne peut plus être maintenu que par la force des armes.

« J'ai donné à mon armée l'ordre d'entrer en Sardaigne.

« Je connais la portée de cette démarche ; et si jamais les soucis du pouvoir ont pesé lourdement sur moi, c'est en ce moment. La guerre est un des fléaux de l'humanité ; mon cœur s'émeut en pensant à tant de milliers de mes fidèles sujets dont ce fléau menace et la vie et les biens ; je sens profondément combien sont douloureuses pour mon empire les épreuves de la guerre, au moment même où il poursuit avec ordre son développement intérieur et où il aurait besoin pour l'accomplir que la paix fût maintenue.

« Mais le cœur du monarque doit se taire, lorsque l'honneur et le devoir seuls commandent.

« L'ennemi se tient en armes sur nos frontières ; il est allié au parti du bouleversement général, avec le projet hautement avoué de s'emparer des possessions de l'Autriche en Italie. Il est soutenu par le souverain de la France, lequel, sous des prétextes qui n'existent pas, s'immisce dans les affaires de la Péninsule qui sont réglées par les traités, et fait marcher son armée au secours du Piémont. Déjà des divisions de cette armée ont franchi la frontière sarde.

« La couronne que mes aïeux m'ont transmise sans tache a eu déjà de bien mauvais jours à traverser ; mais la glorieuse histoire de notre patrie prouve que souvent, lorsque les ombres d'une révolution qui met en péril les biens les plus précieux de l'humanité menaçaient de s'étendre sur l'Europe, la Providence s'est servie de l'épée de l'Autriche, dont les éclairs ont dissipé ces ombres.

« Nous sommes de nouveau à la veille d'une de ces époques où des doctrines subversives de tout l'ordre existant ne sont plus prêchées seulement par des sectes, mais lancées sur le monde du haut même des trônes.

« Si je suis contraint à tirer l'épée, cette épée est consacrée à défendre l'honneur et le bon droit de l'Autriche, les droits de tous les peuples et de tous les États, et les biens les plus sacrés de l'humanité.

« Mais c'est à vous, mes peuples, qui, par votre fidélité pour vos souverains légitimes, êtes le modèle des peuples de la terre, c'est à

remparts : c'est par là que presque toujours les ennemis astucieux de l'Allemagne ont commencé l'attaque, lorsqu'ils voulaient briser sa puissance à l'intérieur. Le sentiment de ce danger est répandu aujourd'hui dans l'Allemagne entière, de la cabane au trône, d'une frontière à l'autre.

« C'est comme prince de la Confédération germanique que je vous signale le danger commun, que je vous rappelle ces jours glorieux où l'Europe dut sa délivrance à l'ardeur et à l'unanimité de votre enthousiasme. »

XXXII. — Avant d'entrer dans le récit des faits mili-

vous que s'adresse mon appel. Apportez-moi, dans la lutte qui s'engage, votre fidélité dès longtemps éprouvée, votre abnégation, votre dévouement.

« A vos fils, que j'ai appelés dans les rangs de mon armée, j'envoie, moi leur capitaine, mon salut de guerre ; vous devez les contempler avec fierté ; entre leurs mains l'aigle d'Autriche portera bien haut son vol glorieux.

« La lutte que nous soutenons est juste. Nous l'acceptons avec courage et confiance.

« Nous espérons n'être pas seuls dans cette lutte.

« Le terrain sur lequel nous combattons est aussi arrosé du sang des peuples allemands, nos frères ; il a été conquis et conservé jusqu'à ce jour comme un de leurs remparts ; c'est par là que presque toujours les ennemis astucieux de l'Allemagne ont commencé l'attaque lorsqu'ils voulaient briser sa puissance à l'intérieur. Le sentiment de ce danger est répandu aujourd'hui dans l'Allemagne entière, de la cabane au trône, d'une frontière à l'autre.

« C'est comme prince de la Confédération germanique que je vous signale le danger commun, que je vous rappelle ces jours glorieux où l'Europe dut sa délivrance à l'ardeur et à l'unanimité de notre enthousiasme.

« Avec Dieu pour la patrie !

« Donné à Vienne, ma résidence et capitale de mon empire, ce 28 avril 1859.   « FRANÇOIS JOSEPH. »

taires qui vont s'accomplir, jetons un coup d'œil sur les lieux qui sont appelés à devenir le théâtre de la guerre. Ce rapide examen du pays, dans lequel vont opérer les différents corps d'armée des nations belligérantes, permettra d'en saisir plus facilement l'ensemble et d'en comprendre les marches stratégiques.

« La vallée du Pô, encore partagée aujourd'hui entre les royaumes de Piémont et de Lombardie, est cependant une des contrées qui semble avoir été le mieux destinée par la nature pour former une unité politique et sociale. Les Alpes et l'Apennin qui la ceignent de toutes parts, excepté à l'ouest, où elle confine à l'Adriatique, lui tracent des frontières plus exactement définies qu'à aucune autre région de l'Europe, et les débouchés qu'elle possède sur deux mers, débouchés que protégent à l'ouest les montagnes de la Ligurie, et au levant les lagunes, dans lesquelles viennent se perdre les embouchures du Pô, de l'Adige et de la Brenta, sembleraient devoir lui garantir à la fois la sécurité et la facilité de ses communications avec l'extérieur (1) »

XXXIII. — Si cette vallée offre, pendant le règne de la paix, d'admirables conditions de richesse et de féconde prospérité, son vaste amphithéâtre de montagnes et sa plaine si admirablement unie deviennent une arène préparée par la nature elle-même pour être le théâtre des combats.

(1) Nous empruntons ces quelques lignes à M. Xavier Raymond, écrivain distingué, et l'un des rédacteurs du *Journal des Débats*.

La configuration de cet immense cirque se prête à toutes les combinaisons stratégiques, aux marches des armées et à leur développement, comme à leur concentration. — Si elle offre, en cas de revers, à une armée vaincue, des retraites assurées, d'un autre côté elle permet au vainqueur de rayonner sur plusieurs pays et de se rendre maître de la Péninsule.

Depuis Annibal jusqu'à Napoléon, les plus grands capitaines, qui ont gravé leurs noms glorieux dans l'histoire, ont conduit leurs bataillons dans ce vaste champ-clos.

La France et l'Autriche se sont souvent retrouvées sur ce champ de bataille. — L'une, pour entrer en Italie, est obligée de traverser les Alpes et d'en descendre les vallées, l'autre doit franchir les cours d'eau qui coulent parallèlement du massif principal des Alpes.

XXXIV. — Dans la guerre qui se prépare, nous voyons en effet une partie de l'armée française (3e et 4e corps) débouchant à la fois par le col du Mont-Cenis et le col de Genèvre, descendre la vallée de la Doria-Riparia sur Turin, tandis qu'une autre fraction, débarquée à Gênes, (1er, 2e corps, garde impériale et matériel de l'armée), passant les Apennins, soit au col de la Bochetta, soit par le tunnel du chemin de fer, s'engage dans la vallée de la Scrivia.

Une fois l'armée alliée dans les plaines du Piémont, elle se voit entourée de tous côtés par des obstacles naturels. — Au nord, à l'ouest et au sud, c'est la chaîne

des Alpes et celle des Apennins, dont un contre-fort, se
détachant de la masse centrale, vient mourir à une faible distance du Pô, presque en face de l'embouchure du
Tessin dans ce fleuve. Ce contre-fort constitue, avec le
Tessin, le véritable obstacle qui arrête, vers l'est, l'armée alliée dans sa marche, ou plutôt l'oblige, soit à
franchir le cours de ce fleuve, soit à passer le défilé de
la Stradella, situé entre le Pô et le contre-fort des Apennins.

XXXV. — Dans ce dernier cas, après avoir traversé
le défilé de la Stradella, elle se verrait séparée de l'armée ennemie par le cours du Pô, coulant de l'ouest à
l'est, sur une largeur de près de 900 mètres et défendu
par des places fortes en possession de l'Autriche, telles
que Plaisance et Crémone.

Mais si, en suivant cette voie, l'armée franco-sarde
rencontre de plus grandes difficultés, elle y trouve
aussi en échange des avantages considérables, par la
possibilité de tourner les cours d'eau du Tessin, du
Lembro, de l'Adda, de l'Oglio et de leurs nombreux
affluents, qui descendent parallèlement des Alpes, et
seraient autant de barrières devant un ennemi qui
voudrait les aborder de front.

Ainsi, l'Autriche, défendant la Lombardie, peut être
attaquée avec des chances qui se compensent, soit par
le passage du Pô exécuté au-dessous de Plaisance, soit
par le passage des affluents de gauche de ce fleuve sur
les routes qui conduisent à la capitale de la Lombardie.

En un mot, le Pô est un vaste fossé qui couvre la presqu'île en arrière du rempart des Alpes; de quelque côté que l'on entre, on ne saurait l'éviter.

« A l'ouest, peu important par lui-même, il le devient par ses affluents. — A l'est, il est couvert par les rivières qui descendent rapidement dans l'Adriatique;—au nord, il s'offre à travers, derrière la masse des Alpes qui s'oppose à toute grande invasion;—au sud, si l'on entre par le défaut des Alpes et des Apennins, il n'en garde pas moins toute son importance, parce qu'on ne saurait s'aventurer dans la presqu'île, sans avoir ses derrières assurés par ce fleuve. Ce pays de la rive gauche étant plus large, plus fertile, traversé par de grandes rivières et couvert par de hautes montagnes, est bien plus important que celui de la rive droite, et l'invasion se porte toujours de ce côté, même quand elle entre par le midi (1). »

Tel est donc l'aspect général de l'Italie supérieure; telles sont les difficultés qu'elle offre à la marche des armées; tel est enfin ce vaste ensemble, dont Alexandrie et Milan sont les objectifs, défendus par des cours d'eau nombreux et par de redoutables places fortes que fortifient à la fois la nature et l'art.

XXXVI. — Par suite des deux lignes stratégiques dont nous venons de parler, et par lesquelles l'armée alliée peut menacer la capitale de la Lombardie, l'armée au-

(1) Théophile Lavallée.

trichienne, obéissant à un plan savamment étudié, s'était placée dans l'angle formé par le Tessin et le Pô, avec de nombreux ponts jetés sur le Tessin, et une forte tête de pont couvrant, sur la rive droite du Pô, le pont de bateaux de la Stella.—Ainsi, de quelque côté que l'ennemi se présentât, soit devant elle, soit à gauche, elle n'avait à parcourir que le rayon du cercle, dont son adversaire avait à décrire le diamètre entier.

En arrière d'elle, les places de la Lombardie et de la Vénétie assuraient fortement ses derrières.

XXXVII.—Maintenant, voyons quelles positions occupait l'armée sarde le 26 avril, date de la déclaration de guerre.

Les unes étaient des positions de défense, — les autres d'observation.

L'armée sarde, impuissante, soit pour attaquer, soit pour se défendre sérieusement devant des forces infiniment supérieures qui pouvaient à la fois pénétrer par différents côtés, ne devait avoir qu'une pensée, celle de retarder la marche de l'ennemi, et de donner à la France le temps d'arriver.

XXXVIII. — Comme nous l'avons fait pour l'expédition de Crimée, nous nous renfermerons dans notre rôle de chroniqueur. — Sans chercher à apprécier les mouvements militaires des deux armées en présence, nous nous bornerons à les relater scrupuleusement, ayant en main les documents officiels,

et puisant nos renseignements à des sources inatta-
quables. — Plus tard, l'histoire, lorsque les années
auront passé sur tous ces faits palpitants encore,
appelant à sa barre les hommes et les événements,
prendra ces jalons fidèles pour se guider dans le souvenir du passé, et jugera les grands faits militaires qui se
sont accomplis dans cette mémorable campagne.

XXXIX. — Le 26 avril, dix escadrons étaient en observation sur la rive droite du Pô, entre Voghera (1), Tortona (2) et Sale.

Deux brigades d'infanterie et deux bataillons de bersagliers, en position à Arquata (3), Serravalle (4), Gavi (5)

(1) *Voghera*. A 30 kilom. E. N. E. d'Alexandrie, à 52 kil. S. S. O.
de Milan, sur la rive gauche de la Staffora : 11 450 habitants.
C'est la dernière ville du Piémont, aux confins du pays de Plaisance
et du territoire de Pavie ; elle est traversée par la route de Plaisance à
Alexandrie et a un embranchement de chemin de fer sur cette ville.

(2) *Tortone*. Chef-lieu de la province de ce nom, à 17 kilom. E.
d'Alexandrie, sur la rive droite de la Scrivia ; 12 500 habitants.
Tortone faisait partie de la ligue lombarde, et fut rasée par Frédéric Barberousse. Elle fut fortifiée plus tard par Victor-Amédée II, mais,
en 1796, les Français firent sauter la citadelle en vertu des stipulations du traité de Cherasco.

(3) *Arquata*. Bourg des Etats-Sardes, dans le mandement de Serravalle, à 11 kil. S. E. de Novi ; province de Novi ; 1500 habitants.

(4) *Serravalle*. Bourg des États-Sardes ; province de Novi, à 6 kil.
S. E. de cette ville sur la rive gauche de la Scrivia ; 2430 habitants.

(5) *Gavi*. 12 kil. S. de Novi, au confluent du Neirone et du Lemme ;
5768 habitants. Le bourg de Gavi est entouré de murs pour protéger l'ancienne route de Rochetta ; il est commandé par un fort qui
passe pour n'avoir jamais été pris, et par un ouvrage avancé construit sur le Monte Moro.

et Novi (1), défendaient le débouché de la vallée de la Scrivia.

Trois brigades d'infanterie servaient de garnison à la place d'Alexandrie.

Deux brigades d'infanterie occupaient sur la droite du Pô, les fortes positions de Bassignana (2), Pomaro (3), Monte et San Salvatore (4).

Dix batteries d'artillerie étaient attachées à ces troupes.

XL. — Nous extrayons du journal historique de l'armée sarde (5) le passage suivant qui expose, avec autant de clarté que de simplicité, les positions occupées par l'armée du Roi, et le but que l'on se proposait.

« Les conditions topographiques et tactiques du Tessin

---

(1) *Novi.* Chef-lieu de la province de ce nom, à 39 kil. N. N. O. de Gênes. 18 800 habitants. Novi est célèbre par le combat glorieux que les Français livrèrent aux Austro-Russes, le 15 août 1799, et dans lequel le général Joubert fut tué.

(2) *Bassignana.* Bourg des États-Sardes de 4000 habitants, à 13 kil. N.E. d'Alexandrie, sur la rive droite du Pô, non loin de l'embouchure du Tanaro. Autrefois ville fortifiée. Traité de paix de 1361, entre Otton de Brunswick et Galéas Visconti.

(3) *Pomaro.* Village, situé sur un mamelon entre Verceil et Valenza, à 9 kil. N. O. de cette ville.

(4) *San Salvatore.* Dans la province d'Alexandrie, à 10 kil. N.O. de cette ville; 5000 habitants.

(5) *Récit détaillé des opérations militaires de l'armée sarde* pendant toute la durée de la campagne, envoyé par le lieutenant général de l'état-major au major général de l'armée française, pour servir à la rédaction du *journal historique* de cette campagne, tenu au grand quartier général.

ne permettant pas de défendre avantageusement, avec les forces dont on pouvait disposer, le territoire compris entre cette rivière, la Sesia et le Pô, on s'était contenté d'y laisser en observation quatre régiments de cavalerie, chargés d'étendre leur réseau d'exploration jusqu'à l'extrème frontière.

« De grands préparatifs avaient été faits pour entraver la marche des colonnes ennemies, au milieu de ce pays coupé de canaux et de rizières ; de fortes tranchées avaient été faites sur les routes principales et l'inonda-tion, préparée sur une grande échelle, devait rendre les terrains avoisinants impraticables.

« Afin de protéger la capitale contre une pointe hardie de l'armée autrichienne, manœuvre dont celle-ci pou-vait se promettre des résultats assez importants, on avait élevé des retranchements tout le long de la ligne de la Doire, depuis le point culminant de Massé jusqu'au confluent dans le Pô à Calcia-Vacca. Bien que la rivière fût en ce moment guéable, le bas-fond, qui règne tout le long de la rive au pied de la berge, ne laissait de pra-ticable à l'artillerie que les trois chaussées principales ; celles-ci avaient été fortement coupées et étaient défen-dues par des retranchements munis d'artillerie.

« Une seconde ligne de défense avait été préparée en arrière de Torassi à Verolengo (1); 26 bataillons, 8 es-cadrons et 9 batteries (34 pièces) garnissaient cette

---

(1) *Verolengo*. Bourg des États-Sardes, à 26 kil. N. E. de Turin ; 4200 habitants.

ligne, dont la défense était confiée au général Cialdini, commandant la 4e division.

« Les collines de Brusasco (1) et Verrua (2) sur la rive droite du Pô, étaient occupées par les chasseurs des Alpes. Une batterie de gros calibre battait la chaussée de Casale à Turin.

« Enfin on comptait sur l'arrivée des premières troupes françaises, débouchant à Suse pour pouvoir, en cas de besoin, les transporter rapidement par la voie de fer vers Caluso (3) et Ivrea, et s'opposer à un mouvement tournant de l'ennemi sur le flanc gauche de la ligne de défense de la Doire. »

XLI. — Telles étaient les combinaisons stratégiques adoptées par le commandant en chef de l'armée sarde et mises à exécution, lorsque l'ultimatum de l'Autriche arriva à Turin.

On devait supposer que l'ennemi, se renfermant dans le délai fixé par cet ultimatum, franchirait la frontière et ferait tout aussitôt sur le territoire piémontais son premier acte agressif. Il n'en fut rien cependant.

---

(1) *Brusasco.* A 25 kil. de Turin; sur la rive droite du Pô; 1150 habitants.

(2) *Verrua.* Ville des États-Sardes à 37 kil. N. E. de Turin, située sur une roche escarpée près la rive droite du Pô; 1600 habitants. Forte position militaire, Verrua opposa une résistance obstinée à l'empereur Frédéric II. Dans les temps modernes, en 1704, le duc de Vendôme l'attaqua sans succès. Ses fortifications sont détruites aujourd'hui.

(3) *Caluso.* Bourg des États-Sardes, à 29 kil. N. E. de Turin et à 15 kil. S. d'Ivrea; 3000 habitants.

Deux jours entiers se passèrent dans cette attente, et ce fut seulement le 29, dans l'après-midi, que deux colonnes autrichiennes passèrent le Tessin sous Pavie par le pont de Gravellone, et se dirigèrent l'une sur Garlasco (1) et Tramello, l'autre sur Zinasco et San Nazaro.

XLII. — Ces deux jours de retard, quels qu'en soient les motifs, furent, pour le Piémont, un secours de la Providence, car l'armée française, qui avait reçu l'ordre de se mettre en marche le 23 avril, arrivait en toute hâte par différents côtés, et le jour même où l'armée autrichienne envahissait le territoire piémontais, les têtes de colonne des divisions françaises arrivaient à Suse, l'une par Culoz, l'autre par le mont Genèvre, et faisaient, le lendemain au matin, 30 avril, leur entrée à Turin.

Les Autrichiens concentrés à Pavie, où était établi l'état-major général du commandant en chef Giulay, poussaient leurs avant-postes de cavalerie jusqu'à Vespolate (2) et Cerano (3) et faisaient avancer de grosses colonnes vers Mortara (4), qu'ils occupaient

(1) *Garlasco*. Bourg des États-Sardes, province de la Lomelline, à 28 kil. S. E. de Novare; 5900 habitants.

(2) *Vespolate*. Bourg des États-Sardes, à 12 kil. S. de Novare, sur l'Arbogna.

(3) *Cerano*. Village des États-Sardes, à 12 kil. E.S.E. de Novare, sur la Mora. 3600 habitants.

(4) *Mortara*. Chef-lieu de la province de Lomelline, à 23 kil. S. S. E. de Novare et 41 kil. d'Alexandrie; sur le canal de l'Agognia au Pô; 5500 habitants. Les rizières des environs en rendent l'air insalubre. On voit que son nom provient du grand nombre des morts à la victoire remportée par Charlemagne, en 774, sur les Lombards.

le soir même, puis marchaient en force sur Verceil (1), dont ils s'emparaient également, le 2 mai.

XLIII. — Mais ces opérations de l'ennemi ne s'effec-
tuèrent pas sans des rencontres avec les avant-postes
de l'armée sarde. « La cavalerie légère, laissée en observation sur cette frontière (dit le journal de l'état-major
général), se retira pas à pas, sans se laisser entamer,
et chargea plusieurs fois avec succès la cavalerie ennemie. »

« L'armée autrichienne, ajoute ce journal, prit une
forte position entre la Sésia et le Pô, et s'y établit comme
dans un vaste camp retranché, au moyen de têtes de
pont sur le Pô, à Stella et à Gerola (2). Elle pouvait déboucher sur la droite de cette rivière dans la plaine
de Marengo, que traverse la communication importante de Gênes à Alexandrie. Au moyen de Verceil
qui lui servait de tête de pont sur la Sésia, elle
pouvait manœuvrer sur la gauche du Pô et menacer
Turin.

« Enfin, l'immense supériorité numérique de l'armée
autrichienne sur les forces qui lui étaient opposées,
rendait probable une attaque de vive force sur quelques

(1) *Verceil*. Ville des États-Sardes, chef-lieu de la province de
ce nom, à 65 kil. N. E. de Turin, sur la rive droite de la Sesia
18 000 habitants. Justin en attribue la fondation à Bellovèse, 603 ans
avant l'ère vulgaire. C'est dans la plaine, aux environs de Verceil,
que Marius défit les Cimbres, l'an 652 de Rome.

(2) *Gerola*. Village des États-Sardes, à 4 kil. de Casei, province
de Voghera; 651 habitants.

points de la ligne de Casale à Valenza (1) et Bassignana, malgré les obstacles qu'elle avait rencontrés.

« En cas de réussite, cette manœuvre aurait eu des résultats d'une grande portée pour les opérations de la campagne. »

XLIV. — Les mouvements de l'ennemi devenaient inquiétants ; les renseignements, soit des habitants, soit des espions, faisaient connaître que des renforts considérables se massaient sur tous les points de la ligne qu'il avait choisie. — En outre, il jetait des ponts sur tous les cours d'eau, dont le passage pouvait servir à relier ses corps d'armée entre eux.

Si les troupes autrichiennes réunies en force tentaient une attaque hardie, cette attaque pouvait avoir pour l'armée sarde des résultats désastreux.

Le maréchal Canrobert (2) venait d'arriver à Turin,

---

(1) *Valenza*. Ville des États-Sardes, à 11 kil. N. d'Alexandrie, sur la rive droite du Pô ; 7000 habitants.

(2)   LE MARÉCHAL CANROBERT.

Le maréchal Canrobert est un de ces généraux nés sur le sol de l'Afrique. C'est à cette rude école d'épreuves sans cesse renaissantes, de combats successifs, de véritable vie militaire, que le sous-lieutenant acquit tous ses grades, et sentit grandir en lui l'instinct militaire, le noble élan, qui seuls font le vrai soldat. Aujourd'hui son nom est populaire, et la noblesse du caractère, le dévouement entier à la chose publique, ont ajouté un éclat de plus aux brillantes qualités de l'officier général.

Nous ne cachons pas notre sympathie profonde et réelle pour lui, c'est un de ces cœurs chauds, une de ces âmes noblement trempées, qui ont à la fois le courage et l'abnégation. Son brillant courage élec-

avec le général Niel et le général du génie Frossard ;
tous trois accompagnèrent le roi Victor-Emmanuel sur
la ligne de la Doire (Dora Baltea), dont il avait été

trisait les soldats qu'il menait au combat : tous avaient la confiance, et
lui avait la foi.

Le maréchal Certain Canrobert est né en 1809. Sorti de l'École de
Saint-Cyr dans les premiers rangs, il fut nommé sous-lieutenant en
1828. Lieutenant en 1832, il s'embarque pour l'Afrique en 1835, et
prend part à l'expédition de Mascara. Tour à tour, il est dans la province d'Oran, à la prise de Tlemcen, aux combats de Sidi-Yacoub, de
la Tafna, de la Sikkak, et est nommé capitaine en 1837.

La même année, il est au siége de Constantine, il fait partie des
colonnes d'assaut, et reçoit sa première blessure sur la brèche, à côté
du colonel Combes, vieux soldat, qui tombait mortellement frappé.

Avant d'expirer, l'intrépide colonel recommandait au maréchal
Vallée le jeune capitaine en disant ces seuls mots : « Monsieur le maréchal, il y a de l'avenir dans cet officier. »

Nommé chevalier de la Légion d'honneur, il rentra en France en
1839, et s'acquitta avec un plein succès de la mission qui lui fut confiée, d'organiser avec les bandes de l'armée carliste refoulées sur le sol
français, un bataillon pour la légion étrangère ; et les débris de la
guerre civile allèrent combattre sous notre drapeau en Algérie.

Mais il fallait le sol brûlant de l'Afrique, la vie des camps, à l'homme
qui sentait en lui l'étincelle du soldat, et qui ne voulait pas perdre ses
jeunes et belles années dans l'oisiveté de la vie de garnison. Quel plus
beau champ pour l'activité guerrière, que celui de ces luttes incessantes
qui ne se terminaient sur un point que pour recommencer sur un autre.

En 1841, Canrobert retourna en Afrique ; et après les combats des
cols de Mouzaïa et du Gontas. il fut élevé au grade de chef de bataillon,
en 1842. Perpétuellement il tint la campagne, prenant part à toutes les
expéditions, courant de combats en combats. Partout où son bataillon
de chasseurs se trouvait, son chef se faisait sans cesse remarquer par
une heureuse intrépidité ; car à la guerre, outre le courage, outre
l'habileté, il y a encore le bonheur.

Dans les graves événements, lorsqu'il s'agissait d'opérations difficiles, Napoléon Ier disait souvent : « Donnez-en le commandement à tel
général, il est heureux. »

Le bonheur est-il aussi de l'habileté ?—C'est un secret que les
champs de batailles enferment dans leur sein. Il est impossible de
suivre le commandant Canrobert dans ses courses aventureuses. Par-

question de faire une ligne de défense pour protéger
Turin.

Dans les matinées du 29 et du 30, ils examinèrent

tout il laissait sur son passage les traces d'une rapide et décisive énergie.
Le succès l'accompagnait; car il ne doutait jamais de lui: il refoula de
repaires en repaires, de montagnes en montagnes, de ravins en ravins,
les bandes de Bou-Maza; c'est là qu'il obtint son grade de lieutenant-
colonel (1845). Il combattit vigoureusement les Kabyles qui le tenaient
bloqué dans la ville de Fenez. Pendant huit mois de luttes successives,
opiniâtres et souvent sanglantes, il lutta pied à pied avec ses ennemis, gagnant peu à peu du terrain, et étouffant la révolte sous chacun
de ses pas. Le grade de colonel lui fut donné en 1847.

Après avoir commandé le 2e régiment de la légion étrangère, il
fut mis à la tête du régiment de zouaves. C'était une gloire et un honneur, que de commander cette troupe d'élite, ces hommes infatigables
au combat, ardents aux aventures; il conduisit ses zouaves contre les
Kabyles et les tribus du Jurjura, et les zouaves acclamaient leur colonel
qui combattait toujours le premier à leur tête. Le dieu des combats
veillait sur lui; le feu de l'ennemi semblait respecter l'intrépide soldat.

L'année 1839 fut une belle page pour le colonel Canrobert. Le cho-
léra décimait la garnison d'Aumale. Le siége de Zaatcha qui se prépare l'appelle au combat; il part avec ses zouaves que l'épidémie
dévorait; et pendant les épreuves d'une longue et pénible marche, il
les encourage, il les soutient, il rend aux malades l'énergie qui les
abandonne, et communique à tous ce courage si difficile contre un
fléau qui frappe et que l'on ne voit pas.

Dans cette marche avec sa petite colonne affaiblie, épuisée, il se
trouva tout à coup en face de nombreux assaillants qui lui barraient
le passage et enveloppaient la ville de Bou-Sada, dont la garnison
était bloquée. Le colonel Canrobert marcha résolûment à eux malgré
l'inégalité des forces, et leur cria:

« Livrez-moi passage, car je porte avec moi un ennemi qui vous
exterminera tous, la peste !... »

Les Arabes, épouvantés par ces paroles et apercevant, en effet, de
tous côtés dans la petite colonne des traces visibles du mal épidémi-
que, s'écartèrent avec effroi, et laissèrent le passage libre. Le colonel
en profita pour jeter un renfort dans la ville de Bou-Sada, et arriva
enfin à Zaatcha, le 8 novembre.

Aujourd'hui encore, le maréchal Canrobert se plaît à raconter cette
anecdote de sa vie militaire, et en Crimée, sous les murs de Sébasto-

avec grande attention cette ligne et celle de la Stora, calculant toutes les ressources que ces positions pouvaient offrir.

Regardées, dans le principe, comme deux bonnes lignes de défense, elles ne parurent pas, après examen,

pol, nous l'avons entendue de sa bouche, lorsqu'un jour ayant à sa table un colonel de zouaves, il se rappelait le temps où il avait l'honneur de les commander.

Le 26 novembre, on donna l'assaut à Zaatcha. Le colonel Canrobert commanda une des colonnes d'attaque, et eut le bonheur d'arriver sain et sauf sur la brèche, laissant derrière lui officiers et soldats morts et blessés. Cette action d'éclat lui valut la croix de commandeur de la Légion d'honneur.

Rare et difficile honneur de pouvoir inscrire dans ses états de service : monté deux fois à l'assaut, à Constantine, à Zaatcha. Général de brigade en 1850, il revint en France ; puis général de division en 1853, et aide de camp de l'Empereur, il fut nommé au commandement supérieur du camp d'Elfaut.

Lorsque la France se décida à envoyer une armée en Orient, le général Canrobert fut parmi les premiers généraux qui s'embarquèrent pour Gallipoli. Chargé de l'organisation du camp, il se multiplia, veilla à tout avec cette rude activité qui est dans sa nature.

A la mort du maréchal de Saint-Arnaud, le général Canrobert reçut le commandement en chef de l'armée française.

Officiers et soldats accueillirent avec des acclamations le choix de l'Empereur ; et, pleins de confiance dans leur jeune général, ils surent supporter sans se plaindre les plus rudes fatigues, les plus cruelles privations. Pendant le cours du siége de Sébastopol, toujours on le vit dans les tranchées, au milieu des neiges, venant en personne encourager nos vaillants soldats et les remercier au nom de la France et de l'Empereur de tant de courage et d'une si noble abnégation.

Aussi, au milieu des souffrances et des maladies, le moral de l'armée n'eut pas un seul jour de défaillance. Au mois de mai, Canrobert remettait le commandement en chef au général Pélissier et demandait à reprendre le commandement de sa division ; et s'il ne devait pas avoir l'honneur d'attacher son nom à la prise de Sébastopol, il eut celui d'avoir amené le triomphe des armées alliées.

Le général Canrobert, nommé maréchal de France, le 18 mars 1856, est un des caractères les plus chevaleresques de notre siècle, il a su s'attacher l'estime et la sympathie de tous.

réunir des conditions suffisamment favorables, par suite
de leur étendue et de la nature même du terrain. Les
berges sont presque partout accessibles; le lit de la
rivière est boisé. Dans de semblables conditions, pour
arrêter les Autrichiens qui avaient passé le Pô sur plusieurs points, il eût fallu un déploiement de troupes impossible avec les ressources actuelles.

Le maréchal ne s'y trompa pas (1).

XLV. — « La position de la Stora, que nous avons vi-
sitée (écrivait-il dans une dépêche en date du 30 avril)
n'est pas plus tenable que celle de la Dora Baltea, avec
les forces dont les Piémontais et moi pouvons disposer
à présent.

« L'unique chance de défendre Turin contre l'ennemi,
s'il s'avançait sur cette capitale avec des forces considérables, est de lui donner de l'inquiétude sur son flanc
gauche et sur ses derrières par la tête de pont de Casale.
Je puis faire cette démonstration, sans compromettre les
troupes en envoyant à Casale, dans les remparts de cette

---

(1) *Journal historique des marches et mouvements de l'armée d'Italie tenu au grand quartier général.*

« Le maréchal Canrobert pensa que cette position, qui aurait forcé
les troupes franco-sardes à se développer sur un espace de quatre
lieues et qui était infiniment trop rapprochée de Turin et de nos points
de retraite sur Suse, ne pouvait être utilement défendue.

• On s'exposait, en cas d'échec, à voir Turin traité comme une ville
prise d'assaut, et les communications interrompues.

« D'accord avec le Roi, le maréchal prit la résolution, approuvée par
l'Empereur, de jeter ses troupes dans Alexandrie et Casale, à trente
lieues de Turin. »

place forte, un bataillon et une compagnie (que j'annonce être plus considérables) pour y travailler, sous les ordres du général Frossard, à la tête de pont sur le Pô et ses débouchés.

« Le Roi considère ces nouvelles dispositions comme les seules qui puissent sauver la capitale et donner aux armées réunies la possibilité d'agir efficacement côte à côte.

« La place d'Alexandrie est très-largement approvisionnée, à ce que m'a affirmé le ministre de la guerre sarde.

« Je compte que, le 6 mai, la presque totalité des divisions d'infanterie des 3ᵉ et 4ᵉ corps et la brigade de cavalerie légère du général Niel auront débouché en Piémont ; elles présenteront un effectif approximatif de 50 000 hommes, qui, joints aux 55 000 du roi Victor-Emmanuel, et aux troupes françaises qui seront entrées par Gênes, donneront un total de près de 175 à 180 mille hommes. »

XLVI. — Le Roi, en effet, applaudit à cette résolution, si heureusement inspirée au maréchal Canrobert par l'aspect des terrains qu'il avait parcourus. Le général Niel et le général Frossard furent également du même avis. — Cette combinaison devait, en effet, ne pas tarder à porter ses fruits, en laissant ainsi supposer aux Autrichiens que, s'ils avançaient sur Turin, nous étions prêts à déboucher sur leur flanc gauche.

Dès que ce projet fut arrêté, il fut mis aussitôt à exécution ; le Roi fit diriger sur Casale et Alexandrie les troupes destinées dans le principe à la défense de la Doire, et on ne laissa en observation sur cette ligne, que la division de cavalerie de ligne du général Sambay et le corps des chasseurs des Alpes.

Le général Frossard commença ses travaux à Casale, et des mouvements de troupes furent multipliés en avant de la tête de pont de la ville, dans le but de faire croire à l'ennemi que l'armée française était déjà réunie en grand nombre sur ce point (1).

Ce plan, eut sans nul doute, une influence capitale sur le commencement de la campagne et augmenta les indécisions du général en chef Giulay. C'est à ce plan qu'il faut attribuer en grande partie le changement subit de résolution qui éloigna les Autrichiens de la capitale du Piémont.

XLVII. — Il est important de suivre avec soin, dès le début, les mouvements de troupes et les différents points stratégiques, qu'allaient successivement occuper les divers corps d'armée.

A ce moment, l'armée d'Italie formait deux grandes

----

(1)   *Lettre du Maréchal Canrobert. — Suze, 30 avril.*

« On ne met pas en doute à Turin, et le général Niel, le général Frossard et moi partageons cette pensée, que lorsque les Autrichiens verront les pantalons rouges (expression du Roi et de ses ministres) si près de leur flanc gauche d'opérations contre Turin, ils n'y renoncent ou ne soient amenés à des hésitations ou à des lenteurs qui permettent aux armées franco-sardes de réunir à temps près d'Alexandrie et de Casale des forces imposantes. »

fractions, résultant de leurs points d'arrivée : l'une par Gênes, l'autre par Turin. — Du côté de Gênes, ce sont le 1ᵉʳ et le 2ᵉ corps, réunis sous le commandement supérieur du maréchal Baraguey d'Hilliers (1). — Du côté de

(1)   LE MARÉCHAL BARAGUEY D'HILLIERS.

Né à Paris, le 6 septembre 1795, est fils du comte de l'Empire de ce nom mort dans la campagne de Russie en 1813.

Inscrit comme volontaire, en 1806, dans le 9ᵉ dragons, il entra au prytanée militaire en 1807. Nommé sous-lieutenant au 2ᵉ chasseurs à cheval, aide de camp du maréchal Marmont en 1813, il eut le poignet gauche emporté d'un boulet de canon à la bataille de Leipzig, le 18 octobre 1813.

Capitaine, le 28 février 1814; chef de bataillon, le 26 février 1818; lieutenant-colonel, le 23 novembre 1825, il prit part à l'expédition d'Alger et passa colonel le 31 août 1830.

Appelé, le 15 février 1833, au commandement en second de l'école de Saint-Cyr, il conserva ce poste important jusqu'au moment où il fut promu au grade de maréchal de camp, le 22 novembre 1838. Mis à la disposition du gouverneur général de l'Algérie, le 20 janvier 1841, il commanda la province de Constantine jusqu'au 14 janvier 1844, après avoir été promu lieutenant-général, le 6 août 1843. Les Arabes l'avaient surnommé le *bon-dru* (le manchot), et le redoutaient comme un homme d'une bravoure indomptable et d'une sévérité inflexible.

En 1848, le général Baraguey d'Hilliers commandait la 6ᵉ division militaire à Besançon, et quelques temps après la 2ᵉ division de l'armée des Alpes. Dans la même année, il était envoyé à l'assemblée constituante, comme représentant du département du Doubs par 31 933 suffrages, et l'année suivante, aux élections de l'assemblée législative, par 34 191 votants.

Nommé en 1849, général en chef de l'armée française à Rome et ministre plénipotentiaire près le saint-père; il était appelé en 1851, au commandement en chef de la 1ʳᵉ division militaire.

La guerre d'Orient le trouva ambassadeur extraordinaire près la Porte Ottomane.

Pendant que se préparait l'expédition de Crimée, l'Empereur ordonna une diversion dans la Baltique, et le commandement de ce corps expéditionnaire que notre flotte portait vers les îles d'Aland fut confié à l'énergique décision du général Baraguey d'Hilliers.

Après avoir rempli une mission à Stockholm, le général arriva de-

Turin, ce sont le 3ᵉ et le 4ᵉ corps, sous les ordres du maréchal Canrobert. Ces deux fractions, indépendantes
comme commandement, se reliaient ensemble par l'accord de leurs mouvements, qui préparèrent si heureusement les opérations ultérieures.

XLVIII. — Le roi de Sardaigne avait quitté Turin, le
1ᵉʳ mai, pour prendre le commandement en chef de son
armée; son quartier général était établi à San Salvatore.

La 4ᵉ division de cette armée, placée précédemment
sur la Doire, se portait sur Casale, où elle entrait, le 3
au matin.

La 1ʳᵉ division, dont une partie avait également quitté
la ligne de la Doire, allait s'établir sur les collines de
San Salvatore et de Lu, à cheval sur la chaussée de
Casale à Alexandrie, pendant que la 3ᵉ et la 5ᵉ atteignaient les positions de Pomaro, Valenza et Bassignana. — La 2ᵉ division, retirée sous le canon et dans

---

vant la forteresse russe, et donna ordre de débarquer ses troupes. —
Le siége commence aussitôt, la tranchée est ouverte, un feu violent est
dirigé contre les tours de Bomarsund que nos boulets battent en brèche.
Toute résistance devenait inutile et le général Baraguey d'Hilliers amenait le gouverneur à capituler.

La prise si rapide de cette forteresse importante était non-seulement
une perte matérielle considérable pour la Russie, mais elle avait en
outre une portée politique incontestable, et frappait d'un coup terrible
l'influence de cette puissance dans la Baltique. Ce fait d'armes brillant valut au général Baraguey d'Hilliers le bâton de maréchal. C'était
la digne récompense de sa vie entière consacrée au service de son
pays et de ses cheveux noblement blanchis dans la vie des camps.

Chevalier de la Légion d'honneur à 20 ans, le 20 novembre 1815, officier
en 1823, commandeur en 1841, grand officier en 1849, grand-croix en 1851,
le maréchal Baraguey d'Hilliers compte 53 années de services effectifs.

le camp retranché d'Alexandrie, poussait d'intrépides pointes sur les routes de Tortone et de Sale; car l'ennemi avait jeté un pont à Gerola, en aval de l'embouchure de la Scrivia, et s'était porté sur Voghera et Ponte Curone (1).

XLIX. — De son côté, le maréchal Baraguey d'Hilliers est venu, avec le 1er corps de l'armée française, occuper les positions en avant de Gênes; il fait observer soigneusement la vallée de la Barbera. Il couvrait ainsi les communications de Gênes à Alexandrie.

Aussi le maréchal, ayant appris que les Autrichiens, après avoir passé le Pô, se dirigeaient sur Sale, Castelnuovo (2) et Voghera, fit faire à ses deux premières divisions une reconnaissance, et en exécuta une, lui-même, pour rechercher les moyens les plus sûrs de résister aux attaques de l'ennemi et tourner Serravalle.

Il devenait important pour préserver plus sûrement nos communications de porter en avant les deux premiers corps d'armée, pendant que la garde impériale, s'avançant sur la route de Ponte Decimo à Serravalle et à Novi, occuperait les points culminants sur lesquels doivent être établis des ouvrages de campagne.

L. — Un instant on avait dû craindre que l'armée ennemie passât sur la droite du Pô à la hauteur de Cam-

---

(1) Journal du grand quartier général de l'armée sarde.

(2) *Castel nuovo*. Ville des États-Sardes, à 18 kil. E. N. E. d'Alexandrie, à 10 kil. N. de Tortona; 5500 habitants, sur la rive droite de la Scrivia.

bio, ce qui eût forcé les Sardes à abandonner subitement leurs positions entre le Tanaro et le Pô, pour se
porter sur Bosco et Acqui, et se relier à l'armée française. Mais, contre toute attente, le général Giulay se
borne à exécuter contre Valenza une démonstration,
que repoussent vigoureusement les bersagliers ; — il paraît songer plutôt à se mettre lui-même sur la défensive,
qu'à attaquer sérieusement. Les pluies torrentielles qui
ne cessent de tomber devaient d'ailleurs paralyser tout
mouvement en avant de ses colonnes, et de plus, leur
imposer de rudes privations.

Le Roi avait fait fortement occuper Frassinetto (1) par
deux bataillons du 17ᵉ régiment, un détachement de
chevau-légers et la 7ᵉ batterie d'artillerie ; ce point était
le plus exposé de la ligne défensive du Pô, par suite surtout des conditions moins favorables du terrain.

Le 4 mai, vers quatre heures et demie de l'après midi, les
Autrichiens, embusqués derrière la ligne qui longe la rive
gauche, commencent tout à coup un violent feu de mousqueterie, et essayent vainement de faire passer à gué
des compagnies de chasseurs tyroliens.

LI. — Dès la veille, une colonne avait franchi la
Sesia en face de Terra Nova, et réuni un matériel considérable en madriers et en bois de constructions dans
l'île qui se trouve au confluent de la Sesia ; sans doute
leur but est de refouler les avant-postes sardes, et d'en

(1) *Frassinetto di Po*. Village des États-Sardes, à 23 kil N. N. O.
d'Alexandrie, à 4 kil. E. de Casale ; province de Casale ; 2154 habitants.

profiter pour jeter aussitôt un pont. — Le nombre des assaillants n'effraya pas les braves troupes piémontaises ; chefs et soldats, animés d'une même énergie, comprennent qu'il faut avant tout empêcher l'ennemi de passer le fleuve ; — et l'en empêchent.

De Casale, le général Cialdini, chef habile, cœur bouillant et intrépide, a entendu le bruit du canon et de la fusillade ; il ne doute pas du but que se propose l'ennemi.

En toute hâte il sort de Casale, et marche au canon avec un régiment d'infanterie, deux escadrons de cavalerie, et une batterie d'artillerie. Il sait les avant-postes gardés par des soldats d'élite, mais auront-ils été écrasés par le nombre ? — Le bruit de la fusillade diminue ; en proie à l'anxiété la plus grande, il est résolu à se jeter sur les têtes de colonnes autrichiennes, si elles ont réussi à passer le fleuve ; mais en face de l'énergique résistance qui leur est opposée, elles se sont repliées et ont cessé le feu.

Nous constatons ces tentatives pleines d'incertitude des Autrichiens ; car elles eurent des conséquences fatales pour leur armée (1).

(1) A cette même date, le maréchal Canrobert écrivait à l'Empereur :

« Si les Autrichiens avaient marché, dès le principe, tête baissée, soit sur Turin, soit sur Alexandrie et le chemin de fer de Gênes, ils auraient déjà produit beaucoup de mal ; mais ils ne l'ont pas fait, étonnés sans doute de l'apparition presque subite de vos soldats à Casale et à Alexandrie. Les mouvements qu'ils opèrent lentement depuis plusieurs jours vers Frassinetto, vers Valenza et au delà du Pô par Cambio, vers Sale, me donnent fortement lieu de penser qu'ils se tiennent encore sur la défensive, tout en voulant nous donner le change par des démonstrations offensives. — Dans tous les cas, l'ennemi nous fait gagner du temps. »

Selon les renseignements fournis par l'état-major de l'armée sarde sur la force approximative de l'armée autrichienne, l'armée franco-sarde aurait devant elle les 2e, 3e, 5e, 7e et 8e corps, forts d'environ 30 000 hommes chacun ; — l'artillerie de campagne serait très-nombreuse, mais elle passe pour lourde et défectueuse.

LII. — Le 5 mai, l'ennemi jette de grandes forces à Verceil sur la droite de la Sesia ; et, pendant les deux jours suivants, de fortes colonnes, dirigées sur la ligne de la Doire, menacent Ivrea.

En même temps, une forte reconnaissance offensive, lancée contre la tête du pont de Casale, était arrêtée par les travaux avancés exécutés sur ce point par le général Frossard, et vaillamment repoussée par un bataillon de bersagliers qui l'abordait franchement à la baïonnette et la forçait à se retirer.

A leur extrême gauche, les Autrichiens ont poussé en avant sur Trino (1) et Gattinara (2), tout en continuant à occuper fortement Verceil.

Il paraît évident pour tous qu'il se prépare un coup

(1) *Trino.* Ville des États sardes à 20 kil. S. O. de Verceil, près de la rive gauche du Pô, à 44 kil. E. N. E. de Turin; 7000 habitants. Trino appartenait originairement à Verceil et était constamment l'objet de luttes entre cette ville et ses voisins dangereux, les marquis de Montferrat. Lorsque Victor-Emmanuel eut fait valoir ses droits au marquisat, il fit le siége de Trino et s'en empara, aidé par ses deux fils, Victor-Amédée et François-Thomas. Cette ville fut prise par les Français, sous les ordres de Turenne, en 1704.

(2) *Gattinara.* Bourg des États sardes, sur la Sesia, province de Verceil et à 31 kil. N. de cette ville; — 5000 habitants.

de main contre Turin. Si le mouvement se dessine, le corps d'armée du général Niel ira occuper les positions de San Salvatore et de Valenza.

« Les Autrichiens, au nombre de 40 000 à peu près, (dit le journal historique de l'armée sarde), avaient passé la Sesia : s'ils atteignaient Ivrea, qui ne pouvait longtemps résister, Turin leur devenait une proie facile, mais une proie que le colonel de Sonnaz, auquel le Roi avait confié la défense de la capitale, était décidé à leur disputer jusqu'au dernier moment. Déjà, il avait porté en toute hâte, sur la Doire, le peu de forces qu'il avait pu réunir, et qui se composait de la division de cavalerie de ligne, d'un bataillon de bersagliers et du corps des chasseurs des Alpes, appuyés dans leur mouvement par la 1re division de l'armée, qui se mettait en mouvement dans ce but, lorsque l'ennemi, contre toute attente, suspendit sa marche et se replia sur les deux rives du Pô, pour rentrer dans ses positions de la Lomelline (1). »

LIII. — Ce mouvement rétrograde, entre la Sesia et le Tessin, était devenu pour lui nécessaire; car l'armée alliée s'était concentrée avec rapidité sur les points où il était présumable que les Autrichiens, s'avançant dans la direction de Voghera, feraient les plus sérieuses tentatives.

S'ils tournaient leurs efforts sur la portion du pays comprise entre Casale et Alexandrie, ils se heurtaient

_____

(1) *Journal historique de la campagne tenu au grand quartier général de l'armée sarde.*

contre deux places fortes, et avaient devant eux l'armée
sarde, le corps du maréchal Canrobert, et les premières
troupes du général Niel.

Si, dessinant plus nettement leur mouvement offensif
sur Turin, ils marchaient contre la capitale du Piémont,
ils s'exposaient, ainsi que nous l'avons dit, à être
tournés par leur flanc gauche et à voir leurs communications entièrement coupées.

Ils savaient tous ces points stratégiques fortement
occupés par l'armée franco-sarde, dont ils ne pouvaient apprécier exactement les forces. — C'est ce qui
fit, sans nul doute, que le général Giulay se décida à
opérer un changement de front, qui porta tout à coup
sa droite vers Casale et sa gauche à l'embouchure du
Tessin, près de Stradella (1).

LIV. — Dès lors, Turin était préservé. — L'ennemi,
par ses retards et par ses tâtonnements, avait perdu les
bénéfices de sa brusque entrée en campagne, et l'armée
alliée, sortant tout à coup d'une situation pleine de périls,
avait pu, sans être attaquée en détail, se masser sur les
points dont l'occupation lui était indispensable, compléter
ses approvisionnements, réunir son artillerie et terminer
l'organisation si nécessaire de ses services adminis-
tratifs.

(1) *Stradella.* Village des États sardes, à 14 kil. S. E. de Pavie,
31 kil. N. E. de Voghera, près de l'Aversa, à 3 kil. de son embouchure dans le Pô; 3000 habitants; forme entre le Pô et un contre-
fort de l'Apennin, près de Broni, un défilé stratégique facile à défendre.

Le 6 mai, les Autrichiens avaient évacué Ponte Curone, Voghera, et repassé le Pô à Gerola (1).

Le 8, ils avaient fait sauter le pont de Valenza.

Toutefois, les divisions placées à l'avant-garde continuaient à envoyer des reconnaissances.

LV. — De tous côtés, chacun s'éclaire avec vigilance. — Les divisions des deux premiers corps s'étendent en avant, — une division du 1er corps se porte à Cassano Spinola sur la rive droite de la Scrivia pendant que les deux autres divisions restent à cheval sur le chemin de fer. Le 2e corps a une division à Novi, une à Gavi, et son arrière-garde observe le cours du Lemno et la vallée de Carleidora.

Les 3e et 4e corps formant l'aile gauche, tiennent, — le 3e corps, les rives gauches du Pô et du bas Tanaro depuis Monte Castello, Bassignana, Valenza jusqu'à Monte Pomaro et Val Macca. — Le 4e corps placé en seconde ligne, les positions de San Salvatore avec deux divisions.

La division Trochu du 3e corps et une portion de la division Vinoy du 4e gardent Alexandrie.

L'armée sarde conserve ses positions. — Le Roi a avec lui trois divisions à Occimiano, sur les hauteurs près de Casale, qu'occupe une division chargée d'observer le Pô

---

(1) *Bulletin officiel de la guerre, quartier général principal de l'armée.* N° 5. — Il résulte de source sûre que les Autrichiens ont repassé le Pô sur le pont qu'ils avaient jeté près de Gerola. Le passage des troupes a commencé à trois heures et demie de l'après-midi, le 6, et il a duré jusqu'à deux heures après minuit. L'ennemi emporte avec lui les vivres et les objets qu'il avait requis. Après le passage effectué, l'ennemi a démoli le pont.

à Frassinetto. — Une autre division est en avant d'Alexandrie et dans les forts détachés.

Tel est l'ensemble général des positions occupées par l'armée alliée (1).

LVI. — Des ordres précis sont donnés en cas d'attaque. Cependant les avant-gardes et les compagnies d'éclaireurs ne signalent rien, sinon que l'ennemi, en possession de moyens considérables pour jeter des ponts, en a jeté deux à Stella, et les a couverts par des retranchements, dont les fossés sont larges et profonds, et sur lesquels il a déjà établi des pièces de gros calibre.

L'intendant de Tortone fait connaître en outre, par une dépêche, que les Autrichiens continuent leur concentration sur Stradella et les localités voisines. — On assure qu'ils comptent fortifier le côté du défilé de Stradella qui fait face au Piémont. Ils dirigent journellement, de ce point de passage, des reconnaissances sur Voghera, Castel Nuovo et Tortone, et sans nul doute tout le beau

---

(1)   *Ordres de mouvements des 1ᵉʳ et 2ᵉ corps.*

« 6 mai. — La division Forey quittera demain Gavi en descendant la route de Seravalle, traversera cette ville. — La 1ʳᵉ brigade s'arrêtera à Cassano Spinola, détachant des avant-postes sur la route de Tortone et à Gavazzana. — La 2ᵉ occupera le pont de San Bartolomeo détachant des postes sur le Monte Rosso. Les maisons de Cassano Spinola seront crénelées.

« Le 2ᵉ corps portera demain sa 1ʳᵉ division sur les hauteurs de Novi, et la 2ᵉ à Carosio et Gavi, se liant par des postes à la 2ᵉ division du 1ᵉʳ corps. — Les portes de Novi seront fermées par des chevaux de frise.

« La gauche du 2ᵉ corps s'éclairera jusqu'à Posturana, Francavilla et Tassarolo et sa 2ᵉ division laissera une arrière-garde à Carrosio de manière à observer le cours du Lemno et la vallée de Carleidora. »

pays, qui s'étend de cette dernière ville jusqu'au Pô, n'é-
chappera pas aux ravages de la guerre (1).

Dans tous les villages, l'armée autrichienne se livre à
des réquisitions forcées qui jettent les habitants dans la
plus grande consternation. — C'est sur Novare (2) et sur
Verceil que pèse le plus lourd poids de ces réquisitions.

Le 12 mai, de Casale et San Germano (3), nous en-
voyons des éclaireurs sur Verceil; ils arrivent près des
portes de la ville, sans rencontrer en forces l'ennemi,
qui, néanmoins, occupe encore cette place, se livrant
chaque jour à des marches et à des contre-marches dans
le but de couvrir son grand mouvement de concentration.

Le 13, les Autrichiens se renforcent à Castel San Giovanni (4) sur la route de Plaisance à Stradella et construi-
sent deux ponts à Vigevano (5), pour assurer leurs derrières.

« Ils élèvent (dit le bulletin officiel de la guerre), des

(1) *Dépêche du maréchal Canrobert*, en date du 11 mai.

(2) *Novare*. Ville des États sardes, entre la Mora et la Gogna, à 83 kil.
N. E. de Turin, à 87 kil. E. N. E. de Milan; 21 000 habitants. Célèbre
par la bataille qui fut livrée, le 23 mars 1849, entre les Autrichiens et
les Piémontais.

(3) *San Germano*. Petite ville des États sardes, dans la province ae
Verceil, à 13 kil. O. de cette ville sur la route de Turin à Novare;
3600 habitants. C'est à San-Germano que commencent les célèbres rizières du Piémont.

(4) *Castel San Giovanni*. Ville du duché de Plaisance, située entre
Stradella et Plaisance, à 2 milles de la frontière qui est formée par un
torrent nommé la Bardonezza; 3500 habitants.

(5) *Vivegano*. Ville des États sardes, dans la Lomelline, sur la Mora,
à quelque distance de la rive droite du Tessin; à 28 kil. S. O. de Milan,
à 115 kil. E. N. E. de Turin; 15 500 habitants.

fortifications provisoires au Gravellone (1), à Codulunga, au Sortighetto et à la Batella. — Le 14 au matin, ils occupaient Bobbio (2) et envoyaient des patrouilles à Broni (3), Bressana (4), Argine (5) et Casteggio (6). »

S'ils n'ont point encore abandonné Verceil, ils ne tarderont pas de le faire, et il est facile de prévoir, par le mouvement de leurs colonnes dans la direction de Stradella, et le soin avec lequel ils éclairent tout ce pays jusqu'à Voghera, que c'est dans ces positions qu'ils veulent se masser en forces imposantes. — A Gravellona (7), à la Cava (8), à Mortara, ils travaillent à des ouvrages de défense.

(1) *Le Gravellone.* Canal qui forme en partie la limite entre les États sardes et le royaume Lombardo-Vénitien. Il se sépare du Tessin à 3 kil. O. de Pavie, se dirige à l'E., et, après 8 kil. de parcours, rejoint le Tessin un peu au-dessous du pont de Pavie.

(2) *Bobbio.* Ville des États sardes, chef-lieu de la province de ce nom, à 60 kil. N. E. de Gênes, sur la Trebbia, près de la frontière de Parme; 4150 habitants.

(3) *Broni.* Bourg des États sardes, à 24 kil. E. N. E. de Voghera, à 18 kil. E N. E. de Tortone, sur le Schieparzio : 4500 habitants. Situé sur la route d'Alexandrie à Plaisance, sur le contre-fort de l'Apennin formant, entre le Pô et cette montagne, le défilé stratégique de Stradella.

(4) *Bressana.* Petit village des États sardes, à 7 kil. N. de Casteggio.

(5) *Argine.* Gros village des États sardes, province de Voghera, à 5 kil. N. de Casteggio; 1645 habitants.

(6) *Casteggio.* Bourg des États sardes, dans la province de Voghera, à 10 kil. E. de cette ville, sur la route de Plaisance : 2900 habitants.

Casteggio était une importante position militaire au temps des guerres puniques. Annibal le réduisit en cendres.

(7) *Gravellona.* Bourg des États sardes, dans la Lomelline, à 17 kil. S. E. de Novare; 1850 habitants.

(8) *Cava.* Village des États sardes, dans la Lomelline, à 30 kil. S. E de Mortara; 1200 habitants.

CHAPITRE III.

LVII. — Nous sommes au 14 mai. — L'empereur Napoléon III est à Alexandrie.

L'armée d'Italie, formant, ainsi que nous l'avons dit plus haut, deux grandes fractions, va désormais obéir à une direction unique, concentrée dans une seule main et dans une seule volonté.

Les différents corps d'armée sont au complet. — Chefs et soldats, impatients de combattre, sentent en présence de l'Empereur, redoubler leur zèle et leur énergie.

LVIII. — L'Empereur déploie une activité sans égale. — Il veut tout voir par lui-même. Chaque jour il visite les positions importantes, parcourt les avant-postes et étudie avec soin le terrain, sur lequel son armée va bientôt opérer.

Les soldats le voient passer à cheval, dès les premières heures du jour, suivi de quelques officiers de son état-major, et se portant de sa personne sur les points les plus avancés.

Dès le lendemain de son arrivée, un ordre du jour détaillé et précis règle les devoirs de chacun, et prescrit les éventualités contre lesquelles il faut se tenir en garde (1).

L'armée va quitter sa position passive d'attente et de défense.

LIX. — Le 1er corps forme l'avant-garde et pénètre chaque jour davantage vers Voghera.

Le 15, il était à Tortone.

Le 16, le maréchal Baraguey d'Hilliers transportait son quartier général à Ponte Curone, et la 1re division s'établissant à Voghera même et à Medasino (2), reçoit l'ordre de s'éclairer en avant par de forts avant-postes.

(1)   *Ordre général de l'armée d'Italie.*

Tous les jours, à la tombée de la nuit, le Roi et les commandants de corps d'armée enverront à l'Empereur un rapport succinct et contenant le chiffre des hommes présents sous les armes, de chaque arme, les faits importants qui se sont passés dans la journée, et les mouvements qu'on a pu apprendre de l'ennemi.

Tous les jours, une demi-heure avant le lever du soleil, les troupes prendront les armes, comme si elles devaient être attaquées, et dès que le jour sera venu, et que l'on sera certain que l'ennemi ne fait pas de mouvement offensif, les troupes reprendront leur bivouac. A cette heure également, le Roi et les commandants des corps d'armée signaleront à l'Empereur ce qu'ils savent de la position de l'ennemi.

Les commandants des corps d'armée veilleront avec la plus sévère attention à ce que les officiers n'emportent aucun bagage inutile. Il est défendu à qui que ce soit d'avoir une grande tente. Les officiers trouveront toujours un abri dans les maisons près de leurs troupes.

Si les troupes doivent camper plusieurs jours loin des habitations, des tentes seront fournies par le grand quartier général.

Chaque officier doit porter lui-même son manteau en bandoulière et une trousse dans laquelle il puisse mettre un jour de vivres.

Au quartier général d'Alexandrie, le 15 mai.

                                        NAPOLÉON.

(2) *Medasino.* Petit village des États sardes, à 2 kil. N. de Voghera.

La 2e division occupe Castel Nuovo di Scrivia et Casei (1).

La 3e prend position à Ponte Curone.

La cavalerie piémontaise doit couvrir nos avant-postes. Six escadrons de chevau-légers d'Aoste, de Novare et de Montferrat arrivent à Voghera sous le commandement du colonel Maurice de Sonnaz.

Cette cavalerie occupera Pizzale (2), Vereto (3), Montebello (4) et Codevilla (5).

Le général de Mac-Mahon (2e corps) continue aussi à se porter en avant. — Son quartier général est à Sale, que vient occuper sa 1re division, se groupant dans les villages qui entourent cette ville. — La 2e division prend position sur la ligne qui s'étend de Bassignana à Montariolo, tenant son centre sur les villages de Cava, Mezanino et les hameaux environnants.

Le général Niel (4e corps), plus en arrière, conserve son quartier général à San Salvatore, échelonnant ses divisions à Valenza, Pomaro et Pecello.

LX. — C'est ainsi que l'Empereur occupe hardiment toute la ligne du Pô, parallèlement à l'ennemi, sans

---

(1) *Casei*. Village des Etats sardes, à 22 kil. E. N. E. d'Alexandrie, à 6 kil. O. de Voghera, sur la rive gauche de la Curone; 1500 habitants.

(2) *Pizzale*. Village des Etats sardes, à 5 kil. N. E. de Voghera, sur la route de Pavie.

(3) *Vereto*. Village des États sardes, à 3 kil. N. O. de Casteggio.

(4) *Montebello*. Village des États sardes, dans la province de Voghera, à 8 kilomètres E. N. E. de cette ville, tout près de Casteggio, sur une colline entre Broni et Tortone. Le maréchal Lannes y battit les Autrichiens le 9 juin 1800.

(5) *Codevilla*. Village des États sardes, province de Voghera, et à 5 kil. S. E. de cette ville; 1100 habitants.

laisser deviner le point qu'il choisira pour franchir ce fleuve. Le 1er et le 2e corps sont établis sur les points extrêmes; ils ont devant eux l'ennemi massé en arrière de Casteggio, sur la route de Pavie, et ne peuvent tarder à rencontrer les colonnes autrichiennes.

Ce sont les troupes commandées par le maréchal Baraguey d'Hilliers qui marqueront de leur sang la première étape de nos victoires en Italie, en compagnie des vaillants escadrons piémontais du colonel de Sonnaz dont les postes avancés couvrent, surtout vers le Pô, les lignes où l'ennemi peut se montrer.

Le général Forey, dont la division formait l'extrême avant-garde vers ce point, avait pressenti un combat prochain, et, dans un ordre du jour, daté de Gavi le 6 mai, il prédisait à ses soldats le double honneur du combat et de la victoire (1).

LXI. — Il était présumable, en effet, que l'armée autrichienne, par suite du mouvement qu'elle dessinait, ne franchirait pas le Pô, du côté où l'armée piémontaise, faisait garde vigilante, et venait de se renforcer des 3e et 4e corps de l'armée française.

(1) « Soldats de la 1re division du 1er corps,
« Nous allons nous trouver demain en première ligne, et il est probable que nous aurons l'honneur des premiers engagements avec l'ennemi.
« Rappelez-vous que vos pères ont toujours battu cet ennemi, et vous ferez comme eux.
        « Gavi, le 6 mai 1859.
                            « Le général de division,
                                « Forey. »

Vers Plaisance (1), au contraire, un passage s'offrait à elle, et elle pouvait, sans danger sérieux, pousser de vigoureuses reconnaissances jusque dans la vallée de la Scrivia, vers Voghera et même vers Tortone, où elle était venue impunément lever de lourdes contributions, — premiers désastres de la guerre qui s'abattent, comme d'insatiables fléaux sur les villes que bientôt mutilera le fer des batailles.

LXII. — L'ennemi n'est pas loin; — on veille de tous cotés; on observe, on fouille avec des éclaireurs ces terrains dangereux où le regard ne peut s'étendre, et que couvrent de hautes moissons, des plantations et des vergers. On marche, pas à pas, sur ce sol que foulait, il y a quelques jours à peine, l'armée autrichienne. — Les grands'gardes se relient entre elles, les avant-postes sont prêts à se donner la main.

Le colonel de Sonnaz, dont les cavaliers battent soigneusement le pays, fait savoir que d'après des renseignements dignes de foi, les Autrichiens auraient dix à douze mille hommes répartis entre Plaisance, San Giovanni, Stradella, Broni et la tête de pont de la Strella. Ses cavaliers se sont heurtés contre les vedettes ennemies.

Les habitants des localités voisines apportent aussi la

_____

(1) *Plaisance*. Ville du duché de Parme, chef-lieu du district de ce nom, à 52 kilomètres O. N. O. de Parme, et à 50 kilomètres S. O. de Milan, près de la rive droite du Pô et de l'embouchure de la Trebbia dans ce fleuve; 32 000 habitants.

Plaisance, fondée 219 ans avant Jésus-Christ par les Romains, fut saccagée par les Carthaginois dans la deuxième guerre punique. En 1796, elle fut occupée par les Français.

nouvelle que les troupes autrichiennes ont abandonné Casteggio, en se repliant sur Broni et Stradella.

Aussitôt, le maréchal ordonne au général Forey, dont la division est venue s'établir à Voghera et à Medasino, de reconnaître les villages de Montebello et de Casteggio, afin de juger par lui-même des forces nécessaires pour occuper ces deux points.

C'est le 17 mai.

LXIII. — Le général part à dix heures du matin avec un bataillon du 98e de ligne, précédé par deux escadrons de cavalerie sarde; il traverse Montebello, et s'avance en explorant le terrain jusqu'à Casteggio. — Ces deux villages sont dans la consternation; les patrouilles autrichiennes viennent à tout instant y commettre des déprédations sans nombre; les menaces des officiers et des soldats, les ordres du jour terribles de l'armée autrichienne ont jeté l'épouvante dans tous les esprits.

Le général Forey rassure les habitants. — L'armée alliée n'est-elle pas là avec des forces imposantes pour sauvegarder leurs propriétés et leurs existences, si eux-mêmes ne restent pas inactifs et tremblants devant un ennemi qui les harcèle sans cesse. — Peu à peu, le courage remonte au cœur des plus timides; des fusils sont distribués, les routes de Stradella et de Casatisma (1) sont barricadées; la résistance s'organise.

(1) *Casatisma*. Ville des États sardes, de la province de Voghera, à 8 kil. N. E. de cette ville, et à 6 kil. N. de Montebello, sur la route de Pavie, à 14 kil. S.

Le même jour le général Ladmirault, commandant la la 2ᵉ division, opérait de son côté une reconnaissance de la rive droite de la Scrivia, jusqu'à son embouchure dans le Pô, près de Rotta dei Torteï, et de la rive droite du Pô depuis Rotta jusqu'à Gérola. — Six mille mètres séparent au plus ces deux points de Castel Nuovo di Scrivia et Casei, où campe la 2ᵉ division (1).

LXIV.—Nous touchons de bien près au combat de Montebello, devenu une nécessité pour l'armée autrichienne. Ne sachant sur quels points se porteront les efforts de l'armée alliée, elle devait évidemment vouloir s'en assurer.

Il est important d'embrasser d'un coup d'œil les emplacements que celle-ci occupe.

Le 1ᵉʳ corps couvre les positions de Ponte Curone, Castel Nuovo et Voghera. — Les autres corps (2ᵉ, 3ᵉ et 4ᵉ), vont par Tortone, en traversant la plaine de Marengo, sur Valenza, donner la main à l'armée piémontaise, dont le quartier général est à Occimiano, couvrant le passage du Pô à Casale et le passage de la Sesia à Verceil.

L'armée franco-sarde forme ainsi un grand demi-cercle, de Verceil à Voghera, autour de l'armée autrichienne.

(1) *Journal du* 1ᵉʳ *corps* (16 et 17 mai). « La 3ᵉ division est à Ponte Curone et dans les environs, détachant deux bataillons à Riva di Nazzano.

« Un escadron du 5ᵉ hussards, avec le colonel de Montaigu, arrive à Ponte Curone et est dirigé sur Castel Nuovo, ce qui porte à 302 hommes et 239 chevaux la force du détachement de cavalerie de la 2ᵉ division du 1ᵉʳ corps. »

L'ennemi, inquiet sur notre marche, qui semble prendre Plaisance pour objectif, nous surveille de près et cherche, par de nombreuses explorations, à s'éclairer sur nos mouvements.

LXV. — Le 18, vers le soir, l'alarme se répandit tout à coup dans Casteggio, et le tocsin appela les habitants à la défense du village.—En effet, une patrouille de cavalerie autrichienne s'avançait vers ce village par la chaussée du chemin de fer, tandis qu'une patrouille d'infanterie s'avançait de l'autre côté par la colline. — Toutes deux furent reçues à coups de fusil, et se retirèrent.

Le 19, au point du jour, une nouvelle patrouille se présenta encore devant Casteggio et échangea de nouveau avec les habitants quelques coups de fusil.

Ces patrouilles étaient les avant-coureurs de l'attaque, ou selon, l'expression du général Giulay dans son rapport à l'empereur d'Autriche, de la *grande reconnaissance forcée* que méditaient les Autrichiens sur le front de notre ligne (1).

LXVI. — En effet, le 20, vers midi environ, les deux

---

(1)   *Rapport du général Giulay à l'empereur d'Autriche.*

« J'ordonnai, pour le 20, une grande reconnaissance forcée sur la rive droite du Pô, parce que les rapports des espions, aussi bien que les observations faites par les avant-postes placés le long de la Sesia et du Pô, firent supposer que l'ennemi avait l'intention de faire, avec des forces considérables, un mouvement contre Plaisance en passant par Voghera. »

escadrons du colonel de Sonnaz placés à Montebello, et dont les vedettes s'avançaient jusqu'à Casteggio, firent savoir qu'une colonne autrichienne, dont les dispositions du terrain extrêmement boisé ne permettaient pas d'apprécier la force numérique, se dirigeait sur Casteggio.

Le général Forey, commandant la 1re division, crut d'abord à une simple reconnaissance. Toutefois, montant immédiatement à cheval, il partit au galop sur la route de Voghera à Montebello, entraînant au pas de course avec lui les deux bataillons du 74e qui allaient relever les avant-postes du 84e placés à hauteur du ruisseau de Fossagazzo.

Son aide de camp, le capitaine Piquemal, allait à Ponte Curone prévenir le maréchal Baraguey d'Hilliers que l'ennemi s'avançait sur Casteggio et que, selon les forces qu'il déploierait, l'affaire pourrait prendre des proportions sérieuses.

Le général Forey fit également avancer deux pièces d'artillerie, qui prirent la tête avec deux escadrons des chevau-légers du colonel de Sonnaz, laissant derrière lui l'ordre à sa division de prendre les armes, et de se réunir en avant du pont de la Staffora, à 500 mètres environ de Voghera.

Lorsque le général atteignait la hauteur du petit pont jeté sur le ruisseau de Fossagazzo, il vit venir à lui les avant-postes de la cavalerie piémontaise qui se repliaient en bon ordre devant les colonnes autrichiennes, après leur avoir longtemps opposé une vigou-

reuse résistance. L'ennemi, dont le nombre augmentait
à chaque instant, s'était emparé de Casteggio, et s'était
étendu dans les terrains montueux qui entourent ce village. En même temps il envoyait une brigade au pas de
course sur Montebello ; cette brigade occupait ce village
et se portait en avant sur Genestrelli (1) qu'elle envahissait, disséminant ses tirailleurs dans les plis de
terrains, dans les blés, et au milieu des plantations et
des vergers.

Déjà deux masses imposantes marchaient résolûment,
vers Voghera, l'une par la grand'route, et l'autre par la
chaussée du chemin de fer.

LXVII. — Il n'y avait plus à en douter, c'était un mouvement offensif sérieux, appuyé, sur la droite et sur la
gauche, par des forces compactes (2).

---

(1) *Genestrelli*. Village des Etats-Sardes, à 1 kil. 1/2 S. O. de Montebello.

(2) *Rapport du général commandant la 2ᵉ armée, feld-zeugmeister,
comte Giulay, à l'empereur d'Autriche.*

« Dans la nuit du 19 au 20, trois brigades du 5ᵉ corps d'armée furent dirigées par Pavie, vers la tête de pont de Vaccarizza, qui se trouvait déjà occupée par la brigade Boer, faisant partie du 8ᵉ corps. J'avais
placé pour cette expédition, sous les ordres du commandant du 5ᵉ corps,
le lieutenant feld-maréchal Urban, qui, par des expéditions anté-
rieures, avait déjà reconnu le pays entre Stradella, Vaccarizza et Voghera, et qui se trouvait précisément à cet effet avec une brigade du
5ᵉ corps d'armée (général-major Braum), et une brigade de sa propre
division de réserve (général-major Schaaffgotsche), entre la tête de
pont de Vaccarizza et Broni. L'expédition, commandée par le lieutenant
feld-maréchal Stadion, se composait ainsi de la division Baumgarten
(brigades Gaal, Bils et prince de Hesse), du 5ᵉ bataillon de la brigade

Le général Forey l'avait jugé ainsi, dès qu'il avait atteint le ponceau de Fossagazzo, et en avait fait prévenir de nouveau le maréchal par le capitaine Jumel.

Le terrain offrait à l'ennemi de grandes ressources · et des abris nombreux ; les blés étaient très-élevés, et s'étendaient en vastes champs. Des vignes grimpaient le long des mûriers, entourant leurs troncs d'un vert feuillage ; des carrés de plantations coupaient à chaque instant la vue, et de larges fossés creusaient le sol en tous sens.

Le général Forey prescrit au lieutenant-colonel d'Auvergne, son chef d'état-major, de faire couvrir par le

---

Braum, du 9ᵉ et du 2ᵉ bataillon de la brigade Boer du 6ᵉ corps, ainsi que de la brigade Schaaffgotsche, complétée par les troupes de la garnison de Plaisance (régiment Hesse), pour remplacer les parties de cette brigade qui y étaient restées.

« Le lieutenant feld-maréchal Stadion a commencé le 20 au matin son mouvement en avant de la tête de Pont.

« Le lieutenant feld-maréchal Urban s'était porté sur la grande route vers Casteggio, faisant battre préalablement la montagne à gauche par le 3ᵉ bataillon de chasseurs.

« Le lieutenant feld-maréchal Baumgarten suivait dans la plaine avec la brigade Bils, du côté de Casatisma, et la brigade Gaal dans la direction de Robecco.

« Leur réserve, composée de 2 bataillons et demi, ainsi que le corps du train d'artillerie, s'avançaient vers Barbaniello. La brigade, prince de Hess, formait l'aile droite et marchait par Vérone sur Bronduzzo. Le lieutenant feld-maréchal Stadion avait ordonné que de cette position, qui avait été atteinte environ à onze heures, on commençât l'attaque vers midi ; le lieutenant feld-maréchal Urban devait s'emparer des localités de Casteggio et Montebello, afin de gagner de là une base pour menacer davantage Voghera et contraindre ainsi l'ennemi à déployer ses forces.

« Le général-major Gaal devait suivre comme réserve le lieutenant feld-maréchal Urban. »

bataillon du 74ᵉ de grand'garde la chaussée du chemin
de fer à la ferme Cascina-Nuova; puis de porter en avant
les deux bataillons, également de grand'garde, du 84ᵉ, à
droite et à gauche de la route, et de placer en échelons, à droite, les deux bataillons du 74ᵉ qu'il avait
amenés avec lui. — En même temps il donne ordre au
lieutenant de Saint-Germain de ranger ses deux pièces
en batterie sur la route elle-même, et de canonner tout
ce qui apparaîtra dans cette direction.

Bientôt ces pièces d'artillerie sont criblées de mitraille,
et le lieutenant de Saint-Germain tombe grièvement
blessé; mais les canonniers qui servent ces pièces, malgré ce feu violent qui les accable des hauteurs de Genestrelli, continuent résolûment leur tir.

LXVIII. — Les mouvements des Autrichiens se dessi-
nent; ils se déploient et forment un large demi-cercle. Leur intention est de nous envelopper, en trouant
le centre de notre position par une attaque vigoureuse.

Une des colonnes ennemies s'est établie à droite,
sur un petit mouvement de terrain qui nous domine. — Une pièce d'artillerie, dirigée aussitôt contre
elle, la force de se retirer, pendant que la ligne de
tirailleurs qui couvrait en avant ce régiment est vigoureusement repoussée par une compagnie de voltigeurs du 74ᵉ, enlevée avec élan par le capitaine Barra-
chin.

LXIX. — Mais, dans la pensée de l'ennemi, la démons-

tration de droite n'est point l'attaque sérieuse; sur le
centre et sur la gauche la fusillade prend tout à coup
une proportion menaçante.

Le bataillon du commandant de Behagle (84°) a
rencontré le 3° régiment de l'archiduc Charles; les
compagnies qui couvrent le front de ce bataillon sont
sérieusement compromises et perdent du terrain. —
Quelque faibles qu'elles soient numériquement, si
elles ne résistent pas à l'ennemi jusqu'à l'arrivée
des troupes qui accourent de leurs campements de
Voghera, les colonnes autrichiennes en profiteront
pour nous envelopper, et il ne sera plus possible de
les entraver dans leur marche. — A tout prix il faut
les arrêter.

Le général Forey s'élance vers ces compagnies, pendant que le colonel Cambriels ralliant énergiquement
tout ce qu'il rencontre (deux cents hommes environ),
groupe ce petit nombre de combattants autour du général qui les anime par l'exemple de son ardent courage,
et tous deux, dans cette position incroyable d'audace,
tiennent tête à l'ennemi.

La lutte était inégale; déjà le commandant Lacretelle
est tombé mortellement frappé; il fallait défendre un
à un chaque épi de blé que l'on foulait à ses pieds, pour
empêcher l'ennemi de nous déborder et donner le
temps au reste de la division d'arriver sur le lieu du
combat.

LXX. — C'est alors que la cavalerie piémontaise sous

les ordres directs du colonel de Sonnaz vint prendre
une glorieuse part à la lutte. Le colonel, qui remplit les fonctions de général, se dévoue avec une complète abnégation à l'énergique résolution du général
Forey. — Sans consulter les difficultés du terrain inondé
par de nombreuses rizières, et malgré les plantations
d'arbres qui désorganisent à tout instant la marche de
ses escadrons, cette vaillante brigade s'élance plusieurs
fois à la charge contre les têtes de colonnes ennemies,
donnant et recevant la mort avec un égal courage ;
elle combat avec une vaillance indomptable, se ralliant
au cri de ses chefs ardents au combat, et se rejetant,
sans reprendre haleine, contre les masses qui se con-
centraient sur ce point important pour y faire une
trouée.

Telle fut la première phase du combat de Montebello, belle page militaire, qui a porté si haut le nom
du général Forey.

Nous avons dit que la colonne qui menaçait la
droite avait quitté sa position, et que le bataillon déployé en tirailleurs s'était replié. Ce mouvement rétrograde entraîna bientôt celui du régiment de l'archiduc
Charles, qui se rejeta aussi en arrière, craignant d'être
pris, à la fois, en face et par son flanc gauche.

LXXI. — Dans le même moment, arrivait le reste de
la division, le général Beuret avec cinq compagnies du
17ᵉ bataillon de chasseurs et le 3ᵉ bataillon du 74ᵉ, en
tête duquel marchait le colonel Guyot de Lespart, ayant

avec lui le drapeau; puis le général Blanchard avec
deux bataillons du 98ᵉ et un bataillon du 91ᵉ.

Avec ces renforts, le général Forey pouvait enfin
prendre de sérieuses dispositions d'attaque et se
frayer un passage sur Genestrelli et Montebello, quelque considérables que pussent être les masses qu'il
rencontrerait devant lui. — A la guerre, une résolution inébranlablement arrêtée est le premier pas dans
la victoire.

Le colonel d'Auvergne apporte l'ordre au général
Beuret de se placer à droite de la route, se reliant aux
autres troupes de sa brigade; et le général Blanchard
déploie une partie de la sienne en échelons à gauche
de la route, pendant qu'il va avec le surplus occuper
fortement la chaussée du chemin de fer, à la ferme de
Cascina Nuova. — Le général Forey, rassuré ainsi de ce
côté, et sûr de ne point être coupé, s'apprête à pousser
vigoureusement en avant, dans la direction de Genestrelli, sa droite formée de trois bataillons en échelons.

LXXII. — Des réseaux de tirailleurs se jettent dans les
champs, s'embusquent derrière les groupes d'arbres,
franchissent les fossés et les haies; mais, du milieu
des blés immobiles partaient tout à coup de terribles
fusillades, qui semaient la mort.

De son côté, le général Beuret entamait avec sa brigade
la gauche des Autrichiens. — L'ennemi, supérieur en
nombre et dans une excellente position, défend avec
acharnement, étage par étage, les hauteurs qui domi-

nent la position de Genestrelli. — Mais nos hardis bataillons reviennent plusieurs fois audacieusement à
la charge. Le 17ᵉ chasseurs, que mène au feu le commandant d'Audebard de Férussac, voit tomber un à un
presque tous ses chefs. — Le 74ᵉ, le 84ᵉ rivalisent d'ardeur et d'élan.

LXXIII. — De toutes parts le combat est engagé.

A travers la fusillade et les détonations de l'artillerie,
on entend les hurrahs des Autrichiens qui s'excitent
au combat, et le cri de victoire de nos soldats :
Vive l'Empereur ! — Les blés et les champs de maïs, qui
avaient si longtemps abrité les dangereuses carabines
des Tyroliens, sont couchés à terre et brisés sous les pas
pressés de nos bataillons. Partout, la lutte laisse derrière
soi des traces de sang et de combat acharné; mais à
chaque pas, sur ce terrain perfide, apparaissent de nouveaux ennemis qui semblent tout à coup surgir du sol
entr'ouvert.

C'est ainsi que marchèrent de tous côtés nos braves
régiments, dédaigneux de la mort, combattant pied à
pied, et enlevant, morceau par morceau, chacune des
hauteurs qu'occupaient les troupes autrichiennes.

Celles-là aussi combattaient avec vaillance, ayant à
leur tête, leurs officiers, les premiers au danger. — Si
elles abandonnaient une position longtemps défendue;
elles ne la laissaient que jonchée de morts, et derrière
les fossés, derrière les pans de murs, derrière les arbres, elles recommençaient le combat.

Le terrain conquis s'achetait chèrement. — Enfin nous atteignons Genestrelli.

LXXIV. — Le général Forey fait aussitôt placer à gauche de la route 4 pièces de canon pour balayer le terrain dans la direction de Montebello ; mais l'artillerie ennemie rangée sur les hauteurs n'attendait que notre approche pour nous couvrir de ses boulets. Plusieurs projectiles, arrivés coup sur coup, jettent le désordre dans les attelages et dans les servants. — Ce désordre est vite réparé, et nos pièces repondent vigoureusement à l'artillerie ennemie.

Genestrelli occupé, il fallait enlever le village de Montebello.

« Jugeant alors (dit le général Forey dans son rapport au maréchal Baraguey d'Hilliers) qu'en suivant avec le gros de l'infanterie la ligne des crêtes, et la route avec mon artillerie, protégée par la cavalerie piémontaise, je m'emparerais plus facilement de Montebello, j'organisai mes colonnes d'attaques.

« Le 17e bataillon de chasseurs, soutenu par le 84e et le 74e disposés en échelons, s'élancèrent sur la partie sud de Montebello où l'ennemi s'était fortifié. »

LXXV. — Mais les soldats étaient épuisés de fatigue et de combat. — Avant de recommencer la lutte qui cette fois sera décisive, le général Forey leur laisse quelques instants de repos, et en profite pour inspecter avec soin les terrains qu'il faut parcourir pour arriver jusqu'à Montebello ; le sol est profondément creusé ; il est inégal, coupé par des ravins, des fossés, et d'un accès presque impossible à la cavalerie ; le général se voit forcé de descendre de cheval, et, l'épée à la main, il vient, avec les officiers de son état major, se placer sur la ligne même des tirailleurs. — Le général Beuret est aussi descendu de cheval, et, avec cette calme intrépidité qui ne l'abandonne jamais, il désigne de la main à ses troupes les crêtes qu'il faut franchir et attend le signal de l'attaque. — Depuis longtemps les soldats ont jeté leurs sacs à terre pour combattre plus aisément.

LXXVI. — Sur un signe du général Forey, les clairons sonnent la charge ; le cri : en avant! sort à la fois de toutes les poitrines comme une seule acclamation, et les bataillons intrépides s'élancent vers les hauteurs.

En un instant, les crêtes sont couronnées ; et l'on voit de toutes parts les compagnies hors d'haleine les gravir à l'envi. Les officiers toujours à leur tête se multiplient ; ici, c'est le colonel de Lespart et son lieutenant-colonel Bartel ; là le colonel d'Auvergne qui transmet sur tous les points, avec autant de sang-froid que de courage, les ordres du général ; tous ces vaillants cœurs donnent à l'âme de ceux qu'ils commandent le courage qui les anime. — Mais celui que parmi tous chacun regarde avec admiration, c'est le général Forey courant au feu comme un soldat, toujours au plus rude du combat ; les balles sifflent autour de lui et le respectent ; la mitraille semble avoir peur de tant d'audace.

Déjà, nous avons atteint les premières maisons de
Montebello ; les soldats se réunissent en groupes ; ceux-ci
derrière une maison, ceux-là dans une cour ; ils rechar-
gent leurs armes, puis s'élancent par la grande rue.
— Les Autrichiens, embusqués derrière des murs crénelés, font pleuvoir sur eux des grêles de balles. Toutes
les fenêtres sont garnies de fusils, chaque maison est
une redoute à enlever.

LXXVII. — Pendant ce temps, les positions étaient
attaquées à revers par des compagnies du 84e qui,
soutenues par l'artillerie, repoussaient l'ennemi devant
elles, malgré le feu incessant de trois batteries. En vain
deux escadrons autrichiens essayent une charge ; rien
n'arrête l'élan de nos soldats.

C'est ainsi qu'entrant à la fois par toutes les issues,
après avoir enveloppé le village, la brigade Beuret
s'empare une à une des maisons. — Les colonnes autrichiennes, en se repliant pas à pas vers l'autre extrémité de Montebello, font en pleine rue des feux de
pelotons qui couchent à terre nos premiers rangs ; nos
soldats bondissent par-dessus les cadavres étendus et
continuent leur route sans s'arrêter.

Que de traits de courage il faudrait citer dans cette
lutte corps à corps, à la baïonnette ! — Quel profond
dédain de la mort dans ces hommes qui tombent, et
dont la voix excite encore au combat ceux qui restent
debout ! — Soldats, officiers de tous grades, généraux,
sont confondus dans cette mêlée sanglante.

LXXVIII. — Le village est à nous!

L'ennemi, toutefois, s'est réservé un dernier refuge dans le cimetière de Montebello, pour protéger sa retraite : il a fait de ce dernier point une véritable redoute, dont les dispositions du terrain protégent efficacement la défense.

A partir des dernières maisons du village jusqu'au cimetière, le sol monte. En arrière du cimetière, une élévation de terrain forme un monticule ; là, des pièces de canon sont rangées en batterie et vomissent des flots de mitraille sur la route et sur le village que les Autrichiens ont évacué. — A droite, des compagnies, échelonnées à cent mètres au plus, croisent leur feu avec celui du cimetière. — Cette dernière position, suprême défense de nos ennemis, est terrible à enlever.

Déjà, par toutes les rues de Montebello, nos soldats se rejoignent; ralliés par leurs officiers, ils affluent à l'extrémité du village.

Quelques résolus qu'ils soient, ils hésitent et s'arrêtent devant cet orage de fer et de feu qui tonne autour d'eux. — Mais sur la route même, en avant des maisons dont les balles déchirent les murailles, s'est placé le général Forey, indomptable dans son courage et dans sa résolution. Près de lui accourt le général Beuret avec son aide de camp, le capitaine Fabre.

« — C'est ici, mon cher Beuret, lui dit le général, qu'il faut enlever nos jeunes soldats! »

Puis se retournant vers eux :

« — Allons, mes enfants, leur crie-t-il, arrachons à l'ennemi son dernier abri! Suivez votre général. »

— Et il s'élance sur la route.

LXXIX. — Alors, comme s'il eût été poussé par une puissance invisible, ce flot humain se jette avec des cris sur le cimetière, laissant derrière lui une longue traînée de corps mutilés.

Un des premiers, le général Beuret est frappé mortellement. — Il tombe vaillamment, en soldat, comme il avait vécu (1). On l'entoure, on le relève presque mourant déjà et on le porte dans une des premières maisons. Mais, de toutes parts, les clairons sonnent la charge, l'air est rempli de cris tumultueux; le combat appelle tous les combattants; — nul ne veut, nul ne peut rester en arrière.

Les murs du cimetière sont envahis et enlevés à la baïonnette. Tout ce qui ne cherche pas son salut dans la fuite tombe sous les coups de nos soldats.

(1)   LE GÉNÉRAL BEURET

Est né à la Rivière (Haut-Rhin) le 15 janvier 1803.

Admis à l'école spéciale militaire de Saint-Cyr, le 9 novembre 1821, il en sortait, le 1er octobre 1823, comme sous-lieutenant au 27e de ligne; c'est avec ce régiment qu'il fit les guerres d'Espagne et de Morée de 1826 à 1830.

Lieutenant, le 27 octobre 1830; — adjudant-major, le 28 novembre 1833, il fut fait chevalier de la Légion d'honneur, le 27 avril 1834, et promu, le 28 septembre 1836, au grade de capitaine adjudant-major.

Chef de bataillon au 13e de ligne, le 14 juillet 1844, il fit l'expédition de Rome, à la suite de laquelle il devint lieutenant-colonel du 60e de ligne, le 22 septembre 1849, et chevalier de l'ordre de Pie IX, le 4 juin 1850.

En 1852, la campagne de Kabylie lui valut le grade de colonel du 39e de ligne, le 15 août.

Le 15 mai 1854, il partait pour l'armée d'Orient et prenait part à

L'ennemi est en pleine déroute. — Nos quatre pièces d'artillerie accourent au grand galop de leurs attelages et poursuivent de leurs boulets les colonnes autrichiennes qui regagnent précipitamment Casteggio.

LXXX.—Il était alors six heures et demie.

A l'extrême gauche, le général Blanchard avait constamment tenu l'ennemi en échec; celui-ci était revenu plusieurs fois à la charge sur la chaussée du chemin de fer, espérant tourner par ce point les troupes qui attaquaient Montebello et pouvoir les prendre à revers.

Cette résistance acharnée contre un ennemi si supérieur en nombre avait été bien chèrement payée. A la tête de son régiment, avait été frappé mortellement le

tous les combats livrés pendant cette glorieuse campagne. Blessé à l'épaule gauche d'un éclat de bombe dans les tranchées devant Sébastopol, le 9 décembre 1854, il fut nommé, le 10 janvier 1855, général de brigade, et le 27 du même mois, promu officier de la Légion d'honneur.

Placé à la tête de la 1re brigade de la 6e division de l'armée d'Orient, puis de la 1re brigade de la 3e division du 1er corps, il fut de nouveau blessé, le 4 mai 1855 à l'attaque de gauche devant Sébastopol. Un ordre général de l'armée cite son nom parmi les officiers intrépides qui se sont fait le plus remarquer, pendant les combats de nuit du 22 au 23 mai.

La campagne de Crimée lui valut l'ordre de Medjidié et celui de compagnon de l'ordre du Bain. Le 15 octobre 1856, il prenait le commandement d'une brigade d'infanterie de l'armée de Paris.

Appelé à la tête de la 1re brigade d'infanterie du 1er corps de l'armés d'Italie, le général Beuret a trouvé sur le champ de bataille de Montebello une mort glorieuse. Cette perte a été vivement sentie par l'armée, qui avait su apprécier en lui les hautes qualités du cœur et de la vaillance militaire

colonel Méric de Bellefon (1), un de ces vaillants chefs
de corps dont la perte est à jamais regrettable; le colonel Conseil Dumesnil, du 98ᵉ est blessé; son chef de bataillon, le commandant Duchet, s'est fait bravement tuer
à la tête de son bataillon dont le capitaine Laffon, qui

---

(1)   COLONEL MÉRIC DE BELLEFON

(Jean-Pierre-Victor), né, le 21 octobre 1804, à Septfonds (Tarn-et-
Garonne). Colonel du 91ᵉ de ligne. Mort le 22 mai 1859, par suite de
blessures reçues à Montebello le 20 mai 1859.

Élève au prytanée de La Flèche, il s'était engagé volontairement
comme simple soldat au 4ᵉ de ligne, le 6 mars 1823, au moment de
la guerre d'Espagne. Caporal, le 1ᵉʳ mars 1824; caporal-fourrier, le
9 avril 1824; sergent-fourrier, le 6 mars 1825; sergent-major, le
21 janvier 1826; sous-lieutenant au 54ᵉ de ligne, le 9 mai 1827;
lieutenant, le 7 septembre 1831, et ensuite capitaine, le 28 octobre 1840, il était passé plus tard aux fonctions d'adjudant-major, le
29 novembre 1841, et avait été promu chef de bataillon au 27ᵉ de
ligne, le 22 février 1852.

La guerre de Crimée, qui avait mis en relief les remarquables qualités militaires du commandant de Bellefon, donna un cours plus rapide
à son avancement, jusque-là un peu retardé.

Lieutenant-colonel, le 21 mars 1855, il fut, six mois plus tard, le
22 septembre, à la suite de la prise de Malakoff, nommé colonel du
91ᵉ de ligne.

Sa carrière se résume en trente-six années de bons et loyaux services.
Chevalier le 29 août 1847, officier le 6 avril 1856, il reçut à son lit de
mort la croix de commandeur de la Légion d'honneur.

Officier du Medjidié, décoré de la médaille sarde de la valeur militaire, le colonel Méric de Bellefon était un officier supérieur très-dis-
tingué et d'une bravoure à toute épreuve. Plein de sollicitude pour ses
soldats, dont il était très-aimé, il savait leur imprimer un élan irrésistible en présence de l'ennemi. « Enfants! leur dit-il dans un moment
difficile, pendant la campagne de Crimée, les canons ennemis sont
chargés jusqu'à la gueule de croix d'honneur! En avant. » Et c'est en
conduisant sur le sol italien ces mêmes troupes, qui avaient une confiance aveugle dans le courage de leur chef éprouvé, qu'il tombait
frappé mortellement au premier combat de cette campagne, dans
laquelle il aurait sans doute pris une part glorieuse.

en a pris le commandement, tombe lui-même quelques instants après atteint d'une blessure mortelle. Le général Blanchard, comprenant l'importance de la position qui lui est confiée, a donné ordre à son aide de camp de réunir toutes les ressources dont il peut disposer. Celui-ci rencontre près de Voghera un bataillon du 93e que commande le lieutenant-colonel Mangin; ce brave régiment, quoique ne faisant pas partie de la division Forey et n'ayant reçu aucun ordre, accourait au canon. — Son assistance, inattendue dans ce moment décisif, permit au général de prendre à son tour l'offensive et de refouler énergiquement les Autrichiens (1).

LXXXI. — « Les hommes étaient harassés; les réserves manquaient; il était prudent de ne pas pousser plus loin. Les troupes se rallièrent alors derrière le cimetière, soutenues en avant par de nombreux tirailleurs qui repoussèrent les colonnes ennemies dans Casteggio (2). »

Mais ces colonnes s'arrêteront-elles à l'abri de ce village pour se reformer et tenter un retour offensif, ou bien continueront-elles sur la route de Casatisma?

Le général Forey, pour s'en assurer, monte sur un belvédère qui domine une grande étendue de pays. — De cet observatoire, il ne tarda pas à voir les Autri-

---

(1) Rapport du général Blanchard au général Forey sur la journée du 20 mai.

(2) Historique de la 1re division du 1er corps.

chiens évacuer en toute hâte Casteggio, ne laissant après eux qu'une arrière-garde, pour couvrir leur retraite.

Dès lors, il était évident qu'ils ne songeaient pas à reprendre les positions que nous leur avions enlevées.

LXXXII. — Le général redescendit pour prendre les mesures que la prudence lui commandait.

Lorsqu'il arriva devant le front des troupes, de toutes parts les acclamations l'accueillirent avec un enthousiasme difficile à décrire. — C'était à qui s'approcherait de lui ; chacun voulait toucher la main du chef intrépide qui, dans cette rude journée, s'était toujours exposé, le premier, aux coups de l'ennemi (1).

---

(1)   GÉNÉRAL FOREY.

Né à Paris en 1804, il fut reçu à l'École de Saint-Cyr en 1822, avec le r.º 16 du concours, et entra comme sous-lieutenant au 2º léger, le 1ᵉʳ octobre 1824.

Le sous-lieutenant Forey ne tarda pas à se faire remarquer dans son régiment comme un excellent instructeur, dont il exerça les pénibles fonctions pendant cinq années.

Compris, en 1830, dans le bataillon de guerre que le 2º léger fut appelé à former pour l'expédition d'Alger, il fut promu après cette campagne au grade de lieutenant.

La guerre civile, qui ravageait l'Espagne, avait amené la formation d'une division active, sous les ordres du général Castellane. Le lieutenant Forey tint garnison dans les Pyrénées jusqu'en 1835 ; son activité, son instruction, sa régularité dans le service, appelèrent sur lui l'attention de ses chefs, et il fut nommé, dans cette dernière année, capitaine au choix. Toujours dans le 2º léger, il s'embarqua pour Oran au mois de décembre. Appelé à commander la compagnie des carabiniers, il se fit remarquer à l'expédition de Médéah, et surtout dans les opérations de retraite, après le premier siège de Constantine : cité à l'ordre du jour de l'armée, il fut décoré de la Légion d'honneur. Plus tard, il fit partie de l'expédition des Portes-de-Fer, et cité de nou-

Au milieu de ce terrain jonché de morts et de mourants et qu'enveloppaient encore les ardentes vapeurs de la bataille, c'était un mâle et noble spectacle bien digne d'émouvoir et de faire battre tous les cœurs. Aussi, sur les traits du général se peignit une émotion que n'avait

veau dans le rapport officiel, comme s'étant brillamment distingué, il reçut en récompense le grade de chef de bataillon.

Malheureusement, cette nomination l'éloignait de l'Algérie, et il dut aller rejoindre le 59ᵉ qui tenait garnison en France.

En 1840, le duc d'Orléans fut chargé de la création de dix bataillons de chasseurs à pied; le 6ᵉ bataillon fut donné au commandant Forey, qui, en 1841, s'embarqua de nouveau pour l'Algérie. La note que le prince royal adressait sur cet officier, en 1841, au général d'Hautpoul, est trop honorable pour ne pas être citée.

« Je regarde le chef de bataillon Forey, du 6ᵉ bataillon, comme un officier distingué, capable de parvenir aux grades les plus élevés de la hiérarchie militaire. »

En 1841, il est mis à l'ordre du jour. — Dans la campagne de 1842, il est blessé et est cité de nouveau pour s'être brillamment conduit dans plusieurs combats d'arrière-garde.

Nommé lieutenant-colonel, il se distingua sous les ordres du général Changarnier, et donna des preuves de coup d'œil militaire et de grande énergie.

Chaque fois que nous voulons suivre la carrière des généraux appelés à des commandements importants dans l'armée d'Italie, il nous faut parcourir les montagnes de l'Algérie, rechercher les routes que nous avons déjà suivies, et retracer les mêmes combats, les mêmes épreuves, les mêmes audacieuses entreprises.

Forey fut nommé colonel, le 4 novembre 1844, dans le 26ᵉ de ligne, qui rentrait en France. A côté des nobles élans de la guerre, dont l'Afrique révélait les glorieux secrets, si les régiments dans cette vie de combats incessants, de luttes perpétuelles, gagnaient des auréoles de gloire, ils perdaient souvent cette discipline sévère et irréprochable, si essentielle dans l'armée. Le colonel Forey était l'homme du devoir. Si quelquefois on lui reprocha une trop grande sévérité, tous ont rendu hommage à sa justice; et bientôt son nouveau régiment se fit remarquer par sa belle tenue, par l'ensemble et la régularité qui régnaient dans toutes les parties du service.

En 1848, la révolution qui renversa le trône de juillet était accom-

pu lui donner la mort qu'il avait cent fois bravée. Il pressa chaleureusement les mains noires de poudre qui se tendaient vers lui, adressant avec une énergie toute militaire quelques paroles à ses braves soldats. Et les colonnes autrichiennes qui se pressaient sur la route de Casatisma purent entendre arriver jusqu'à elles les cris de *Vive l'Empereur!* mille fois répétés.

LXXXIII. — Le général Forey s'assura par deux patrouilles que l'ennemi ne faisait pas une feinte retraite; puis, après avoir laissé ses instructions aux chefs de corps, il reprit la route de Voghera.

plie. Le 26ᵉ fut envoyé au camp que l'on organisa à Saint-Maur. L'ordre paraissait rétabli dans l'intérieur de Paris, mais les passions grondaient sourdement. Le gouvernement résolut d'avoir des troupes à la proximité de l'Assemblée nationale.

Une brigade fut établie sur l'esplanade des Invalides, et le 26ᵉ fut appelé à en faire partie. Le lendemain, le colonel Forey, nommé général, fut investi du commandement de cette brigade. Le général auquel une action d'éclat et une septième citation à l'ordre du jour en Afrique avaient valu la croix d'officier de la Légion d'honneur, fut élevé au grade de commandeur, au mois de décembre 1851. — Le 22 décembre de l'année suivante, il était nommé général de division. Membre du comité de l'infanterie, il prit une part active aux travaux importants et aux graves questions qui furent soumises à ce comité. Il y acquit de l'influence, et rendit de sérieux services dans les inspections générales, jusqu'au moment où la confiance du gouvernement l'appela à commander la division de l'armée d'Orient.

Pendant la première partie de l'expédition de Crimée, chargé du commandement du corps de siège devant Sébastopol, le général Forey montra tout ce que la France pouvait attendre de ses hautes qualités militaires, dont la victoire de Montebello devait être plus tard le glorieux couronnement.

Cette belle journée de victoire lui valait pour récompense la grand'-croix de la Légion d'honneur, et quelques mois plus tard la haute position de sénateur à laquelle l'appelait la confiance de l'Empereur.

A Genestrelli, il rencontra le maréchal Baraguey d'Hilliers qui arrivait de Ponte Curone, et venait visiter les positions que la 1ʳᵉ division avait si glorieusement conquises dans la journée. Le maréchal ne jugeant pas nécessaire d'occuper Montebello, le général Forey ordonna d'évacuer cette position, en ayant soin de faire allumer des feux de bivouacs pour donner le change à l'ennemi, et lui ôter toute tentation de se rapprocher de ce point pendant la nuit (1).

LXXXIV. — Le combat du 20 mai inaugurait brillamment la campagne d'Italie, dont chaque pas devait être une victoire; et le plus grand éloge qui pouvait être décerné à cette vaillante division fut celui qu'elle reçut du général Giulay lui-même dans son rapport (2). — Ce gé-

(1) *Journal historique des marches et mouvements du 1ᵉʳ corps d'armée.*

« 20 mai. — A 7 heures du soir, le maréchal donne ordre à tous les corps de la 3ᵉ division, moins le 34ᵉ qui reste à Riva di Nazzano, de se porter de Ponte Curone sur Voghera. — Il prescrit à la 1ʳᵉ brigade de la 2ᵉ division de quitter ses positions pour se diriger sur la route de Casei à Voghera.

« Le maréchal monte à cheval à 8 heures du soir avec son état-major, et, après avoir visité les positions de Montebello, rentre à Voghera où il établit son quartier général. »

(2) *Rapport du général comte Giulay à l'empereur d'Autriche.*

« Du côté de l'ennemi, il paraît y avoir eu en ligne tout le corps d'armée du maréchal Baraguey d'Hilliers et une brigade piémontaise.

« Les troupes françaises qui ont été au feu se composaient de 12 régiments d'infanterie, quelques bataillons de chasseurs, et un régiment de cavalerie; les Piémontais avaient fourni une brigade et le régiment de cavalerie Novare; les réserves étaient nombreuses et grossissaient sans cesse.

« Le lieutenant feld-maréchal Stadion évalue au moins à 40 000 hommes le nombre des combattants ennemis.

néral, en énumérant les forces autrichiennes mises en ligne dans cette journée, évalue au moins à 40 000 hommes le nombre des combattants du côté de l'armée alliée.

Ces 40 000 hommes, — c'était la division Forey composée de 5905 hommes, lors de son embarquement à Toulon, le 27 avril 1859 (1), plus les six escadrons de chevau-légers, commandés par le colonel piémontais Maurice de Sonnaz, qui se battirent avec une bravoure signalée (2).

En portant si haut le nombre de nos forces engagées, le général Giulay avait raison; car le courage, la résolution, la mâle énergie des troupes et l'élan irrésistible, que la valeur des chefs imprimait aux soldats, en avait décuplé le nombre.

LXXXV. — Après le juste tribut de joie donné à la victoire, il est douloureux de regarder en arrière et de voir tous ceux qui sont tombés sur la route. — Nos pertes étaient nombreuses et sensibles; elles s'élevaient à 671 hommes hors de combat, parmi lesquels 12 officiers tués, et 52 blessés.

Le général Beuret, brave soldat, cœur ferme et résolu, aimé de tous, estimé par tous. — Le colonel Meric de Bellefond, que la mort enlevait à une brillante carrière;

---

(1) *Journal historique des marches et opérations de la 1re division du 1er corps de l'armée d'Italie.*

(2) A la suite de sa brillante conduite dans la journée du 20 mai, le colonel Maurice de Sonnaz fut nommé brigadier général.

le commandant Lacretelle du 74e; le chef de bataillon Duchet du 98e, les capitaines Margaggi, Douville,
Laffon, Girard, Pansiot, Rinieri, avaient payé notre
triomphe de leur vie (1).

Parmi les blessés étaient le colonel Guyot de Lespart,
et le chef de bataillon de Ferussac que l'on avait vus
sans cesse à la tête de leur régiment.

La cavalerie piémontaise avait fait aussi une grande
perte, le colonel Morelli, l'un de ses chefs le plus justement estimés, avait été glorieusement tué en chargeant
avec une intrépidité sans égale à la tête d'un escadron.

---

(1) Nous avons pensé rendre un dernier hommage aux combattants tombés vaillamment devant l'ennemi, en publiant leur liste nominative avec leurs états de service.

COMMANDANT DUCHET

(Lucien Pierre Jean), né, le 18 octobre 1823, à Saint-Savinien (Cha-
rente). Chef de bataillon au 98e de ligne. Tué à l'ennemi, le 20 mai 1859.

Campagnes : de 1843 à 1848, en Afrique ; 1854, 1855 et 1856, en
Orient.— Cité à l'ordre du jour de l'armée, le 25 mai 1855, comme s'é-
tant distingué dans la nuit du 13 au 14 mai 1855. (Siége de Sébastopol.)

Admis à Saint-Cyr, le 25 avril 1841 ; sous-lieutenant au régiment de
zouaves, le 1er avril 1843 ; lieutenant au 23e léger, le 15 mai 1848 ;
capitaine, le 30 novembre 1851 ; adjudant-major, le 3 novembre 1853 ;
chef de bataillon au 98e de ligne, le 14 septembre 1855.

COMMANDANT LACRETELLE

(Nicolas Eugène), né, le 23 avril 1821, à Pont-à-Mousson (Meurthe).
Chef de bataillon au 84e de ligne. Mort, le 29 mai 1859, suite de blessures reçues à Montebello.

Quinze campagnes (1854, 1855, 1856, Orient).

Chevalier de la Légion d'honneur, le 27 février 1855.

Officier très-méritant sous tous les rapports.

Soldat au 2e régiment du génie, le 24 avril 1839 ; caporal, le 11 novembre 1840 ; élève à l'École spéciale militaire, le 19 novembre 1840 ;

LXXXVI. — Le même jour où notre armée victorieuse illustrait une seconde fois le village de Montebello, l'Empereur apprenait que les Autrichiens s'étaient reti-

sous-lieutenant au 43e de ligne, le 1er octobre 1842 ; lieutenant, le 3 mai 1848 ; id. au 2e régiment de zouaves, le 25 février 1852 ; capitaine, le 10 mai 1852 ; chef de bataillon au 84e de ligne, le 29 décembre 1854.

CAPITAINE DOUVILLE

(Frédéric Alexandre), né, le 1er septembre 1807, à Grenoble (Isère). Capitaine au 84e de ligne. Tué à l'ennemi, le 20 mai 1859.

Campagnes : 1855 et 1856, en Orient.

Soldat au 9e léger, le 5 avril 1833 ; caporal, le 16 octobre 1833 ; sergent, le 21 septembre 1834 ; sergent-fourrier, le 13 novembre 1834 ; sergent, le 11 juillet 1835 ; sergent-fourrier, le 23 avril 1836 ; sergent-major, le 1er juin 1836 ; adjudant, le 21 septembre 1840 ; sous-lieutenant, le 27 avril 1846 ; capitaine, le 2 février 1853 ; id., au 84e de ligne, le 1er janvier 1855.

CAPITAINE GIRARD

(Louis Aimé), né le 13 novembre 1809, à Caen (Calvados). Capitaine au 84e de ligne. Tué à l'ennemi, le 20 mai 1859.

Campagnes : 1836, 1837, 1838, 1839 et 1840, Afrique ; 1855 et 1856. Orient.

Soldat au 62e de ligne, le 1er janvier 1832 ; caporal, le 1er octobre 1834 ; sergent, le 16 avril 1836 ; sergent-fourrier, le 24 avril 1842 ; sergent, le 1er août 1842 ; sous-lieutenant au 9e léger, le 27 avril 1847 ; lieutenant, le 29 décembre 1851 ; id. au 84e de ligne, le 1er janvier 1855 ; capitaine, le 14 avril 1856.

CAPITAINE LAFFON

(Jean-Baptiste), né le 5 mars 1813, à Conques (Aude). Capitaine au 98e de ligne. — Mort le 23 mai 1859, suite de blessures reçues au combat de Montebello, le 20 mai 1859.

Campagnes : 1831, 1832, Belgique ; 1854, 1855 et 1856, Orient.

(Engagé volontaire). Soldat au 19e de ligne, le 26 mars 1831 ; caporal, le 29 mai 1832 ; sergent-fourrier, le 1er juin 1833 ; sergent, le 6 avril 1835 ; sergent-major, le 16 août 1836 ; libéré, le 6 mars 1838 ; engagé volontaire au 4e léger, le 7 juillet 1838 ; sergent-fourrier, le 24 juillet 1838 ; sergent-major, le 1er août 1839 ; id. au 23e léger, le

rés de Verceil, et avaient repassé la Sesia. A 4 heures
du matin il partait d'Alexandrie pour Casale. — Après
avoir visité avec la plus grande attention les fortifications

16 novembre 1840 ; adjudant, le 6 décembre 1840 ; sous-lieutenant,
le 13 mars 1841 ; lieutenant, le 3 mai 1848 ; capitaine, le 29 décembre 1851 ; id., au 98ᵉ de ligne, le 1ᵉʳ janvier 1855.

CAPITAINE MARCAGGI

(Antoine), né le 28 octobre 1808, à Bastia (Corse). Capitaine au
17ᵉ bataillon de chasseurs à pied. Tué à l'ennemi le 20 mai 1859.

Campagnes : 1846, 1847, Afrique ; 1855 et 1856, Orient. — Chevalier de la Légion d'honneur, le 24 décembre 1853.

Engagé volontaire au 60ᵉ de ligne, le 26 décembre 1833 ; caporal,
le 16 novembre 1834 ; fourrier, le 21 septembre 1838 ; sergent, le
1ᵉʳ avril 1839 ; sous-lieutenant au 6ᵉ bataillon de chasseurs à pied, le
27 avril 1846 ; lieutenant au 3ᵉ bataillon, le 23 mai 1850 ; passé au
6ᵉ bataillon, le 3 mars 1852 ; capitaine au 17ᵉ bataillon, le 1ᵉʳ août
1855.

CAPITAINE PANSIOT

(Claude Nicolas), né le 10 août 1826, à Brochon (Côte-d'Or). Capitaine au 74ᵉ de ligne. — Mort, le 21 mai 1859, suite des blessures reçues à Montebello.

Blessé à la tête et à la jambe gauche par éclats de bombe, le
18 juin 1855, devant Sébastopol. — Chevalier de la Légion d'honneur,
le 16 avril 1856. — Officier distingué. (1854, 1855, 1856, Orient).

Élève à l'École spéciale militaire, le 12 décembre 1846 ; sous-lieutenant au 74ᵉ de ligne, le 28 mai 1848 ; lieutenant, le 29 décembre 1851 ; capitaine, le 27 avril 1855.

CAPITAINE RINIERI

(Antoine Marc), né le 18 octobre 1806, à Serraggio (Corse). Capitaine au 84ᵉ de ligne. — Mort, le 29 mai 1859, suite d'une blessure reçue à Montebello.

1855 et 1856 en Orient. — Chevalier de la Légion d'honneur, le
16 avril 1856.

Soldat au 13ᵉ léger, le 15 juin 1828 ; caporal, le 12 novembre 1830 ;
sergent, le 26 octobre 1832 ; passé au 9ᵉ léger, le 16 octobre 1833 ;
sergent-fourrier, le 11 juillet 1835 ; sergent-major, le 26 septembre 1840 ; sous-lieutenant, le 18 avril 1848 ; lieutenant, le 30 décem-

élevées autour de cette ville depuis quelques années, ainsi que les nouveaux travaux exécutés sous la direction du général Frossard, il traversa le fleuve et se

bre 1852 ; lieutenant au 84ᵉ de ligne, le 1ᵉʳ janvier 1855 ; capitaine, le 14 avril 1856.

LIEUTENANT BRUZON

(Jean-Baptiste), né, le 15 mars 1815, à Bernède (Gers) ; lieutenant au 98ᵉ de ligne. Tué à l'ennemi, le 20 mai 1859.

Campagnes : 1855 et 1856, en Orient. Cité à l'ordre du 1ᵉʳ corps de l'armée d'Orient, le 16 mai 1855, par le général en chef, pour sa belle conduite dans la nuit du 13 au 14, même mois, ayant tué deux Russes de sa main dans la tranchée, devant Sébastopol.

Soldat au 17ᵉ de ligne, le 1ᵉʳ avril 1837 ; caporal, le 12 mai 1839 ; id., au 23ᵉ léger, le 8 novembre 1840 ; sergent, le 28 juillet 1841 ; sergent-fourrier, le 26 octobre 1841 ; sergent-major, le 10 mars 1843 ; sous-lieutenant, le 25 juillet 1850 ; id., au 98ᵉ de ligne, le 1ᵉʳ janvier 1855 ; lieutenant, le 30 janvier 1855.

LIEUTENANT FAIVRE

(Claude-Étienne-Séraphin), né, le 28 janvier 1827, à Arbois (Jura) ; lieutenant au 74ᵉ de ligne. Tué à l'ennemi, le 20 mai 1859.

Engagé volontaire au 1ᵉʳ régiment du génie, le 19 octobre 1847 ; élève à l'École spéciale militaire, le 11 novembre 1850 ; sous-lieutenant, au 15ᵉ régiment d'infanterie légère, le 1ᵉʳ octobre 1852 ; passé au 17ᵉ bataillon de chasseurs à pied, le 25 décembre 1853 ; passé au 5ᵉ, de même arme, le 17 février 1855 ; lieutenant, le 28 avril 1855 passé au 74ᵉ de ligne, le 19 septembre 1855.

LIEUTENANT LABBÉ

(Hyacinthe-Charles), né, le 25 mars 1828, à Château-Thierry (Aisne) ; lieutenant au 98ᵉ de ligne. Tué à l'ennemi, le 20 mai 1859.

Campagnes : 1854, 1855 et 1856, Orient.

Soldat au 23ᵉ léger, le 2 octobre 1847 ; caporal, le 24 novembre 1848 ; caporal-fourrier, le 16 mars 1850 ; sergent-fourrier, le 18 mai 1850 ; sergent, le 16 février 1851 ; sergent-major, le 6 juillet 1851 ; sous-lieutenant, le 30 décembre 1854 ; id., au 98ᵉ de ligne, le 1ᵉʳ janvier 1855 ; lieutenant, le 7 janvier 1856.

LIEUTENANT MOHR

(Jean-Antoine-Édouard), né, le 25 mars 1827, à Toulouse (Haute-

rendit à Verceil. — Sa Majesté pensait y trouver les Piémontais établis en force, mais le roi de Sardaigne s'était contenté de faire occuper Verceil par la 4ᵉ divi-

Garonne); lieutenant au 98ᵉ de ligne; mort, le 24 mai 1859, suite d'une blessure reçue à Montebello.

6 campagnes : 1854, 1855, 1856, Orient.

Engagé volontaire, au 45ᵉ de ligne, le 21 mai 1845; caporal, le 12 janvier 1846; caporal-fourrier, le 11 avril 1846; sergent-fourrier, le 17 août 1846; sergent, le 1ᵉʳ mai 1848; sergent-fourrier, le 21 juillet 1849; sergent-major, le 6 octobre 1849; libéré, le 3 mai 1852; engagé au 22ᵉ léger, le 23 août 1852; caporal, le 11 septembre 1852; sergent, le 19 décembre 1852; sergent-fourrier, le 8 septembre 1853; sergent, le 1ᵉʳ octobre 1853; id., au 97ᵉ de ligne, le 1ᵉʳ janvier 1855; sous-lieutenant, au 98ᵉ de ligne, le 9 juin 1855; lieutenant, le 24 mai 1859.

SOUS-LIEUTENANT DUCROS

(Louis), né, le 6 février 1828, à Sommières (Gard), sous-lieutenant au 98ᵉ de ligne. Tué à l'ennemi, le 20 mai 1859.

Campagnes : 1854, 1855 et 1856, Orient.

Soldat au 23ᵉ léger, le 7 juillet 1849; caporal, le 10 décembre 1850; sergent, le 5 janvier 1852; sergent-fourrier, le 8 mars 1852; sergent, le 18 décembre 1853; sergent-fourrier, le 5 février 1854; id. au 98ᵉ de ligne, le 1ᵉʳ janvier 1855; sergent-major, le 12 mars 1856; adjudant, le 19 février 1856; sous-lieutenant, le 17 mars 1856.

SOUS-LIEUTENANT GISBERT

(Antoine-Hippolyte), né, le 14 septembre 1835, à Montpezat (Tarn-et-Garonne); sous-lieutenant au 84ᵉ de ligne. Tué à l'ennemi, le 20 mai 1859.

Élève à l'École impériale spéciale militaire, le 20 janvier 1855; sous-lieutenant au 84ᵉ de ligne, le 1ᵉʳ octobre 1856.

SOUS-LIEUTENANT POIRIER

(Jean-Baptiste-François), né, le 23 juin 1825, à Labaroche (Orne); sous-lieutenant au 74ᵉ de ligne. Tué à l'ennemi, le 29 mai 1859.

1854, 1855, 1856, Orient.

Soldat au 74ᵉ de ligne, le 23 juillet 1846; caporal, le 4 février 1848; sergent, le 10 avril 1850; sergent-fourrier, le 14 janvier 1852; sergent-major, le 30 janvier 1854; sous-lieutenant, le 24 mars 1855.

sion (Cialdini), de concert avec la division de cavalerie
de ligne, pendant que la 2ᵉ et la 3ᵉ division, échelonnées sur la rive droite de la Sesia, appuyaient leur
mouvement.

Dans la pensée d'une concentration rapide de tous
les corps d'armée au moment donné, l'Empereur, avec
cette infatigable activité dont il ne devait cesser de donner tant de preuves, pendant le cours de cette campagne, voulait visiter et étudier par lui-même tous
les points de communications.

LXXXVII. — En abandonnant Verceil, et en repassant
la Sesia, les Autrichiens avaient fait sauter deux arches
du pont en maçonnerie, qui servait à la fois au passage du chemin de fer et à la circulation ordinaire.

La veille (18 mai), l'artillerie française avait, en
moins de 20 heures de travail, construit sur la Scrivia,
à la hauteur de l'Ova, un pont de chevalets destiné à
mettre en communication les différents corps d'armée
campés sur les deux rives. — Avec l'aide des bateliers du
pays accourus en toute hâte elle jetait aussi sur le Tanaro, à la hauteur de Pavone (1), un pont volant qui
permettait de faire passer mille hommes par heure.

L'armée sarde, de son côté, en construisait aussi un
sur un autre point du même cours d'eau, vers Porte del
Radice, afin de donner toute facilité pour se concentrer

_____

(1) *Pavone.* Village des États sardes, à 4 kil E. d'Alexandrie;
924 habitants.

aux troupes qui surveillaient la rive droite du Pô, de Valenza à Voghera. — Il est facile de comprendre l'importance de cette communication destinée à relier les différents corps entre eux.

LXXXVIII. — A 8 heures du matin, l'Empereur était de retour à son quartier général, après avoir longuement conféré avec le roi de Sardaigne sur les nouvelles dispositions à prendre.

Vers trois heures, il allait visiter le champ de bataille de Marengo (1). — Ce fut avec une profonde émotion qu'il laissa ses regards errer sur la vaste plaine où s'était livrée, plus d'un demi-siècle auparavant, une grande bataille. — Là, où tant de sang avait glorieusement coulé, rien ne rappelait le choc terrible de deux armées, si ce n'est une chapelle, où reposent réunis dans la mort les ossements blanchis des combattants des deux nations; mais le souvenir de l'illustre capitaine dont le génie enchaîna si longtemps la victoire à ses drapeaux, planait, vivant encore, au milieu de cette vallée aujour-

---

(1) *Marengo*. Village des États sardes, sur la rive gauche du Pontanone, province d'Alexandrie et à 4 kil. S. E. de cette ville.

C'est dans la plaine qui entoure Marengo que le général Bonaparte remporta, le 14 juin 1800, sur l'armée autrichienne commandée par Mélas, une victoire éclatante qui amena la paix de Lunéville. C'est à cette bataille que le général Desaix fut tué, après avoir contribué au succès de cette mémorable journée.

Le traité de paix de Lunéville, confirmant et étendant celui de Campo Formio, donna à la France le Rhin pour limite, céda à l'Autriche les États de Venise, sécularisa les États ecclésiastiques de l'Allemagne pour indemniser de leurs pertes les princes italiens, et reconnut les républiques italienne, ligurienne, etc.

d'hui calme et silencieuse. — Dans le recueillement de
sa pensée ce souvenir guerrier parlait au souverain qui
se retrouvait dans le même lieu, portant, lui aussi, ce
nom illustre, et lui aussi commandant une vaillante armée, l'orgueil et le cœur de la France.

L'Empereur voulut visiter successivement les têtes de
ponts par lesquelles les Autrichiens débouchèrent dans
la plaine, et les positions occupées par les généraux
français. — Longtemps il s'arrêta devant ce petit cours
d'eau de Fontanone, dont le passage fut si vivement et
si opiniâtrément disputé. Il parcourut lentement la route
d'Alexandrie à Plaisance, où le brave Lannes, accablé par
le nombre, disputait pied à pied, avec une vaillance sans
égale, ce terrain qu'il était obligé de céder,—San Giuliano,
où l'intrépide Desaix, accouru au bruit du canon, vint
jeter au milieu de la bataille indécise le poids de sa
redoutable épée. — Chaque pas rappelait un grand
nom, une noble action, un mémorable fait de guerre.

Et pendant que Napoléon III relisait avec recueillement
ces belles pages du passé, le canon de notre armée tonnait à Montebello, nos braves bataillons se ruaient au
combat, et commençaient par une victoire la nouvelle
campagne d'Italie.

LXXXIX. — L'Empereur apprit ce beau fait d'armes
dans la soirée du 20; aussitôt il envoya à Voghera un
de ses officiers d'ordonnance, le capitaine de La Tour-
d'Auvergne, recueillir sur les lieux mêmes les détails du

combat, et changea par de nouvelles instructions les emplacements des différents corps d'armée.

Le maréchal Baraguey d'Hilliers recevait l'ordre de s'établir à Voghera. — Le maréchal Canrobert portait à Ponte Curone les troupes du 3ᵉ corps, pendant que le général de Mac-Mahon allait sans retard, avec le 2ᵉ corps, occuper Castel Nuovo di Scrivia et Caseï, afin de soutenir le maréchal Baraguey d'Hilliers contre l'éventualité d'une nouvelle attaque.

Le 4ᵉ corps, commandé par le général Niel, envoyait à Sale une de ses divisions, et établissait à Valenza son quartier général (1).

Le messager de l'Empereur se présenta chez le maréchal, commandant en chef le 1ᵉʳ corps, lorsque le général Forey lui rendait compte du combat de la journée et de ses différentes phases. — Il était minuit environ.

Malgré l'heure avancée de la nuit, le chef d'état-major du général, le lieutenant - colonel d'Auvergne, fut chargé de faire immédiatement un rapport détaillé, que l'officier d'ordonnance de l'Empereur remettait à Sa Majesté à quatre heures du matin.

Vers six heures, le 21, l'Empereur partait lui-même pour Montebello. — Il savait que sa présence sur les lieux du combat serait déjà une récompense pour ses soldats qui s'étaient si vaillamment battus.

---

(1) Journal historique des marches et mouvements de l'armee, tenu au grand quartier général de l'armée d'Italie.

A neuf heures du matin, il arrivait à Voghera, accompagné des généraux de Martimprey et Fleury, du colonel de Toulongeon, du docteur Larrey, et de quelques officiers de son état-major.

XC. — L'arrivée de l'Empereur avait été annoncée par le télégraphe.

Le général Forey était au débarcadère avec son état-major.

Aussitôt que l'Empereur l'aperçut, il se détacha de sa suite, et, pressant le pas, il s'avança vers le général qu'il embrassa avec effusion, en lui adressant, sur sa belle conduite de la veille, les compliments les plus flatteurs.

Toute la population de Voghera et celle des localités voisines, accourues au-devant de Sa Majesté, l'accompagnèrent ainsi jusqu'au quartier général du maréchal Baraguey d'Hilliers, en faisant retentir l'air de leurs acclamations.

Après s'être entretenu assez longtemps avec le maréchal et le général Forey, l'Empereur se dirigea vers le champ de bataille de Montebello ; mais ayant remarqué que le général, par suite d'une contusion qu'il avait reçue pendant le combat, marchait péniblement, il l'engagea à prendre du repos et à lui donner un de ses officiers pour l'accompagner. Le général désigna son chef d'état-major, le colonel d'Auvergne, qui, par ses fonctions auprès de lui, et la part active qu'il avait prise à la journée du 20 mai, était mieux que personne à même de donner à Sa Majesté tous les renseignements désirables.

XCI. — L'Empereur, parcourut avec le maréchal commandant le 1er corps, les terrains où s'était passée l'action de la veille. — Les traces du combat gisaient de tous côtés sous ses pas; et il rencontrait sur sa route des blessés que l'on portait à l'ambulance, des morts que l'on portait au champ de repos.

Après avoir visité Genestrelli et Montebello, où la lutte avait été si opiniâtre, Sa Majesté voulut pousser jusqu'à Casteggio. — La ville était déserte; les habitants épouvantés s'étaient répandus dans la campagne et avaient abandonné leurs maisons; car c'était le matin seulement que l'arrière-garde autrichienne avait évacué Casteggio.

De l'esplanade qui domine une vaste étendue du pays, l'Empereur examina longtemps les positions des Autrichiens, soit du côté de Stradella, soit à la tête du pont de la Stella, et revint à Voghera où il voulut visiter les ambulances pour s'assurer par lui-même qu'aucun secours ne manquait aux blessés et aux malades. Il trouva chacun à son poste, aumôniers et chirurgiens; ceux-ci parlant à l'âme des mourants, ceux-là cherchant à ramener la vie parmi les victimes que le combat avait frappées. — C'était un spectacle touchant et plein d'une noble et mâle solennité, de voir ces malheureux se soulever sur leur lit de souffrance et oublier de douloureuses blessures pour acclamer leur Empereur.

LIVRE II

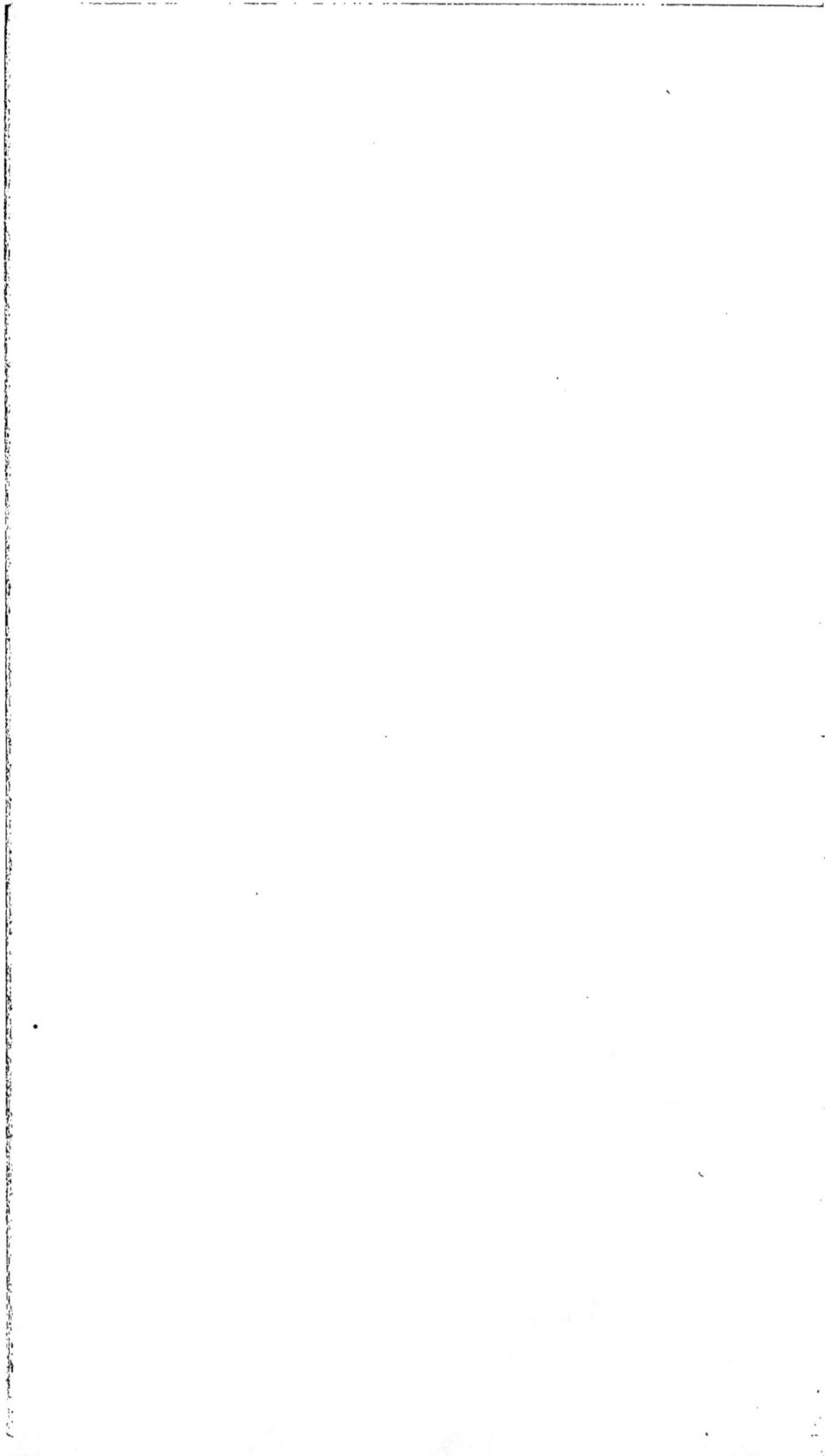

LIVRE II.

—

CHAPITRE PREMIER.

I. — L'Empereur, en allant jusqu'à Casteggio et en examinant avec soin tout le pays qui se déroulait devant ses regards, voulait s'assurer par lui-même des positions des Autrichiens et de la direction qu'ils suivaient dans leur retraite.

Depuis le jour où il avait porté son armée en avant, il s'était trouvé placé en face de difficultés très-grandes, soit qu'il se dirigeât sur Plaisance, dont il eût fallu faire le siége, soit qu'il passât le Pô de vive force à Valenza, où il rencontrait l'ennemi à Mortara dans des conditions défavorables. — Aussi, pour épargner un sang précieux si utile au jour des grands combats, avait-il résolu de tourner l'armée autrichienne et de lui donner le change sur ses véritables intentions. — Mûrissant savamment ce hardi mouvement stratégique, l'Empereur attendait le moment opportun de le mettre à exécution.

Le combat de Montebello venait à son aide, et l'heure

était enfin venue de rendre inutiles tous les moyens de
défense que les Autrichiens avaient accumulés du côté de
Pavie, de Stradella, de Plaisance et de Crémone.—Pour
atteindre ce but, l'Empereur résolut de déborder l'ennemi
par un mouvement rapide sur sa gauche, de passer le
Pô à Casale, la Sesia à Verceil, et de marcher sur Novare.

II. — A peine de retour à son quartier général à Alexandrie, il apprend que les Autrichiens sont rentrés à Stradella
qu'ils avaient un instant évacué. — Sans nul doute l'ennemi, avec sa vigilance habituelle, éclaire le pays et nous
surveille ; il est important de lui laisser croire que les
mouvements sérieux de l'armée alliée se portent toujours
vers le même point, afin qu'il continue à concentrer
toutes ses forces entre Mortara, Pavie (1) et Stradella.

Le maréchal Baraguey d'Hilliers reçoit aussitôt l'ordre
d'établir son quartier général à Montebello même, et
de faire occuper Casteggio, ainsi que la hauteur qui domine cette petite ville, par un bataillon ou un régiment
qui aura soin de s'enfermer dans une redoute, si le terrain
le permet.—Le corps du maréchal se concentrera dans
un rayon de 300 mètres, sauf les avant-postes qui pourront
être portés d'un côté à Casatisma et de l'autre à Pizzale.

Pendant ce temps, le général de Mac-Mahon réunira
ses troupes à Voghera et fera surveiller par des détachements le cours du ruisseau de la Staffora, ainsi que la

1) *Pavie*. Ville du royaume Lombardo-Vénitien, chef-lieu de la
province de ce nom, à 30 kil. S. de Milan, sur la rive gauche du
Tessin, à 2 kil. de son confluent avec le Pô; 20 000 habitants.

route de Calcababbio qui tombe, à angle droit, sur la route de Voghera à Montebello.

Le maréchal Canrobert quittera Tortone et, tout en conservant son quartier général à Ponte Curone, fera occuper par de forts détachements Castel Nuovo di Scrivia et Caseï.

Le 4e corps conservera ses positions.

III. — Pour bien saisir dans son ensemble le mouvement stratégique de conversion qui va s'exécuter, il est nécessaire de se rendre un compte exact des emplacements occupés chaque jour par les différents corps. Aussi nous suivrons, pas à pas, leur marche, sans les perdre de vue.

Peut-être, l'ennemi, sans attendre qu'il soit attaqué, prendra-t-il résolûment l'offensive, comme dans la journée du 20 mai, pour nous harceler par des engagements successifs; il est donc nécessaire d'être de tous côtés sur ses gardes et prêt au combat. — L'Empereur recommande par un ordre spécial aux commandants des corps d'armée, lorsqu'ils sont près de l'ennemi et qu'un obstacle considérable, tel qu'un fleuve, ne les en sépare pas, de faire toujours camper au moins la moitié des troupes dans l'ordre de combat, une partie de l'artillerie en batterie, une partie de la cavalerie toujours sellée, prête à monter à cheval.

Le génie vient de terminer les travaux du pont de la Scrivia et construit des ouvrages de campagne sur les hauteurs à droite de Casteggio. Le pont volant, établi à Pavone, et que les nouvelles positions des troupes ont rendu moins utile sur ce point, a été porté à la hauteur de Porte del Radice.

Des renseignements venus de différents côtés disent que les Autrichiens réunis en force doivent, dans la journée du 24, attaquer le 1er et le 2e corps.

Leurs positions très-avancées sur la route de Pavie et de Stradella rendent fort présumable un semblable projet, car la 1re division du 2e corps a dû repousser les jours précédents de fortes reconnaissances d'infanterie et de cavalerie.—Aussi, vers trois heures du matin, les troupes prennent les armes et se portent en avant de leurs cantonnements ; mais les éclaireurs ne signalent dans aucune direction la marche des colonnes ennemies (1). Toutefois, pour prévoir les éventualités, le génie reçoit l'ordre de faire une coupure sur la route de Pavie, et une autre sur celle de Stradella.

IV. — Le moment approche où l'armée va, tout d'un coup, se mettre en marche sur Verceil et Novare.

L'Empereur a combiné tous les détails de mouvements des différents corps. Jusqu'au dernier moment, le plus grand secret doit régner sur ce projet, dont le succès consiste surtout dans la croyance où est l'ennemi que nous cherchons à porter nos efforts sur une direction tout opposée. La moindre indiscrétion compromettrait la réussite de cette importante opération, qui doit nous

---

(1) Le lendemain, 25, la division du général d'Autemarre (5e corps), placée provisoirement sous les ordres du maréchal Baraguey d'Hilliers, arrive à Genestrelli, par Bobbio.

porter rapidement sur la capitale de la Lombardie. — Nul dans l'armée n'en a connaissance. Et, pour maintenir les Autrichiens dans la pensée que nous comptons menacer sérieusement la ligne de Pavie, le général de Mac-Mahon, dont le quartier général est à Voghera, reçoit l'ordre de faire le simulacre de jeter un pont sur le Pô, à la hauteur de Cervesina (1).

Le lieutenant-colonel d'artillerie de Schaller est chargé de diriger cette opération. — Le 26, à la nuit tombante, une section du génie quitte Voghera pour aller coucher à Menapaco, à moitié chemin environ de Cervesina; et le 27, à la pointe du jour, le 1er bataillon du 1er étranger (colonel Brayer), cantonné à Torre Menapaco (2), se porte avec cette section du génie sur Cervesina, se renforçant en route d'un bataillon du 45e qui venait prendre position à San Gaudenzio.

A quatre heures du matin, les travaux préliminaires s'exécutent; le génie trace l'emplacement des batteries et commence les rampes, sans que l'ennemi cherche à s'y opposer. Pendant plusieurs heures les travaux continuent, puis les troupes regagnent leurs cantonnements.

V. — Le même jour et le jour suivant, on établit deux ponts de chevalets sur le Tanaro, un à Porte del Radice,

(1) *Cervesina.* Village des États sardes, à 9 kil. N. E. de Voghera.

(2) *Torre Menapaco.* Village des États sardes, à 3 kil. N. O. de Voghera.

(3) Un service de télégraphes volants est organisé au grand quartier général, dans le but d'établir rapidement d s lignes télégraphiques sur les derrières de l'armée, lorsque commenceront les opérations projetées.

le second à proximité du premier, pour assurer la communication.

Pendant ce temps, le général Lebœuf, commandant en chef l'artillerie, doit reconnaître le passage de la Sesia, entre Prarolo (1) et Palestro, ainsi qu'à la hauteur d'Albano (2).

Entre Prarolo et Palestro, le général explore un point de passage qu'il trouve favorable. — Un bois de peupliers qui s'élève sur la rive peut servir à masquer les préparatifs et l'approche des troupes; sur un des bras de la rivière un pont de bateaux serait facilement construit. Des pâtres, qui font paître leurs troupeaux aux environs, indiquent des gués dont ils se servent perpétuellement pour transporter leurs bestiaux d'une rive à l'autre. — Leurs renseignements sont très-précis; il en résulte que le second bras peut se passer à gué, en amont du pont; le fond de la rivière, reconnu avec soin, présente aussi un gué bon pour les cavaliers. De plus, la configuration du terrain sur la rive droite est très-favorable à l'emplacement de batteries flanquantes qui peuvent s'étendre sur une assez large étendue; la rive gauche plate et boisée permet aux troupes qu'on y aura jetées de s'y maintenir jusqu'à l'achèvement du pont. Les berges, bordées d'un rideau d'arbres, fournissent abondamment le bois nécessaire pour les chevalets.

(1) *Prarolo.* Village des États sardes, à 5 kil. S. E. de Verceil.

(2) *Albano.* Village des États sardes, à 10 kil. N. O. de Verceil. 900 habitants.

A Albano, il est inutile d'établir un pont; il existe un gué très-praticable pour l'artillerie; le fond est d'un gravier très-solide ; les charrettes du pays passent journellement en cet endroit les deux bras de la rivière. — D'après tous les renseignements, la rive gauche de la Sesia est entièrement abandonnée par les Autrichiens. La seule difficulté qui se présente, c'est que cette rivière est sujette parfois à des crues d'eau très-rapides, mais ces crues heureusement sont de courte durée. Dans cette éventualité, un pont de chevalets pourrait être facilement établi.

Tels sont les rapports adressés à l'Empereur par le général commandant l'artillerie; ils complètent favorablement la série des dispositions à prendre.

VI. — Dans la nuit du 27 au 28, quelques divisions effectuent déjà des mouvements préparatoires.

Le 28, toute l'armée s'ébranle.

La garde impériale se porte sur Occimiano. — Le 1er corps, abandonnant Casteggio et Montebello, établit de nouveau son quartier général à Voghera, avec la 3e division, et la division d'Autemarre qui observe la vallée de la Staffora et la route de Bobbio, pendant que la 1re division va bivouaquer à Ponte Curone, et la seconde à Caseï, éclairant la rive droite du Pô depuis Corana (1) jusqu'à Cornale (2).

(1) *Corana*. Village des États sardes, à 8 kil. N. O. de Voghera.

(2) *Cornale*. Village des États sardes, à 10 kil. N. O. de Voghera.

Le 2ᵉ corps se rend à Bassignana.

Les ressources du chemin de fer lui-même sont mises à contribution pour ajouter à la rapidité du mouvement de l'armée. — Sous l'active direction du général Fleury, aide de camp de l'Empereur, ce puissant moyen de transport enlève, dans la nuit du 27 au 28, le 3ᵉ corps pour le jeter de Ponte Curone à Casale (1).

Le 4ᵉ corps franchit le Tanaro sur deux ponts de chevalets de plus de 100 mètres de long, et porte sa 1ʳᵉ division à Lazarone, sa 2ᵉ à Pomaro. — Le quartier général est à Valenza.

Par le fait du mouvement de conversion qui vient de s'opérer et de la marche sur Verceil, le 4ᵉ corps, qui était en arrière des autres, est devenu tête de colonne; il est suivi par la garde impériale. Les autres corps imitent le mouvement dans l'ordre inverse de leurs numéros, remplaçant ainsi chaque jour ceux qui les précèdent, dans les cantonnements qu'ils viennent de quitter.

Le 29, le mouvement continue.

Le 4ᵉ corps porte son quartier général à Casale, ayant ses deux divisions au delà de la tête du pont, sur la rive gauche du Pô.

La garde a établi aussi son quartier général à Casale, au delà du Pô, entre le fleuve et la route de Trino.

_____

(1). Une partie des blessés de Montebello n'ayant pu être évacués des hôpitaux de Voghera dans les journées précédentes, les convois du 3ᵉ corps furent momentanément arrêtés pour transporter à Alexandrie et à Gênes ce qui restait de blessés à Voghera.

Le 3ᵉ corps traverse le Pô sur le pont de bateaux (1), comme l'a fait la garde, et bivouaque aux alentours de la même ville.

Le 2ᵉ corps se transporte à Valenza par le Tanaro, sur les traces du 4ᵉ.

Le 1ᵉʳ corps, après avoir passé la Scrivia aux ponts de Tortone, de l'Ova et de Castel Nuovo di Scrivia, remplace le 2ᵉ à Bassignana et fait camper ses divisions à Sale, Cava et Mezzanino.

VII. — L'armée sarde massée près de Verceil a reçu de son côté des instructions très-précises de l'Empereur, sur la part qu'elle doit prendre aux opérations qui vont s'exécuter.

Cette armée doit occuper l'attention de l'ennemi par des mouvements successifs, pousser des reconnaissances, prendre des positions offensives et escarmoucher sans cesse avec les avant-postes autrichiens. — Ces manœuvres résolûment et habilement exécutées par les troupes piémontaises, doivent évidemment faire supposer à l'ennemi que nous voulons marcher sur Mortara, en même temps qu'elles masquent la marche rapide que les corps d'armée français vont opérer sur Novare.

VIII. — Les ordres de mouvements destinés aux com-

---

(1) Pour effectuer le passage du Pô, il existait deux ponts, un pont en fil de fer, qui avait été signalé la veille comme offrant peu de solidité, et un pont de bateaux. Toutes les troupes, infanterie, cavalerie et artillerie, passent sur le pont de bateaux, ainsi qu'une partie des bagages. — Les voitures auxiliaires de l'administration de l'artillerie passent dans l'après-midi sur le pont de fil de fer.

mandants des corps d'armée et aux chefs de service, ainsi que le tableau d'ensemble des marches des différents corps, pendant les journées des 30, 31 mai et 1er juin, leur sont transmis, seulement dans la journée du 29, de la manière la plus confidentielle. — Chacun en comprend l'importance et s'apprête à les exécuter fidèlement.

L'armée du Roi, qui était à Verceil, a reçu l'ordre de s'établir en avant de Palestro, pendant que le 3e et le 4e corps, qui sont, l'un au delà du pont de Casale, l'autre à Casale même, doivent, — le quatrième se rendre à Verceil, par la grand'route, traverser la ville et occuper Borgo Vercelli (1), — le troisième se porter sur Prarolo, où il établira ses ponts.

La garde, appuyant à gauche, gagne Trino par la grand'route; — ses divisions campent sur les hauteurs en avant du bourg et sur la route de Verceil.

Le 2e corps, qui est à Valenza, est venu s'établir à Casale.

Le 1er corps, qui forme l'arrière-garde, a mission de replier au fur et à mesure les ponts de chevalets sur lesquels s'est effectué le passage des troupes sur la Scrivia et le Tanaro, et de camper, le 30, à Valenza, que vient de quitter le 2e corps.

---

(1) *Borgo Vercelli.* Bourg des États sardes, dans la province de Novare, à 4 kil. N. E. de Verceil ; 2700.

Pour aller de Casale à Verceil on peut prendre deux routes, la première, la grand'route, en traversant Villa Nova et Stroppiana. — La seconde, par Balzola, Pertengo, Azigliano.

Notre armée a opéré tous ses mouvements sans coup férir, mais celle du roi Victor-Emmanuel a soutenu plusieurs combats brillants.

IX. — Il ne faut pas oublier que le mouvement tournant, dont nous venons d'indiquer les premières étapes, s'exécute autour de deux grands obstacles qui consistent, dans le cours de la Sesia, depuis Verceil jusqu'au-dessous de Casale et dans le cours du Pô, depuis le confluent de la Sesia jusqu'en face de Casteggio.

En remontant la rive droite du Pô, dont tous les moyens de passage ont été détruits dans cette étendue, l'armée a pu masquer son mouvement et le dérober aux vedettes ennemies. Mais, en traversant à Casale le Pô, couvert en cet endroit par le cours moins important de la Sesia, et en remontant la rive droite de cette rivière sur Praroloet Verceil, notre marche a commencé à préoccuper l'ennemi. — Celui-ci, sans bien se rendre compte de notre but, s'est cependant avancé de Mortara sur la route de Robbio (1) pour surveiller ce qui se passait. — Afin d'assurer le succès d'un mouvement qui tend à tourner la droite de l'ennemi, en même temps qu'il nous porte avec rapidité à quelques lieues de Milan, il était important de nous emparer sans retard du passage de la Sesia à Verceil.

Aussi l'Empereur avait-il donné l'ordre à l'armée piémontaise qui, le 29, occupait cette ville, de franchir défi-

(1) *Robbio*. Bourg des États sardes, à 10 kil. N. O. de Mortara, à 18 kil. S. de Novare ; 3800 habitants.

nitivement la Sesia, en aval de Verceil, et d'occuper
solidement Palestro.

X.— Dès le 21, le général Cialdini, l'un des officiers généraux les plus justement estimés de l'armée piémontaise,
avait résolu de faire guéer la Sesia, afin de déloger les
Autrichiens de la rive gauche, et en s'emparant de la
tête du pont de Verceil rompu par l'ennemi, de protéger
la construction d'un pont. Il forma deux colonnes; la
première, composée du 1er bataillon du 10e régiment,
fut mise sous les ordres du capitaine Jest. — La seconde, commandée par le lieutenant-colonel Raccagni, se composait des 6e et 7e bataillons de bersagliers
et de deux escadrons de chevau-légers. Le général
Cialdini, dirigea ces deux colonnes sur deux points :
l'une du côté d'Albano, l'autre près de Cappucini
Vecchi.

Mais les renseignements que les habitants du pays
avaient pu donner étaient incomplets. — Les gués incer-
tains, profonds dans certains endroits, pouvaient être
subitement rendus impossibles par le va-et-vient de la
crue des eaux qui grossit souvent à l'improviste le cours
de la Sesia.

Le capitaine Jest, sans se préoccuper du péril, se jette
le premier dans la rivière, suivi de son intrépide bataillon, et marche résolûment vers l'autre rive, ayant parfois de l'eau dépassant la ceinture.

Bientôt tous atteignent le bord, et se reforment aussitôt en bataille ; mais les munitions sont mouillées

et ne peuvent servir. — Enlevé par son capitaine, le bataillon se lance vers Torrione (1), avec un admirable élan, et aborde l'ennemi à la baïonnette. Celui-ci, surpris par cette attaque imprévue, est bientôt culbuté, et abandonne le terrain, laissant sur le champ du combat, ses morts, ses blessés et des armes et munitions de guerre (2).

XI. — Presque simultanément, l'autre colonne passait aussi à gué la Sesia, à Albano, sous le feu de tirailleurs ennemis embusqués sur l'autre rive; elle avance, ayant à sa tête le général Cialdini et le lieutenant-colonel Raccagni, qui donnent à tous l'exemple du sang-froid et de la bravoure. Les premiers, ils atteignent le bord; cavaliers et fantassins les suivent à l'envi, se rangent en bataille, et, sans s'inquiéter du nombre considérable des ennemis, se dirigent sur Villata (3).—Le combat est acharné, les Autrichiens font bonne contenance et défendent énergiquement cette position, mais enveloppés de toutes parts par une manœuvre hardie et vigoureuse, ils sont refoulés de poste en poste, et abandonnent Villata, laissant derrière eux un grand nombre de morts qui témoignent de leur résistance et de l'énergie de l'attaque.

Par ce hardi coup de main, rapidement exécuté, toute

(1) *Torrione.* Village des États sardes, à 14 kil. N. E. de Verceil.

(2) Ordre du 27 mai 1859. Quartier général principal de Casale.

(3) *Villata.* Village des États sardes, à 6 kil. S. E. d'Albano.

la rive gauche de la Sesia se trouvait débarrassée d'ennemis, depuis le passage d'Albano jusqu'à Torrione.

XII. — Le Roi voulut profiter de ces heureux résultats pour pousser de sérieuses reconnaissances sur Palestro ; il ordonnait en même temps des démonstrations
offensives sur plusieurs autres points de la ligne de la
Sesia, en face de Frassinetto, dans le but d'attirer l'attention de l'ennemi et de lui faire craindre un passage de
vive force.

Le 22 et le 23 mai, il se portait donc en avant, marchant
de sa personne avec la colonne d'exploration (4e div.). —
La 3e (général Durando) se déployait sur la rive droite de
la Sesia, en face de Caresana (1) et engageait un feu d'a-
vant-garde avec l'ennemi, tandis que le général Fanti se
portait avec sa division en face de Terranova (2), y établissait des pièces en batterie, canonnait les Autrichiens,
et s'emparait d'un îlot qu'il faisait solidement occuper
par ses troupes. — Chaque jour amenait une fusillade
avec les postes avancés et un échange de boulets. L'ennemi démasquait des batteries contre lesquelles l'artillerie sarde venait aussitôt résolûment se placer.

Ainsi se passèrent les quelques jours qui précédèrent
l'occupation des points avancés, sur lesquels les têtes de
colonnes sardes escarmouchaient avec les grand'gardes
autrichiennes.

(1) *Caresana*. Village des Etats sardes, à 10 kil. N. E. de Casale, et
10 kil. S. E. de Verceil.

(2) *Terranova*. Village des États sardes, à 7 kil. E. de Casale.

Le roi de Sardaigne, on le voit, avait un rôle important dans le mouvement stratégique qui s'exécutait.

XIII. — L'ordre de l'Empereur, envoyé le 29 à S. M. Victor-Emmanuel, portait ces seuls mots :

« 30 mai. — L'armée du Roi s'établira en avant de Palestro. »

Cette armée, sous la conduite énergique de son souverain, se mit en mesure d'exécuter les instructions de l'Empereur. — Ces instructions donnaient aux troupes sardes des chances certaines de combat ; c'était une bonne fortune qu'elles accueillaient avec enthousiasme.

Dès le 29, l'armée sarde, moins la 5e division restée à la défense de la rive droite du Pô, se concentra sur Verceil, pour franchir la Sesia sur les ponts qui avaient été établis.

Ce fut la division Cialdini qui passa la première. — Le 30, elle se dirigea sur Palestro.

L'ennemi occupait tous les villages groupés à quelque distance les uns des autres en face de la Sesia, et qui commandent le pays de ce côté : Palestro (1), Casaline (2), Vinzaglio (3), Confienza (4).

XIV. — Mais c'était surtout dans Palestro que les Autrichiens avaient concentré leurs plus grands moyens de

---

(1) *Palestro*. Village des États sardes, à 10 kil. N. E. de Verceil.
(2) *Casaline*. Village des États sardes, à 8 kil. N. E. de Verceil.
(3) *Vinzaglio*. Village des États sardes, à 7 kil. N. E. de Verceil.
(4) *Confienza*. Village des États sardes, à 10 kil. N. E. de Verceil.

12

résistance.— La position de ce village devait acquérir à leurs yeux une grande importance ; par le fait seul de sa position topographique, près de la Sesia, il en surveillait tous les passages ; placé entre Novare et Mortara il devenait un excellent poste d'observation pour les corps qui occuperaient cette ligne. En outre, il offrait des conditions très-favorables à la défense. — Le général Cialdini, auquel le passage de la Sesia avait valu le grade de général de division, devait avoir l'honneur d'enlever Palestro.

Ce bourg est assis sur un ressaut de terrain formé de trois petits mamelons se reliant les uns aux autres, et dominant tout à l'entour un pays inondé de rizières, couvert de haies, de plantations, et coupé par de profonds canaux d'irrigation.

En se dirigeant sur Palestro, le terrain monte graduellement. Plusieurs petits ponts servent de passages sur les canaux ; en avant du village coule la rivière, dont les berges sont couvertes de hautes herbes, de peupliers et de saules. Les ennemis ont accumulé aux abords du pont des obstacles de toute nature. A droite et à gauche de la rivière, de grands prés marécageux, sur les deux rives. Un grand nombre de tirailleurs occupent le pont ; d'autres sont disséminés de chaque côté de la route dans ces prés qui séparent la rivière des hauteurs, derrière lesquelles on aperçoit poindre les premières maisons et le clocher de Palestro. — Ces hauteurs forment de chaque côté deux sortes de bastions naturels, à une élévation de 15 mètres environ.

Sur celles de droite, les Autrichiens ont établi deux

batteries encaissées, une de deux pièces, ayant vue sur la rivière, et l'autre d'une seule pièce, tirant sur la route elle-même. De plus, le sommet de ces hauteurs est couronné, sur une longueur d'environ cinquante mètres, par un fort parapet dans le but d'abriter l'infanterie. Un peu en arrière, des troupes nombreuses occupent les bâtiments d'une briqueterie.

Sur le côté gauche, l'ennemi a creusé des trous et élevé des parapets. — Tous les talus qui encaissent et dominent la route jusqu'à l'entrée du village, sont garnis de troupes; de nombreux chasseurs tyroliens sont échelonnés de distance en distance, cachés par les arbres et dans les herbes; les premières maisons sont occupées et crénelées, pour permettre de couvrir les assaillants des feux plongeants.

Tels sont les obstacles, provenant en partie de la disposition même des terrains, que doit rencontrer la colonne piémontaise chargée d'enlever Palestro.

XV. — Le roi Victor Emmanuel dirigeait en personne les opérations militaires avec cette bouillante valeur, qui en fait le plus vaillant soldat de son armée.

Les 6ᵉ et 7ᵉ bataillons de Bersagliers forment l'avant-garde avec une section d'artillerie et un escadron de chevau-légers d'Alexandrie; à leur tête marche le général Cialdini.

C'est au 3ᵉ pont qui coupe la route, que les éclaireurs de la 4ᵉ division rencontrent les avant postes autrichiens. — Malgré la fusillade et les volées de mitraille qui les accueillent, malgré les arbres enchevêtrés les uns dans les autres qui barricadent l'entrée de ce pont, ils l'abordent résolûment au pas de course.—Les voilà qui franchissent les abatis, envahissent le pont, et s'y établissent, pendant qu'une partie du 7e bataillon, entraînée par le comman- dant Chiabrera, se précipite avec un irrésistible élan sur les travaux de la droite, se répand dans les prés en arrière de la rivière, et refoule les tirailleurs ennemis embusqués au bas des talus. Ils sont superbes d'énergie ; les officiers donnent à leurs soldats l'exemple du mépris de la mort, et tous, pêle-mêle, s'animent par des cris au combat. — Une section d'artillerie est placée en batterie. Mais l'en- nemi est nombreux, la résistance est opiniâtre, les as- saillants menacent d'être écrasés par le nombre, le général envoie aussitôt le 9e bataillon, que conduit au feu son brave colonel Brignauney, et la brigade de Savone, formant une arrière réserve prête à partir au premier signal. — Une autre section d'artillerie se joint à la pre- mière et dirige sur le village un feu très-vif de grenades.

De tous côtés, l'ennemi se défend vigoureusement ; mais plus la résistance est rude, plus l'attaque redouble d'énergie. — Déjà les troupes sardes gravissent les hau- teurs ; les parapets derrière lesquels l'ennemi les fusille sont pour lui un inutile abri. — Ils sont enlevés à la baïonnette et débordés en même temps par leurs deux extrémités.

Alors les Autrichiens se massent près de la briqueterie ; embusqués derrière les murs crénelés, ils font pleuvoir des grêles de balles sur les bersagliers, dont une compagnie s'est précipitée sur les batteries qui défendaient l'accès des hauteurs, a tué les artilleurs sur leurs pièces et enlevé deux canons.

XVI. — Une autre colonne jetée sur la gauche, a balayé les tirailleurs embusqués derrière les arbres, ou couchés dans les longues herbes. L'ennemi se sentant ainsi enveloppé de toutes parts, écrasé par cette fougue furieuse à laquelle la mort n'a pu mettre un frein, bat en retraite vers le village, sous la protection du feu des maisons et de celui de plusieurs pièces d'artillerie. — Le capitaine Guisana, à la tête d'une compagnie de bersagliers, s'élance à sa poursuite. Le reste du bataillon et deux bataillons du 9ᵉ régiment d'infanterie occupent de vive force l'entrée du village, et enlèvent, une à une, les principales maisons percées de meurtrières (1).

Le terrain se dispute pied à pied, les Sardes s'emparent avec un élan admirable de la grande rue du village et de l'église. — Mais tout à coup l'ennemi reçoit des renforts venus de Robbio ; ces renforts se jettent dans les dernières maisons, à la droite du cimetière, et placent

(1)   *Rapport du général sarde Cialdini.*

« Les bataillons qui restaient appartenant au 9ᵉ d'infanterie, occupaient le côté droit de l'entrée du village pour empêcher d'être tournés. Les bataillons du 10ᵉ appuyaient à gauche en s'avançant vers le cimetière, et aidant ainsi à déloger l'ennemi qu'ils poursuivaient à une grande distance du village, secondés par une partie du 6ᵉ bataillon de Bersagliers. Ces compagnies étaient parvenues à abattre sous le feu de l'ennemi le mur d'un pont canal (*une ponte canale*) et à occuper le plateau. »

sur la chaussée de nouvelles pièces d'artillerie qui ouvrent un feu terrible.

La position est critique, le colonel Brignone fait barricader la route du côté du cimetière, distribue ses troupes à la défense de l'église, et lançant son cheval à bride abattue, accourt demander du secours au général Cialdini.

Le moment est venu de lancer toutes les réserves et d'écraser la résistance de l'ennemi par un dernier et énergique effort. — Le général s'est mis à la tête des colonnes, et leur montrant de son épée le village de Palestro, il s'élança le premier en leur criant : En avant et vive le Roi!

A ce cri de vive le Roi! chefs et soldats s'ébranlent comme s'ils eussent ressenti une commotion électrique, et se jettent sur le village au pas de course.

La section d'artillerie, placée à l'entrée, vient d'être renversée dans les fossés latéraux par la violence du feu de l'ennemi; à côté d'elle, sont tombés ses servants mutilés; une autre section la remplace aussitôt avec un calme héroïque, et, secondée par les attaques de l'infanterie, parvient à faire battre l'ennemi en retraite.

La plus grande partie du village est entre les mains des troupes piémontaises; mais les Autrichiens combattent toujours avec acharnement de maison en maison, de rue en rue; il faut les déloger à la baïonnette. Comprenant enfin que la résistance est désormais inutile, ils abandonnent la position et se retirent sur la route de Robbio, laissant 184 prisonniers et un grand nombre de morts et de blessés.

XVII. — Pendant que la 4ᵉ division s'emparait ainsi
de Palestro, la 3ᵉ division, renforcée des régiments
5ᵉ cavalerie et Piémont-royal, traversait la Sesia à
10 heures du matin, et marchait de son côté sur Vinzaglio, village situé sur la gauche de Palestro en quit-
tant Verceil. — Là encore l'ennemi, profitant des
obstacles naturels qui en couvrent les abords, s'était
fortement retranché.

La 3ᵉ division, conduite au feu par ses chefs intrépides,
et heureuse d'avoir aussi sa journée de combat, s'élance
en colonnes serrées sur le village, brisant par la force
d'une ardeur irrésistible tous les obstacles qui lui sont
opposés; les bataillons franchissent l'espace, et abordent
à la baïonnette l'ennemi étonné de ce choc impétueux.
Celui-ci, comme à Palestro, n'abandonna le village qu'a-
près une opiniâtre résistance., et se retira en bon ordre
sur deux colonnes, dont l'une se dirigea sur Confienza,
l'autre sur Palestro, que les Autrichiens croyaient encore
en leur pouvoir. — Mais déjà les Sardes s'étaient rendus
maîtres de la position, et avaient dépassé le village, où
ils avaient établi leurs avant-postes, sur la route de Robbio; la colonne ennemie donna, sans s'en douter, contre
ces avant-postes qui l'attaquèrent vigoureusement. —
Surprise au milieu de sa retraite, elle se débanda, abandonnant deux canons.

XVIII.—La division du général Fanti avait aussi passé
la Sesia et traversait Borgo Vercelli, lorsque tout à coup
elle se trouva en face d'un gros de cavalerie ennemie,

qui arrivait en reconnaissance par la grand'route de Novare, avec l'intention de pénétrer dans Borgo Vercelli.

Le général mit son artillerie en batterie, et lança sur
les escadrons ennemis une décharge à mitraille qui leur
tua une dizaine d'hommes et jeta le désordre dans leurs
rangs; la reconnaissance se replia tout aussitôt, et dis-
parut dans les terrains boisés. — Les Piémontais conti-
nuèrent leur marche, et, arrivés à la hauteur de Casaline, se formèrent sur deux colonnes; l'une prit la
direction de Vinzaglio, pour se relier à la 3e division,
et l'autre se porta sur le village de Confienza.

L'ennemi qui l'occupait, n'opposa qu'une faible résistance et se retira précipitamment sur Robbio (1).

La 1re division, qui avait marché sur les traces de la division Fanti, campa le même soir près de Casaline, formant
ainsi l'extrême gauche de la ligne de bataille de l'armée
sarde, dont le quartier général vint s'établir à Torrione.

Tels étaient les événements qui s'étaient passés sur
la rive gauche de la Sesia, pendant que l'armée française opérait, sans coup férir, son grand mouvement
de conversion. Ces combats, non-seulement, faisaient
le plus grand honneur à l'armée sarde, mais ils rendaient par leurs résultats des services signalés, en couvrant la marche stratégique des troupes françaises sur
Novare et le Tessin.

(1)   *Journal historique de l'armée sarde.*

Cette journée coûta à la 4e division 140 hommes hors de combat,
dont 2 officiers. — A la 3e, 1 officier tué, 8 blessés et 179 hommes hors
de combat.

CHAPITRE II.

XIX. — L'Empereur, pressentant que l'armée du roi de Sardaigne, par le rôle qu'elle était appelée à jouer, aurait à livrer plusieurs combats successifs, avait mis à sa disposition le 3e régiment de zouaves, momentanément détaché du 5e corps (prince Napoléon), auquel il appartenait ; ce régiment, sous les ordres du colonel de Chabron, venait de quitter Bobbio, et fort d'environ 2600 hommes, arrivait en toute hâte dans la journée du 30 mai, de Torrione à Verceil.

Le même jour il campait à Torrione (1).

Le 31, à six heures du matin, le colonel de Chabron

(1)   *Journal historique du 3e zouaves.*

« Le canon se faisait entendre dans le lointain, et le cœur de tous battait d'impatience.

« Malgré l'encombrement de la route, le régiment se mit en marche vers six heures du soir. La Sesia fut passée sur un pont de bateaux, et le régiment se dirigea rapidement sur Torrione.

« Un grand nombre de voitures chargées de blessés encombrait la route et rendait la marche difficile et surtout très-fatigante. — Aussi lorsque l'Empereur passa dans les rangs du régiment qu'il voyait pour la première fois, et qui, sous une pluie battante et courant dans un demi-mètre de boue, criait néanmoins à pleins poumons : *Vive l'Empereur !* on aperçut un sourire de satisfaction se dessiner sur le visage du souverain. »

recevait du roi Victor-Emmanuel l'ordre de se diriger sur Palestro, et arrivé à sa destination, vers neuf heures du matin, il prenait aussitôt position, en avant et à gauche du village, dans une plaine couverte de moissons et de bouquets d'arbres, ayant devant lui à petite distance les bords fangeux d'un canal.

XX. — La marche rapide de l'armée française sur Verceil et sur Novare continuait à s'exécuter dans les conditions les plus favorables.

Le 31 mai, l'armée du Roi a l'ordre de rester dans ses positions en avant de Palestro.

Le 4ᵉ corps (Niel) se porte à Cameriano (1), sur la route de Novare; les divisions marchent formées en colonnes mobiles. — La division de Luzy qui est en tête, est précédée d'une avant-garde composée de 6 escadrons, d'une batterie à cheval, et de 4 compagnies de chasseurs à pied, éclairant la route que doit suivre en entier le corps d'armée.

Le 3ᵉ corps (Canrobert) doit traverser la Sesia et aller s'établir en arrière de Palestro, pour couvrir les positions de l'armée piémontaise et montrer à l'ennemi des forces considérables sur ce point.

Le 2ᵉ corps (Mac-Mahon) a quitté Casale le matin, à quatre heures, pour se rendre à Verceil, ainsi que le portent ses instructions écrites. Mais, à peine arrivé,

---

(1) *Cameriano*. Village des États sardes, à 7 kil. N. E. de Borgo Vercelli.

il reçoit l'ordre de se porter sur Borgo Vercelli que devait continuer à occuper le 4e corps, et qu'il a quitté sur de nouveaux ordres pour se porter, comme nous l'avons vu, sur Cameriano. — Le quartier général du 2e corps s'établit à Borgo Vercelli ; les divisions prennent leur campement à la sortie du village, s'appuyant sur la route de Novare. La cavalerie et l'artillerie sont restées en arrière du village sur la droite de la route.

La division de cavalerie Desvaux campe vers Albano, au-dessus de Verceil, que la garde impériale atteint dans la matinée.

Le 1er corps, toujours escorté par les escadrons de la cavalerie piémontaise, quitte Valenza et se porte sur Casale par plusieurs chemins différents, — une division par Monte (1), une autre par la route d'Occimiano, une autre par Monte et Pómaro, la cavalerie piémontaise par Madona del Tempo.

XXI. — La veille, un officier de la maison de l'Empereur avait apporté au maréchal commandant le 1er corps l'ordre de laisser, le 31, un régiment à Valenza. Ce régiment devait se montrer sur différents points, et se remuer le plus possible, afin de donner le change à l'ennemi, et le contenir en deçà du Pô, en lui faisant croire à la présence de forces considérables.

(1) *Monte.* Village des États sardes, à 5 kil. N. O. de Valenza.

Dans le cas où les Autrichiens se seraient portés en force sur Valenza, ce régiment se repliait aussitôt vers Alexandrie (1).

Ainsi l'armée marchait, en s'étendant comme un immense serpent, ayant sa tête à Cameriano, sa queue à Casale, et poussant son centre au delà de la Sesia à Palestro. — Les corps d'armée se relient entre eux , prêts à se soutenir en cas d'attaque imprévue et donnent la main à l'armée sarde, placée en avant sur la route de Mortara, comme l'est le 4ᵉ corps, sur la route de Novare.

XXII. — Il nous faut suivre pas à pas les événements tels qu'ils se présentent et, malgré l'obscurité de notre rôle , semblable au général d'armée courant d'une aile à l'autre de sa ligne de bataille, nous devons forcément

---

(1)   *L'Empereur au maréchal Baraguey d'Hilliers.*

« Alexandrie, 30 mai,

« Maréchal ,

« Laissez demain à Valenza, en partant, un régiment, qui tâchera de se montrer, de se remuer le plus possible , afin de faire croire à la présence de forces considérables. Si, par impossible, les Autrichiens passaient le Pô en force à Valenza , ce régiment se retirerait sur Alexandrie. Dans le cas le plus probable du contraire , je le ferai prendre après-demain pour le conduire par le chemin de fer à Verceil. — Je pars pour cette dernière ville , aujourd'hui à 3 heures. Je laisse à Alexandrie le général Roguet, commandant de place.

« Sur ce, je prie Dieu qu'il vous ait en sa sainte garde.

« NAPOLÉON. »

nous transporter partout où des faits importants se produisent. — C'est ainsi que le lecteur, réunissant dans sa pensée tous ces détails, en formera un tout complet qui lui permettra d'en embrasser ensuite plus sûrement l'ensemble.

Nous avons dit que le 3ᵉ corps devait traverser la Sesia, pour aller s'établir en arrière de Palestro, et couvrir ainsi les positions occupées par les Piémontais.

Le 30 août au soir, ce corps arrivait en entier à Prarolo; le maréchal Canrobert, qui l'avait précédé, se porta aussitôt sur la Sesia, à 3 kilomètres de là, pour reconnaître par lui-même le point de passage. — L'équipage de pont ne tarda pas à arriver; et le général Lebœuf, faisant immédiatement lancer des nacelles à l'eau, établit ainsi, dès le 30 au soir, la communication avec l'armée du Roi.

Trois points avaient été reconnus; — sur ces trois points, trois ponts devaient être établis, pour permettre au corps d'armée du maréchal de passer sur trois colonnes.

XXIII. — A sept heures 1/2 du soir, le maréchal Canrobert, en informant l'Empereur de l'installation de ses troupes à leur campement de Prarolo, écrivait à Sa Majesté :

« Le général Lebœuf, après avoir reçu la nouvelle que les troupes du roi de Sardaigne étaient maîtresses de Palestro, a jeté ses trois ponts à 5 heures 1/2, et je viens de m'assurer par moi-même qu'à l'heure où j'écris, ils sont à peu près terminés; demain matin 31, mes troupes commenceront à franchir la Sesia à 4 heures moins un quart; et je compte que, vers 9 heures, la totalité du 3e corps sera établie dans la position que Votre Majesté lui a ordonné d'occuper en arrière dePalestro. »

XXIV. — Tous les travaux sont terminés, les ponts sont établis; déjà les chefs d'état-major des divisions ont reçu le détail des ordres du mouvement pour le lendemain matin. Le passage de la Sesia doit s'opérer à la première heure du jour. Mais une crue d'eau soudaine et très-considérable de la rivière vint subitement changer les projets arrêtés (1). Des trois ponts établis pour transporter rapidement le 3e corps sur l'autre rive de la Sesia, deux durent être reployés pour employer leurs matériaux à allonger celui du centre.

La rapidité du courant et l'accroissement incessant des eaux rendirent ce travail très-pénible, en créant à chaque instant des difficultés nouvelles. — Quelque diligence que fit le général Lebœuf qui resta la

(1) « Tout à coup (écrit un des officiers chargés de surveiller les ponts), il se manifesta une crue menaçante causée, sans nul doute, par les pluies de la journée; les culées du pont furent bientôt couvertes et la rivière considérablement élargie.

« On estime que, vers minuit, les eaux avaient monté de 0m, 80 à 1 mètre environ, il en résulta qu'un bras qui se trouvait de l'autre côté de la Sesia, et que l'on avait reconnu guéable, devint subitement une véritable rivière, et que des bras nouveaux se formèrent, les uns ayant seulement quelques pouces d'eau, les autres exigeant un pont pour le passage. »

nuit entière au milieu des travailleurs, pour surveiller lui - même tous les détails d'exécution ; ce pont
formant trois relais ne fut entièrement prêt que vers
sept heures, et encore, il resta un petit bras de la rivière
qu'il fallut combler avec des fascines pour en faciliter
le passage.

Aussitôt que le signal du départ fut donné, les troupes
massées sur la rive droite, depuis le point du jour, commencèrent à défiler.

Un détachement de cavalerie et une batterie d'artillerie de l'armée piémontaise, traversèrent les premiers
la rivière ; puis suivirent les deux divisions Renault et
Trochu.

XXV. — Les Autrichiens avaient médité de reprendre
Palestro, que les troupes sardes leur avaient enlevé la
veille ; instruits en outre par leurs espions du passage
de la Sesia projeté par le 3e corps, ils voulaient en même
temps menacer par de fortes colonnes les ponts jetés
sur cette rivière, mettre le désordre dans les divisions,
et les forcer à rebrousser chemin, ou du moins à essuyer
des pertes considérables.

Ils avaient 21 brigades massées entre le Tessin et la
Sesia.

Aussitôt que le général Giulay apprit l'occupation de
Palestro, il vint, dans la nuit du 30 au 31 mai, camper
à Mortara ; et deux nouvelles divisions accoururent,
l'une prenant ses campements à Robbio même, l'autre
à Mortara.

Le feld maréchal lieutenant Zobel reçut l'ordre de reprendre le village dès le lendemain.

Une brigade autrichienne devait l'attaquer de front; — une autre, se portant par un chemin latéral, sur la droite de la ligne de bataille, avait mission de déborder l'aile gauche de l'ennemi, pendant qu'une troisième tournerait les Piémontais par leur propre droite. — Une quatrième brigade formait la réserve.

XXVI. — Mais, de son côté, le général Cialdini prévoyant que l'ennemi tenterait de réoccuper Palestro, avait pris de sérieuses dispositions (1). Pendant toute

_____

(1)   *Rapport du major général Cialdini.*

« J'ordonnai aux sapeurs du génie de commencer immédiatement les travaux de défense à l'extrémité du plateau qui domine la route de Robbio. leur enjoignant de se servir du travail de tous les paysans disponibles, et de prolonger le travail durant toute la nuit. Je fis occuper le front du plateau du côté de Robbio par la brigade de la Reine. Le 10e régiment, avec deux bataillons, occupait la ligne des avant-postes du côté de San Polo et de la route provinciale de Robbio. Je fis appuyer la gauche du 10e régiment par le 6e bataillon des bersagliers. Le 9e régiment d'infanterie fournissait à la gauche deux compagnies, qui se plaçaient au-delà de la Stotti et de Gainara, ayant leur avant-poste sur les deux routes qui viennent de Rozasco, et occupant avec quelques hommes le pont de la Brida, près de la chute d'eau de Sartriana. Les réserves occupaient la hauteur de Saint-Pierre : le 15e d'infanterie fut tenu en réserve derrière : le 10e, (sauf un bataillon qui faisait front à la gauche de la position), s'étendait du cimetière vers la position occupée par le 6e bataillon des bersagliers. Le 16e régiment couvrait le côté gauche de la position, et se développait, depuis le cimetière jusqu'à l'église de San Sébastien, dominant les routes de Vinzaglio et de Confienza. Le 7e bataillon des bersagliers qui avait tant souffert la veille, fut tenu en réserve au village même de Palestro. »

la nuit, les sapeurs du génie travaillèrent à fortifier solidement l'extrémité du plateau qui domine la route de Robbio. Des paysans, requis pour les aider dans ces travaux importants, vinrent se joindre à eux.

Au point du jour tout était terminé. Les troupes de la division furent massées sur les hauteurs, les unes sur le front du plateau du côté de Robbio, les autres conservant la gauche de la position et dominant les routes de Vinzaglio et de Confienza.

XXVII. — Vers dix heures du matin, les Autrichiens débouchent par les routes de Robbio et de Rozasco (1) et ne tardent pas à se heurter contre les avant-postes piémontais.

Presque aussitôt le feu s'engage sur toute la ligne des tirailleurs. Les trois colonnes d'attaque, s'avançant en masses compactes, gagnent rapidement du terrain; les avant-postes piémontais se replient en bon ordre sur le village.

Le 10e régiment, qui se trouvait à gauche de la route de Robbio, s'est retiré sur les hauteurs et continue son feu.

L'ennemi, dont le nombre grossit à chaque instant, menace d'écraser cet intrépide régiment; mais le brave colonel Brignone se jette à son secours avec quelques compagnies, que viennent bientôt renforcer divers bataillons. — Les Sardes prennent alors l'offensive et

(1) *Rozasco.* Village des États sardes, à 5 kil. S. E. de Palestro.

13

repoussent l'ennemi bien au delà des lignes des avant-
postes (1).

XXVIII. — Le général Cialdini s'est porté au centre
de l'action; il pressent par les manœuvres des Autrichiens que ceux-ci veulent tourner la gauche de sa
position; aussitôt il y envoie des bataillons avec une
section d'artillerie, pendant que le 7ᵉ régiment de bersagliers court résolûment sur l'ennemi, qui paraît
vouloir aussi menacer le pont jeté sur la Sesia, et
empêcher la jonction du maréchal Canrobert avec l'armée du Roi.

Les abords de Palestro sont barricadés et vigoureusement occupés, l'ennemi ne peut avancer d'un pas dans
la direction même du village, ni entamer les murs hu-
mains qui lui barrent le passage. Mais de nombreuses
compagnies de chasseurs tyroliens se sont répandues

(1)   *Rapport du major général Cialdini.*

« Pendant que ce brillant épisode se passait d'une manière si décisive, l'ennemi, qui avait fait quelques progrès à notre gauche, menaçait
d'une charge à la baïonnette le plateau même. Mais, arrêté par deux
décharges de mitraille bien dirigées, il était successivement repoussé
et mis en fuite, par des charges à la baïonnette exécutées par le 6ᵉ bataillon de nos bersagliers, et par le 1ᵉʳ et le 10ᵉ bataillon d'infanterie,
commandés par le vaillant colonel Régis. Le colonel chassa l'ennemi
bien au delà de la ligne des avant-postes, et ne fut relevé qu'à la fin de
la journée par deux bataillons du 15ᵉ d'infanterie, les deux bataillons
du 10ᵉ étant restés sans munitions. Une batterie française, placée sur
la rive gauche de la Sesia, prenait l'ennemi en écharpe, et un détachement de la même artillerie, placé à la fin de la journée sur la grande
route de Robbio, fit taire, par quelques coups de canon, l'artillerie de
l'ennemi qui protégeait la retraite des Autrichiens. Cette artillerie française a spécialement coopéré à repousser l'attaque sur la droite. »

au milieu des arbres, des maisons et des broussailles ;
elles se glissent le long du canal, et couvrent aussi la
colonne autrichienne qui s'avance résolûment, appuyée
par son artillerie, dont la mitraille balaye le terrain
devant elle.

XXIX. — Au premier bruit du combat, le colonel de
Chabron a promptement fait abattre les tentes et mis ses
zouaves sous les armes ; ils sont rangés en bataille, derrière un grand rideau de peupliers. — Pendant que
le colonel forme sa colonne d'attaque, quatre compagnies se déploient en tirailleurs au milieu des blés, qui
les cachent entièrement.

L'ennemi marche toujours ; ses balles et ses boulets
le précèdent comme des messagers de mort. Les Piémontais font bonne résistance et combattent avec achar-
ment ; mais les Autrichiens vont les prendre à revers, les
zouaves, guidés par leur colonel, s'élancent au pas de
course, et longent le canal, pendant un espace d'environ 800 mètres, abrités par les blés ou masqués par les
peupliers et les saules qui croissent sur les berges.

Aussitôt que l'ennemi aperçoit cette colonne, il dirige
sur elle le feu d'une batterie, dont les boulets avaient
cherché jusqu'alors à atteindre le pont de la Sesia.

Autour de cette batterie très-favorablement placée
sur une éminence, s'étaient groupés de nombreux
chasseurs tyroliens ; leurs balles bien dirigées arrivaient en plongeant. — Plus les zouaves avançaient, plus
le terrain les laissait à découvert ; — ils n'avaient pas

encore combattu, et déjà tout autour d'eux, le sol était jonché de leurs morts.

XXX. — Le moment est décisif; il faut enlever la position.

Le colonel fait battre et sonner la charge, et se lance sur la batterie ennemie aux cris de vive l'Empereur. — Celle-ci continuait son feu, et jalonnait de cadavres le terrain que parcourait l'intrépide régiment. — L'adjudant Drut (1) tombe frappé à mort. Le capitaine Sicard est gravement blessé, ainsi que les lieutenants Dautun et Légé. — Pour atteindre les canons ennemis, il faut franchir le canal. Les zouaves continuent leur course; et, sans hésiter, s'élancent dans l'eau qui parfois leur monte aux épaules.

Tout à coup, du milieu des blés où sont embusqués les tyroliens, part une fusillade presque à bout portant, des boîtes de mitraille renversent les premiers

----

(1)   CAPITAINE DRUT.

(Barthélemy Marie), né le 16 mars 1822, à Lyon (Rhône). Capitaine-adjudant-major au 3e de zouaves. Tué à l'ennemi, le 31 mai 1859.

Quatorze campagnes (1854, 1855, 1856, Orient). — Chevalier de la Légion d'honneur, le 28 décembre 1854. — Cité pour s'être particulièrement distingué dans le combat du 12 novembre 1845, au Djurjura (Afrique).

Engagé volontaire au 33e de ligne, le 23 novembre 1840; caporal, le 23 mai 1841; caporal-fourrier, le 10 août 1841; sergent-fourrier, le 15 décembre 1841; sergent, le 7 août 1842; sergent-fourrier, le 26 juillet 1844; sergent-major, le 15 août 1847; sous-lieutenant au 30e de ligne, le 27 mars 1849; id., au 3e de zouaves, le 25 février 1852; lieutenant, le 5 mai 1853; capitaine, le 24 mars 1855; id. adjudant-major, le 11 avril 1855; capitaine, le 7 novembre 1858; id. adjudant-major, le 14 mars 1859.

rangs, nos soldats répondent par des cris furieux, et, sans faire usage de leurs armes, gravissent la berge opposée, couverte d'une vase épaisse dans laquelle ils enfoncent jusqu'aux genoux.

XXXI. — Le capitaine Parguez et les sous-lieutenants Couturier et Cervony arrivent les premiers.

« On n'a plus qu'un pas à faire pour toucher la bouche des canons. — Les artilleurs autrichiens, stupéfaits de tant d'audace, n'ont pas même le temps de mettre le feu à leurs pièces. En vain ils veulent les ratteler, les terribles baïonnettes des zouaves clouent sur place ceux qui cherchent à se défendre. — L'infanterie culbutée se disperse dans toutes les directions. Cinq pièces de canon sont en notre pouvoir (1). »

Le régiment, auquel son colonel donne l'exemple d'un irrésistible élan, se reforme aussitôt en colonne; sans reprendre haleine, il s'élance d'un bond à travers les rizières, où le sol marécageux se change parfois en bourbiers profonds. Les chefs entraînent leurs soldats; sur la route, c'est le commandant de Briche; ici, le commandant du Moulin; là, le commandant Bocher, dont le bataillon forme la réserve. Qu'importe la fusillade qui cherche à les atteindre dans leur course rapide; aucun obstacle ne peut les arrêter. — Un large champ abritait les tirailleurs; ils l'envahissent. — Fous de rage, les zouaves tuent pêle-mêle tout ce qu'ils ren-

(1) *Journal historique du 3ᵉ zouaves.*

contrent ; les blés sont rougis de sang et broyés sous les
pieds des combattants.

Ils atteignent ainsi la route ; une partie se jette sur la
droite entre elle et la rivière, d'autres escaladent les
talus sur la gauche, et se trouvent tout à coup dans
un grand champ de terre labourée, en face de plusieurs
bataillons autrichiens qu'ils abordent à la baïonnette, et
refoulent en désordre dans d'épais taillis d'acacias.

XXXII. — C'est alors que l'on voit passer au plus rapide
galop de son cheval, Victor-Emmanuel ; le sabre à la
main, il court au combat. — Près de lui, est le général de
la Marmora, derrière lui les officiers de son état-major.
Le Roi, vaillant parmi les plus vaillants, se jette audacieusement dans la mêlée. — Sur sa trace, accourent
des bataillons sardes ; soutenus et dégagés par l'audacieuse attaque des zouaves, ils reprennent l'offensive. — Bientôt les soldats des deux nations sont mêlés
ensemble, frères dans le combat et dans la mort.

Comment peindre cette course impétueuse, cet élan
infatigable, cette puissance d'action, cette force presque
surhumaine, qui entamaient les rangs serrés des Autrichiens, les prenant corps à corps, les renversant et
semant de tous côtés le désordre et la mort ? — Ce n'est
pas un combat régulier qui obéit à des ordres transmis ;
chaque homme se jette où son instinct le pousse, chaque
baïonnette cherche une poitrine ennemie ; — parfois les
combattants sont isolés, parfois ils sont réunis et marchent serrés les uns contre les autres.

XXXIII. — La colonne du commandant de Briche qui avait suivi la route a, de son côté, repoussé vigoureusement aussi les Autrichiens. Ceux-ci se battent bravement, résistent avec opiniâtreté, mais sont ramenés de vive force jusqu'à un coude que fait la route en cet endroit. Là, deux pièces sont en batterie : une grêle de mitraille reçoit les assaillants. — Les officiers autrichiens essayent sous la protection de ce feu de reformer leurs bataillons et de les maintenir un instant, en attendant la brigade de réserve. — Efforts inutiles, courage impuissant. En un instant la route tout entière est envahie par les zouaves et les Piémontais réunis; de nouveau, les Autrichiens sont repoussés. — Les voici au pont jeté sur la Brida; — là, dans une ferme composée de plusieurs grands bâtiments, ils se sont fortement retranchés. Deux nouvelles pièces de canon barrent l'entrée du pont; de fortes réserves massées derrière elles occupent la route, et bordent les rampes abruptes de la rivière.

XXXIV. — Des berges de la rive opposée, de l'intérieur d'un moulin crénelé et d'un bois d'acacias qui borde la rivière, l'ennemi commence un feu violent. Les zouaves se sont arrêtés un instant pour reprendre haleine; mais déjà la voix de leurs officiers les rappelle au combat, — cœurs inabordables à la crainte, hommes intrépides, résolus, qui, l'épée haute, et le cœur aussi haut que l'épée, s'exposent les premiers aux coups meurtriers de l'ennemi.

Un cri formidable de Vive l'Empereur! sort à la fois de toutes les poitrines, et les zouaves réunis en une seule colonne se précipitent sur les canons, sur le pont, sur la ferme. — En un instant, les canons sont à nous, le pont, sur lequel sont étendus dans leur sang les artilleurs qui se sont fait tuer à leurs pièces, est couvert de nos soldats, la ferme où les Autrichiens ont transporté un grand nombre de blessés est enveloppée de toutes parts. Sur les berges la lutte est terrible ; les défenseurs du moulin, épouvantés de cette avalanche de démons, quittent leurs créneaux et leurs fenêtres et se précipitent en désespérés vers le pont (1); c'est une mêlée affreuse, les hommes luttent corps à corps, pied à pied, et un grand nombre d'ennemis trouvent la mort dans le canal dont le courant rapide les emporte.

XXXV. — Mais pendant qu'une partie des zouaves forçait ainsi l'entrée du pont où l'ennemi avait massé ses plus puissantes réserves, la colonne qui s'était jetée dans les champs sur le côté gauche de la route, avait marché de front, refoulant aussi l'ennemi sur la rivière au milieu des massifs d'acacias, des champs couverts de broussailles, des terres labourées. Toutes les fois que les dispositions de terrain offraient des conditions favorables de défense, les Autrichiens s'arrêtaient, cherchaient à se maintenir, se reprenaient à lutter avec une nouvelle ardeur, se reformaient en bataille ; mais les zouaves

_____

(1) *Journal historique du* 3ᵉ *régiment de zouaves.*

mêlés aux Piémontais s'élançaient sur eux en chocs impétueux, et les culbutaient avec leurs terribles baïonnettes. — Ainsi les colonnes désorganisées arrivèrent
luttant en désespérées jusqu'au bord de la rivière, dont
les berges en cet endroit sont taillées à pic. En face
d'elles les zouaves, flots menaçants qui avancent sans
cesse ; derrière elles des eaux rapides et profondes. Il
n'existe qu'un seul passage, c'est le pont qui relie la
route ; les Autrichiens s'y précipitent en désordre, mais
ils le trouvent obstrué par les morts et par les vivants ;
car c'était dans ce même moment que l'autre partie du
régiment en forçait le passage par un élan irrésistible
et se rendait maître de la route, enlevant à l'ennemi
les canons avec lesquels celui-ci espérait lui barrer
le chemin.

XXXVI. — Entassés dans un espace restreint, entre
ce pont qu'ils ne peuvent franchir et les berges escarpées de la rivière, ces malheureux cherchent en
vain à résister. Parfois Autrichiens et zouaves se prennent corps à corps et roulent ensemble dans la rivière
qui les entraîne et les engloutit ; d'autres s'y précipitent,
se jetant d'eux-mêmes dans la mort. Ceux-ci s'accrochent
de leurs mains désespérées aux broussailles épaisses qui
bordent les rampes abruptes, ou, s'adossant contre les
arbres, cherchent encore à combattre, ceux-là se rendent et mettent bas les armes. — Au milieu du bruit de
la fusillade qui continue sur la route, et des décharges
d'artillerie, on entend le bruit sourd des corps qui tom-

bent dans l'eau ; de toutes parts, les berges sont couvertes de morts et de mourants. — Que de bras se tendaient
dans ce suprême moment pour demander la vie, et dis-
paraissaient engloutis dans les eaux rapides de la Brida.

« Ce fut alors (dit le *Journal historique du* 3e *zouaves*)
un spectacle vraiment affreux. Cette masse d'hommes,
dont le dixième peut à peine passer, se divise à l'entrée
du pont. — Les uns se jettent à droite dans la Sesia, les
autres à gauche dans le canal qui, très-profond en cet
endroit, les engloutit presque tous.

« Des deux côtés de ce malheureux pont encombré
d'un monceau de cadavres, plus de 500 Autrichiens s'en
allaient à la dérive. Quelques rares nageurs essayèrent
de gagner le bord. — Bien peu y arrivèrent, mais ceux
qui eurent ce bonheur trouvèrent encore, pour les sauver, une main généreuse. Des zouaves descendirent les
berges escarpées pour leur tendre leurs carabines et les
tirer de l'eau. »

XXXVII. — Partout s'était porté le Roi, avide de dangers, se jetant avec une ardeur chevaleresque au plus
fort du combat, et oubliant qu'il était un souverain, pour
se faire le soldat de l'indépendance italienne. — Auprès de
lui, le général de la Marmora a son cheval tué dans la mêlée.

Cependant l'ennemi, soutenu par ses réserves, se rallie
en grosses masses derrière le pont et à l'abri des halliers
qui s'élèvent sur sa gauche et couvrent ses tirailleurs ;
il continue sur la colonne des feux d'ensemble d'une régularité théorique. — Le pont est tellement obstrué

par des cadavres d'hommes et de chevaux, que l'on ne peut le franchir.

A la voix de leur colonel, les zouaves s'élancent de nouveau ; le sous-lieutenant Henry s'est jeté le premier en avant en agitant le drapeau ; il tombe. — Le sergent Lafont saisit l'aigle glorieux du régiment ; mais il a fait à peine quelques pas, qu'il tombe aussi en tendant au sous-lieutenant Souvervie ce précieux dépôt déchiré par la mitraille. — Le lieutenant Gouté, la poitrine traversée d'une balle anime encore ses soldats d'une voix défaillante ; chacun rivalise d'ardeur, de courage et de résolution.

Le roi Victor-Emmanuel s'élance aussi vers le pont, mais le colonel de Chabron s'est porté à sa rencontre ; la victoire nous était complètement acquise, et il supplie avec une respectueuse déférence Sa Majesté de ne pas exposer inutilement des jours si précieux. — Un détachement de bersagliers est placé à la garde du pont, et les zouaves, toujours guidés par leur intrépide colonel, poursuivent à outrance les Autrichiens sur le chemin qui conduit à Robbio, où ils sont forcés d'abandonner encore deux nouvelles pièces de canon.

Pendant que le colonel de Chabron avec ses intrépides zouaves repoussait ainsi les Autrichiens, et par une manœuvre hardie déjouait leur plan d'attaque, en les empêchant de tourner Palestro, le général Cialdini avait vaillamment défendu le village et les avait obligés à la retraite, en leur tuant beaucoup de monde et en leur faisant des prisonniers.

La colonne ennemie, dirigée en même temps sur Conficnza rencontrait la 2ᵉ division sarde, qui la forçait à se replier aussi sur Robbio.

XXXVIII. — Le corps d'armée du maréchal Canrobert (3ᵉ) avait effectué son passage. — A 7 heures et demie seulement, par suite des retards que nous avons expliqués, le général Renault, atteignait avec sa division l'autre rive, et, dépassant Palestro, allait s'établir en avant, sur la gauche de la grand'route qui conduit à Robbio.

La division Trochu venait à son tour de passer la Sesia, lorsque le maréchal Canrobert donna ordre au général de se jeter sur la droite avec une brigade en arrière de la position que les zouaves avaient occupée le matin, tandis que lui-même emmenait la 2ᵉ brigade pour couvrir le pont, que les Autrichiens semblaient vouloir sérieusement menacer.

Le général Bourbaki, qui était resté en deçà de la rivière pour couvrir le reploiement des ponts, fit canonner ces colonnes ; et à son artillerie qui les prenait à revers, se joignit bientôt celle du général Trochu dont le feu les atteignait de front (1).

---

(1) *Dépêche du maréchal Canrobert à l'Empereur.* — 31 *mai.*

« Comme il me paraissait imprudent de laisser le général Lebœuf reployer son pont sur le rive droite où il ne restait personne pour le couvrir, j'ai laissé le général Bourbaki en position pour assurer cette opération.

« Pour assurer davantage les débouchés du pont, j'avais arrêté la division Trochu sur la route des ponts à Palestro et mis en batterie six de ses pièces qui ont concouru heureusement au combat.

« 11 heures trois quarts. — On n'entend plus la moindre fusillade, et la tête de la division Bourbaki commence à passer. »

Le commandant Duhamel du 43ᵉ de ligne fut mortellement atteint par un boulet, pendant le passage de la
Sesia (1).

XXXIX. — L'Empereur, dont le quartier général est
à Verceil, est accouru au canon de Palestro. Il rencontre
le roi de Sardaigne qui lui apprend le beau fait d'armes
de la journée.

Au même moment, le général Bourbaki arrive, la
figure rayonnante de bonheur.

« — Sire, s'écrie-t-il avec cet élan du cœur qui appartient à son énergique et noble nature, les soldats de
Votre Majesté ont aujourd'hui accompli l'impossible? »

Et de la main il indique à l'Empereur le chemin si in-
trépidement parcouru par le 3ᵉ zouaves. Sa Majesté
voulut le suivre; c'est avec peine que les chevaux, traversent la rivière, là où ces braves soldats l'ont franchie
quelques heures auparavant, pour courir au canon. A
l'approche de l'Empereur, que le roi Victor-Emmanuel

---

(1)   COMMANDANT DUHAMEL.

(Julien-Victrice), né le 25 août 1811, à Berville en Roumois (Eure),
chef de bataillon au 43ᵉ de ligne. Tué à l'ennemi, le 31 mai 1859.

Quatre campagnes (1854, 1855, 1856, Orient), chevalier de la Légion
d'honneur, le 1ᵉʳ juin 1855.

Soldat au 3ᵉ de ligne, le 16 octobre 1832; passé au 4ᵉ léger, le 9 mars
1833; caporal, le 24 juin 1833; fourrier, le 25 décembre 1833; sergent-fourrier, le 24 juin 1834; Sergent-major, le 6 juin 1836, adjudant sous-officier, le 3 mars 1840; sous-lieutenant, le 2 janvier 1841;
lieutenant, le 22 juin 1845; capitaine, le 20 juin 1851; *idem*, au 79ᵉ de
ligne, le 1ᵉʳ janvier 1855; capitaine, le 27 mars 1855; capitaine adjudant-major, le 9 juin 1855; chef de bataillon au 43ᵉ de ligne, le
23 septembre 1855.

accompagne, le régiment se range en bataille des deux côtés du pont du Moulin.

« Ce fut (écrivait un des témoins de cette scène) un bien beau spectacle. — Les deux souverains, le visage souriant, passèrent dans les rangs des zouaves qui, de leurs mains noircies de poudre et animés encore par l'ardeur du combat, agitaient en l'air leurs carabines sanglantes, aux cris de Vive l'Empereur! vive le Roi! »

Vers cinq heures, les troupes piémontaises venaient occuper les positions en avant de Palestro et le colonel de Chabron (1) rentrait à son bivouac avec son régiment.

---

(1)   LE COLONEL DE CHABRON.

Qui vient de conduire le 3ᵉ zouaves sur le champ de bataille de Palestro, est né le 5 janvier 1806. — Dans cette mémorable journée où l'union de la France avec la Sardaigne s'est encore plus étroitement cimentée par une noble émulation de bravoure et d'audace, le colonel de Chabron a montré les qualités d'un énergique soldat et le coup d'œil d'un chef expérimenté.

Élève à l'École préparatoire militaire de Saint-Cyr, et au collège de la Flèche, il entrait au service comme simple soldat au 26ᵉ de ligne le 13 janvier 1824 et passait sous-lieutenant au 46ᵉ. le 31 janvier 1830, après avoir parcouru dans cet intervalle de temps tous les grades intermédiaires.

Lieutenant le 1ᵉʳ septembre 1832; capitaine, le 24 octobre 1838, il fit partie de la première formation des bataillons de chasseurs à pied qui devaient bientôt conquérir dans l'armée une si noble place.

Nommé chef de bataillon au 21ᵉ de ligne, le 22 février 1852, il n'a qu'une pensée, celle de permuter pour se rendre en Algérie où l'on se bat. — Le 30 mars, il entrait avec un emploi de son grade au 50ᵉ de ligne qui s'embarquait pour l'Algérie, le 17 avril.

Il assiste à la prise de la Gouat, opération si habilement conduite par le général Pélissier, et sait s'y faire remarquer. — Bientôt il est appelé à faire partie de l'armée d'Orient.

Débarqué à Varna, il faisait l'expédition de la Dobrutscha et, de retour, il s'embarquait pour la Crimée.

Le 20 septembre, le commandant Chabron montait des premiers sur

Les pertes des Autrichiens, dans la journée du 31, furent considérables.

Plus de 1000 prisonniers furent faits dans cette journée, tant par les zouaves que par les Piémontais (1).

Dans la soirée, le lieutenant-colonel Ducasse, chef d'état-major de l'artillerie du 3ᵉ corps, et le commandant de Briche, des zouaves, furent chargés par le maréchal Canrobert d'aller offrir au roi de Sardaigne, de la part de l'Empereur, les canons enlevés à l'ennemi par le 3ᵉ zouaves.

le plateau de l'Alma et par sa belle conduite obtenait la croix d'officier de la Légion d'honneur.

A la bataille d'Inkermann, il donna un nouvel exemple de cette intrépidité qui le caractérise.

A cheval, au milieu de ses hommes qu'il avait fait coucher à terre pour les préserver des flots de projectiles qui les décimaient, il les maintint ainsi, exposé, seul, aux plus grands dangers, jusqu'au moment où il lance son bataillon en avant.

Lieutenant-colonel le 21 mars 1855, il prenait part à l'attaque du Mamelon Vert, où il méritait une citation à l'ordre de l'armée pour s'être particulièrement distingué.

Le 18 juin, il était encore au premier assaut contre Malakoff, où pour la seule fois, dans la mémorable campagne de Crimée, nos efforts ne devaient pas être couronnés de succès. — Au grand jour de l'assaut général, seul des officiers supérieurs qui ne fut pas mis hors de combat, il était chargé du commandement de sa brigade; et, blessé deux fois dans cette mémorable journée, il y gagnait le grade de colonel, sous le feu de l'ennemi.

Après la paix, il retournait en Afrique avec le 3ᵉ zouaves et faisait partie de l'expédition de Kabylie.

Le 3ᵉ zouaves fut appelé à l'armée d'Italie avec son brave colonel et devait y soutenir dignement sa vieille et glorieuse réputation.

Le colonel de Chabron devait voir bientôt ses longs et loyaux services récompensés par les épaulettes de général. — Vaillant cœur de soldat, chef aimé et estimé de chacun dans l'armée, il méritait aux yeux de tous cette haute distinction qui l'appelait à la tête d'une brigade.

(1)   *Extrait du Journal historique du 3ᵉ zouaves.*

« Le régiment de zouaves perdit dans cette affaire 46 tués, dont

XL. — Le lendemain, un jeune officier de cavalerie sarde, chargé d'escorter le transport des prisonniers,
se présenta devant le colonel de Chabron pour recevoir
en dépôt ceux qui avaient été faits par le régiment de
zouaves. — Le colonel, étonné d'entendre cet officier
piémontais s'exprimer en français sans aucune nuance
d'accent étranger, lui demanda quelle était son origine.

« —Je suis Français, lui répondit le sous-lieutenant de
Nice-cavalerie.

« — Votre nom ?

« — De Chartres, mon colonel. »

Et, comme en entendant prononcer ce nom, le colonel
regardait le jeune sous-lieutenant avec attention,

« —Je suis le fils du duc d'Orléans, ajouta simplement
celui-ci. »

Et saluant le colonel dont il avait reçu les ordres, il
s'éloigna.

Le colonel de Chabron ému de cette rencontre fortuite
et de la touchante simplicité de ce jeune homme, déjà
orphelin, et qu'avaient frappé de si grandes infortunes,
le suivit des yeux jusqu'à ce qu'il eut disparu au milieu
des tentes qui s'élevaient tout autour de lui.

XLI. — Le combat de Palestro inscrivait dans les annales militaires de cette campagne un nom glorieux ;
le roi de Sardaigne, noble appréciateur du courage et

---

1 officier; 233 blessés, dont 15 officiers; 8 hommes disparus et pro-
bablement entraînés par ceux qu'ils précipitaient dans le canal.

« Il n'avait été brûlé qu'une moyenne de 12 cartouches par homme.»

qui, lui aussi, dans cette journée, avait si vaillamment combattu de sa personne, écrivait le lendemain au colonel de Chabron, commandant le 3ᵉ zouaves, une lettre qui doit rester dans les archives de ce brave régiment comme un de ses plus beaux titres de gloire.

C'est pour nous un devoir de citer cette lettre :

« Du quartier général principal, Torrione, le 1ᵉʳ juin 1859.

« Monsieur le colonel,

« L'Empereur, en plaçant sous mes ordres le 3ᵉ régiment de zouaves, m'a donné un précieux témoignage d'amitié. J'ai pensé que je ne pouvais mieux accueillir cette troupe d'élite qu'en lui fournissant immédiatement l'occasion d'ajouter un nouvel exploit à ceux qui, sur les champs de bataille d'Afrique et de Crimée, ont rendu si redoutable à l'ennemi le nom de zouaves.

« L'élan irrésistible avec lequel votre régiment, monsieur le colonel, a marché hier à l'attaque, a excité toute mon admiration.

« Se jeter sur l'ennemi à la baïonnette, s'emparer d'une batterie en bravant la mitraille, a été l'affaire de quelques instants.

« Vous devez être fier de commander à de pareils soldats, et ils doivent être heureux d'obéir à un chef tel que vous.

« J'apprécie vivement la pensée qu'ont eue vos zouaves de conduire à mon quartier général les pièces d'artillerie prises aux Autrichiens, et je vous prie de les re-

I   14

mercier de ma part. Je m'empresserai d'envoyer ce beau
trophée à Sa Majesté l'Empereur, auquel j'ai déjà fait
connaître la bravoure incomparable avec laquelle votre
régiment s'est battu hier à Palestro, et a soutenu mon
extrême droite.

« Je serai toujours très-satisfait de voir le 3e régiment
de zouaves combattre à côté de mes soldats, et cueillir de
nouveaux lauriers sur les champs de bataille qui nous
attendent.

« Veuillez, monsieur le colonel, faire connaître ces
sentiments à vos zouaves.

« VICTOR-EMMANUEL. »

CHAPITRE III.

XLII. — Pendant la période qui s'est écoulée, le corps
des chasseurs des Alpes commandé par le général Garibaldi n'était pas resté inactif; ce chef, entreprenant et
intrépide, avait hardiment manœuvré pour déborder le
flanc droit de l'armée autrichienne, et avait inscrit aussi
de glorieux succès sur le drapeau des chasseurs des Alpes.

Forcément indépendant dans son commandement,
loin de toute communication avec le reste de l'armée
alliée, le général Garibaldi suivait les inspirations de sa

nature audacieuse et pénétrait en Lombardie avec ses hardis partisans. — Les événements se pressent sous nos pas, les deux armées vont bientôt se heurter dans un choc terrible; entreprendre en ce moment le récit des opérations militaires de ce corps d'armée, ce serait nuire par la multiplicité des détails à la clarté des faits, qui malgré nous s'accumulent dans notre récit, ce serait empêcher le lecteur d'en embrasser l'ensemble général.

Nous indiquons donc sommairement le résultat, plus tard nous en donnerons les détails.

Le 23, Garibaldi arrivait à marches forcées à Varèse, où toute la population se soulevait aux cris du patriote italien.

Le 25, il était assailli par des colonnes autrichiennes venues de Caronno sous les ordres du général Urban; après trois heures de combat, il les repoussait victorieusement jusqu'au delà de Malnate (1).

XLIII. — L'Empereur, dont l'esprit clairvoyant cherchait à pénétrer toutes les éventualités possibles, ne se dissimulait point que les Autrichiens pouvaient vouloir tout à coup briser le réseau qui les entourait. Massés dans l'angle formé par le Pô, ayant la faculté, grâce aux ponts qu'ils possédaient sur ce fleuve, de manœuvrer à volonté sur les deux rives, peut-être viendraient-ils se porter avec des forces considérables sur l'un des points de la circonférence, dont ils occupaient le centre. —

(1) *Journal historique des opérations militaires de l'armée sarde.*

Aussi, le 31, Sa Majesté modifie ses ordres de mouvement et précède d'un jour, par une marche rapide, son entrée projetée à Novare (1).

Le 3e corps, en passant la Sesia devant Palestro, a renforcé l'armée sarde, et trompé l'ennemi, en lui dissimulant la marche de l'armée française sur Novare.

Le 1er juin, le général Niel commandant le 4e corps reçoit de nouvelles instructions et porte directement sur cette ville les 3 divisions de son corps d'armée. — La division de Failly, précédée d'une avant-garde du 2e chasseurs à cheval et d'une compagnie de chasseurs à pied, forme la tête de colonne; elle arrive devant l'Agogna; quelques abatis jetés à la hâte à l'entrée du pont n'offrent aucun obstacle sérieux et sont promptement enlevés. — La division continue rapidement sa marche.

On approche de Novare; nulle part l'ennemi n'apparaît en force; des vedettes se montrent et se retirent précipitamment; les chasseurs à pied, déployés en tirailleurs, reçoivent quelques coups de feu qui partent

_____

(1) Les ordres de mouvement datés d'Alexandrie le 29 et expédiés aux commandants en chef des corps d'armée portaient :

« Le 31, le 4e corps restera à Borgo Vercelli. » — Et ce corps d'armée, arrivé fort tard la veille à sa destination, se portait sans retard sur Cameriana, tandis que le 2e corps qui devait rester à Verceil recevait l'ordre, à son arrivée dans cette ville, de franchir la Sesia et d'aller prendre position à Borgo Vercelli.

Le 1er juin, le 4e corps, qui devait seulement ce jour-là atteindre Cameriana et pousser des reconnaissances sur Novare, entre dans cette ville, s'y établit, et est rejoint par le 2e corps qui prend position en avant de Novare, au lieu de se trouver, comme il avait été précédemment arrêté, à Borgo Vercelli, envoyant des reconnaissances sur Casal Volone et sur Casaline.

de la gauche de la ville. La colonne continue sa marche
et a bientôt atteint Novare.

Le général de Failly donne ordre à l'infanterie de
tourner la ville au pas de course, pendant que les chasseurs à cheval la traverseront par le milieu. — Les cavaliers s'engagent dans là grande rue. — A l'autre extrémité, les Autrichiens ont placé en batterie deux pièces
de canon qui lancent sur eux, aussitôt qu'ils débouchent
vers le côté est, deux volées de mitrailles. — Les chasseurs les chargent au galop, mais les pièces de canon
sont rattelées aussitôt et s'éloignent à fond de train sur
la route de Milan; l'ordre est donné de ne pas les poursuivre.

XLIV. — Le 4ᵉ corps entre dans Novare aux acclamations unanimes de toute la population, qui agite des drapeaux et fait retentir l'air de cris d'allégresse; puis, chaque division, selon les instructions qu'elle a reçues, va
prendre ses campements, en avant du village de la Bicocca, à 3 ou 4 kilomètres sur la route de Mortara.

Le 3ᵉ corps, ainsi que nous l'avons dit plus haut, appuie sur la rive gauche de la Sesia l'aile droite de l'armée alliée.

Le 2ᵉ corps, suivant alors immédiatement les traces
du 4ᵉ, a quitté de grand matin Borgo Vercelli pour aller
prendre position en avant de Novare. — La première
division s'établit entre Novare et la Bicocca à droite de
la route; — la seconde entre la route de Novare et celle
de Milan.

Ainsi, le général de Mac-Mahon est en avant de Novare, prêt à marcher sur le Tessin. — Le général Niel
également en avant de cette ville, s'est déployé, face à
droite en bataille, pendant que le maréchal Baraguey
d'Hilliers imite son mouvement en arrière de Novare et
se relie, par la gauche, au 4e corps.

L'armée sarde et le maréchal Canrobert ont conservé
leurs positions de la veille en avant et en arrière de
Palestro.

Par ces dispositions stratégiques habilement com-
binées, l'Empereur pouvait s'emparer rapidement des
ponts du Tessin ainsi que de la route de Milan; il paraît,
en outre, à l'éventualité d'une grande bataille, si l'ennemi, croyant l'attaquer pendant une marche de flanc
(opération toujours très-dangereuse), voulait une seconde fois tenter le sort des armes sur les champs de
Novare.

Dans ce cas, l'armée alliée présentait cent mille
hommes développés de la Sesia à Novare, et l'Empereur
pouvait, à l'abri de cette puissante ligne de bataille,
franchir le Tessin et menacer soudainement la capitale
de la Lombardie.

XLV. — Aussitôt l'occupation de Novare par ses troupes, Napoléon III quitte son quartier général, et, suivi
de toute sa maison militaire, part à 3 heures pour cette
ville.

A 5 heures, Sa Majesté faisait son entrée au milieu
des acclamations de la population, accourue sur son

passage pour saluer le souverain libérateur de l'Italie; il traverse la ville sans s'arrêter, et se rend sur les emplacements occupés par le 4ᵉ corps. — Il parcourt les bivouacs, examine les positions, et pousse jusqu'aux extrêmes limites des avant-postes. — A une très-petite distance de l'endroit où l'Empereur s'arrête, on signale un poste de uhlans embusqués derrière une maison.

XLVI. — Le 2 juin, à 5 heures du matin, l'Empereur monte à cheval et se porte de nouveau à la Bicocca; il passe l'inspection des troupes, visite encore tous les avant-postes, et fait une reconnaissance en avant de Novare sur la route de Mortara.

Napoléon III est sur les lieux mêmes, où s'est livrée la bataille de Novare, le 23 mars 1849; son regard peut embrasser cette plaine où le vaillant Charles-Albert soutint une lutte désespérée. — Aujourd'hui, c'est pour la même cause qu'il combat; c'est pour l'indépendance de populations opprimées que lui aussi a tiré l'épée du fourreau, et tous ces souvenirs semblent se relever vivants devant sa pensée.

A 9 heures et demie, de retour à son quartier général, il ordonne au général de Mac-Mahon d'envoyer la division Espinasse occuper Trecate (1) sur la route de

(1) *Trecate.* Bourg des États sardes, province de Novare, entre le Tessin et le Terdoppio, à 9 kil. E. de Novare et à 33 kil. O. de Milan, 2350 habitants.

Milan. — La division Camou (1), des voltigeurs de la garde, reçoit de son côté l'ordre de se porter vers Robbio

(1) GÉNÉRAL DE DIVISION CAMOU.

Est né le 1er mai 1792. — Lui aussi est le fils de ses œuvres et prit pour commencer la carrière militaire, le fusil de soldat. — Sergent le 5 septembre 1808 et sergent-major le 25 octobre, il fut nommé sous-lieutenant provisoire au 1er bataillon des chasseurs des montagnes des Pyrénées le 1er mars 1809, et confirmé dans ce grade le 19 décembre suivant.

Licencié en 1810, il fut réintégré le 28 février 1811 comme sous-lieutenant au 35e léger. Promu lieutenant le 10 août 1813, il fut incorporé au 53e en 1814 et licencié le 20 septembre 1815.

Lieutenant de nouveau à la légion des Basses-Alpes le 5 août 1817, il passa au 17e de ligne le 8 avril 1819.

Adjudant-major le 7 février 1823, il ne fut nommé capitaine que le 9 mars 1830.

Les commencements de la carrière du général Camou furent rudes et laborieux; il traversa dans sa jeunesse les tempêtes révolutionnaires, et les bouleversements sociaux qui ébranlèrent le commencement du siècle. — Licencié, plusieurs fois, il reprenait du service avec une infatigable persévérance. Mais si le passé avait été pour lui plein d'amertume et de découragement, l'avenir devait le récompenser et l'élever au premier rang de l'armée.

Chef de bataillon au 34e le 29 septembre 1837, puis investi du commandement du 3e bataillon de chasseurs à pied en 1840, il devint colonel du 3e léger le 25 décembre 1841.

Le 25 avril 1848, il est nommé général de brigade et mis à la disposition du gouverneur général de l'Algérie.

Général de division le 6 février 1852, il reçoit le commandement de la division d'Alger.

Inspecteur général de l'infanterie en 1852, 1853, 1854, il est appelé le 10 janvier 1855, à commander la 3e division de l'armée d'Orient. Le 9 septembre 1855, il reçoit le commandement provisoire du 2e corps, et le 7 février 1856, celui de la 2e division d'infanterie de la garde.

Il est donné à bien peu d'officiers généraux d'inscrire sur leurs états de service des campagnes aussi nombreuses. — Le fusil ou l'épée à la main, il a parcouru les nombreuses contrées où la guerre appelait les soldats de la France.

De 1809 à 1810, le général Camou a fait les campagnes d'Allemagne;

situé sur la rive gauche du Tessin, de forcer le passage en face de Turbigo (1), et de protéger l'établissement d'un pont de bateaux qui doit servir le lendemain à transporter le 2ᵉ corps sur l'autre rive.

Le général Lebœuf doit se porter également au même endroit pour surveiller la jetée du pont sur le fleuve, et régler tous le détails difficiles qu'entraîne son exécution. — Deux batteries de l'artillerie de la garde, deux batteries de l'artillerie de la réserve, une batterie à pied et un équipage de ponts accompagnaient les troupes que précédait un escadron de cavalerie.

XLVII. — Vers 4 heures, ce petit corps arrive à sa

de 1811 à 1812, celles de Corse et de l'île d'Elbe; en 1813, celle d'Italie. Il a été fait prisonnier le 18 septembre 1813.— Rentré en France le 28 juillet 1814, il appartient en 1815 à l'armée des Alpes, et en 1823 fait la campagne d'Espagne.

En 1830, 1831, et de 1841 à 1844, il a fait celles d'Afrique; en 1855 et 1856, celles de Crimée.

Le 18 septembre 1813, le jour où il fut fait prisonnier à l'affaire de Saint-Stermagers (Italie), il avait reçu trois coups de sabre, dont l'un à la figure lui avait brisé les dents.

Chevalier de la Légion d'honneur le 14 octobre 1823, officier en 1841, commandeur en 1846, grand-officier en 1851, et grand-croix en 1857, le général Camou est commandeur de l'ordre du Bain, décoré de 1ʳᵉ classe du Medjidié, grand-officier de Saint-Maurice et Saint-Lazare de Sardaigne, médaillé de Crimée, de Sainte-Hélène et de la Valeur de Piémont.

Le général Camou est le type réel du vrai guerrier, sa haute stature, son visage martial et énergique inspirent la confiance à ceux qu'il commande; et ses cheveux blanchis dans les camps et au milieu des combats disent que pendant plus d'un demi-siècle sa vie a été consacrée au service de son pays.

(1) *Turbigo.* Village de Lombardie, à 9 kil. N. E. de Buffalora, sur la rive gauche du Tessin et le Naviglio Grande.

destination à Porto di Turbigo, sur les rives du Tessin, après avoir traversé Galiate.

Une reconnaissance de chasseurs à pied fouille la rive droite. — Aucun indice ne dévoile la présence de l'ennemi.

« Aussitôt, écrit le général Camou, douze pièces de l'artillerie de la garde sont mises en batterie sur les hauteurs à gauche de la grande route, et douze pièces sur la rive basse pour avoir des feux rasants ; cette artillerie a d'excellentes vues sur les abords du point choisi pour l'établissement du pont. »

Mais au milieu des champs couverts de moissons et des taillis touffus, les Autrichiens pourraient approcher sans être vus, le général Lebœuf fait aussitôt lancer à l'eau des nacelles, et le colonel Besson, chef d'état-major du général Camou, débarque sur la rive gauche avec quelques tirailleurs qui avancent prudemment et explorent les alentours. En quelques instants, deux cents hommes environ passent le Tessin sur les bateaux, le général Camou fait placer des vedettes et des petits postes pour couvrir la jetée du pont, dont les premiers travaux s'exécutent avec rapidité.

On aperçoit les manteaux blancs d'une quinzaine de cavaliers autrichiens ; quelques coups de feu les écartent bientôt.

De tous côtés on se garde avec vigilance ; les artilleurs sont à leurs pièces, prêts à faire feu au premier ordre.

Officiers et soldats du génie et de l'artillerie se multiplient avec ardeur (1). Le général Frossard, également arrivé sur les lieux, fait préparer une tête de pont par le génie de la garde. — Aussitôt que le passage est possible, une section d'artillerie vient se placer au saillant de cet ouvrage improvisé.

XLVIII. — A 2 heures du matin, le général Camou envoie un bataillon de chasseurs de la garde occuper le village de Turbigo ; il y pénètre sans résistance. — A 4 heures, le général Manèque, emmenant avec lui

(1)   *Construction d'un pont de bateaux.*

Un équipage de pont comprend environ 75 voitures ou haquets, chargés de 32 bateaux, 2 nacelles, avec toutes les poutrelles, madriers, etc., et apprêts nécessaires au pontage. Un semblable équipage est servi par 2 compagnies de pontonniers et 2 compagnies de conducteurs.

On construit les ponts, soit par bateaux successifs, soit par portières. (On appelle portière la réunion de deux ou plusieurs bateaux déjà pontés.) La première méthode a été pratiquée à tous les ponts de l'armée active, Palestro, Turbigo, Buffalora, Cassano, etc.; la seconde a été employée avec les bateaux du commerce au pont de Casal Maggiore.

Pour jeter un pont par bateaux successifs, on construit d'abord les culées qui consistent en des lambourdes servant de supports aux poutrelles sur la rive, comme les bateaux servent de support dans l'eau. Un premier bateau est amené, on y attache cinq poutrelles que l'on fixe également sur la culée; on le pousse jusqu'à ce qu'il ait atteint la place qu'il doit occuper, et on le fixe par des ancres. — On couvre alors les poutrelles avec des madriers, et on amène un second bateau, pour lequel on fait comme pour le premier, en attachant les cinq poutrelles du second bateau contre celles du premier, et ainsi de suite, jusqu'au dernier bateau qui sert, avec la culée d'arrivée, de support aux poutrelles du bout du pont.

La construction par portières s'exécute de même que par bateaux, avec le soin de relier deux portières voisines par des poutrelles bien brelées et de compléter entre elles le tablier.

deux autres bataillons et une batterie d'artillerie, va
s'y établir définitivement.

Sur la droite, entre le canal de Turbigo et le Tessin,
un vaste terrain très-boisé peut abriter l'ennemi et masquer son approche, le colonel Douay le garde avec deux
bataillons ; plusieurs compagnies se portent en avant et
en surveillent rigoureusement les abords. — A la tête de
pont du village, le général Camou a retranché deux autres bataillons.

Pendant que la première brigade est ainsi disposée
sur la rive gauche, la deuxième brigade que commande
le général Decaen garde la rive droite et, dès le point du
jour, y opère des reconnaissances dans différentes directions.

Aussitôt le pont établi sur le Tessin, le capitaine d'artillerie Moulin, aide de camp du général Lebœuf, était
parti, en toute hâte, en instruire le général de Mac-
Mahon qui doit le lendemain, sur l'ordre de l'Empereur, traverser le fleuve en cet endroit.

XLIX. — A 8 heures et demie, en effet, le 3 juin, le
2ᵉ corps lève ses bivouacs établis entre la route de Novare
et celle de Milan ; il doit passer par Galiate (1) et franchir
le Tessin en arrière de Turbigo.

Le général précédait son corps d'armée avec les officiers de son état-major, afin de reconnaître par avance
les terrains sur lesquels il pouvait être appelé à opérer.

(1) *Galiate*. Bourg des États sardes, à 5 kil. N. E. de Novare.

Vers trois heures, il atteignit les campements de la
2ᵉ brigade des voltigeurs de la garde, chargée, comme
nous l'avons dit, de surveiller les abords du pont sur le
Tessin et d'en assurer le libre passage. — Il se rend
aussitôt à Turbigo pour recevoir les rapports du général
Camou, dont la division a été mise sous ses ordres. Nulle
part l'ennemi n'avait été aperçu, soit en avant du village, soit sur la droite, soit au fond de la vallée ; des
patrouilles avaient battu le pays dans la matinée jusqu'à
Robecchetto et ne l'avaient point rencontré. Le général
de Mac-Mahon se dirige alors sur ce village, accompagné du général Camou, du général Manèque, du général Lebrun, son chef d'état-major et du colonel
Dubos.

L. — La position de Robecchetto (1), placé sur une élévation de terrain (2), permettait de dominer une grande

_____

(1) *Robecchetto.* Village de Lombardie, à 3 kil. 1/2 N. E. de la rive
gauche du Tessin, à 2 kil. N. E. de Turbigo.

(2) *Rapport du général de Mac-Mahon à l'Empereur, 3 juin.*

« Robecchetto se trouve sur la rive gauche du Tessin, à l'est et à
2 kilomètres de Turbigo. C'est un village considérable qui peut être
aisément défendu et qu'il serait incontestablement très-utile d'occuper
fortement pour un corps ennemi qui viendrait de Milan ou de Magenta
avec l'intention de barrer le passage du Tessin à Turbigo. Ce village
est assis sur un vaste plateau horizontal qui domine de 15 à 20 mètres
la vallée du Tessin. On y arrive, lorsqu'on sort de Turbigo, par deux
chemins praticables à l'artillerie : l'un qui aboutit à l'une des rues par
la partie sud du village, l'autre par la partie ouest.

« Le chemin qui vient de Magenta et de Buffalora y pénètre par la partie est. C'est ce dernier que suivait la colonne autrichienne. »

étendue de pays. C'est une succession de maisons bâties des deux côtés de la route, et de grands bâtiments entourés de vergers. Le clocher de l'église était un excellent observatoire; le général y monta suivi des généraux et de plusieurs officiers de son état-major; les autres restèrent sur la place avec le peloton d'escorte.

Mais quel ne fut pas l'étonnement de chacun, lorsqu'à peine arrivé au sommet de ce clocher, on aperçut une colonne autrichienne forte de six à huit cents hommes environ, qui se dirigeait vers le village et n'en était éloignée que de cinq cents mètres au plus.

Le général redescend en toute hâte.

« — A cheval, messieurs, » s'écrie-t-il, en s'élançant en selle.

Et partant de toute la rapidité de son cheval, il regagna Turbigo pour faire prendre à ses troupes des dispositions de combat.

Dans le même moment, l'Empereur arrivait à Turbigo. Le général de Mac-Mahon s'empressa de lui rendre compte de l'approche de l'ennemi, et de lui soumettre les instructions qu'il avait chargé son chef d'état-major de transmettre à la première brigade de la division La Motterouge.

LI. — La tête de colonne de cette division venait seule de déboucher du pont, lorsque le général Lebrun accourut au galop et donna l'ordre au général de La Mot-

terouge, qui marchait en tête, de prendre les dispositions les plus rapides pour marcher sur Robecchetto,
et en chasser l'ennemi, si celui-ci s'était déjà emparé
du village.

Le général de La Motterouge inspecta le terrain d'un
coup d'œil rapide. — Devant lui, le pays, nous l'avons
dit, était très-boisé, accidenté par quelques ravines; sur
sa gauche, au contraire, le terrain était uniforme et planté
de longues allées de mûriers reliés entre eux par des
guirlandes de vignes.

A peu de différence près, l'aspect général est partout
le même; de vastes rizières avec des groupes d'arbres,
des plantations et des champs cultivés par petits morceaux.

LII. — Le général de La Motterouge donna aussitôt
ses ordres au régiment de tirailleurs algériens, le seul
qu'il eût à sa disposition pour le moment; le 1er bataillon, formant la droite, fut disposé en colonne par
division, déployant deux compagnies en tirailleurs à
80 mètres en avant; il avait mission de tourner Robecchetto sur la droite. — Le 2e bataillon, également en
colonne par division, se plaça au centre, à 100 mètres
de distance environ, et un peu en arrière, marchant
directement sur le village par la route. — Le 3e bataillon
disposé de la même façon, et déployant aussi sur son
front une ligne de tirailleurs, était chargé de tourner ce
village par la gauche.

Déjà on apercevait le colonel Manuelle débouchant du

pont avec le 45e. Le général Lefèvre a reçu l'ordre de
marcher dans les traces des tirailleurs algériens pour
appuyer leur mouvement.

C'était la première fois que les turcos étaient lancés
au feu ; — mais nos combats d'Afrique avaient depuis
longtemps appris à leurs chefs qu'ils pouvaient compter
sur eux.

Le général de La Motterouge se porta successivement
sur le front de chaque bataillon et adressa aux soldats quelques paroles énergiques; ces paroles, immédiatement traduites en arabe par le colonel Laure, furent
reçues par des cris joyeux, et tous ces enfants de l'A-
frique, brandissant leurs fusils, frémissant d'impatience,
attendirent le moment du combat. — Le général vint se
placer en tête du bataillon du centre, et levant son épée,
donna d'une voix haute et retentissante le signal du départ. — Le point de direction était le clocher de Robecchetto.

LIII. — Ce fut alors un étrange spectacle. — Les tirailleurs s'élancent au pas de course dans les directions in-
diquées, en poussant leurs cris de guerre, cris aigus,
gutturaux, en harmonie avec leur nature sauvage.
— A ces cris répondent, comme un écho, ceux des
bataillons.

Tout à coup une vive fusillade se fait entendre ; les tirailleurs de droite ont rencontré l'ennemi qui déjà occupait Robecchetto. — Les 1er et 3e bataillons jettent leurs
sacs à terre et se précipitent tête baissée, semblables à

ces noirs et sauvages troupeaux qui tout à coup surgis-
sent du sein des forêts. En un instant, le village est enveloppé. Le 2e bataillon qui formait au centre un échelon de réserve, entre aussi dans Robecchetto, et force à
la retraite la colonne autrichienne qui venait à peine
d'y prendre pied.

LIV. — Sur la droite, à 300 mètres environ du village,
l'ennemi a placé quelques pièces en batterie, et ouvre son
feu; mais l'intrépide général Auger accourt avec quatre
pièces d'artillerie; ses boulets dirigés avec une grande
justesse tuent sur leurs pièces les canonniers ennemis.

Le général Lefèvre est arrivé avec le restant de sa
brigade; le 45e que commande le colonel Manuelle se
lance à la poursuite des Autrichiens qui sont en pleine
retraite, gagnant à la hâte le petit village de Malvaggio (1), et s'enfonçant dans les bois, où bientôt ils disparaissent. Le général Auger change avec habileté la
position de ses pièces et les poursuit de ses boulets au
milieu des épais massifs qui ne peuvent les dérober à
ses coups. Lui-même, avec cette ardeur qui ne con-
naissait point de bornes, s'élance vers un canon
ennemi qui suit péniblement dans les blés le mouvement de retraite, sabre les artilleurs et s'en empare.

LV. — Une tête de colonne de cavalerie venant de

(1) *Malvaggio*. Village de Lombardie, sur la rive gauche du Tessin, à 2 kil. S. E. de Robecchetto.

Castano s'était aussi présentée sur la gauche ; un bataillon du 65e se porta aussitôt à sa rencontre avec deux pièces de canon qui lui firent presque immédiatement rebrousser chemin.

D'un autre côté, un assez fort poste de chasseurs tyroliens cherche à enlever le pont de Patriana sur le canal de navigation ; mais le colonel Douay, qui défend la droite de notre position avec le 2e voltigeurs, les repousse vigoureusement en leur tuant du monde.

« Le champ (écrivait le général de Mac-Mahon dans son rapport) est couvert de ses morts et d'une quantité considérable d'effets de toute nature qu'il a laissés entre nos mains, effets de campement, sacs complets qu'il a jetés sur le lieu du combat pour fuir avec plus d'agilité ; nous avons ramassé un grand nombre d'armes, de carabines et de fusils. »

Le capitaine Vaneechout (1), officier d'avenir, plein d'ardeur et de bouillant courage, avait été tué en poursuivant l'ennemi au delà de Robecchetto : ce fut heureusement le seul officier dont on eut à regretter la perte.

---

(1)   CAPITAINE VANEECHOUT

(Ernest-Charles), né le 4 mai 1823 à Saint-Omer (Pas-de-Calais). Capitaine au régiment provisoire de tirailleurs algériens. Tué à l'ennemi, le 3 juin 1859.

Treize campagnes (1855 et 1856, Orient).

Élève à l'École polytechnique, le 1er novembre 1843 ; sous-lieutenant au 8e de ligne, le 1er octobre 1845 ; lieutenant, le 11 avril 1848 ; capitaine, le 29 février 1852 ; il passe au 7e bataillon de chasseurs à pied, le 25 décembre 1853, au 1er régiment de tirailleurs algériens, le 11 février 1857 ; et au régiment provisoire de tirailleurs algériens, en avril 1859.

Le chef d'état-major du général de La Motterouge, le colonel de Laveaucoupet, avait été blessé d'un coup de baïonnette au visage, en chargeant lui-même l'ennemi au milieu d'épais fourrés (1).

A 5 heures, ce brillant combat d'avant-garde était terminé, et l'Empereur rentrait à Novare. — L'occupation de Robecchetto ajoutait à nos armes un nouveau succès et augmentait la confiance de nos troupes impatientes de rencontrer enfin l'armée autrichienne sur un plus vaste champ de bataille.

LVI. — Mais nous touchons de bien près à un des plus grands événements de cette mémorable campagne ; il absorbe notre pensée et l'enveloppe tout entière. Indiquons donc en quelques mots rapides les différents mouvements de l'armée française jusqu'à la glorieuse journée du 4 juin.

La division du général Espinasse a été bivouaquer le 2, à Trecate. — Elle a trouvé le bourg entièrement évacué.

Le 3, au matin, la 1ʳᵉ brigade, commandée par le général de Castagny, précédée d'une avant-garde de chasseurs, se dirige sur San Martino et pousse jusqu'à la tête du pont de Buffalora, pendant que la 2ᵉ brigade, sous les ordres du général Gault, opère une reconnaissance à Cerano.

_____

(1) Dans cette journée, nous eûmes 1 officier tué. — 4 blessés. — 7 soldats tués. — 38 blessés.

Le général Espinasse trouve la tête du pont de Buffalora couverte par un large épaulement; mais l'ennemi,
ne se sentant sans doute pas en force pour résister à
une attaque sérieuse, s'est replié précipitamment, à l'approche de nos têtes de colonne, laissant même en notre
pouvoir les canons destinés à protéger ce passage. — Une
forte détonation que l'on avait entendue avait indiqué
qu'il avait fait sauter le pont. — Fort heureusement
l'œuvre de destruction était imparfaite, deux arches
seulement s'étaient affaissées. Le général s'apprêtait à
faire rétablir le passage, lorsque l'Empereur, arrivant
sur les lieux, lui donna l'ordre de se diriger immédiatement avec sa 1re brigade sur Turbigo, pour rejoindre la
1re division du général de Mac-Mahon, déjà en marche
dans cette direction. — La 2e brigade devait suivre, aussitôt que la garde impériale serait venue la remplacer
dans les positions qu'elle occupe.

LVII. — A une heure, la division Mellinet de la garde
impériale arrive à Trecate, dont elle couvre fortement
les abords; car si l'on ignore précisément les positions
de l'ennemi et sa force numérique, sa présence du
moins a été signalée. — Tous les points de communication sont garnis de troupes, surtout dans les directions de Mortara et de Vigevano, où l'on présume que
les Autrichiens peuvent se présenter.

A droite, la défense est confiée au général de Wimpffen,
à gauche au général Cler. — Un peloton de chasseurs à
cheval garde le débouché du pont de Buffalora. A la nuit

tombante, ce peloton de cavaliers se replie sur les avant-postes, et un bataillon de grenadiers se porte à un kilomètre en avant du bourg de Trecate, sur la route de San Martino; il établit une grand'garde et des petits postes.

Les terrains environnants, couverts de massifs épais, de vignes et de hautes moissons, sont très-favorables à une attaque de surprise. —Pendant toute la nuit, des patrouilles se promènent, surveillant la vigilance des postes auxquels est confié la garde des camps, et l'oreille attentive des chefs interroge tous ces bruits vagues que la nuit porte en soi.

LVIII. — Le 4e corps a conservé ses bivouacs en avant de Novare et le général Niel envoie sur la route de Vespolate de fortes reconnaissances.

Aucun indice ne pouvant faire supposer une attaque de l'ennemi dans la direction de Robbio, qu'il a abandonné la veille, les troupes du 3e corps quittent Palestro le 3, pour se rendre à Novare, où elles s'établissent en avant de la ville (1).

Le 1er corps reste campé à Lumelungo (2), faisant face à Mortara, sur la droite de la route de Verceil à Novare.

(1) Journal des marches et opérations du 3e corps d'armée.

(2) *Lumelungo*. Village des États sardes, à 5 kil. S. E. de Novare, à 15 kil. N. O. de Verceil et à 18 kil. N. O. de Mortara.

Les 4 divisions de l'armée sarde ont reçu l'ordre de venir camper à Galiate sur les bords du Tessin.

LIX. — Dès que le jour paraît, le mouvement et le bruit remplacent le silence de la nuit, les tentes-abris sont repliées; chefs et soldats sont à leur poste. Tout est prêt pour le départ.

C'est le jour que l'Empereur a fixé pour prendre définitivement possession avec son armée de la rive gauche du Tessin, et se relier aux troupes du 2ᵉ corps, ainsi qu'aux divisions sardes.

L'ordre général disait :

« Le corps d'armée du général de Mac-Mahon, renforcé de la division des voltigeurs de la garde impériale et suivi de toute l'armée du roi de Sardaigne, se portera de Turbigo sur Buffalora (1) et Magenta, tandis que là division des grenadiers de la garde s'emparera de la tête du pont de San Martino (ou Buffalora) sur la rive gauche, et que le corps d'armée du maréchal Canrobert s'avancera sur la rive droite pour passer le Tessin au même point. »

Le 4ᵉ corps devait installer ses bivouacs à Trecate. — Le 1ᵉʳ corps, partie à Olengo (2), partie à la Bicocca.

LX. — Dieu, dont le bras droit combat toujours

---

(1) *Buffalora*. Bourg de Lombardie, à 8 kil. N. O. d'Abbiate-Grasso, à 7 kil. S. O. de Trecate, à 27 kil. S. O. de Milan, sur le Naviglio Grande; 1650 habitants.

(2) *Olengo*. Village des États sardes, à 4 kil. S. E. de Novare.

avec les saintes causes, avait désigné dans sa pensée
cette journée pour une journée de grande et d'immortelle gloire. — La bataille de Magenta devait, en
effet, clore victorieusement la première phase de la
campagne d'Italie et ouvrir à l'armée alliée les portes
de Milan.

Avant de retracer les épisodes saisissants de ce beau
drame militaire, une des plus belles pages dont puisse
s'enorgueillir, à juste titre, la vaillance française, celui
qui écrit ces lignes sent sa plume impuissante trembler
dans sa main; il est des narrations terribles dans leur
grandeur, multiples dans leur exécution, qui échappent
à l'analyse.

LXI. — Dès le début de la campagne, l'armée autrichienne avait été perpétuellement tenue en suspens
sur nos véritables intentions. — Malgré l'habileté de
ses espions répandus en grand nombre dans toutes
les directions, malgré la vigilance de ses patrouilles
et la multiplicité de ses reconnaissances qui battaient en tous sens le pays, nous lui avions sans cesse
donné le change, et elle était toujours restée dans l'in-
décision, ou dans l'ignorance sur la réalité de nos
mouvements.

Depuis le jour, où l'heureuse inspiration du maréchal
Canrobert sauvait la capitale du Piémont, jusqu'à celui
où l'habileté stratégique de l'Empereur, portant d'un seul
vol son armée réunie à quelques lieues de Milan, forçait

l'ennemi, qui s'était vainement opposé au passage du
Tessin, à lui livrer la capitale de la Lombardie, l'armée
française, insaisissable dans ses changements de positions, dans ses marches et dans ses contre-marches rapides, déroutait les prévisions du général en chef autrichien, et le contraignait à bouleverser des plans étudiés
et préparés à l'avance.

LXII. — Le général Giulay avait commis une faute
irréparable, en ne marchant pas rapidement sur Turin.
— A ce moment-là, le champ de la guerre lui appartenait, pour ainsi dire, tout entier. — L'armée française,
par suite de la précipitation même de son entrée en
campagne, se trouvait dans la position la plus critique;
privée encore de munitions et d'artillerie, séparée en
plusieurs tronçons, elle eût pu être attaquée en détail et
amoindrie dès le commencement de la lutte, avant
même d'être organisée. De plus, en occupant Novi avec
les forces considérables dont il pouvait disposer, le général en chef autrichien coupait nos communications si
importantes entre Gênes et Alexandrie. — Maintenant,
au contraire, qu'il a perdu par ses irrésolutions et ses
lenteurs un temps précieux, il est pressé pied à pied, ou
trompé par les habiles manœuvres de l'Empereur, et se
voit dans la nécessité de repasser au plus vite le Tessin
pour essayer, mais en vain, d'arrêter ce flot menaçant
qui tend à le déborder de toutes parts. •

LXIII.—Les Autrichiens ne manquaient pas d'habileté

stratégique dans l'exécution de leurs manœuvres, loin de là ; mais partout ils étaient devancés, surpris par la rapidité de nos mouvements. — Repoussés des positions importantes qui couvraient le cours de la Sesia, de Palestro, de Venzaglio, de Confienza, de Casaline, repoussés aussi de Robecchetto, où ils étaient accourus pour s'opposer à la marche du 2ᵉ corps, qui passait le Tessin à Turbigo, ils comprenaient enfin, mais trop tard, le but du grand mouvement de conversion qui venait de s'opérer.

Le général Giulay, subitement menacé dans ses derniers retranchements au cœur même de la Lombardie, a résolu de tenter un dernier effort ; trois corps d'armée repassent le Tessin, brûlent les ponts derrière eux ; et, le 4 au matin, 125 000 hommes sont devant l'Empereur.

LXIV. — Le général commandant en chef l'armée autrichienne a établi son quartier général à Robecco (1), surveillant ainsi son aile droite qu'il jette sur Magenta (2), son aile gauche massée à Abbiatte-Grasso (3), et tenant

(1) *Robecco.* Bourg de Lombardie, sur la rive droite de l'Oglio, à 5 kil. S. E. de Buffalora ; 1815 habitants.

(2) *Magenta.* Ville de Lombardie, à 8 kil. N. N. O. d'Abbiate-Grasso ; 3895 habitants.

(3) *Abbiatte-Grasso.* Bourg de Lombardie, sur le Naviglio Grande, à 30 kil. N. O. de Pavie, à 9 kil. N. E. de Vigevano, à 10 kil. N. O. de Buffalora, à 20 kil. S. O. de Milan ; 3000 habitants. Bayard y mourut en 1524

le gros de ses forces sous sa main, d'Abbiatte-Grasso à Robecco. — En agissant ainsi, il couvrait sa ligne d'opérations, qui s'étendait de Mortara à Vigevano ; — de plus, il couvrait également les deux routes du Tessin à Milan, l'une par Magenta, — l'autre par Abbiatte-Grasso et Gujano (1).

L'armée autrichienne, par l'étendue de ses positions successives, occupait donc une large circonférence, s'appuyant d'une part à la route de Milan, par Magenta, — de l'autre au Tessin, et coupant le Naviglio à Robecco.

Dans la journée du 4 juin, cette armée ne pouvait avoir qu'un but, et elle n'a pas cessé de le poursuivre un seul instant : — couper l'armée française, du pont de San Martino ou Buffalora, afin d'isoler ainsi tout ce qui avait passé le fleuve, et d'obliger le 2ᵉ corps ainsi que l'armée du Roi à se replier précipitamment sur Turbigo, pour rentrer en communication avec le reste de l'armée. — C'était là son objectif, et il est important de ne pas le perdre de vue.

LXV. — Maintenant, jetons un coup d'œil rapide sur le terrain où la bataille va s'engager dans quelques heures.

A partir de la tête du pont de Buffalora sur la rive gauche du Tessin, la route bordée d'arbres en quelques

---

(1) *Gujano*. Village de Lombardie, à 4 kil. 1/2 S. O. d'Abbiate-Grasso.

endroits, èt, formant chaussée sur plusieurs points, suit une ligne droite qui seulement s'élève à moitié chemin en pente douce, jusqu'à Ponte Nuovo di Magenta.

Sur la gauche, à quelques pas après le pont de Buffalora, il existe une dépression de terrain ; c'est par là que descend la route qui conduit directement au village de Buffalora, dont, à 1500 mètres environ sur la gauche au-dessus des arbres, on aperçoit le château et les toits rouges des maisons. — Ce village, construit sur les deux rives du Naviglio Grande, forme avec Ponte Nuovo di Magenta et le pont de Buffalora (1), près de San Martino, un triangle rectangle, dont la route est la base et Buffalora le sommet.

A droite, la ligne du chemin de fer part du pont même de Buffalora en décrivant une courbe presque insensible, et se dirige vers les hauteurs en amphithéâtre qui mènent au canal, de manière à les franchir à environ 600 mètres de Ponte Nuovo. — Cette ligne de chemin de fer court sur un talus très-élevé ; les Autrichiens y ont établi une banquette du côté de la route, pour abriter leurs tirailleurs ; à deux endroits où cette ligne se voûte pour laisser passer deux courants d'eau, ils ont construit

---

(1) Il ne faut pas surtout confondre le *pont de Buffalora*, près de San Martino sur le Tessin, avec celui qui servait à relier les deux parties du village de Buffalora, à cheval sur le Naviglio Grande. Quoique placé à San Martino, on désigne ce pont sous le nom de *pont de Buffalora*, sans doute parce que la route qui conduit à ce village y aboutit et que San Martino n'est à vrai dire qu'un village de quelques maisons.

deux traverses avec parapets et, à l'endroit où le chemin
de fer s'encaisse dans les hauteurs qui précèdent le
Naviglio Grande, s'élève une redoute puissante, qui
commande toute la ligne du chemin de fer. — Devant
cette redoute, l'ennemi a entassé de grands arbres,
des morceaux de bois de toute nature, tous les obstacles enfin qu'il a pu trouver.

Le terrain, compris entre Ponte Nuovo di Magenta et
le chemin de fer, forme aussi un triangle aigu, dont
le sommet est au pont même de Buffalora. — Sur une
grande partie du sol avoisinant s'étend l'inondation des
rizières.

LXVI. — Ainsi, en traversant le Tessin, et en se plaçant à la tête du pont de Buffalora, les hauteurs occupées
par le village de Buffalora à gauche, par Ponte Nuovo
di Magenta au centre, et par la redoute et Ponte Vecchio
di Magenta à droite, représentaient, comme aspect général, un arc dont la route serait la flèche.

Tout cet espace, comme celui qui se développe sur la
droite et en arrière du canal entre la voie ferrée, est
couvert de haies, de broussailles épaisses, de groupes
d'arbres, de vignes, de mûriers; le sol est coupé
de courants d'eaux, de fossés profonds; — ici ce sont
des prés humides, — là de petits carrés d'orge ou d'a-
voine; plus loin de larges rizières. — Le regard ne peut
s'étendre et planer sur un vaste espace; de quelque
côté qu'il se tourne, il rencontre des masses vertes qui
se croisent et s'élèvent inégalement en tout sens : on

dirait à voir ces carrés inégaux, défendus souvent par
des obstacles naturels, que la stratégie militaire a pré-
sidé à leur plantation pour défendre ce pays contre une
invasion, et lui faciliter les moyens de défense.

LXVII. — Que l'œil tranquille et serein se promène
quelques heures encore dans ce vaste espace où l'on entrevoit comme des points imperceptibles, dorés par les
premiers rayons du soleil, Robecchetto, Turbigo, Cu-
gione, Castelletto, Induno, San Stefano, Buffalora, Magenta, Robecco ; bientôt dans tous ces lieux où règnent
encore le calme et le silence, vont retentir les formidables cris de la guerre ; bientôt, ce sol marécageux sera
pétri par la marche des bataillons, bientôt les moissons
seront foulées au pied, les arbres mutilés par les boulets,
et les lointains échos porteront de Novare à Milan les
mugissements furieux de ce tonnerre humain. — Là, va
se jouer dans quelques heures la domination de l'Autriche sur la Lombardie.

LXVIII. — Les Autrichiens, en évacuant la veille San
Martino, n'avaient pu, nous l'avons indiqué plus haut, •
rendre impraticable le pont de Buffalora ; l'ouvrage des
mines n'avait qu'imparfaitement joué. Les explosions
successives avaient seulement fait déverser deux arches
l'une sur l'autre, en descellant les pierres de taille et
donnant aux voûtes des arches une pente oblique vers
le centre ; une compagnie du génie avait, aussitôt l'arrivée de nos troupes, posé à la hâte sur les arches en-

dommagées un tablier factice, qui rendait le passage du
pont praticable pour les troupes, et même pour l'artillerie,
à la condition de transporter chaque pièce l'une après
l'autre.

LXIX. — Dans la matinée du 4 juin, selon de nouvelles
instructions de l'Empereur, le général Regnaud de Saint-
Jean d'Angely, commandant la garde impériale, donnait
ordre au général Mellinet de porter une de ses brigades
à San Martino, pour protéger la jetée d'un pont de bateaux que le général Mazure, chef d'état-major de l'artillerie, devait établir sur le Tessin, à côté de celui que
les Autrichiens avaient rompu la veille et qui, malgré les
réparations, pouvait ne pas offrir des conditions de
sécurité suffisantes pour le passage des troupes.

LXX. — A 8 heures du matin, le général de Wimpffen
quittait ses cantonnements de Trecate et se dirigeait en
toute hâte vers San Martino où arrivait, en même temps
que lui, le général commandant la garde impériale avec
tous les officiers de son état-major.

Rien n'avait changé d'aspect depuis le départ du général Espinasse ; partout régnait le plus grand calme, on
n'apercevait aucun être humain. Ce silence, dans les
conditions où l'on se trouvait, avait une solennité
étrange. Au loin, à droite et à gauche de la route, à
mi-côte, deux masses noires révélaient des canons et
annonçaient seules la présence de l'ennemi.

Le général de Wimpffen fit alors passer, avec grande

précaution, le 2ᵉ et le 3ᵉ grenadiers sur la rive gauche du
Tessin. — Le 2ᵉ se massa à gauche de la route, le 3ᵉ à
droite. Deux pièces d'artillerie conduites à bras purent
également traverser le fleuve. Le général, pour donner libre passage aux canons, fit aussitôt abattre l'é-
paulement construit la veille en vue de la défense.

LXXI. — Ces mouvements attirèrent l'attention des
Autrichiens qui commencèrent alors à se montrer en
petit nombre. — Quelques vedettes se détachèrent
en avant, et l'on vit sur les crêtes du plateau plusieurs
groupes de soldats se mouvoir et prendre des dispositions de combat. Il était évident que l'ennemi occupait
les terrains avoisinants, mais il ne paraissait pas y avoir
massé des forces considérables. — Le général de Wimpffen, ayant tout son monde sous la main, commença à
se porter en avant, pour reconnaître le terrain et apprécier la nature de la résistance qu'il aurait à combattre.

Deux bataillons du 2ᵉ grenadiers, sous les ordres du colonel d'Alton, se jetèrent sur la gauche dans les bas-
fonds qui bordent la route. — Le 3ᵉ grenadiers, avec le
colonel Melman, se portait à droite au-dessous de la levée
du chemin de fer, échelonnant ses bataillons, et couvrant, ainsi que le 2ᵉ grenadiers, ses flancs et son front
par des compagnies de tirailleurs. — Des deux côtés,
celles-ci ne rencontrèrent aucune troupe, mais les
deux pièces de canon ne tardèrent pas à engager le feu
avec l'artillerie que l'on avait aperçue sur la route, à mi-
chemin environ des maisons de Ponte Nuovo di Ma-

genta. La supériorité de notre tir délogea promptement
l'ennemi ; il rattela ses pièces et se retira jusqu'au sommet de la pente qui conduit à ce petit village, s'embus-
quant derrière les premières maisons (1). Dans le même
moment, quelques coups de fusil s'échangeaient entre
les Autrichiens et nos tirailleurs. Le général, n'ayant pas
reçu l'ordre de commencer le combat, avant de s'être
réuni à la brigade Cler, se tint sur la réserve, envoyant
seulement quelques détachements en exploration.

LXXII. — L'Empereur venait d'arriver au pont de
Buffalora, où se tenait le commandant en chef de la
garde. — De son côté, le général Mellinet, après avoir
pris position, en arrière du pont avec la première brigade de sa division (général Cler), se porta de sa personne sur la route, pour juger par lui-même de l'état
des choses, et apprendre du général de Wimpffen le
résultat de ses reconnaissances sur la gauche. Rien
d'important n'avait été reconnu ; mais, sur la droite,
on avait signalé des masses autrichiennes couvertes par
des défenses de mains d'hommes qui paraissaient importantes ; les tirailleurs avaient de loin engagé le
feu.

Les pièces d'artillerie mises en batterie par l'ennemi
continuaient à tirer, du point où elles s'étaient embus-
quées.

(1) Ponte Nuovo di Magenta n'est qu'un groupe de quelques maisons ;
— deux ou trois sur la rive droite, quatre ou cinq sur la rive gauche.

« En outre (ajoute le général), quelques mouvements
de troupes, observés dans les villages qui couronnent
les crêtes en avant, faisaient supposer que nous avions
peut-être devant nous des forces plus considérables que
nous ne pensions (1). »

Cette fusillade entre nos tirailleurs et les postes avancés des Autrichiens était sans but, car l'Empereur,
n'ayant avec lui qu'une seule division de sa garde, ne
voulait sérieusement s'engager qu'après être assuré de la
marche du général de Mac-Mahon sur sa gauche; aussi
envoya-t-il l'ordre de faire rétrograder la brigade de
Wimpffen jusqu'à 500 mètres environ en avant du pont,
et trois nouvelles compagnies d'un bataillon du 2e grenadiers, restées en réserve, se plaçaient en tirailleurs, sous
les ordres immédiats du lieutenant-colonel Guilhem.

LXXIII. — Dès le matin, l'Empereur avait envoyé un
de ses officiers d'ordonnance porter au général de Mac-
Mahon une lettre qui lui renouvelait de la manière la
plus précise les instructions qu'il avait reçues la veille;
en même temps, il faisait dire au roi de Sardaigne,
qui avait son quartier général à Galiate, de hâter son
passage à la suite du 2e corps, en l'informant que, par
suite de nouvelles dispositions, le maréchal Canrobert
ne se dirigerait point sur Turbigo et passerait le Tessin
au pont de Buffalora.

Le commandant Schmitz, chargé de cette mission,

(1) *Rapport du général Mellinet commandant de la 1re division d'infanterie de la garde.*

I   16

avait vu le Roi et avait rencontré le général de Mac-Mahon en deçà de Robecchetto, près de Malvaggio, et précédant sa colonne.

Le général prit connaissance de la lettre de l'Empereur, et dit au commandant Schmitz :

« Vous ferez savoir à Sa Majesté que je marche sur deux colonnes ; celle de droite, à la tête de laquelle je suis, est composée de la division de La Motterouge et de la division Camou ; elle se dirige sur Buffalora, qu'elle aura atteint à deux heures et demie au plus tard. La colonne de gauche, qui se compose de la division Espinasse, marche sur Magenta ; j'apprécie qu'elle y sera vers trois heures et demie, car elle a un long chemin à faire. Je n'ai pas connaissance encore de la position de l'ennemi ; je ne puis donc vous donner aucune indication sur ce que je ferai, mais que l'Empereur soit tranquille sur les dispositions que je prendrai. »

LXXIV. — Suivons donc la colonne de Mac-Mahon ; c'est son canon qui doit indiquer si l'ennemi veut défendre cette dernière position qui nous livre Milan.

A neuf heures et demie, la division de La Motterouge quittait Robecchetto et s'avançait en colonne de route vers Malvaggio (1). La brigade de cavalerie, réduite à un

---

(1) Vers huit heures du matin, un officier, placé en vedette au haut du clocher de ce village, signala la présence de l'ennemi. Aussitôt, la division est sur pied et le général prend en hâte ses dispositions du combat. Robecchetto, par sa position dominante, était un point assez important, pour supposer que l'ennemi, refoulé la veille, reviendrait

seul régiment (le 7e chasseurs), éclaire la marche, conduite par le général Gaudin de Villaine, qui a fait porter
quelques cavaliers en avant, pour fouiller ce pays couvert de haies d'arbres, de vignes, et dont les terrains,
par moments assez accidentés, pourraient facilement
abriter une colonne ennemie et en dissimuler l'approche.

Le général de Mac-Mahon, commandant en chef le
2e corps, marchait en tête de la division, que des flan-
queurs couvraient à droite et à gauche.

Une partie de l'armée piémontaise, entravée par l'encombrement des routes, n'avait encore pu atteindre Galiate; mais la 2e et la 3e division sardes se mettent en
marche à la suite du 2e corps et franchissent le Tessin
après lui, vers midi environ. La 2e division (général
Fanti) se dirigeait sur Magenta; sa marche fut forcément
ralentie par des embarras inattendus et des obstacles de
toute nature qu'elle rencontra sur sa route (1).

---

peut-être en force le lendemain pour s'en emparer. Mais les troupes
que l'officier placé en vedette avait aperçues étaient des détachements séparés, envoyés sans doute en avant pour éclairer le pays
et reconnaître nos positions; bientôt ils disparaissent dans les massifs.

(1)   *Journal des opérations militaires de l'armée sarde.*

Le 3 juin, les quatre divisions de l'armée sarde reçurent l'ordre de se
rabattre sur la gauche, et de venir camper à Galiate sur les bords du
Tessin. La 2e et la 3e division y arrivèrent le soir même; mais la 1re et
la 4e, entravées dans leur marche par l'encombrement des routes, ne
purent s'y rendre que le lendemain.

Le 4 juin, avant midi, la 2e et la 3e division franchirent le Tessin à

La colonne de droite (division de La Motterouge) (1) traverse d'abord Induno, puis Cuggione, sans rencontrer trace de l'ennemi; mais, au sortir de ce dernier village, les éclaireurs signalent sa présence, et le bourg de Casate, sur lequel on se dirige, paraît occupé. Le général de Mac-Mahon donne aussitôt ordre au général de La Motterouge d'envoyer quelques compagnies s'emparer de ce village.

LXXV. — Le général fait porter en avant le 1er bataillon des tirailleurs algériens, qui forme tête de colonne et est commandé par le général Lefèvre; les deux autres bataillons se jettent à droite et à gauche, pour laisser passer l'artillerie, et continuent leur marche, prêts à soutenir le 1er bataillon déployé en tirailleurs. Casate n'offre que peu de résistance; les tirailleurs al-

---

Turbigo. — La 2ᵉ division (général Fanti), qui suivait le corps d'armée du général de Mac-Mahon, se dirigea sur Magenta.

La présence de l'ennemi en forces sur son flanc gauche, l'encombrement des routes ralentirent forcément sa marche. Cependant une avant-garde formée du 9ᵉ bataillon (bersagliers) et de 4 pièces de la 13ᵉ batterie pressant la course, débouchèrent sur Magenta à temps pour prendre part à la dernière phase de cette sanglante lutte.

(1) *Journal des marches et opérations militaires du 2ᵉ corps d'armée.*

4 juin. — La 1ʳᵉ division quitte son bivouac pour se poster sur Magenta par Robecchetto, Malvaggio, Cuggione, Casate et Buffalora, pendant que la 2ᵉ division se dirige vers la même destination par Buscate, Inveruno, Mesero et Marcallo. — La division Camou (voltigeurs de la garde), restée à la disposition du commandant en chef du 2ᵉ corps, marche dans la trace de la 1ʳᵉ division.

gériens l'enlèvent après quelques coups de fusils échangés. Guidés par le général Lefèvre et par le colonel Laure, ils se dirigent au pas de course sur Buffalora, où l'ennemi s'est rejeté ; quelques compagnies se portent à droite et occupent le village de Bernate.

Déjà les intrépides turcos, en enfants perdus, franchissent les barricades élevées à l'entrée du village de Buffalora, et s'emparent des premières maisons.

Le commandant Beaudouin a mis douze pièces en ligne dans une position des plus favorables et a ouvert son feu contre une batterie autrichienne placée sur la route et sur le village lui-même. — En un instant, les maisons qui avoisinent le canal du Naviglio sont mises à jour et abandonnées par leurs défenseurs.

Le général de Mac-Mahon s'est placé en avant de Cuggione sur une élévation de terrain qui lui permet de dominer une grande étendue de pays. — Sans pouvoir apprécier exactement les masses qu'il a devant lui, il aperçoit de nombreux bataillons autrichiens en mouvement ; tantôt ils apparaissent, tantôt ils disparaissent derrière les rideaux d'arbres et les massifs épais qui couvrent le sol.

De son côté, son chef d'état-major, le général Lebrun, conduit par un habitant du pays, était monté sur le clocher du village et avait très-distinctement reconnu des colonnes considérables qui s'étendaient dans tout l'espace compris entre Cuggione et Magenta. Le but des Autrichiens devait être évidemment de couper en deux les troupes du 2ᵉ corps, et d'isoler ainsi la division Espinasse qui marchait sur Magenta par Marcallo, des deux autres divisions qui voulaient atteindre le même but, en passant par Buffalora.

Le général Lebrun courut avertir le commandant en chef des dispositions probables de l'ennemi et du nombre considérable de troupes qu'il déployait.

LXXVI.—En face de forces si supérieures, le général de Mac-Mahon ne voulut pas s'engager davantage, avant de s'être relié solidement par sa gauche à la droite de la division Espinasse. — Un des officiers de son état-major alla porter l'ordre au général de La Motterouge de cesser l'attaque sur Buffalora et de former sa ligne de bataille en avant de Cuggione, sa droite à la cascina Valegio, sa gauche vers la cascina Malastella; — un autre de ses officiers d'ordonnance, le capitaine d'Espeuilles, se lançant à travers champs de toute la vitesse de son cheval, allait dire au général Espinasse de hâter son mouvement sur Mesero et Marcallo, et d'appuyer solidement sa gauche à ce dernier village, en étendant sa droite dans la direction de la cascina Gazzafame, pour donner la main au général de La Motterouge.

LXXVII. — La 1re division a exécuté les instructions qui viennent de lui être apportées; elle se forme en bataille par bataillons en masse, et les hommes au repos, les fusils à leurs pieds, attendent que l'ordre leur soit de nouveau donné de se porter en avant (1).

_____

(1) « Les mouvements du 2e corps (écrit le général de La Motterouge

Mais l'ennemi, dont les masses grossissent sans cesse, laissera-t-il au général de Mac-Mahon le temps d'opérer sa jonction, ou le forcera-t-il, au contraire, à combattre par fractions séparées? — Les voltigeurs de la garde ont reçu l'ordre de marcher sur les traces de la division de La Motterouge, mais ne sont partis de Turbigo qu'à dix heures et demie; auront-ils rejoint cette division assez à temps pour se mettre en ligne?

Un officier d'état-major part aussi à la rencontre du général Camou : «—quittez la route, lui dit-il, et pour hâter votre marche, prenez à travers champs et venez vous ranger en toute hâte derrière la 1re division. »

Le général jette aussitôt ses troupes au milieu des blés, des haies et des vignes et s'avance au pas de course. Toutefois il n'atteignait Casate qu'une heure après (vers deux heures), et déployait tout aussitôt ses colonnes, de manière à présenter une ligne de bataille un peu en arrière, et à gauche de la division de La Motterouge.

Dans le même moment le capitaine d'Espeuilles revient de sa mission près du général Espinasse, qui est en marche sur Marcallo (1). — L'ennemi est aussi signalé

dans son rapport), se rattachent à d'autres mouvements qui s'exécutent par la droite et par la gauche, ainsi qu'à l'arrivée de la division Camou, de la garde ; les tirailleurs sont rappelés de Buffalora et on se contente de conserver la position en avant de Casate. L'ennemi regarde ces dispositions comme une retraite de notre part ; il ouvre un violent feu d'artillerie, auquel on répond peu dans le principe et point du tout un instant après; notre artillerie se retire près de Casate sur un emplacement où elle est défilée. »

(1) *Marcallo.* Village des États sardes, à 3 kil. N. O. de Magenta.

devant lui; le général espère cependant, à moins de
grands obstacles à surmonter, pouvoir se relier dans
une heure au plus, avec la division de La Motterouge.

LXXVIII. — Le général de Mac-Mahon se sentant dès
lors appuyé, d'un côté par les voltigeurs de la garde, et
sachant que de l'autre le général Espinasse ne tardera
pas à le rejoindre, fait commencer à la division de La
Motterouge, qui forme sa première ligne de bataille, un
léger mouvement de conversion sur la droite ; — la division Camou, composée de 13 bataillons, se place en
seconde ligne disposée par bataillons en masse, à intervalles de déploiement.

Une heure s'est déjà écoulée, et rien n'indique encore
l'approche de la division Espinasse, dont l'absence en-
chaîne et immobilise les mouvements des deux divisions.
Le général de Mac-Mahon n'écoute que son inquiétude,
car chaque minute porte peut-être avec elle la destinée
de la journée, et il s'élance au galop avec quelques officiers de son état-major dans la direction que doit
prendre cette division. Son peloton d'escorte (7e chasseurs), que commande le lieutenant Duboucher, part
à fond de train au milieu des champs, pour prendre
les devants et éclairer la route dangereuse, dans laquelle le commandant en chef du 2e corps s'est audacieusement lancé.

« Rien (écrivait un des officiers de son état-major)
ne peut donner une idée de cette course folle à travers
les fossés, les haies, au milieu des arbres; les chevaux

brisaient avec leur poitrail les vignes enlacées, et ce petit groupe de cavaliers franchissait tous les obstacles, rapide comme l'éclair. »

LXXIX. — Ils traversèrent ainsi une ligne de tirailleurs ennemis embusqués dans les blés ; ceux-ci, pleins d'étonnement et d'épouvante en voyant arriver ce tourbillon qui emportait à la fois chevaux et cavaliers, se levèrent tout effarés, et non-seulement ne tirèrent pas un seul coup de feu, mais tendirent, pour se rendre, leurs fusils, au haut desquels ils avaient mis leurs shakos. — Sans se soucier d'eux, le général et son escorte ont déjà disparu au milieu des taillis touffus, et les soldats autrichiens eussent pu croire à un rêve, si, au milieu du bruit lointain de la fusillade, ils n'eussent entendu retentir sur la terre le galop précipité des chevaux qui s'éloignaient.

Une seconde fois, près de Marcallo, le général se trouve en face d'un détachement de uhlans envoyé en éclaireurs. Ce détachement charge son escorte ; les officiers d'état-major, le lieutenant Duboucher, les chasseurs, tous mettent le sabre à la main. — Lui, semble ne rien voir de ce qui se passe, et sans s'arrêter, sans même détourner la tête, il continue sa course rapide au travers des cavaliers ennemis.

Enfin il a rejoint le général Espinasse, qui arrivait à Marcallo de son côté et prenait déjà ses dispositions.

En quelques mots brefs et précis, le général lui donne ses ordres : — Occuper solidement Marcallo qui est le

point d'appui de toute la gauche de l'armée, ne l'abandonner sous aucun prétexte, faire enlever au pas de
course tous les obstacles qu'il peut rencontrer sur sa
route, et se relier au plus vite avec la première division.

« — Soyez tranquille, répond le général, j'occuperai
Marcallo, et je marche sur Magenta en m'étendant sur
ma droite. »

LXXX. — Le général savait qu'il pouvait compter
sur Espinasse. — Il examine d'un coup d'œil rapide la
position, montre une dernière fois de la main au général la direction dans laquelle il doit s'étendre. « — Hâtez-
vous surtout, » lui crie-t-il.

Et sans se souvenir des dangers que son intrépidité
vient de braver, il repart avec la même rapidité et rejoint la droite de son corps d'armée qui attend ses derniers ordres, pour s'emparer de Buffalora et marcher
sur Magenta par un rapide mouvement de conversion, enveloppant ainsi les Autrichiens dans un cercle
de feu.

Certes, en cette occasion, la grande figure militaire du
général de Mac-Mahon se dessine dans sa vaillante et
inaltérable simplicité. Lui seul ignorait qu'il venait d'accomplir un de ces actes de grande décision et d'héroïque bravoure, qui acquièrent d'autant plus de prix
que celui qui les accomplit est plus haut placé.

. . . .

Mais près de trois heures s'étaient écoulées.

LXXXI. — Retournons donc au pont de Buffalora et voyons ce qui s'était passé pendant ces trois heures.

Nous avons dit plus haut que l'Empereur, inquiet de ne pas encore entendre le canon de Mac-Mahon, avait fait rétrograder jusqu'au pont de Buffalora la brigade de Wimpffen, qui s'était avancée jusqu'à mi-chemin du Naviglio. — Car si le matin, en arrivant à San Martino, il avait pu un instant espérer que son armée occuperait, sans trop grande résistance, les points qui lui avaient été indiqués, le déploiement des forces autrichiennes et les masses compactes qui avaient été signalées sur différents points ne lui laissaient plus aucun doute sur un combat sérieux.

Plusieurs officiers de sa maison militaire, montés sur le toit d'une petite maison qui avoisine le pont, près de la rive gauche du Tessin, cherchent à observer les mouvements probables de l'ennemi, prêts à signaler l'arrivée des troupes du 2ᵉ corps qui ne pouvait tarder à se montrer.

C'est dans ce moment-là que la tête de colonne de la division La Motterouge traversait Casate et s'avançait sur Buffalora.

Quelques instants après, on entendit une vive fusillade, et plusieurs décharges réitérées d'artillerie vinrent frapper les échos silencieux. — Vers Buffalora, sur la rive droite du Naviglio, une épaisse fumée s'élevait du sein des arbres, en tourbillons d'un blanc mat. C'étaient les douze pièces du commandant Beaudouin qui avaient engagé le feu contre la batterie autrichienne.

LXXXII. — Le général de Mac-Mahon arrivait.

« Il n'y avait plus à hésiter ; et, bien que la garde ne comptât que 5000 hommes au plus, et que les troupes du 3ᵉ et du 4ᵉ corps ne fussent pas encore arrivées, il était important, dit le bulletin officiel de l'armée d'Italie, de soutenir le général de Mac-Mahon en marchant sur Magenta. L'Empereur lança aussitôt la brigade de Wimpffen contre les positions formidables occupées par les Autrichiens en avant de Ponte di Magenta (1). »

En même temps, dans toutes les directions, des officiers d'état-major partaient vers le maréchal Canrobert et le général Niel, pour hâter leur arrivée de Trecate, où les têtes de colonnes de ces deux corps devaient être arrivées.

« La position de Ponte Nuovo di Magenta (dit le général Regnaud de Saint-Jean d'Angely, commandant en chef la garde impériale), forme un vaste demi-cercle de collines appuyant sa droite au village de Buffalora, son centre à Magenta et sa gauche à Robecco. Toute cette ligne est couverte par un canal large et profond, le Naviglio Grande, coulant à mi-côte entre deux digues fort escarpées, et franchissables seulement sur trois ponts vis-à-vis les trois villages. En avant et en arrière du pont de Magenta se trouvent quatre grandes maisons de granit (les bâtiments de la station et de la douane); ces maisons, occupées par l'ennemi, défen-

(1) Le village de Ponte Nuovo di Magenta, comme celui de Buffalora et celui de Ponte Vecchio, est assis sur le Naviglio Grande ou plutôt coupé en deux par ce canal.

daient l'approche du canal et empêchaient ensuite de le franchir. »

Le signal du combat était depuis longtemps attendu par la brave division des grenadiers qui, l'arme au bras, frémissait d'impatience et d'ardeur.—C'est sous les yeux de l'Empereur qu'elle va combattre : le Souverain de la France est là, au milieu d'elle, prêt à partager ses dangers; sur son visage rayonne cette calme sérénité, présage certain de la victoire. Un long cri d'enthousiasme parcourt tous les rangs; chefs et soldats sont unis dans une même pensée de gloire et de dévouement.

LXXXIII. — A la tête de sa division est le général Mellinet (1), ce brave combattant de la Crimée, dont la

---

(2)   LE GÉNÉRAL DE DIVISION MELLINET,

Un des chefs les plus aimés et les plus estimés de notre armée, est né en 1800; son père, le colonel Mellinet, servit avec distinction sous le premier empire.

Sous-lieutenant en 1814, il fit la campagne d'Espagne et fut blessé grièvement au blocus de San Sebastien. Sa belle conduite lui valut l'ordre de Charles III; il ne fut promu au grade de capitaine qu'en 1830.

Nommé chef de bataillon, en 1840, il fut un de ces dix chefs choisis par le duc d'Orléans pour organiser les chasseurs d'Afrique, et il reçut le commandement du 5ᵉ bataillon.

De 1841 à 1846, le commandant Mellinet se distingua comme chef de bataillon et comme lieutenant-colonel dans les guerres d'Afrique, c'était l'école où se formaient ceux qui devaient un jour être glorieusement à la tête de notre armée. C'est là qu'ils apprenaient le métier du soldat, la vie des camps et qu'ils s'instruisaient chaque jour à la vigilance qui est la sauvegarde de tous, à l'autorité du commandement, cette qualité indispensable à celui qui conduit des troupes au combat.

Mellinet, d'une valeur intrépide, se distingua notamment dans l'expé-

mitraille a noblement mutilé l'énergique visage; à côté de lui le général de Wimpffen (1), un autre vaillant soldat, et le général Cler, nom si populaire et si aimé dans l'armée.

dition du Chétif en 1842 et à Mostaganem en 1845, lorsque le fanatique Bou-Maza bouleversait la province d'Oran.

Colonel au 1er régiment de la légion étrangère en 1846 et appelé au commandement de la subdivision de Sidi-el-Abbés, Mellinet ne rentra en France qu'après la révolution de 1848, et fut nommé général de brigade à l'armée de Lyon à la fin de 1851.

Chargé d'un commandement dans la garde impériale, lors de la réorganisation, le général ne tarda pas à rejoindre l'armée d'Orient sous les murs de Sébastopol.

Dans la journée du 18 juin, lors de la première attaque infructueuse, Mellinet fit des prodiges de valeur. Le général Brunet est tué, le gégéral Mayran blessé mortellement à la poitrine, Mellinet est envoyé au secours des divisions écrasées. Il charge à la tête des bataillons de la garde un ennemi supérieur en nombre, s'exposant comme un soldat. A l'assaut du 8 septembre, le général Mellinet, prêt à s'élancer sur le petit Redan est grièvement blessé au visage. — Heureusement la mort, qui déjà avait fait de si glorieuses victimes, épargna cet intrépide chef.

Nommé général de division, le 22 juin, il fut appelé au commandement de la 1re division d'infanterie de la garde impériale; et c'est en cette qualité qu'il assiste à la terrible bataille de Magenta.

Commandeur de l'ordre du Bain, le général Mellinet est grand officier de la Légion d'honneur depuis 1856.

(1)   LE GÉNÉRAL DE WIMPFFEN.

Est né le 13 septembre 1811.

Entré à Saint-Cyr, le 14 novembre 1829, il fut nommé sous-lieutenant au 49e de ligne, le 1er octobre 1832, puis au 6e le 6 juillet 1834.

Lieutenant le 25 avril 1837, il devint capitaine le 28 octobre 1840, passa le 11 juin 1842, au bataillon de tirailleurs indigènes et fut promu, le 22 avril 1847, chef de bataillon au 44e de ligne.

Rentré le 18 juillet 1848 aux tirailleurs indigènes, il fut nommé lieutenant-colonel du 68e le 18 septembre 1851; colonel du 28e le 10 août 1853, et du 13e le 18 du même mois, avec lequel régiment il rentra en France.

Le 9 mars 1854, il fut appelé à commander le régiment des tirailleurs

Le général Regnaud de Saint-Jean d'Angely transmet les ordres de l'Empereur aux troupes qu'il commande en chef. — Il sait qu'il peut compter sur elles jusqu'à la dernière goutte de leur sang.

Le colonel d'Alton se jette à gauche avec le 2e grenadiers et quelques compagnies de zouaves en éclaireurs.

algériens de nouvelle formation, et le 13 mars 1855, il fut promu, en Crimée, général de brigade.

Chargé d'abord du commandement d'une brigade de la 2e division d'infanterie du 2e corps de l'armée d'Orient, il fut ensuite nommé, le 7 février 1856, commandant d'une brigade d'infanterie de la garde, et fut maintenu le 29 juin 1856, au commandement de cette brigade devenue la 2e de la 1re division d'infanterie de la garde.

Chevalier de la Légion d'honneur le 30 juin 1844, officier le 25 juillet 1849, commandeur le 21 octobre 1854, il est en outre commandeur du Medjidié, et chevalier compagnon de l'ordre du Bain.

Ses campagnes sont nombreuses. En 1834 et 1835, il fit la guerre en Afrique. Rentré en France, il retourna plus tard en Algérie pour prendre part à toutes les luttes de 1842 à 1854. Il a fait toute la guerre d'Orient depuis 1854 jusqu'au mois de mars 1856.

Sa connaissance parfaite de la langue arabe le fit désigner, en 1842, pour concourir à l'organisation de l'infanterie indigène. Lorsque les soldats de la France traversèrent les mers pour aller prêter un noble secours au sultan, il fut également chargé d'organiser les tirailleurs algériens et de les décider à aller servir par exception en Crimée. Il accomplit cette difficile mission avec un rare bonheur ; ces étranges soldats qu'il arrachait à leurs montagnes, ces noirs enfants de l'Afrique étaient appelés à rendre, sous son énergique et habile commandement, des services signalés dans la guerre qui allait s'ouvrir ; ils suivirent leur chef sur les champs de bataille de l'Alma et d'Inkermann.

Après la bataille de Traktir, le nom du colonel Wimpffen fut porté à l'ordre du jour de l'armée pour sa brillante conduite ; et, à l'attaque de Malakoff, dans la gorge de ce redoutable ouvrage, qui devait nous livrer Sébastopol, il combattit avec un inaltérable sang-froid, contre un ennemi supérieur en nombre, dont les efforts multipliés vinrent échouer contre la résistance infatigable de nos troupes.

La bataille de Magenta, où nous le voyons accomplir des prodiges de valeur, devait lui apporter le grade de général de division.

— A droite, c'est le 3ᵉ grenadiers que commande le colonel Metman, et avec lequel marche le général de Wimpffen. — Sur la route, quatre pièces d'artillerie se placent en batterie (1).

C'est sur la droite et en avant de Ponte di Magenta que la lutte menace d'être la plus terrible. — Le 3ᵉ grenadiers s'élance aux cris de vive l'Empereur, ayant à sa tête le général de Wimpffen. Les haies, les rizières, les fossés, les obstacles de toute nature se multiplient à chaque instant sous leurs pas. — Qu'importe à ces braves soldats! — tantôt ils enfoncent à mi-jambe dans des terrains inondés; tantôt ils franchissent des cours d'eau ou s'y jettent sans consulter leur profondeur.—La même ardeur les anime tous. Ils atteignent ainsi les pentes du mamelon sur lequel s'élève une redoute qui, par sa position, commande tout le terrain devant elle.

LXXXIV. — Aussitôt que nos soldats apparaissent, un violent feu de mousqueterie les accueille; des fusées, lancées par les Autrichiens avec une grande habileté, courent et éclatent dans leurs rangs comme des serpents de feu; la plus grande partie, fort heureusement, s'en-

(1) *Rapport du général de Wimpffen.*

« De nouvelles instructions m'ayant prescrit, vers midi, d'enlever les maisons établies sur la route, je disposai le 3ᵉ de grenadiers en colonne par pelotons à distance entière, à gauche du remblai du chemin de fer, le 3ᵉ bataillon à une certaine distance des deux premiers pour leur servir de réserve; mes deux pièces d'artillerie, précédées de deux nouvelles du régiment à cheval mises à ma disposition, furent chargées d'appuyer le mouvement en suivant la route. »

fonçant dans les terrains marécageux, perd son effet meurtrier.

Un instant les grenadiers s'arrêtent, non parce qu'ils hésitent devant la mort, mais pour reprendre haleine et s'élancer sur leurs ennemis d'un bond plus furieux. — A leur tête est leur colonel Metman, qui, le premier, se jette en avant à travers ce terrible orage de fer et de feu. — Tous gravissent avec un indicible élan les dangereuses pentes du mamelon et les revêtements de la redoute, qu'ils enveloppent et envahissent de toutes parts, malgré les nombreux obstacles que les ennemis y ont accumulés. — Un grenadier (Albarède) apparaît le premier au sommet, agitant son bonnet à poil au bout de sa baïonnette aux cris de : Vive l'Empereur ! et se précipite dans cette redoute (1). Déjà les compagnies ont perdu quatre de leurs lieutenants; le capitaine adjudant-major de Houdetot, atteint d'une balle dans le corps, ne veut pas quitter le combat, et avec une énergique intrépidité s'élance sur le revêtement de l'ouvrage, mais une seconde balle le frappe à la tête et le

---

(1)   *Lettre du colonel Metman, adressée à l'auteur.*

« Vous m'avez exprimé le désir d'avoir le nom du grenadier qui avait accompli cet acte d'énergique valeur. Après de nombreuses recherches, j'ai acquis la certitude que le grenadier signalé, comme ayant escaladé le premier le parapet de la redoute de Magenta et s'étant tenu sur la crête, son bonnet à poil au bout de son fusil, est le nommé Albarède (1re compagnie du 2e bataillon.) Ce brave soldat a malheureusement été tué dans la journée.

« Un autre fait peut encore servir à mettre en lumière l'admirable bravoure de nos soldats. — Le grenadier Pollet avait pris part à l'at-

renverse mort. — Comme lui, plein de jeunesse et de vaillante ardeur, tombe aussi le capitaine Bougoz.

Bientôt écrasés par ce flot indomptable auquel rien ne résiste, les Autrichiens essayent à peine de se maintenir dans l'intérieur de cette position, derrière laquelle coulent à pleins bords les eaux du Naviglio Grande. La redoute est à nous, et ses impuissants défenseurs disparaissent derrière le canal au milieu des arbres et des broussailles épaisses.—L'ennemi a projeté de faire sauter le pont du chemin de fer; aussitôt qu'il a accompli sa retraite, un sous-officier autrichien s'apprête à mettre le feu à la mèche d'une mine préparée à l'avance, mais le caporal Albert du 3e grenadiers s'élance avec audace sur lui et le tue de sa propre main, pendant que le commandant de la compagnie, le capitaine Blache, enlève la mèche de la mine.

LXXXV. — Le commandant de la Blanchetée s'est porté sur la droite de la redoute, et a poussé une vigoureuse reconnaissance dans la direction de Ponte Vecchio di Magenta; cette position est occupée par des forces imposantes; le commandant déploie au milieu

taque des maisons de Ponte Nuovo di Magenta, l'ennemi était en pleine retraite, les cartouches manquaient; s'adressant tout à coup à l'officier qui était à côté de lui: « —Mon lieutenant, lui dit-il, je voudrais bien avoir la permission de m'asseoir. »

«Dans le cours de cette attaque, il avait reçu trois balles dans le corps, et sans s'émouvoir des acclamations de ses camarades, il se mit à étancher le sang qui coulait de ses blessures, assis entre des cadavres ennemis étendus à ses pieds. — Que ne ferait-on pas avec de semblables soldats! »

des vignes et des arbres un rideau de tirailleurs et parvient à les maintenir pendant quelque temps à distance.

Mais les forces de l'ennemi s'accumulent, des colonnes arrivent de Robecco et s'échelonnent le long du canal, les unes à la hauteur du village de Ponte Vecchio, les autres derrière les bâtiments des fermes qui se groupent de distance en distance dans ces terrains perfides. — De front s'avancent aussi des masses considérables, venues de Magenta, et de tous côtés, dans les clairières, reluisent les baïonnettes autrichiennes.

LXXXVI. — Dans cette position critique, trois compagnies des zouaves de la garde, restées en réserve, arrivent au général de Wimpffen. — Le commandant Pissonnet de Bellefonds, qui les commande, se jette aussitôt en avant pour maintenir l'ennemi, prêt à envahir le pont du chemin de fer et à écraser les grenadiers qui en défendent la chaussée. L'élan de ces braves soldats est si énergique que les Autrichiens sont bientôt repoussés au delà du Naviglio. Impatients dans leur courage aveugle, les zouaves, que guide leur intrépide commandant de Bellefonds, les poursuivent, sans attendre que des renforts suffisants viennent leur prêter main-forte. L'ennemi ne peut tarder à s'apercevoir du petit nombre de ses adversaires, et si ces intrépides combattants ne sont pas sérieusement soutenus, ils ne pourront bientôt plus résister aux masses qui se déploient à la fois sur leurs flancs et sur leur front. Le commandant de Bellefonds, frappé d'une première blessure dès le commencement de l'action, a continué de marcher en avant, appuyé sur son sabre, et les zouaves le voient toujours à leur tête, les soutenant par son exemple et son indomptable courage dans cette lutte inégale; deux autres balles l'atteignent : il tombe et ne veut pas qu'aucun de ses soldats quitte le champ de bataille pour l'emporter (1). La mêlée cependant est terrible, et l'ennemi qui s'est reformé de tous côtés en masses profondes, gagne toujours du terrain.

Des maisons de Ponte-Nuovo part une grêle de balles

---

(1)   COMMANDANT PISSONNET DE BELLEFONDS

(Arthur-Olivier-Marie), né le 17 novembre 1815 à Brest (Finistère). Lieutenant-colonel au 21ᵉ de ligne.

15 campagnes (1854 et 1855, Orient).

Chevalier de la Légion d'honneur, le **21** août 1846 ; officier, le **20** février 1856.

Engagé volontaire au 51ᵉ de ligne, le 9 janvier 1835, caporal, caporal-fourrier et sergent-fourrier, il fut admis à l'École spéciale militaire, le 13 novembre 1836. — Sous-lieutenant au 58ᵉ de ligne, le 1ᵉʳ octobre 1838; lieutenant, le 17 mars 1842, il fut cité à l'ordre du jour de l'armée pour sa conduite dans les combats livrés contre les Beni-Menacen. Nommé capitaine, le 13 décembre 1846, il rentra en France dans le courant de septembre 1847, puis retourna en Algérie, comme capitaine au 1ᵉʳ de zouaves, le 25 février 1852. En 1854, il suivit son régiment en Orient, se signala brillamment à la bataille de l'Alma, et fut nommé chef de bataillon au 3ᵉ de zouaves, le 18 octobre 1854; chef de bataillon aux zouaves de la garde, le 27 février 1855, il fut blessé grièvement par un éclat de bombe, au crâne, le 20 juillet, au siége de Sébastopol. Blessé à Magenta de trois coups de feu, il reçut sur son lit de douleur la nouvelle de sa promotion au grade de lieutenant-colonel au 21ᵉ de ligne, le 18 juin 1859. On espérait le sauver, mais la fièvre s'empara de lui et il succomba le 8 juillet.

Selon l'opinion du maréchal Canrobert, si bon juge en fait de courage chevaleresque, le colonel de Bellefonds était un officier d'une haute distinction et d'une grande bravoure. Il est mort quand ses éclatants services lui promettaient un bel avenir.

qui couvrent les rives du canal et les abords de la redoute, où se maintient énergiquement le général de
Wimpffen.

Le lieutenant-colonel de Tryon est accouru avec une
portion du 3e bataillon; il comprend qu'à tout prix il
faut s'emparer de ces maisons, et, sans s'inquiéter des
masses considérables qui de toutes parts peuvent l'accabler, ne consultant que son courage, il entraîne rapidement ses compagnies le long du Naviglio. — Abrité
dans sa marche par les taillis qui couvrent la berge
escarpée, il arrive au pied des maisons, et les attaque
résolûment. — Des fenêtres de tous les étages un feu
croisé renverse les premiers soldats qui s'élancent; mais
bientôt les portes sont brisées, et les grenadiers s'emparent des maisons (1).

Il faut les soutenir sans retard et forcer définitivement le passage à Ponte Nuovo, pour s'emparer des
maisons qui, de l'autre côté du canal, sont les plus importantes et en défendent les abords par un feu meurtrier.

Fort heureusement l'ennemi n'a pu accomplir le projet
qu'il avait médité de faire sauter le pont. — Déjà, sur la
superficie des deux côtés, quatre excavations profondes,

---

(1) *Rapport du capitaine Sempé, commandant la 3e batterie*
d'artillerie à pied de la garde.

« Après l'occupation de ces maisons, on y découvrit six barils de
poudre qui furent portés au dehors et noyés. — Ces barils étaient sans
nul doute destinés à faire sauter le pont du canal, dans lequel les Autrichiens avaient pratiqué des chambres de mine. »

en avant et en arrière, avaient été creusées; chaque ex-
cavation, de 4 ou 5 pieds chacune, devait contenir des
barils de poudre; les pioches, les échelles, les instru-
ments de travail sont encore à terre.

LXXXVII. — Le général Regnaud de Saint-Jean d'Angely et le général Mellinet viennent eux-mêmes examiner
la position et juger de son importance. — Ils donnent
aussitôt l'ordre au général Cler de lancer en avant les
zouaves de sa brigade. Le colonel Guignard les conduit
au pas de course et traverse avec eux le canal malgré
les feux plongeants des Autrichiens qui occupent les
maisons de la douane, ainsi que tous les bâtiments qui
les entourent. — Pendant que le colonel entraîne avec
résolution, à 500 mètres en avant, une portion de son
régiment qu'il déploie à droite et à gauche de la route,
quelques compagnies se sont jetées le long des murs,
ont brisé les portes et ont pénétré dans l'intérieur des
maisons, dont une partie des défenseurs s'échappent à
grand'peine par des issues cachées qui donnent sur la
campagne. Le général Cler a traversé le canal à la suite
des zouaves, et se tient à la tête du pont.

LXXXVIII. — Par ordre de l'Empereur, le général
Cassaignolles accourt aussi au galop avec quelques pelotons de chasseurs, les seuls qu'il ait trouvés sous sa
main; il franchit le Naviglio et se jette sur la gauche
de la route. Là, le colonel Guignard, seul avec ses
zouaves, auxquels se sont mêlés quelques grenadiers du

lieutenant-colonel de Tryon, faisait des prodiges de valeur, et tenait tête résolûment à l'ennemi, qui vainement essayait de le repousser. Morts et blessés s'entassaient sur le terrain du combat. Mais les rangs s'éclaircissent; le colonel envoie dire au général Cler qu'il est écrasé.

« — Dites au colonel de faire un suprême effort, répond le général; j'attends le 1er régiment de grenadiers, dès que je l'aurai, j'irai à lui. »

Quelques minutes s'étaient à peine écoulées que le colonel de Bretteville accourait en effet à la tête de ce régiment; c'était à ce moment-là la dernière réserve dont l'Empereur pouvait disposer. Envoyé d'abord sur la droite pour couvrir le 3e grenadiers, il venait de recevoir l'ordre de se lancer au pas de course vers les maisons de Ponte di Magenta. Avec lui, il n'a que quatre compagnies, 300 hommes au plus du 2e bataillon.

Aussitôt que le général Cler l'aperçoit :

« — Allons, mon brave Bretteville, lui crie-t-il, en avant. »

Et il se met à la tête des grenadiers qui le suivent en courant.

LXXXIX. — Bientôt il est arrivé à la hauteur des zouaves. Le général Cassaignolles venait de lancer vigoureusement ses chasseurs contre les colonnes qui avançaient, l'arme au bras, menaçant d'envelopper les zouaves. — A peine avait-il rallié ses cavaliers qu'il se rejetait de nouveau, l'épée haute, aux cris de : *Vive l'Empereur!*

et ses 116 chevaux faisaient de vaillantes trouées dans les rangs autrichiens ; ce n'était pas sans pertes sensibles. A la 3e charge le capitaine commandant l'escadron A. Bertrand, qui chaque fois se jetait sur l'ennemi avec une énergie croissante était frappé d'un coup de baïonnette ; le capitaine en second Robillard, blessé légèrement lui-même, avait son cheval tué sous lui.

C'est alors que Cler accourt à la tête des grenadiers.— Devant ces 300 hommes ardents au combat, se reconnaît le colonel de Bretteville, à sa grande taille et à sa mâle figure. Leur élan arrête l'ennemi ; il rétrograde ; zouaves et grenadiers forment une ligne de batallle et font un feu roulant.

Le capitaine de Lajaille est aussi accouru avec quatre pièces d'artillerie ; il les met en batterie sur la route et envoie des volées de mitraille qui font de grands ravages. Quatre pièces autrichiennes ne tardent pas à se mettre en ligne ; elles enfilent toute la route. Le capitaine de Lajaille, se sentant appuyé à droite et à gauche par l'infanterie, se porte hardiment en avant avec le lieutenant Langlois, afin de prendre d'écharpe la batterie ennemie et d'éteindre son feu.—De toutes parts, le combat est engagé.

XC. — Mais que devient Mac-Mahon ?

Son canon a tout à coup cessé de se faire entendre ; à peine si de loin en loin quelques coups de feu retentissent dans la direction de Buffalora. — Qu'est devenue son attaque qui devait envelopper tout le pays jusqu'à Magenta, et diviser les masses mouvantes et profondes que le général Giulay a accumulées pour nous disputer le passage?

Ce corps d'armée a-t-il été repoussé, et la division des grenadiers de la garde va-t-elle avoir seule à soutenir tous les efforts réunis de l'ennemi?

C'était le moment où, comme nous l'avons expliqué plus haut, le général de Mac-Mahon se trouvant subitement en face de forces supérieures, avait arrêté l'attaque de sa colonne de droite, pour la relier avec celle de gauche.

Dans ce moment de cruelle incertitude, le commandant Schmitz demande à l'Empereur la périlleuse mission de retourner auprès du général de Mac Mahon, en quelque endroit qu'il puisse être; il part.

Peu après le colonel de Toulongeon part aussi, en prenant une autre direction, pour recueillir des nouvelles du 2e corps qui donne de sérieuses inquiétudes.

Mais l'ennemi s'étend de tous côtés, et ces deux officiers, que tant de dangers menacent, pourront-ils parvenir jusqu'au général?

Des officiers d'état-major se dirigent en toute hâte vers la route de Trecate, pour presser l'arrivée des troupes du maréchal Canrobert; l'aide-major général de Martimprey ramasse, par détachements isolés, tout ce qu'il trouve sous sa main et dirige ces faibles renforts sur le lieu du combat.

XCI. — Nous savons, en effet, que le maréchal Canrobert avait reçu l'ordre de venir prendre ses bivouacs

à San Martino, en passant par Trecate ; mais une seule
voie est praticable, et le maréchal dut attendre que le
4ᵉ corps, qui avait commencé son mouvement, laissât
la route libre.

Ce fut donc vers une heure seulement, que le 3ᵉ corps
put effectuer son départ.

Seule, la brigade Picard, de la division Renault, qui
devait agir isolément, avait quitté Novare vers 9 heures
du matin.

Après une marche pénible au milieu des bagages du
4ᵉ corps et de l'artillerie de réserve, qui souvent encom-
braient la route, le maréchal est arrivé à Trecate vers
2 heures et demie environ. — C'est à ce point intermédiaire entre Novare et San Martino que le 4ᵉ corps, commandé par le général Niel, doit prendre ses campements.

Déjà, depuis plus d'une heure, le combat était sérieusement engagé à Ponte Nuovo, sans qu'aucun indice vînt
avertir les commandants en chef des deux corps d'armée, que leur présence devenait sur ce point impérieu-
sement utile.

XCII. — Tout à coup un aide de camp de l'Empereur
apporte l'ordre au général Niel de diriger sur le Tessin
la division Vinoy ; le maréchal Canrobert pressentant
qu'un événement important a pu se produire au pont
de Buffalora, donne aussitôt ordre au capitaine Vimercati, officier piémontais attaché à son état-major, de se
rendre de toute la vitesse de son cheval auprès de l'Empereur, pour informer Sa Majesté des retards imprévus

que lui occasionnait à tout instant, dans sa marche, l'encombrement de la route.

Le capitaine Vimercati rencontra l'Empereur au delà du pont de Buffalora, et reçut de lui l'ordre de faire savoir au maréchal qu'une grande bataille était engagée depuis deux heures, que la division de la garde s'épuisait en efforts impuissants contre un ennemi très-supérieur en nombre, et qu'il était urgent que le maréchal dirigeât sans retard sur San Martino toutes les troupes qu'il pourrait amener avec lui.

Plusieurs officiers arrivaient successivement apportant les mêmes ordres de la part de l'Empereur.

XCIII. — Le maréchal monte à cheval avec son état-major et fait dire au général Renault, dont la 2ᵉ brigade formait la tête de colonne, d'écarter ou de renverser tout ce qui sur sa route entraverait sa marche, mais d'arriver à tout prix, au pont de Buffalora.

Le général Renault, chef actif et résolu, lance le reste de sa division au pas de course.

Au signal de leur chef, officiers et soldats se jettent au milieu des voitures, des chevaux, des bagages qui encombrent encore la voie.

Tantôt on les voit marcher isolément, tantôt par groupes, se reformant dès que la route le permet; chacun dans cette brigade, dont le général Jannin stimule l'ardeur, semble comprendre qu'il faut mettre des ailes à ses pieds pour arriver plus vite, là où le combat les appelle.

Le maréchal Canrobert avait raison de dire au général Renault : « — Franchissez tous les obstacles , et arrivez à tout prix, » car la garde vaillamment mutilée dans un combat inégal, mais résistant toujours, pouvait être écrasée d'un instant à l'autre par les masses autrichiennes qui s'amoncelaient devant elle. — Les moments étaient précieux, chaque seconde qui s'écoulait se comptait avec du sang.

Mais la brigade Picard est arrivée, son brave général est en tête; hommes et chevaux, chefs et soldats courent à perdre haleine, car le général a rencontré sur sa route plusieurs officiers de la maison de l'Empereur, et tous lui disaient : « — Hâtez-vous!... hâtez-vous!... »

XCIV. — Le voici au pont de Buffalora ; — il est deux heures (1).

Il reçoit aussitôt de l'Empereur l'ordre de passer le pont et de se jeter sur la droite avec sa brigade, pour appuyer le général de Wimpffen.

Le général Picard fait déposer à ses soldats leurs sacs sur la chaussée du chemin de fer, et se lance aux cris de : Vive l'Empereur! vers la redoute où le général de Wimpffen et le colonel Metman font des prodiges de valeur. Ces héroïques combattants reçoivent avec des acclamations ce secours si impatiemment attendu.

XCV. — En un instant le général Picard s'est entendu

(1) C'est auprès du général Picard lui-même que nous nous sommes informés de l'heure exacte où sa brigade a paru sur le champ de bataille de Magenta.

avec le général de Wimpffen. — Partout et sur tous les points, le danger est pressant ; partout et sur tous les points, l'ennemi menace d'envahir ces positions si chèrement conquises.

Les deux généraux se sont distribué leur rôle. — Le général de Wimpffen continuera à défendre la redoute et les positions en avant ; — le général Picard appuiera sur la droite, où l'ennemi se montre en forces supérieures, accablant de balles et de boulets le flanc droit de la redoute entièrement dégarni, et la chaussée du chemin de fer, près de la route où se tient l'Empereur avec son état-major.

Déjà le colonel Auzouy avec le 1er et le 3e bataillon du 23e s'est jeté en avant, et aborde l'ennemi prêt à envelopper la redoute. — Dans les vignes, dans les broussailles, les tambours battent la charge, la voix des clairons se fait entendre, les cris des soldats y répondent ; le colonel, l'épée à la main, en tête de sa troupe, traverse les deux routes du chemin de fer en repoussant les Autrichiens au delà du canal et s'établit sur les plateaux de la rive gauche du Naviglio. Le capitaine Valette imprime aux soldats qu'il commande un élan irrésistible ; étourdi par un biscaïen qui l'a renversé sur le talus, et blessé d'une balle à la main, il ne veut pas quitter le champ du combat.

Le général Picard a emmené avec lui 6 compagnies du 8e bataillon de chasseurs à pied (commandant Merle), et un bataillon du 23e (commandant Ris). — A peine la première compagnie de chasseurs lancée sur les crêtes atteint-elle le plateau et se déploie-t-elle en tirailleurs, que la fusillade s'engage avec la tête d'une forte colonne autrichienne, qui avançait en masses profondes dans cette direction, pour couper les troupes qui occupent sur la droite les abords de la redoute, et tourner la position que maintient avec une énergique opiniâtreté le commandant de la Blanchetée.

XCVI. — Ainsi que le général de Wimpffen, le général Picard est descendu de cheval, pour qu'aucune difficulté de terrain ne puisse le séparer de ses hommes qu'il veut précéder au feu et animer par son exemple.

Fort heureusement, au milieu des arbres touffus souvent réunis par groupes, l'ennemi ne peut apprécier au juste le petit nombre de combattants qu'il a devant lui.

Le général a compris quel danger immense, imminent, menace toutes les troupes qui ont dépassé le pont de Buffalora; le moment est solennel; il fait battre et sonner la charge, puis ce petit nombre d'hommes se jette, tête baissée, sur les Autrichiens, qu'arrête l'élan subit de leur attaque. Les premiers rangs sont culbutés; la colonne rebrousse chemin, mais lentement, bravant la fusillade avec un inébranlable sang-froid et ne cédant le terrain que devant les charges à la baïonnette. — Enfin, refoulée pied à pied, elle est forcée de se retirer sur les contre-forts qui séparent Ponte Vecchio des rizières.

XCVII. — Mais c'est le village lui-même qui est le

point objectif de la position ; — là, l'ennemi s'est barricadé à la hâte, il a crénelé les maisons, et il fait pleuvoir sur les intrépides soldats que commande le général Picard une grêle innombrable de balles. Dominant les terrains où se déploient ces deux bataillons incomplets et déjà éclaircis par le combat, il peut juger de l'exiguïté de leur nombre et presque compter un à un ses adversaires ; il faut donc l'étonner à force d'audace et de résolution, il faut surtout s'emparer du village et ôter aux Autrichiens cet important point d'appui.

Le général fait de nouveau sonner la charge sur toute la ligne. — La gravité de la situation, les conséquences funestes que pouvait produire un seul moment d'hésitation ou de trouble marquent sa place au premier rang ; il s'élance, suivi avec enthousiasme par les deux commandants Ris et Merle, qui entraînent vaillamment leurs troupes ; en un instant le ravin est franchi, le village abordé à la fois de front et par la droite, — les barricades, abris impuissants, sont renversées, et les Autrichiens, rejetés dans les maisons. Nos soldats se précipitent derrière eux, brisent les portes et se rendent maîtres de cette première partie du village, où ils font de nombreux prisonniers.

XCVIII. — Ponte Vecchio di Magenta (1) est comme

(1) Sur les cartes ce village est nommé : Ponte di Magenta.—Les quelques maisons qui forment *Ponte Nuovo* n'existaient pas alors. — Aujourd'hui *Ponte di Magenta* est désigné par tous les habitants du pays par ces mots *Ponte Vecchio*. Nous avons cru devoir lui conserver cette dénomination pour éviter toute confusion entre les deux villages.

Buffalora assis sur le canal du Naviglio Grande; le pont qui sert de communication entre les deux parties a été rompu, et l'ennemi embusqué dans les maisons de la rive gauche continue son feu sur celles dont le général Picard vient de s'emparer. Les soldats se défilent de leur mieux, et se maintiennent arrêtés dans leur élan par cet obstacle infranchissable.

Pendant ce temps, une batterie autrichienne est venue se placer à bonne distance ; elle envoie ses boulets dans la partie droite du village; de nouvelles colonnes se reforment à son abri.

Les éclaireurs, placés en vedette en avant de Ponte Vecchio, préviennent que des masses considérables s'avancent entre le village et les rizières qui bordent la rive gauche du Tessin. — Il faut courir à elles. — Le général laisse quelques compagnies dans le village, prend le reste avec lui, et se jette sur ce nouvel ennemi.— Quelques pas le séparent à peine des Autrichiens qui marchent froidement, l'arme au bras. — Le général a si peu de monde avec lui que l'officier autrichien lui crie de se rendre sans essayer une résistance inutile. — Pour toute réponse, ce petit groupe de combattants s'élance avec de grands cris, en bondissant au milieu des vignes, sans tirer un coup de fusil, la baïonnette en avant.

XCIX.— Une fois encore l'ennemi s'arrête; une fois encore il est forcé de rebrousser chemin et de regagner le sommet du plateau; mais, dans le même moment, une autre colonne se rejetait sur le village et écrasait les faibles compagnies auxquelles la garde en était confiée. Le général Picard y court de nouveau avec ce qu'il peut rallier autour de lui ; mais, malgré tous ses efforts, malgré des charges furieuses, désespérées, il lui est impossible de se maintenir.

Il faudrait les ailes de la pensée, pour retracer avec leur rapidité successive tous les épisodes de ce drame étrange.

La colonne de droite, en voyant le village occupé de nouveau par les siens, reprend l'offensive et s'avance en faisant un violent feu de mousqueterie ; le général disperse aussitôt dans cette direction quelques tirailleurs. Cachés dans les vignes et les taillis, ces tirailleurs répondent au feu de l'ennemi et observent ses mouvements.— Pour lui, il se lance encore sur Ponte Vecchio, résolu à y rentrer, dût-il y perdre jusqu'à son dernier homme. Après une lutte sanglante, le village est repris ; le brave général Picard (1) a envoyé demander

---

(1)   LE GÉNÉRAL PICARD

Est un de nos plus jeunes officiers généraux. Il est heureux et doit être fier parmi tous, celui dont la carrière militaire se compte par des campagnes et des blessures reçues vaillamment en face de l'ennemi. La mort semble avoir des préférés qu'elle touche en passant de sa main, mais qu'elle n'emporte pas avec elle.

Le général Picard compte 28 ans de service, 25 campagnes, dont 20 en Afrique, ce qui fait 45 campagnes. 9 blessures attestent sa haute valeur.

Entré à l'École de Saint-Cyr, le 1er octobre 1831, il était sous-lieutenant au 24e de ligne le 23 décembre 1833, lieutenant le 4 mars 1838, capitaine le 17 janvier 1841. Déjà il avait passé six années en Afrique

18

du renfort, mais aucun secours ne lui vient, car, à peine arrivés, les bataillons et les compagnies sont disséminés de tous côtés.

C. — A droite, la colonne autrichienne gagne toujours du terrain sur les tirailleurs qui se replient; le

apprenant la guerre sous le feu de l'ennemi; déjà il s'était signalé brillamment dans différents combats contre les Arabes, et son sang avait coulé sur les champs de bataille.

Son intrépidité l'avait fait remarquer de ses chefs qui avaient pu apprécier son intelligence militaire et la confiance qu'il savait si justement inspirer à ceux qu'il commandait.

Chef de bataillon en 1848 (12 septembre), il était nommé lieutenant-colonel au 48ᵉ de ligne le 8 août 1851, et passait bientôt en 1853 avec le même grade au 1ᵉʳ zouaves. L'année suivante (1ᵉʳ mai 1854), il obtenait le grade de colonel au 16ᵉ léger.

Le jeune colonel avait toujours mené la rude vie des camps; il était resté en Afrique jusqu'en 1848, et n'avait quitté l'Algérie que pour prendre part à l'expédition de Rome. Aussitôt après, il retourna sur cette terre africaine où s'était passée toute sa vie, jusqu'en 1855, lorsqu'il fut appelé en Orient. Sous les murs de Sébastopol, il prit une part brillante aux beaux faits d'armes de notre armée.

Dans la nuit du 9 au 10 juin, placé à la garde du Mamelon vert, il repoussait vigoureusement les Russes qui tentaient de s'en réemparer et était nommé officier de la Légion d'honneur pour ce brillant fait d'armes. A la prise de Sébastopol, il recevait un coup de feu qui lui fracturait la clavicule gauche, et l'explosion d'une mine en l'ensevelissant sous ses débris, inscrivait la neuvième blessure sur ses états de service.

Sa belle conduite, l'énergique intrépidité qu'il n'avait cessé de montrer, lui valurent le grade de général (22 septembre 1855).

Après avoir commandé la subdivision de la Côte-d'Or, il retournait en Afrique et recevait le commandement de la 1ʳᵉ brigade de la division active à Alger.

La guerre d'Italie le trouvait sous les ordres du maréchal Canrobert; et c'est à la tête de la 1ʳᵉ brigade de la 1ᵉ division du 3ᵉ corps, qu'il accourait sur le champ de bataille de Magenta, où il devait ajouter une belle page de plus aux actions d'éclat qui avaient tant de fois signalé sa vie militaire.

général abandonne une troisième fois le village pour
courir à elle et l'empêcher d'envelopper la redoute. —
C'est ainsi qu'infatigable de valeur et de résistance
opiniâtre, il va de l'un à l'autre, combattant toujours,
sans se demander si la victoire doit être au bout. — Une
fois encore, devant cette attaque impétueuse qui tient de
la folie, l'ennemi s'éloigne, ne pouvant supposer que ce
soient les mêmes soldats qui accomplissent de semblables prodiges. — Enfin, paraissent deux bataillons du
90ᵉ avec le brave colonel Charlier et leurs commandants
Mariotti et Kampf; — ce renfort, si impatiemment attendu, se déploie aussitôt le long du canal entre la
redoute et le village. Il était temps, car les attaques pre-
naient de redoutables proportions.

CI. — Le colonel s'élance en avant de Ponte Vecchio
sur une colonne autrichienne qu'il refoule jusque sur
ses réserves, et tombe frappé de cinq balles (1). — Déjà
près de lui, d'énergiques officiers, ardents à suivre le

(1)   LE COLONEL CHARLIER.

Est né au Port-Nord-Ouest (Ile de France), le 24 avril 1804; il fut
tué à l'ennemi, le 4 juin 1859.
Élève à l'École militaire de Saint-Cyr, le 12 novembre 1822; sous-
lieutenant au 18ᵉ de ligne, le 1ᵉʳ octobre 1824; lieutenant le 4 décembre 1832, il prit une part active au siège d'Anvers et fut cité à l'ordre
du jour de l'armée, le 18 décembre 1832, par le maréchal Gérard,
pour s'être distingué par son zèle et son dévouement dans les pénibles
fonctions d'aide-major de tranchée. Il reçut en récompense la croix de
chevalier de la Légion d'honneur et celle de Léopold de Belgique.
Le 25 juin 1834, il passa au 7ᵉ léger, puis au 22ᵉ le 4 novembre 1840.
Chef de bataillon au 50ᵉ de ligne, le 30 avril 1843; lieutenant-colonel

chef qui leur donne un si noble exemple de haute
valeur, ont trouvé une mort glorieuse, car l'ennemi,
à peine repoussé, se reforme à l'abri des terrains couverts et se rejette sur les bataillons français plus intrépide et plus acharné; mais, à chaque attaque, il
trouve nos soldats inébranlables, la baïonnette en avant,
résolus à mourir jusqu'au dernier pour conserver des
positions qui sont le salut de l'armée.

CII. — Dans cette rude journée, les péripéties les plus
dramatiques se succèdent de tous côtés; il nous faut
courir hors d'haleine de l'une à l'autre, et laisser ici les
bataillons qui s'entre-choquent, pour assister, plus loin, à
de nouveaux drames ou à des luttes plus terribles encore.

Nous avons vu à Ponte Nuovo di Magenta, centre de

du 2ᵉ léger le 20 juin 1849, colonel du 15ᵉ léger (devenu 90ᵉ de ligne),
le 30 décembre 1852, il s'embarqua pour l'Algérie le 4 avril 1856. Son
régiment fit partie de la division placée sous les ordres du général
Renault et concourut brillamment aux opérations de l'expédition de
Kabylie qui compléta la conquête de l'Algérie.— Au mois d'avril 1859,
il partit avec cette division pour l'Italie, et le 4 juin, il tombait percé de
cinq coups de feu en dirigeant une charge à la baïonnette à la tête de
son régiment. D'une intrépidité éprouvée, d'une nature résolue, le
colonel Charlier laisse dans l'armée les plus légitimes regrets. Il avait
été nommé commandeur de la Légion d'honneur en 1858; il était
officier de l'ordre de Léopold de Belgique depuis 1854.

Pendant les loisirs que lui laissait quelquefois sa vie de soldat, le
colonel Charlier s'occupait des études les plus sérieuses sur l'art militaire. En 1837, il avait obtenu le premier des prix accordés aux travaux
des officiers du camp de Compiègne sur différentes questions militaires.
— La mort sur un champ de bataille, en face de l'ennemi, à la tête de
ses soldats, fut aussi celle de son père qui, comme lui, colonel (29ᵉ léger), mourut comme lui, les armes à la main, en 1814, en combattant sous les murs de Soissons contre l'invasion étrangère.

la position, le général Cler se jeter avec le 1er grenadiers de la garde au delà du Naviglio. — Son arrivée
redouble l'ardeur des combattants. D'un coup d'œil rapide, il embrasse l'ensemble des dispositions ennemies,
et donne ordre au colonel de Bretteville de déployer ses
grenadiers à gauche de la route et des zouaves. — Sa
vue, l'énergie intrépide qui brille dans ses yeux, électrisent les soldats qu'il commande ; zouaves et grenadiers
se portent en avant.

CIII. — Le combat est terrible, acharné, sanglant.
Aux ennemis qui disparaissent un instant dans les
massifs, succèdent de nouveaux ennemis ; des feux
invisibles se croisent en tous sens au milieu de ces terrains perfides, où l'œil ne peut pénétrer. Les Autrichiens
n'ayant plus à se préoccuper de l'attaque de gauche
(général de Mac-Mahon), dont le feu a complétement
cessé, concentrent leurs efforts sur ces hardis bataillons
qui ont dépassé le Naviglio ; bientôt ils les enserrent dans
un réseau de fer et de feu.

Quel combat ! quelle valeur héroïque déploient, dans
ce moment terrible, chefs et soldats ! — Le lieutenant-
colonel Noel tombe blessé d'un coup de feu. — Près de
lui combattent énergiquement le capitaine Sautereau,
le lieutenant de Bainville.

CIV. — En vain, le capitaine de Lajaille et ses canonniers font des prodiges d'intrépidité ; les têtes de colonnes avancent toujours ; elles sont à 20 pas au plus.
— Le général Cler est là, donnant ses ordres, et suivant

d'un œil impassible les phases menaçantes de cette lutte inégale. — Près de lui se tiennent son aide de camp, le capitaine d'état-major Caffarel, et le lieutenant Tortel, son officier d'ordonnance.

Tout à coup, le général laisse échapper ces mots : « Oh! mon Dieu! en étendant les deux bras, et tombe à terre, sans faire un autre mouvement, sans proférer une autre parole : une balle l'avait traversé de part en part. — Un cri douloureux courut aussitôt dans tous les rangs : « — Le général est tué (1)!

(1)   LE GÉNÉRAL CLER

Est né à Sabins, le 2 décembre 1814. — Il entra à Saint-Cyr le 20 novembre 1832 et fut promu le 20 avril 1835, au grade de sous-lieutenant au 21e régiment d'infanterie légère.

Lieutenant le 27 avril 1838, capitaine le 18 avril 1841, puis adjudant major au 2e bataillon d'infanterie légère d'Afrique, avec lequel il fit les campagnes de 1842 à 1846, il rentra en France avec le grade de major du 6e léger.

Lieutenant-colonel du 21e de ligne, le 9 janvier 1852, il passa le 17 février suivant au 2e régiment de zouaves. A la prise de Laghouat le jeune lieutenant-colonel déploya cette valeur intrépide dont il donna depuis tant de preuves. Il s'élança vaillamment à l'assaut à la tête de son régiment que son ardent courage électrisait, et il entra un des premiers dans la place. La croix d'officier de la Légion d'honneur fut sa récompense; il était chevalier depuis le 10 décembre 1849.

Nommé colonel du 2e de zouaves, le 10 août 1853, le colonel Cler devait prendre une part distinguée à la campagne de Crimée. — Il était à Alma, à Inkermann. — Chargé d'attaquer une redoute russe qui menaçait sérieusement nos travaux d'approche, bientôt il est avec ses zouaves dans l'intérieur de l'ouvrage. Les russes sont culbutés; mais déjà de tous côtés les bataillons ennemis formés en carrés s'avancent en faisant pleuvoir une grêle de balles sur la redoute dont le colonel Cler vient de s'emparer.

Le général de Monnet très-gravement blessé lui a remis son commandement. — La position est critique, — le moment solennel : —

C'est un vaillant cœur de soldat, un chef intrépide que la mort a frappé ; noble caractère, âme élevée. Il était sympathique à tous, aimé par tous, par les chefs qui le commandaient et par les soldats qu'il avait si souvent menés au feu.

entouré de toutes parts par un ennemi de beaucoup supérieur en nombre, il s'écrie : — « Il ne sera pa dit que les Russes emmèneront en triomphe à Saint-Pétersbourg un colonel de zouaves. »

Et l'épée haute, indomptable dans son courage et dans sa résolution, il traverse les bataillons ennemis, en se frayant un sanglant passage et regagne nos positions.

Cité pour ce brillant fait d'armes à l'ordre du jour de l'armée, le colonel Cler fut promu au grade de général de brigade, le 5 mars.

A la bataille de la Tchernaïa, sa conduite fut admirable. En citant son nom dans l'ordre général du 17 août, le général en chef ajoutait : « qu'il avait droit à la reconnaissance de l'armée. »

De retour de Crimée, le 26 septembre 1855, il prit le commandement de la 2ᵉ brigade de la 2ᵉ division de la garde impériale qu'il exerçait à l'armée d'Italie.

Commandeur du Medjidié, chevalier compagnon de l'ordre du Bain, commandeur des saints Maurice et Lazare de Sardaigne, le général Cler était aussi commandeur de la Légion d'honneur.

Un brillant avenir lui était réservé ; vrai type du valeureux soldat, c'était une nature d'élite, loyale, expansive, bienveillante, qui exerçait son prestige autour d'elle, dans la vie des salons, comme dans la vie des camps. Instruit, laborieux, riche de cette éloquence militaire qui entraîne les troupes ; il savait être bref sans recherche, énergique sans brusquerie ; il avait la simplicité du soldat et la distinction de l'homme du monde.

« — Il y a tout dans Cler, disait un jour le maréchal Canrobert : esprit, audace, activité, corps de fer, âme infatigable, intrépidité sans exemple ; le naturel, la science et le génie du métier ! »

Pourquoi la mort est-elle venue trancher si prématurément une aussi noble existence ?

Le corps de cet éminent officier, enterré d'abord à Magenta, a été rendu à sa ville natale par les soins de S. A. I. le prince Napoléon, qui envoya un de ses aides de camp, auquel se joignit le capitaine Caffarel, chercher en Lombardie et rapporter en France les restes mortel du général Cler.

CV. — Malgré l'ennemi qui est là, maigré les balles qui sifflent, on s'empresse autour de ce corps que la mort a déjà pris tout entier. Quatre grenadiers le soulèvent pour le transporter loin du champ de bataille, deux tombent presque aussitôt mortellement atteints.

Ce n'est plus un combat, c'est une affreuse mêlée. Pressés par ces masses formidables qui les enveloppent, nos bataillons ne peuvent plus tenir; ils regagnent le pont au delà duquel les a jetés leur valeur téméraire (1).

De Bretteville, Guignard font des prodiges de valeur; ils groupent autour d'eux tout ce qu'ils trouvent sous leur main et protégent la retraite des troupes vers le pont. Le capitaine Caffarel, aide de camp du général, est venu se mettre sous les ordres du colonel de Bretteville.

CVI. — A quelques pas plus loin, un autre drame se passait encore : le capitaine de Lajaille, pour lutter en nombre égal avec les canons autrichiens, avait fait avancer deux autres pièces d'artillerie, et, surveillant lui-

---

(1) *Rapport du Commandant en chef de la garde impériale*

« Peut-être eût-il été prudent de s'arrêter et de se borner à la possession de cette sorte de tête de pont, en attendant l'arrivée des corps d'armée du général Niel et du maréchal Canrobert; cette mesure était d'autant plus nécessaire, que le général de Mac-Mahon avait suspendu son attaque. Mais, entraînées par leur fougue habituelle, nos troupes, à peine fortes de trois bataillons, sortirent du poste qu'elles avaient conquis et se portèrent sur Magenta, centre de la position ennemie. Bientôt elles se trouvèrent en présence de forces supérieures; et des colonnes ennemies couvertes de tirailleurs vinrent menacer leur droite et leur gauche. »

même le tir de ses pièces, allait de l'une à l'autre véri-
fier les pointages avec cette activité intrépide que tous
admirent en lui. Un gros d'infanterie ennemie, à l'abri
des terrains couverts qui cachaient son approche, s'était
formé sur la gauche et marchait sur Ponte Nuovo. —
C'était le moment où zouaves et grenadiers, écrasés par
le nombre et menacés d'être enveloppés par des forces
contre lesquelles il leur était impossible de lutter, se
repliaient en toute hâte sur le pont pour, du moins, en
défendre les abords.

CVII. — Tout à coup, à vingt pas de distance au plus,
apparaissent des nuées de tirailleurs. — Du milieu des
champs, des vignes, des haies, des arbres, ils s'élancent
avec de grands cris; de toutes parts, l'artillerie est débordée avant d'avoir pu se reconnaître; les canonniers
entourent leurs pièces résolus et menaçants. — Celles
qui sont sur la route ont le temps de tirer deux coups
à mitraille. Cette décharge jette le désordre et la mort
au milieu des assaillants; les servants en profitent pour
ratteler ces deux pièces et les entraîner vers le pont
au plus grand galop des chevaux. — Les artilleurs de
celle de droite mettent le sabre à la main, résistent en
désespérés, et peuvent par miracle la sauver aussi. Mais
la pièce de gauche a été entièrement enveloppée : les
servants tirent en vain à bout portant un coup à mitraille; l'adjudant Bouisson et ses artilleurs teignent
de leur sang ce canon qu'ils sont impuissants à défendre, et lui font de leurs corps un dernier rempart.

L'intrépide Bouisson, atteint de plusieurs blessures, combat toujours, et, adossé contre cette pièce qui lui a été confiée, tombe devant elle sans vie et sans mouvement. Près de lui, sont étendus deux canonniers dont les bras défaillants s'accrochent encore aux roues, qu'ils serrent contre leur poitrine ensanglantée.

Le capitaine de Lajaille, plein de bravoure et d'énergie, s'est multiplié dans ce cruel combat, courant de l'une à l'autre pièce.— L'infanterie n'est plus là pour lui porter secours ; de quelque côté qu'il se tourne, il n'aperçoit que des ennemis. Lutte inégale, lutte impossible! il a la douleur de voir une de ses pièces enlevée (1). Les trois

(1) *Rapport du colonel de Rochebouët, commandant du régiment de l'artillerie à cheval.*

4 juin 1859. « Tout à coup une nuée de tirailleurs ennemis enveloppe la batterie de tous côtés. — Ils avaient tourné les grenadiers et les zouaves sans être vus et sans avoir tiré un seul coup de fusil. — L'infanterie se retirait sur le Naviglio. L'artillerie est débordée de toutes parts et reste seule. Les pièces de la route tirent deux coups à mitraille à vingt pas de distance contre les fantassins qui s'élancent sur elles et doivent leur salut à ce feu terrible. — Les servants de la pièce de droite, qui n'est point en batterie, mettent le sabre à la main et se retirent avec leur pièce.

« — La pièce de gauche tire aussi deux coups à mitraille, mais elle est assaillie de tous côtés. — L'adjudant Bouisson et deux canonniers sont tués à coup de baïonnette sur leurs pièces qu'ils défendent jusqu'au dernier moment ; les autres sont blessés et pris sans avoir pu mettre le sabre à la main. — La 3ᵉ batterie a même eu la douleur de laisser cette pièce entre les mains de l'ennemi. — Les caissons partent au galop vers le pont afin de pouvoir échapper à l'ennemi. — Le capitaine insiste particulièrement sur cette retraite de caissons. Le capitaine de Lajaille dont on ne saurait trop louer la conduite en cette circonstance, cite comme s'étant fait remarquer d'une manière toute spéciale, le

autres ont pu échapper à l'ennemi, et on les voit regagner à fond de train le canal.

CVIII. — Le général Mellinet, s'est porté à la tête du
pont; il voit au milieu de la mêlée un cheval sans cavalier;
ce cheval, par une sorte d'instinct naturel, venait se joindre
aux chevaux de son état-major. Il le reconnaît aussitôt.

« — C'est le cheval de Cler, » dit-il.

Et, secouant tristement la tête, il ajouta :

« — Il est arrivé malheur à mon pauvre Cler. »

En effet, quelques instants après, Tortel, son officier
d'ordonnance venait lui apprendre la perte cruelle que
l'armée venait de faire.

« — Mon pauvre général ! disait le lieutenant Tortel,
les larmes aux yeux.

Et comme il parlait ainsi, une balle le frappa, lui

sous-lieutenant Langlois dont la conduite a été pleine de bravoure, de
fermeté et d'intelligence. »

*Observations du général de Sévelinges, commandant l'artillerie
de la garde.*

« Le capitaine de Lajaille et sa batterie ont fait preuve d'une grande
énergie dans le malheur qui les a frappés. Le chef de la section et les canonniers tués sur leurs pièces, pour tirer jusqu'au dernier moment, ne
pouvaient faire mieux. Les caissons, qui n'ont aucune force défensive
ou offensive n'avaient pas autre chose à faire qu'à se retirer pour échapper à l'ennemi La perte de la pièce est due à ce que cette artillerie
n'était pas assez soutenue et à la nature du pays qui permet à des tirailleurs de se glisser sur la droite et sur la gauche, en restant inaper-
çus. L'artillerie sur un pareil terrain ne doit pas s'avancer au loin. . .
. . . .

« Le général commandant de l'artillerie de la garde.

« 5 juin, 1859.   A. DE SÉVELINGES. »

aussi, mortellement à la poitrine, et le renversa de son cheval.

CIX. — Il n'est pas possible de se maintenir sur la partie gauche du Naviglio. Cependant, le général Regnaud de Saint-Jean-d'Angely, et les énergiques officiers de son état-major cherchent encore à conserver la position et à rallier les compagnies désorganisées. Le général Mellinet se multiplie dans ce moment difficile avec une calme et valeureuse intrépidité. Déjà il a eu deux chevaux tués sous lui. D'indomptables soldats forment un dernier faisceau autour de leurs chefs. — Efforts impuissants! l'ennemi s'empare des maisons sur la rive gauche de Ponte Nuovo, et menace déjà celles de la rive droite.

Ce fut, il faut le dire, un moment de suprême angoisse, mais aussi de suprême courage; il ne s'agissait plus de vaincre, il s'agissait de mourir et d'opposer une digue humaine infranchissable à l'ennemi qui voulait s'emparer du passage du Naviglio. — Le salut ou la perte de tous était là.

CX. — L'Empereur est sur la route; il veille à tout et transmet ses ordres. — Il sait que celui qui commande ne doit jamais laisser lire les impressions qui bondissent dans son cœur; mais combien elles devaient être douloureuses, à la vue de ces beaux régiments ainsi décimés!

Le colonel Raoult, chef d'état-major de la garde impériale, vient lui dire de la part du général Regnaud de Saint-Jean-d'Angely que la masse des ennemis augmente à chaque instant et qu'il ne peut plus tenir, si on ne lui envoie pas du renfort.

« — Je n'ai personne à lui envoyer, répond avec calme l'Empereur : dites au général qu'il tienne toujours avec le peu de monde qui lui reste.

Et le général tenait (1).

Un instant après un aide de camp du général de Wimpffen lui disait :

« — Sire, le général est écrasé, et ne peut plus se maintenir.

« — Qu'il se maintienne » répondait avec calme l'Empereur.

Et le général se maintenait.

Puis c'était un aide de camp du général Picard qui arrivait et disait :

« — L'ennemi entasse des forces considérables sur la

(1) Le passage du rapport où le général Regnaud de Saint-Jean-d'Angely rapporte ce fait, est remarquable par sa laconique et mâle simplicité :

« Il était quatre heures du soir, l'ennemi se croyait victorieux.

« Il importait au succès de la journée de conserver le débouché du pont sur le Naviglio, pour permettre aux corps d'armée du général Niel et du maréchal Canrobert d'aborder l'ennemi aussitôt qu'ils arriveraient.

« Votre Majesté ordonna de défendre le poste avec la plus grande énergie en attendant l'arrivée des renforts qui approchaient. Les ordres de Votre Majesté furent exécutés : les zouaves, les grenadiers du 3ᵉ, ainsi que ceux du 1ᵉʳ régiment qui étaient venus les soutenir, résistèrent à toutes les attaques dans les postes qui leur étaient confiés. »

droite et menace, malgré tous nos efforts, de tourner la position.

« — Qu'il barre le passage, répondait toujours l'Empereur avec le même calme. Dès que je le pourrai j'enverrai du renfort. »

Et le passage était barré et l'ennemi ne passait pas.

Furieux de tant de résistance, les Autrichiens, s'acharnaient sur ces trois points qu'ils essayaient vainement de nous enlever. En voyant nos bataillons si rudes au combat, ils croyaient que des renforts de troupes fraîches succédaient aux troupes épuisées.

. . . .

Du côté de Magenta, tout encore était silencieux.

CXI. — Les heures s'écoulaient lentes et sanglantes.
En travers du pont, se tient immobile sur son cheval le général Regnaud de Saint-Jean-d'Angely ; auprès de lui sont le colonel Raoult, son chef d'état-major général et le lieutenant-colonel Robinet, son aide de camp, ainsi que tous les officiers de son état-major. Le commandant en chef de la garde, résolu à mourir au milieu de ses grenadiers, regardait avec une muette douleur ses nobles bataillons mutilés et couchés à terre par la mort impitoyable. Le drapeau est là flottant au milieu des balles et de la mitraille : c'est l'image de la France, le souvenir de la patrie absente ; c'est le symbole de l'honneur qui dit à tous, par ses nobles

déchirures, les gloires du passé et les devoirs de l'heure présente. — Non, ni ici, ni là-bas, l'ennemi ne forcera le passage, tant qu'il restera à un de ces soldats un dernier souffle de vie !

Les renforts accourent vers le champ de bataille. C'est d'abord la division Vinoy, du quatrième corps d'armée. Le général Niel, commandant en chef de ce corps, est venu prendre les ordres de l'Empereur avant l'arrivée de cette division; il a reconnu les positions où ses troupes si impatiemment attendues devront utilement s'engager pour porter une aide efficace aux grenadiers de la garde. Un officier de son état-major part pour hâter encore la marche du général **Vinoy.**

Enfin le voici !

Aussitôt que ce général a dépassé le pont de Buffalora, il reçoit l'ordre de se rendre auprès de l'Empereur.

« — Portez-vous en toute hâte à l'encontre de l'ennemi, sur la rive gauche du Naviglio, lui dit l'Empereur, et attaquez l'ennemi partout où vous le rencontrerez.

« — Oui, Sire, répond le général avec une noble confiance, et partout où nous le rencontrerons, nous **le** battrons. »

Et il s'élance à la tête de sa division, au cri de : **vive** l'Empereur !

Avec la 1re brigade marche le général de Martimprey, avec la 2e le général de La Charrière.

CXII. — L'ennemi, dont le nombre augmentait à chaque instant, se montrait en masses compactes sur la
grande route de Magenta et sur la voie ferrée. — Sur
tout autre point, les cultures et les épais fourrés qui
couvraient le sol empêchaient de rien distinguer. Cette
impossibilité de se voir et de se compter fit penser au
général Niel que l'on pouvait, en évitant de paraître sur
les routes, former avec la division Vinoy plusieurs têtes
de colonne et les lancer résolûment à la fois sur des
points différents, laissant ainsi supposer à l'ennemi qu'on
arrivait en force devant lui. — L'étendue de ces attaques
devait naturellement arrêter les Autrichiens, leur donner à réfléchir et permettre ainsi d'attendre l'arrivée du
2e corps, sans perdre des positions si chèrement ac-
quises.

Trois bataillons sont détachés sur Buffalora, pendant
que le colonel Bellecourt, avec deux bataillons du 85e,
et le colonel O'Malley, avec une portion du 73e, se sont
jetés sur la rive droite du canal, pour venir en aide au général de Wimpffen et au général Picard, dont les troupes
sont épuisées de fatigue et de combat ; car les Autrichiens s'acharnent avec une résistance opiniâtre sur ces
positions dominantes. Aux attaques de l'infanterie se
sont jointes des charges de cavalerie que nos soldats à
bout de cartouches attendent froidement à la baïonnette.

A la tête du pont, le général Vinoy trouve le général
Regnaud de Saint-Jean-d'Angely, au milieu des grenadiers
et de zouaves. — Embusqués dans les maisons, massés
aux abords du pont et sur la chaussée du chemin de fer,
ils résistent avec une énergie que rien n'abat aux attaques réitérées de l'ennemi ; au milieu d'eux est le général Mellinet, qui ne s'est point ménagé dans ces heures
de danger. A force de résolution opiniâtre, ces braves
soldats, aussitôt qu'ils ont eu quelques compagnies de
renfort, se sont emparés de nouveau des maisons de la
rive gauche de Ponte Nuovo et s'y maintiennent hardiment.

Nulle expression ne pourra rendre l'effet que produi-
sit sur ces héroïques combattants, décimés par la mort,
l'arrivée de ces troupes fraîches, respirant l'ardeur du
combat, la confiance et l'énergie.

CXIII. — Le commandant en chef du 4ᵉ corps a
traversé le Naviglio ; il donne ses ordres et dirige lui-
même la marche des bataillons. Le général Vinoy se
porte droit sur Magenta ; mais à peine a-t-il dépassé le
canal de 1500 mètres environ, que, du milieu des vignes
et des haies, part un feu soudain de mousqueterie. De
tous côtés, des tirailleurs autrichiens font pleuvoir une
grêle de balles sur les bataillons déployés à droite et à
gauche de la route. — C'est la tête d'une forte colonne
ennemie qui, venant de Buffalora, traverse rapidement la
route et disparaît bientôt dans les massifs, vers le village
de Ponte Vecchio.

Le général de Martimprey reçoit l'ordre de continuer sur Magenta, pour se relier aux troupes du 2ᵉ corps, et le général Vinoy se lance vigoureusement à droite, apportant ainsi un puissant secours au colonel Auzouy, dont les troupes épuisées se maintenaient à grand'peine sur le plateau, en avant de la redoute.

Le général de La Charrière débouche du pont avec une portion du 85ᵉ.

De son côté, le maréchal Canrobert a devancé la brigade Jannin de la 1ʳᵉ division du 3ᵉ corps, et arrive de sa personne au pont de Buffalora.

Le général Renault[1], ce vieux combattant d'Afrique,

---

(1).   GÉNÉRAL DE DIVISION RENAULT.

Le général de division Renault est un des généraux les plus justement populaires parmi les soldats au milieu desquels il a passé sa vie, et dont il a toujours partagé les rudes fatigues et les glorieux dangers. — Actif, audacieux dans ses résolutions, il a le courage qui défie tous les périls, et l'activité qui défie toutes les fatigues : c'est le type le plus vrai et le plus complet du soldat chevaleresque.

Le général Renault est né à Malte en 1807, d'un père français et d'une mère portugaise.

Élève au collége militaire de la Flèche, il entra à l'École de Saint-Cyr, d'où il sortit, en 1829, avec le grade de sous-lieutenant au 6ᵉ de ligne.

En 1830, il partait pour l'expédition d'Alger et faisait ses premières armes à la prise d'Alger, sur cette terre d'Afrique qui devait lui voir gagner successivement tous ses grades.

A l'attaque du Fort de l'Empereur, il disait le premier mot de cette énergie qui devait faire sa fortune militaire ; mis à l'ordre du jour de sa division, il est nommé le même jour sous-lieutenant de voltigeurs.

Il assiste au débarquement devant Bone, suit le maréchal Clauzel

précède aussi cette brigade, la 2ᵉ de sa division, pour examiner la position et s'en rendre un compte exact.

CXIV. — Il est quatre heures environ. — Le maréchal Canrobert trouve l'Empereur, là où il s'est tenu

dans sa périlleuse tentative sur Medeah, et revient **en France** avec le 6ᵉ de ligne.

Lieutenant le 20 juin 1832, il cherche l'occasion de retourner vers sa terre de prédilection; la formation du 3ᵉ bataillon d'infanterie légère d'Afrique lui en fournit l'occasion. Capitaine à la légion étrangère, il apprend en Espagne, pendant les années 1835, 1836 et 1837, la guerre des batailles rangées; ses précédents d'Afrique lui avaient déjà fait deviner d'instinct la guerre des guérillas.

Après avoir reçu des mains du général en chef la croix de Saint-Ferdinand et le grade de chef de bataillon, Renault quitte l'Espagne avec la légion étrangère. Les grades conférés par le gouvernement espagnol n'ayant pas été reconnus par le gouvernement français, il revient en Afrique comme capitaine adjudant-major de la nouvelle légion organisée à Alger.

A Gigelly, le prince royal lui remet le brevet de chef de bataillon; c'est avec les zouaves qu'il poursuit les Arabes sans relâche et se distingue brillamment à Milianah et à Medeah; ni les fatigues, ni les blessures qui attestent sa téméraire intrépidité ne l'arrêtent.

Chargé de ravitailler la garnison de Medeah, il soutient une lutte acharnée contre les réguliers d'Abd-el-Kader, qu'il bat, après avoir eu deux chevaux tués sous lui et reçu un coup de feu à la jambe. Après cinq mois de luttes contre les Kabyles et les troupes de l'Émir, il reçoit du général Bugeaud le grade de lieutenant-colonel du 6ᵉ léger.

Il se rend dans la province d'Oran. Mostaganem, Mascara, sont autant d'étapes glorieuses pour Renault. Toujours à l'arrière-garde, dont la conduite exige, en Afrique, le moral le plus inébranlable, il lutte avec une énergie qui le signale parmi les plus braves, et l'armée tout entière le surnomme glorieusement : — *Renault de l'arrière-garde.*

L'Émir fait appel au ban et à l'arrière-ban de la province d'Oran;

toute la journée, au centre de la bataille, entre le
pont de Buffalora et le Naviglio Grande. Toujours calme,
toujours impassible malgré la gravité croissante de la situation, seul il semble ignorer la grandeur et l'imminence des dangers qui planent autour de lui.

Renault est envoyé contre lui par le général Lamoricière. Après une
campagne laborieusement et victorieusement accomplie, le lieutenant-
colonel, qui a été le bras droit du chef, est nommé, le 16 avril 1843,
colonel du 6ᵉ léger. .

Blessé le 9 juillet dans l'affaire d'Oued-el-Ardjenn, il est forcé de
chercher en France un repos dont il a besoin, après six années de
combats successifs.

Mais l'inaction pèse à sa nature ardente, il retourne en Afrique, assiste à la bataille d'Isly et est proposé par le général Pélissier pour le
grade de commandeur de la Légion d'honneur.

Le cadre de cette biographie ne nous permet pas d'entrer dans tous
les détails de la carrière militaire de Renault en Afrique, il nous faudrait refaire l'histoire de la conquête. Qu'il nous suffise de dire que
Renault a constamment été heureux dans ses expéditions.

Nommé commandant de la subdivision de Mascara, le colonel Renault montre l'aptitude si difficile de l'organisateur.

La subdivision de Mascara est pacifiée; l'Algérie, après une lutte
longue et acharnée, est délivrée d'Abd-el-Kader, qui est forcé de quitter le territoire conquis par la France; Renault est nommé général de
brigade, le 23 août 1846.

Bou-Maza excite la révolte dans le Sud : Renault est chargé de le
poursuivre. La province d'Oran est conquise et pacifiée, et le grade de
commandeur de la Légion d'honneur est la récompense bien méritée
des éminents services rendus par le général.

Chargé du commandement de la subdivision de Tlemcen, il garde
avec vigilance les frontières du Rif où Abd-el-Kader cherche à se
créer une souveraineté indépendante du Maroc, et l'émir, traqué, poursuivi, entraîne par sa reddition au général Lamoricière la conquête
définitive des provinces de l'ouest de l'Afrique.

Renault rentre en France peu de temps avant la révolution de Février, et il obtient le commandement d'une brigade de l'armée des
Alpes.—Après quatre mois de disponibilité, il est appelé au commandement d'une brigade de l'armée de Paris; nommé, le 14 juillet 1851,
général de division, il commande la division militaire de Clermont-

Il a entendu le canon de Mac-Mahon, il sait que les troupes de Canrobert et de Niel arrivent au pas de course, et déjà il pressent dans sa pensée le dénoûment glorieux de cette terrible journée.

Le maréchal a pris ses ordres.

Ferrand. — Rappelé à Paris en novembre 1851, par le maréchal de Saint-Arnaud, il reçoit le commandement d'une division de l'armée de Paris.

Élevé à la dignité de grand officier de la Légion d'honneur, le général Renault est mis bientôt à la tête de la 2e division de l'armée de Boulogne. S'il a la douleur de ne pas prendre part à la guerre d'Orient, il court en Kabylie, devenue le théâtre de nouveaux combats, et son arrivée en Afrique est saluée par les nombreuses sympathies de ses compagnons d'armes.

La campagne doit être courte, mais décisive; différentes tribus sont attaquées, battues et chassées. Bientôt les soumissions arrivent, et le massif des Guetchoula est désormais conquis et pacifié. C'est la première étape pour la campagne du printemps en Kabylie.

La part du général est grande et belle; ses opérations ont été remarquables par l'ordre, la précision du commandement, la rapidité de l'exécution.

Le maréchal Randon est appelé à Paris, et le général Renault est chargé, 25 juin 1858, des fonctions de gouverneur général par intérim de l'Algérie. Cet intérim dura jusqu'au 25 septembre, et dévoila en lui les qualités d'un bon administrateur. Les études sur la colonisation sont poussées activement, des centres nouveaux sont projetés ou créés, les capitaux sont rassurés.

Le général de Mac-Mahon ayant été nommé gouverneur général de l'Algérie, Renault revint en France en février 1859, pour recevoir bientôt le commandement d'une division de l'armée d'Italie.

Officier général à trente-huit ans, chaque grade n'a été pour Renault que la récompense de plusieurs actions d'éclat; sous chacune de ses nombreuses décorations, on retrouve la trace d'une blessure.

Peu d'existences ont été aussi complétement et aussi noblement dévouées à leur pays.—Jeune encore de force, d'énergie et de courage, le général Renault est un des noms militaires qui honorent la France. Il est grand cordon de la Légion d'honneur, et l'Empereur, digne appréciateur des services rendus, lui réservait à son retour de la campagne d'Italie l'honneur de siéger au sénat.

« — Veillez incessamment sur ma droite, lui a dit l'Empereur, c'est par là que l'ennemi veut nous déborder. »

CXV. — Le maréchal part au galop; suivi de son escorte et des officiers de son état-major, il parcourt rapidement tout ce terrain déjà couvert de morts. La vue du maréchal rend une nouvelle ardeur aux troupes épuisées; et lui, avec ce cœur chaud, cette voix sympathique aux soldats, leur lance en passant des mots qui les électrisent. Les compagnies de différents bataillons et de différents régiments étaient mêlées ensemble; le combat ne suivait point et ne pouvait suivre un ordre régulier; il lui fallait, vigilant, infatigable, courir de tous les côtés, répondre à tous les appels. — Le seul commandement était de se porter en avant et d'arrêter à tout prix la marche de l'ennemi.

Le maréchal est en face de cette redoute témoin de luttes si acharnées. Sur la droite, derrière une ferme entourée de mûriers et de vignes, se sont groupés de nombreux tirailleurs autrichiens qui font un feu incessant sur tout ce qui se présente. Le maréchal donne ordre aux officiers qui l'entourent d'appeler quelques hommes auprès d'eux; il en forme ainsi un groupe de 50 à 60 combattants, qu'il lance, sous la conduite de son officier d'ordonnance, le capitaine de Molènes, sur la ferme derrière laquelle s'abritent les tirailleurs ennemis. — Cet officier part avec un grand entrain; en un instant les tirailleurs sont délogés, et disparaissent dans les taillis touffus.

CXVI. — Le maréchal veut tout voir par lui-même ; car, partout, à chaque pas, les moissons foulées aux pieds, les vignes brisées, le sol pétri, broyé par les combattants, ont laissé les traces d'une lutte opiniâtre et sanglante. — Il a gravi les pentes qui conduisent au plateau ; et, jugeant aussitôt que les efforts de l'ennemi viennent de l'extrême droite, dans la direction d'Abbiate Grasso, où le général Giulay a concentré la grande masse de ses forces, il se transporte sur le terrain où depuis plus de deux heures le brave général Picard se maintenait énergiquement.

Pour la quatrième fois, les colonnes ennemies étaient repoussées, montrant bien par leur ténacité l'importance qu'elles attachaient à l'occupation de ce village et la pensée dominante qui guidait le général en chef autrichien (1).

Le maréchal se jette au milieu des combattants avec cette intrépidité chevaleresque qui le distingue ; il les anime par sa présence, il leur parle, il les entraîne, allant de sa personne là où l'ennemi offre le plus de résistance, et s'exposant au feu comme le dernier de ses soldats. Ponte Vecchio nous appartient encore ; mais les Autrichiens continuant leur même manœuvre, menacent de nouveau notre droite : le maréchal y court, appelant à lui toutes les compagnies qu'il rencontre.

(1) *Rapport du commandant de la 2ᵉ armée feld-zeugmestre comte Giulay à S. M. l'empereur d'Autriche :*

« La brigade du général major Hartung, appuyée par le général major Durfeld, se précipita plusieurs fois sur Ponte Vecchio di Magenta. Ce dernier point fut pris, perdu, repris plusieurs fois, et resta enfin au pouvoir de l'ennemi. Des monceaux de cadavres témoignaient de la résistance des deux armées. »

CXVII.— Cependant cette résistance héroïque d'un petit nombre contre des masses si supérieures ne peut durer longtemps encore. — A chaque combat nouveau, à chaque reprise nouvelle du village qui devait, dans cette glorieuse journée, être enlevé et reperdu sept fois, les rangs s'éclaircissaient, la mort faisait cruellement son œuvre, et à peine si quelques compagnies nouvelles, dispersées sur cette étendue de terrain, venaient de loin en loin se grouper autour des bataillons décimés.

Le commandant Mariotti a été mortellement atteint près de ce village qui avait coûté la vie au colonel Charlier, puis au brave capitaine Bicheroux.— Chaque heure, en s'écoulant, emportait bien des existences pleines d'avenir, de jeunesse et d'intarissable ardeur.

CXVIII. — Courage, braves soldats ! qui luttez si héroïquement depuis quatre heures un contre vingt ! — Courage, braves généraux que le sang-froid, la résolution, l'énergie inaltérable n'ont jamais abandonnés ! — Courage, intrépides officiers de tous grades qui avez si noblement et si chaleureusement versé votre sang ! — Courage, vous tous qui combattez à Ponte Vecchio, à la redoute, à Ponte Nuovo, et qui avez accompli l'impossible ! la victoire vous attend, d'autant plus glorieuse qu'elle a été plus chèrement et plus rudement achetée. Entendez-vous, là-bas, c'est le canon de Mac-Mahon qui tonne à Magenta, et qui, lui aussi, avec son vaillant corps d'armée, culbute les colonnes autrichiennes.

L'ennemi maintenant est forcé de se garder sur tous les points, et ne peut plus vous accabler sur un seul ; — reprenez haleine, poitrines haletantes ; reprenez force, bras épuisés par le combat : quand le jour disparaîtra de l'horizon, l'ennemi disparaîtra avec lui, — et la journée de Magenta sera une journée d'impérissable mémoire.

CXIX. — En effet, dans le lointain, le canon se faisait entendre sur la gauche ; l'écho apportait le bruit strident de la fusillade qui s'engage et redouble à chaque instant d'intensité. — C'est le général de Mac-Mahon, dont les divisions marchaient enfin réunies sur Magenta et attaquaient de front les positions que l'ennemi occupe entre cette ville et Ponte Nuovo.

Cette attaque, hardiment dessinée sur plusieurs points à la fois, a enfin divisé, nous l'avons dit, les forces de l'ennemi ; il ne peut plus concentrer tous ses efforts sur le Naviglio, où la garde impériale s'épuisait dans une lutte inégale.

CXX. — Il est indispensable d'occuper tous les abords du canal, ainsi que la partie gauche de Ponte Vecchio, contre laquelle sont venus plusieurs fois se heurter les intrépides soldats du 23ᵉ.

Le général Vinoy (1), avec cet élan intrépide qui le

(1) LE GÉNÉRAL DE DIVISION VINOY

Est né en 1803, dans une petite ville du département de l'Isère. Destiné par sa famille à une carrière tout à fait différente, le jeune

caractérise, a fait jeter les sacs à terre, battre la charge,
et la petite colonne qu'il commande atteint au pas de

Vinoy fut élevé dans un petit séminaire; là il reçut l'éducation à la
fois civile et religieuse que l'on puise dans ces établissements. Devenu orphelin, l'influence à laquelle il obéissait, malgré ses goûts,
cessa d'enchaîner sa volonté, et dès lors il se donna tout entier au métier des armes.

Son âge ne lui permettant plus de songer aux écoles militaires, il
entrait comme engagé volontaire, le 15 octobre 1823, au 4e régiment
de la garde royale, et acceptait gaiement les rudes épreuves de la vie
de soldat. — L'expédition d'Alger, en 1830, lui fournit l'occasion de
faire ses premières armes; il était alors sergent-major au 14e de ligne.
Caporal dans la garde en 1825, il était passé dans l'infanterie de la
ligne comme sergent en 1826. Débarqué un des premiers sur la terre
d'Afrique, il y conquit, à la bataille de Staoueli, au prix de deux blessures, l'épaulette d'officier, puis, peu après, la croix de la Légion
d'honneur.

Rentré en France, le jeune sous-lieutenant demandait bientôt à retourner en Algérie, et en 1836 il entrait, avec le grade de lieutenant,
dans un corps de nouvelle formation, la légion étrangère, rendez-vous
de tous les jeunes officiers avides de faire la guerre, et qui fut pour la
France une si riche pépinière de généraux distingués.

Depuis ce moment jusqu'en 1850, à l'exception de très-courtes ap-
paritions en France, le général Vinoy ne quitta plus l'Afrique, et il y
gagna tous ses grades : celui de capitaine en 1838, de chef de bataillon
au 32e de ligne en 1843, de lieutenant-colonel du 12e léger en 1848.
Dans cette période, son nom se trouve mêlé à toutes les phases de la
conquête, soit qu'il prît part comme soldat aux luttes de chaque jour,
soit que, dans des positions spéciales, il dût travailler à l'œuvre non
moins difficile de l'organisation, et partout il déployait une énergie,
une activité et une résolution infatigables.

1850 le trouve colonel du 54e de ligne; sa conduite énergique dans
les Basses-Alpes lui vaut la croix de commandeur.

En 1852, on créait des régiments de zouaves; le maréchal de Saint-
Arnaud, qui avait su à la légion étrangère apprécier les qualités de
son jeune camarade, lui propose d'organiser un de ces régiments; le
colonel Vinoy forma le 2e de zouaves, qui devait acquérir un si beau
renom. En 1853, il fit, à la tête de ce brave régiment, la campagne
des Babors, et fut récompensé par le grade de général de brigade.

course le village qu'elle attaque à la fois par deux
côtés. — L'entrée de Ponte Vecchio est barricadée et

De ce moment, la carrière du général Vinoy s'élargit. Bientôt la
guerre avec la Russie vient lui fournir un théâtre où il est appelé à
rendre à son pays de nouveaux services. Au commencement de 1854,
le ministre de la guerre l'envoyait prendre le commandement de
la subdivision de Mostaganem, et lui réservait une brigade de
la 1re division de l'armée expéditionnaire d'Orient. — Les premiers,
le général Canrobert et le général Vinoy, mettaient le pied sur
le sol ennemi, et bientôt après la division Canrobert, dont faisait
partie la brigade Vinoy, escaladant les formidables positions de
l'Alma, culbutait le centre de l'armée russe. Devant Sébastopol,
le général Vinoy prit une large part aux diverses opérations du
siége.

L'assaut de Malakoff, le 8 septembre, est une des plus belles pages
de la vie du général. Dès le début de la lutte, entré dans l'ouvrage
avec sa brigade, composée du 1er bataillon de chasseurs à pied, des
20e et 27e de ligne (division Mac-Mahon), le général Vinoy pénétra
dans la gorge de ce formidable retranchement, et s'y maintint énergiquement malgré les efforts désespérés des Russes. — Pendant la
nuit, le général Vinoy, chargé de garder notre conquête, restait à ce
poste de périlleux honneur jusqu'au lendemain six heures du soir, au
milieu de l'embrasement de la ville, des forts et des batteries que
les Russes faisaient sauter de toutes parts.

Peu de jours après, il recevait comme récompense le grade de général de division, et conservait le commandement de cette belle division
qui avait arraché à l'ennemi la clef de Sébastopol.

Rentré en France lors de la paix, il reçut d'abord une division de
l'armée de Lyon, puis le commandement d'une division de l'armée
de Paris. Mais, aux premiers bruits de guerre, il demanda et obtint
de l'Empereur l'honneur de servir sous ses ordres dans l'armée
d'Italie.

Là, comme en Afrique, comme en Crimée, le brave général Vinoy
montrera tout ce qu'on peut encore attendre de lui, et déploiera sur
un plus vaste terrain les brillantes qualités militaires qui de soldat
l'avaient élevé aux premiers rangs de l'armée.

Le général Vinoy, grand officier de la Légion d'honneur (après
Magenta) a la croix de Medjidié de 2e classe, et celle de com-
mandeur des saints Maurice et Lazare; il est chevalier de l'ordre du
Bain, etc.

les Autrichiens, retranchés derrière de solides abris,
opposent une vive résistance. — A la tête des troupes on
voit le général La Charrière, le lieutenant-colonel Bigot,
le commandant Delord ; malgré le feu violent qui les accable de toutes parts, ils pénètrent dans le village et font
plus de 200 prisonniers. Pendant ce temps, le 2ᵉ bataillon
du 85ᵉ, sous les ordres du colonel Bellecourt, longe la
droite du canal et vient apporter son précieux renfort
aux troupes décimées, qui depuis quatre heures dispu-
tent pied à pied le terrain.

En se rendant maître de la partie gauche de Ponte
Vecchio, le général Vinoy avait espéré, lui aussi, pouvoir
se relier à la partie droite ; mais le pont brisé intercep-
tait toute communication. — Les compagnies qui combattent à droite voient celles qui combattent à gauche ;
mutuellement elles se préviennent des dangers qui les
menacent. — Elles se parlent, elles s'appellent, elles s'excitent au combat, se jettent des cartouches, car les munitions s'épuisent, mais elles ne peuvent se rejoindre ;
le canal est là, roulant entre elles ses eaux rapides et
profondes.

CXXI. — Les charges de cavalerie se succèdent, mais
nos tirailleurs s'embusquent dans les maisons, dans
les vignes, derrière les arbres ; pas une balle n'est
perdue.

Pendant que le maréchal Canrobert fait avec le général
Picard, le colonel Bellecourt et le colonel O'Malley, des

prodiges de valeur sur la droite du canal, le général Niel
et le général Vinoy maintiennent vigoureusement la position sur la rive gauche ; le cheval du général Vinoy a
été abattu par une volée de mitraille.

Mais l'ennemi s'est aperçu que la fusillade seule répond au feu de ses canons. L'absence de notre artillerie redouble sa confiance ; il se porte en force sur la
gauche, et cherche à tourner les troupes qui se sont em-
parées de cette partie de Ponte Vecchio, renouvelant
ainsi la manœuvre que, depuis le commencement de la
bataille, il a tant de fois vainement tentée sur la partie
droite. Il est repoussé par un de ces combats corps à
corps, auxquels les soldats autrichiens n'ont jamais pu
résister.

Le général Vinoy comprend cependant l'insuffisance
de ses forces contre des attaques si sérieuses et si souvent réitérées, qui diminuent, hélas! à chaque fois le
nombre des combattants dont il dispose. Il ne peut se
relier avec la brigade de Martimprey, qui marche dans
la direction de Magenta, et il envoie demander du renfort.

Le général Renault est à Ponte Nuovo ; il attend l'arrivée du reste de sa division pour se lancer avec elle.
C'est à lui que s'adresse l'officier d'ordonnance du général Vinoy.

« — Je suis encore sans troupes, lui répond le général ; aussitôt que j'aurai ma 2ᵉ brigade, dites au général
Vinoy que j'accours à son aide. »

Cette brigade, que commande le général Jannin, se hâtait en effet d'arriver sur le lieu du combat, entravée dans sa marche par un encombrement impossible à éviter sur la seule route qui conduisait de Trecate à San-Martino.

CXXII. — Le canon de Mac-Mahon tonnait mêlé au bruit de la mousqueterie qui frappait les échos de ses longs déchirements.

Courons donc à Magenta, et voyons cette nouvelle et glorieuse phase de la journée du 4 juin.

Aussitôt que le général de Mac-Mahon, après s'être entendu avec le général Espinasse, eut rejoint sa colonne de droite, il donna ordre au général de La Motterouge de prononcer son mouvement de conversion et d'emporter Buffalora.

Ce général forme une ligne de bataille de dix bataillons serrés en masse, soutenue par deux bataillons de réserve, et s'avance rapidement vers le village. — Il marche presque à découvert, cependant l'artillerie ennemie reste muette. La tête de colonne (45ᵉ de ligne, colonel Manuelle), devant laquelle marche le général Polhes, commandant la brigade, n'éprouve aucune résistance ; les Autrichiens auraient-ils abandonné Buffalora ? — Le général de La Motterouge, qui précède sa division avec son état-major, croit apercevoir près des maisons des uniformes français : il détache aussitôt en éclaireurs une compagnie de voltigeurs, qui ne tarde pas

à reconnaître que Buffalora est occupée par les grenadiers de la garde.

CXXIII. — Voici, en effet, ce qui s'était passé, pendant
que la division de La Motterouge, rangée en bataille
après avoir suspendu son attaque sur Buffalora, attendait l'ordre de se porter de nouveau en avant.

Sur la rive droite du Naviglio, le colonel d'Alton s'était,
on le sait, jeté avec le 2ᵉ grenadiers dans la direction de
Buffalora. Le terrain qu'il parcourait était, comme sur la
droite, coupé de haies, d'arbres, de buissons, de fossés
et souvent inondé par de larges rizières.

Le colonel avait remarqué une grande maison placée
un peu en arrière, et l'avait fait fortement occuper, pour
y trouver un appui en cas de retraite.

Bientôt il arrive à la hauteur de Buffalora, village assez
important assis aussi sur le Naviglio ; mais son espoir
est déçu : le pont qui relie les premières habitations au
gros du village bâti sur l'autre rive, a été rompu.

Dès que l'ennemi aperçoit les grenadiers, il accueille la tête de colonne par une fusillade qui part à la
fois de toutes les fenêtres des maisons. Mais les grenadiers, que guide leur colonel, s'élancent de plusieurs
côtés à la fois, ayant à leur tête les commandants Desmé
et Maudhuy, qui leur impriment un irrésistible élan ; ils
se logent dans les maisons et s'y maintiennent avec une
inébranlable énergie. Devant eux coule le canal large
et profond, et l'ennemi embusqué sur les berges de
gauche l'accable de feux croisés. — Franchir le Naviglio

dans de semblables conditions est impossible, car il faudrait sous ce feu terrible travailler à établir une communication, et pas un homme n'atteindrait vivant l'autre rive.

CXXIV. — Décidé à profiter du premier moment favorable, le colonel d'Alton a pris toutes ses dispositions. Déjà des hommes dévoués, intrépides nageurs, lui ont proposé de se jeter dans le canal pour établir une passerelle avec des matériaux que l'on aperçoit sur la berge opposée; mais il est justement avare du sang de ses soldats, et ne veut pas qu'il soit inutilement répandu. — Déjà la mort a glorieusement frappé les deux chefs de bataillon Desmé de Lisle et Maudhuy, au moment où ils entraient les premiers dans les maisons.

Le colonel se borne à se maintenir dans les positions dont il s'est emparé et à surveiller tous les mouvements de l'ennemi. Il attend, lui aussi, que la marche du 2ᵉ corps, en menaçant les Autrichiens, vienne lui apporter un utile appui.

Les heures s'écoulent lentement dans cette lutte inégale. Enfin, l'ennemi, intimidé par le mouvement de conversion que commence à opérer la division de La Motterouge et par le bruit du combat qui se fait entendre dans la direction de Magenta et sur le Naviglio, où nous reprenons l'offensive, semble se préparer à abandonner Buffalora.

Aussitôt, douze ou quinze grenadiers s'élancent résolûment dans le canal.

Une longue poutre est placée sur le canal pour établir une sorte de communication, et chacun se dispute l'honneur de passer le premier sur ce bois vacillant. Parmi les plus intrépides se fait remarquer le sous-lieutenant Donnezan. — Bientôt l'aigle de la France est plantée sur l'autre rive; un passage plus facile est établi, et le régiment tout entier peut traverser le Naviglio et rejoindre le reste de la division de grenadiers qui occupait Ponte di Magenta.

CXXV. — Voilà pourquoi le général de La Motterouge, en se dirigeant sur Buffalora, avait aperçu des uniformes français.

Il instruisit de ce fait le commandant en chef du 2ᵉ corps, qui lui donna l'ordre de se porter néanmoins sur ce village pour appuyer, s'il était nécessaire, le régiment de grenadiers.

La colonne traverse Buffalora, que l'ennemi a complétement abandonné, puis se dirige en convergeant sur la route de Buffalora à Magenta.

Déjà, du côté de Marcallo, la fusillade se faisait entendre; son intensité vers Ponte di Magenta révélait clairement, que l'ennemi avait profité du temps d'arrêt forcé qu'avait dû subir le 2ᵉ corps, pour concentrer sur ce point important toute la puissance de ses efforts.

Le général de Mac-Mahon précipite sa marche; il fait tête de colonne à gauche. Aux abords d'une ferme appelée Cascina Nova, son avant-garde rencontre une forte colonne ennemie qui engage aussitôt un feu violent avec ses tirailleurs.

Déjà la cavalerie du général Gaudin de Villaine, augmentée de deux escadrons de chevau-légers sardes, sous les ordres du major de Pralormo, s'est étendue dans l'espace qui sépare le général Espinasse des généraux de La Motterouge et Camou.

Devant la vivacité du feu dans la direction de Marcallo, le général Gaudin de Villaine, convaincu que la rencontre de l'ennemi avec la division Espinasse est sérieuse, donne ordre à son officier d'ordonnance, le capitaine de Brecourt, de se diriger en toute hâte sur Marcallo avec deux pelotons de chevau-légers et de chasseurs pour prévenir le général qu'il couvre sa droite avec sa cavalerie. A quelque distance du village, les pelotons sont assaillis presque à bout portant par des coups de feu ; le capitaine de Brecourt tue, de sa propre main, un Autrichien qui le couche en joue, remplit sa mission, et après s'être assuré que le village et ses abords sont occupés par la 2ᵉ division, revient en rendre compte au général (1).

CXXVI. — Pendant ce temps, le 45ᵉ, tête de colonne du général de La Motterouge, vigoureusement enlevé par le brave général Polhes et par son vaillant colonel Manuelle, s'est jeté, tête baissée, au pas de charge au milieu des vignes, des épais taillis et des plantations qui

(1) Rapport du général de brigade Gaudin de Villaine sur la bataille de Magenta.

entourent la ferme. Les Autrichiens y sont solidement retranchés. La nature même du terrain les protége et abrite leurs bataillons que l'on ne peut apercevoir; mais nos soldats s'engagent hardiment au milieu des massifs perfides qui recèlent l'ennemi; les tambours battent la charge, les clairons font retentir les échos de leurs fanfares bruyantes, et bientôt Français et Autrichiens s'abordent à la baïonnette.

Les deux colonnes se sont heurtées corps à corps.

En quelques minutes la ferme est envahie, une lutte acharnée s'engage pied à pied, sanglante, opiniâtre. Sur certains points, ce sont des duels d'homme à homme. Enfin, les bâtiments de la Cascina Nuova sont enveloppés de toutes parts, et 6 à 700 Autrichiens sont forcés de rendre leurs armes.

Aussitôt cette position enlevée, les deux premiers bataillons du 45e se lancent à la poursuite d'une portion de cette colonne qui se replie précipitamment vers un grand bâtiment (une briqueterie), que l'on aperçoit au milieu des arbres. L'idée fixe du général de Mac-Mahon, qui dirige lui-même tous les mouvements, c'est de pousser l'ennemi, la baïonnette dans les reins, sans lui laisser reprendre haleine, de le culbuter à la fois sur tous les points, et de le poursuivre dans toutes les directions. — Par cette attaque simultanée et foudroyante sur la longue ligne qui sépare Buffalora de Magenta, il jettera le désordre dans les masses accumulées, et dégagera ainsi le centre de notre position que de longues heures de combat doivent avoir épuisé.

CXXVII. — Sans avoir rien appris des drames sanglants qui viennent de se jouer sur le Naviglio, le général par intuition, les devine, les comprend; il semble que
les nuages amoncelés au ciel en passant rapidement au-
dessus de sa tête lui en apportent la nouvelle, et il veut,
par d'éclatants faits d'armes, prendre la revanche de sa
longue attente.

Sa ligne de bataille est complétée.— La division Camou
qui forme la réserve derrière la 1re division du 2e corps
s'est portée à gauche, et le général de Mac-Mahon sait
tout ce qu'il peut attendre du vaillant chef dont quarante ans de guerre ont blanchi les cheveux. — A l'extrême gauche de ces deux divisions marche la cavalerie;
sa mission est d'éclairer perpétuellement l'espace vide
encore, entre cette colonne et la division du général
Espinasse, qui combat aussi vaillamment de son côté et
déploie sa droite vers le centre de convergence, selon
les ordres qu'elle a reçus (1).

Jusqu'à Marcallo, la marche du général avait à peine

_____

(1)　　　　　*Rapport de la 2e division du 2e corps.*

« La 2e division a quitté, à 4 heures du matin, les bivouacs en avant
de Turbigo, pour se rendre à Magenta en passant par Castano, Buscate, Treverano, Mesero, et Marcallo.

« Elle s'est formée de la manière suivante : 1° une avant-garde composée de 2 escadrons de cavalerie, le 11e bataillon de chasseurs et
2 pièces d'artillerie sous le commandement spécial du général Gault.
— Le reste de la division marchait en colonne, par pelotons, à demi-
distance, le 71e de ligne et le 2e zouaves à la droite de la route, le
72e de ligne et les deux régiments étrangers sur la gauche.

« L'artillerie sur la droite entre les deux colonnes.

« En arrivant aux villages de Cassano, Buscate, Treverano et Mesero,

été inquiétée, mais après avoir traversé ce bourg, il rencontrait de fortes colonnes autrichiennes venant de Magenta. — Selon ce qu'avait pensé le général de Mac-Mahon, ces colonnes s'avancent dans l'espace qui sépare les divisions du 2ᵉ corps d'armée, et menacent sérieusement de tourner le flanc droit de la division Espinasse. Aussitôt que ce général a reçu les ordres du commandant en chef, il a combiné avec une grande promptitude de résolution ses dispositions de combat. Avec la brigade de Castagny, il se portera au pas de course sur la droite dans la direction de Gustafame, se jettera sur la colonne qui menace son flanc, la rejettera sur Magenta et, marchant toujours dans la direction qui lui a été indiquée, se reliera ainsi avec le reste du corps d'armée.

La brigade du général Gault occupera Marcallo, le point d'appui de toute la gauche du corps d'armée. S'il est attaqué, il se défendra à toute outrance et n'abandonnera sa position sous aucun prétexte.

CXXVIII. — Le général Gault a fait rapidement créneler les maisons du village qui ont vue sur la route. Des embrasures sont pratiquées pour permettre d'établir des canons ; deux pièces sont mises en batterie ; cinq restent

l'avant-garde ayant reconnu qu'ils ne sont pas occupés par l'ennemi, la colonne les traverse et reprend, à leur sortie, le même ordre de marche.

« A Marcallo, l'avant-garde trouve le village inoccupé, le traverse et s'établit en avant ; c'est à ce moment que les têtes de colonne ennemies sont signalées. »

en réserve, et pendant que le 11e bataillon de chasseurs garde sévèrement cette position le 71e, ayant à sa tête le colonel Duportal, appuie à droite du village pour en surveiller les abords.

Bientôt ce régiment se trouve devant une tête de colonne ennemie ; un feu de mousqueterie serait inutile ou impuissant : les tambours battent la charge ; et le 3e bataillon, qui est en tête, s'élance à la baïonnette, met le désordre parmi les Autrichiens que surprend cette attaque impétueuse, les poursuit et se replie ensuite sur Marcallo. Mais, sur sa route, se présente une autre colonne qui lui barre le passage ; le colonel fait jeter son régiment dans un chemin creux, le range en bataille, et attend. Lorsque cette colonne est à 150 pas, il lui envoie une décharge meurtrière qui fauche les premiers rangs ; puis, tout aussitôt, les officiers s'élancent avec des cris sur ces compagnies que la mort a mises en désordre ; les soldats se précipitent en bondissant à travers les broussailles et les vignes, se frayent un large passage et regagnent Marcallo, où viennent également prendre position deux bataillons du 72e que commande le colonel Castex.

CXXIX. — De tous côtés, des combats partiels se sont engagés, car la nature du terrain ne permet pas un ordre régulier de bataille, que désorganisent à chaque instant des massifs d'arbres, des coupures dans le sol, et souvent des terres boueuses dans lesquelles on ne peut avancer qu'à pas lents.

Là brigade du général de Castagny, commandée en personne par le général Espinasse, qui devait dans cette journée trouver une mort glorieuse après une série de sanglants combats, s'est étendue sur la droite. Le 2ᵉ zouaves s'est formé par bataillons en masse, en se couvrant par un de ses bataillons déployé en tirailleurs.

Le 1ᵉʳ et le 2ᵉ étranger, commandés, l'un par le colonel Brayer, l'autre par le colonel de Chabrière, se sont placés des deux côtés d'une briqueterie entre Marcallo et Magenta, à la gauche du 2ᵉ zouaves. Les Autrichiens sont signalés dans trois directions, ils avancent en effet sur trois colonnes; — l'une d'elles veut tourner la brigade.

Le colonel Brayer l'aperçoit au moment où elle commence à exécuter son mouvement. Il n'hésite pas, prend avec lui sa première compagnie de voltigeurs et se jette résolûment sur la tête qu'il maintient à distance par cette brusque et vigoureuse attaque. Les voltigeurs que commande le capitaine Rembert se déploient bravement sous le feu de l'ennemi. Le colonel, à cheval, se tient sur la première ligne; il surveille attentivement tous les mouvements des Autrichiens dont le nombre s'accroît. — Aucun des généraux n'est à portée; il fait alors prévenir le colonel de Chabrière de l'imminence du danger. Dans ces terrains couverts, où l'on ne peut ni se rallier ni se voir, chaque chef de corps, forcément abandonné à lui-même, doit suivre ses inspirations, se garder avec soin, et compter peu sur le secours des autres. Le colonel de Chabrière, vaillant soldat d'Afrique accourt et échelonne aussitôt son régiment en arrière du 1er étranger.

CXXX. — Sur la droite, on entend tout à coup de grands cris; — c'est le 2e zouaves qui, de son côté, se lance sur une des colonnes subitement apparue au milieu des arbres. Cette charge impétueuse entraîne toute la brigade en avant.

Le colonel Brayer lance son régiment avec impétuosité. Près de lui, le commandant Guillaumont conduit son bataillon avec une rare énergie. — Le 2e régiment a suivi le mouvement; ses cris répondent aux cris qui remplissent les airs, se mêlant au bruit de la fusillade; il aborde l'ennemi avec élan. Mais à peine le colonel de Chabrière (1)

---

(1)   COLONEL DE GRANET LACROIX DE CHABRIÈRE.

(Marie-Louis-Henri), né le 1er mai 1807 à Bellène (Vaucluse). Colonel au 2e étranger; tué à l'ennemi, le 14 juin 1859.

Élève à l'École spéciale militaire le 25 novembre 1825, il en sort comme sous-lieutenant au 19e leger, le 1er octobre 1827. Lieutenant, le 16 octobre 1831, il fit la campagne de Belgique de 1831 à 1832, et reçut la croix de chevalier de la Légion d'honneur, le 9 janvier 1833. Nommé capitaine, le 26 avril 1837, il fut envoyé en Afrique, où il fut blessé, le 3 mai 1842, d'un coup de feu, à Djedel-Boukoulbuf. — Promu au grade de chef de bataillon au 13e léger, le 16 octobre 1842, il passa au 27e de ligne, le 21 décembre 1842; puis au 2e de la légion étrangère, le 2 novembre 1843. Le 11 janvier 1848, il donnait sa démission. Mais lorsque la guerre éclata en Orient, il réclama l'honneur de servir son pays, et de combattre les ennemis de la France. — Par faveur spéciale il fut nommé colonel au 2e régiment de la légion étrangère, le 3 février 1855. Il était commandeur de la Légion d'honneur le 13 août 1857.

Le colonel de Chabrière comptait 15 campagnes dans ses états de services. — Sa mort a été celle d'un vaillant soldat, il est tombé à la tête de son régiment en chargeant avec impétuosité les colonnes autrichiennes.

a-t-il fait quelques pas, qu'une balle l'atteint mortellement et le renverse de cheval; ses soldats qui l'aimaient,
car il était aussi bon que brave, s'empressent autour de
lui; déjà le colonel ne donne plus signe de vie, et sur ses
traits tout à l'heure si énergiquement animés s'est répandue la froide pâleur de la mort. L'ennemi, vigoureusement abordé à la baïonnette par ces deux régiments, est culbuté et disparaît, mais pour se reformer
à l'abri des massifs qui cachent ses mouvements, et re-
paraître bientôt en masses plus compactes.

CXXXI. — Le colonel Brayer se trouve près des
zouaves avec son régiment; il prévient le général Espinasse que la colonne qui cherchait à envelopper la
brigade s'est reformée derrière de grands rideaux d'arbres, à 150 mètres au plus. La ligne de tirailleurs des
zouaves signale aussi de nouveau l'ennemi devant elle.
Le général Espinasse fait demander les cinq bouches à
feu restées en réserve à Marcallo; celles-ci accourent au
galop sous le commandement du capitaine Guillemard.
— Aussitôt arrivées, elles sont mises en batterie, et s'ap-
prêtent à commencer leur feu; mais quelques instants
se sont à peine écoulés, que le capitaine Guillemard vient
en personne avertir le général Espinasse que les Autrichiens s'avancent dans toutes les directions en masses
profondes, et que ses pièces peuvent être prises.
Le général est l'homme des résolutions énergiques et
spontanées:
« — C'est bien, dit-il froidement au commandant de

la batterie : allez à vos pièces, et que personne ne
bouge qu'à mon signal. »

Auprès de lui est le général de Castagny. A l'ordre
du général Espinasse, et comme par enchantement, un
grand silence s'est fait dans les rangs tout à l'heure si
tumultueux.— Les canons sont immobiles, les artilleurs
à leurs pièces. — L'ennemi avance toujours; quelques
pas le séparent à peine de la première pièce qu'il croit
déjà tenir en son pouvoir. — Les armes frémissent
d'impatience dans la main des zouaves ; mais nul ne bouge.

CXXXII. — Tout à coup la voix du général se fait
entendre : « — Lancez-vous, Castagny, dit-il. »

A ces mots le régiment se précipite comme un seul
homme sur la colonne autrichienne. En tête sont le général de Castagny et le colonel Tixier. En un instant,
les baïonnettes sont rougies de sang ; les morts, les
blessés et les mourants s'entassent pêle-mêle ; chaque
soldat court au hasard chercher un ennemi au milieu
des taillis épais qui interceptent à tout instant la vue. —
Mais les Autrichiens sont en grand nombre, le combat
est opiniâtre, la résistance acharnée. Derrière chaque
bouquet de bois, à l'issue de chaque champ, apparaissent de nouveaux ennemis sur lesquels il faut se lancer
tout aussitôt, pour les empêcher de se relier entre eux,
et pouvoir ainsi les combattre isolément.

Sur la droite, nous avons vu le 45e, que commande
le colonel Manuelle, s'emparer des bâtiments de Cascina
Nova ; il a continué sa marche, dispersant l'ennemi, le

culbutant et le poursuivant à la baïonnette avec un élan irrésistible.

« C'est aux environs de la Briqueterie (écrit le général de La Motterouge, dans son rapport), que nous commençons à rencontrer l'extrême droite de la division Espinasse. Le reste de la colonne, formé par la division, continue sa marche, avec le 3e bataillon du 45e en tête, couvrant l'artillerie. — Les feux de l'ennemi deviennent de plus en plus nombreux. »

L'objectif, c'est Magenta. Les colonnes autrichiennes sont coupées par tronçons, une portion met bas les armes, les autres se rejettent sur ce village où les poursuivent impétueusement les deux fractions du 2e corps qui viennent d'opérer leur jonction.

Un drapeau autrichien **a** été enlevé sur le cadavre même du colonel (1).

CXXXIII. — Cette série successive de combats renouvelés, le terrain défendu pied à pied avec acharnement,

(1) L'enlèvement de ce drapeau ennemi a donné lieu à quelques contestations entre le 45e et le 2e zouaves. — Ces deux régiments avaient combattu ensemble, ayant leurs compagnies mêlées par les efforts de la lutte ; on ne savait auquel attribuer cette prise glorieuse, à laquelle les soldats des deux régiments avaient évidemment contribuée.

Le rapport du général de Mac-Mahon, en date du 6 juin, d'après les premiers renseignements parvenus, attribuait en ces termes au brave 45e la prise du drapeau :

Il dit : « Un drapeau fut enlevé par le 45e sur le cadavre du colonel d'un de ces régiments. »

Plus tard, après de nombreuses informations, ce fut au 2e zouaves que resta cet honneur, et ce fut lui qui vit la croix de la Légion d'honneur orner l'aigle de son drapeau.

le nombre considérable d'ennemis dont les masses semblent se grossir et se reformer à mesure qu'on les dés-
organise, disaient assez quelle résistance opiniâtre l'ennemi opposerait dans Magenta. — Mais le général de
Mac-Mahon tient désormais tout son corps d'armée dans
sa main, trois divisions vigoureuses, conduites par des
généraux résolus, entreprenants et par des chefs de
corps intrépides ; il ne doute pas du succès. — L'ennemi
a dû renoncer à son projet de couper en deux sa colonne. C'était là sa seule appréhension. Que lui importe
le nombre ! que lui importent les milliers de baïonnettes
qu'il voit reluire devant lui ; il sait qu'avec les hommes qu'il commande nul ennemi n'est invincible, nul
obstacle n'est infranchissable. — Il parcourt sa ligne
de bataille ; son chef d'état-major, le général Lebrun,
et le sous-chef d'état-major, le colonel de Beaumont,
s'assurent que toutes ses instructions seront bien exécutées ; alors le général donne ordre de s'avancer par tous
les points à la fois sur Magenta, en prenant pour direction le clocher de la ville.

CXXXIV. — La division du général Espinasse devait
aborder l'ennemi par sa droite. Les voltigeurs de la
garde, sous les ordres du général Camou, forment la
réserve et appuient la division de La Motterouge, qui
marche contre la gauche de l'ennemi. — Régiments,
brigades, divisions réunis en un redoutable faisceau
brûlent de s'élancer de nouveau au combat.

L'artillerie du 2e corps, sous l'habile commandement

de l'intrépide général Auger, s'apprête à suivre les différents mouvements et à porter ses canons dans toutes les
directions. — Elle aussi, dans cette grande journée,
aura un rôle important.

Le corps d'armée s'ébranle au son des tambours
et des clairons; il culbute les unes sur les autres
les lignes autrichiennes surprises de se voir ainsi
attaquées sur tous les points et pressées dans toutes
les directions; mais elles se rallient et se replient sur
Magenta.

C'est là que le combat doit prendre de terribles
proportions; c'est là que l'ennemi retranché veut se
défendre à outrance; c'est là que le sang va couler
à flots sous les balles, sous les boulets, sous la mitraille.

CXXXV. — Déjà nos bataillons, animés par le bruit
de la bataille qui rugit autour d'eux, courent sur ce
village dont on aperçoit poindre le clocher au milieu
des arbres. — Tout fait pressentir que la lutte sera terrible, et que la victoire ne pourra être achetée qu'au
prix des efforts les plus énergiques.

Le général de La Motterouge marche avec le 65ᵉ, près
de lui le 45ᵉ; à sa droite le 70ᵉ. — Les tirailleurs algériens forment la gauche de sa colonne. On approche
de Magenta. — De tous les côtés, se montrent des combattants qui déjà envahissent la chaussée du chemin de
fer. — Pour arriver à la gare, il faut passer au milieu
d'un orage de mitraille qui couche à terre des rangs

entiers. Mais rien n'arrête l'élan des soldats et l'énergie des officiers. — C'est dans le danger que se retrempe leur indomptable courage.

Le chemin, sur lequel on s'engage, est couvert de débris ; les pieds glissent et trébuchent sur les cadavres amoncelés. — Les balles frappent les morts aussi bien que les vivants. — On entend tout autour de soi le craquement des arbres que brisent les boulets et les volées de mitraille. On se heurte à tout instant contre des masses soudaines, inattendues, qui, refoulées une fois, reviennent opiniâtres, acharnées, ramenées au combat par leurs vaillants officiers ; car de son côté l'ennemi rivalise d'ardeur, de résolution, de mépris de la mort. Les armes, la fumée, le combat enveloppent le terrain de la lutte ; le ciel lui-même s'est obscurci, et le soleil, comme s'il eût craint d'éclairer cette scène de carnage, s'est voilé derrière les nuages amoncelés.

Mais au milieu des bruits sinistres de la bataille, des cris des mourants, des détonations de l'artillerie, on entend toujours les tambours qui battent la charge, les clairons qui sonnent leurs fanfares, et d'immenses acclamations qui précèdent les grands chocs, derniers souvenirs des enfants de la France à leur souverain, avant de courir à la mort.

CXXXVI. — Au plus fort du feu on voit le général de La Motterouge, droit sur son cheval, le visage ardent, indiquant à ses soldats la gare du chemin de fer ; il faut à tout prix s'en emparer, pour briser dans les mains de

l'ennemi cette première ligne de défense, où de nombreuses pièces d'artillerie sont rangées en batterie. —
Chaque chef dans cette heure suprême veut prendre au
premier rang sa large part de danger, et montrer à l'ennemi, même avant l'uniforme du soldat, les épaulettes
étoilées du général.

CXXXVII. — Du côté de la division Espinasse, la lutte
n'est pas moins terrible, la défense n'est pas moins opiniâtre.

Aussitôt que le mouvement d'ensemble de tout le
corps d'armée s'est dessiné sur Magenta, le général s'est
jeté dans cette direction avec la 2e brigade, soutenue
par son artillerie qui prend plusieurs positions successives et fait souvent feu de ses douze pièces. — Précédant sa colonne avec cette bouillante valeur qu'aucune
fatigue ne lassait, qu'aucun obstacle ne pouvait arrêter,
il arrive bientôt aussi à la hauteur du chemin de fer,
menaçant le centre du village. Les zouaves combattent
avec une énergie indomptable : partout les bataillons
ennemis sont bouleversés par leurs terribles baïonnettes.
— Là aussi, la mort fait son œuvre impitoyable, et renverse par groupes héroïques nos intrépides soldats que
leurs officiers animent de la voix, du geste et de l'exemple. — Plus d'ordres à donner, plus d'ordres à recevoir
dans cette mêlée sanglante, où les compagnies combattent souvent isolées, conservant comme point de repère
le clocher de Magenta, vers lequel doit se diriger toute
la puissance de leurs efforts.

Le général Espinasse a franchi la chaussée, ayant à côté de lui le général de Castagny et les officiers de son état-major. — A la tête de ses zouaves, dont le colonel Tixier a rallié autour de lui les compagnies éparses, il s'avance résolûment vers la rue qui conduit du chemin de fer à l'entrée de Magenta. — Deux pièces de canon en défendent l'entrée; autour de ces deux pièces, les cadavres sont entassés.

Comment décrire ce bruit effroyable qui frappe, à la fois, de mille voix mugissantes les échos effrayés? On marche sans s'en préoccuper sur les corps étendus, chauds encore d'un dernier reste de vie; on se fusille à bout portant. — Les balles partent à la fois des murs crénelés, des fenêtres, des maisons, des greniers, des toits, des portes, des soupiraux, et ceux qui ont assisté à ce grand et terrible drame militaire se demandent comment la mort n'a pas étreint à la fois tous les combattants dans sa large main.

CXXXVIII. — Cependant Espinasse avance toujours, et son cheval trébuche en piétinant sous ses pieds les cadavres, et il manque de s'abattre.

« — On ne tient pas sur ce sol mouvant, dit le général, mettons pied à terre. »

En ce moment son officier d'ordonnance, le sous-lieutenant de Froidefond, était près de lui ainsi que le général de Castagny. — Tous trois descendirent de cheval. Presque aussitôt le sous-lieutenant Froidefond est atteint d'une balle dans le ventre et s'appuie contre le mur pour ne

pas tomber. Plus tard on retrouva le corps de ce jeune
officier percé de plus de dix balles.

C'était d'une grande maison à plusieurs étages qui formait l'angle gauche de la rue, que partait la fusillade la plus terrible. Un colonel autrichien occupait
cette maison avec trois cents Tyroliens, dont le tir, d'une
grande précision, nous faisait beaucoup de mal. Une
longue ligne de corps étendus entourait les abords de
cette maison meurtrière. — Tant qu'elle resterait au
pouvoir de l'ennemi, le passage était impossible.

« — Il faut à tout prix s'en emparer, dit le général Espinasse, qui s'avance vers la maison, bravant
avec une intrépidité chevaleresque les balles qui sifflent
autour de lui, et précédant ses troupes dans cette rue
fatale : — « Allons, mes zouaves, enfoncez cette porte ! »

Les zouaves s'élancent, en suivant leur général, qui
s'offrait ainsi volontairement, comme point de mire,
aux carabines tyroliennes ; ils ébranlent à coups redou-
blés la porte qui résiste à leurs efforts.

CXXXIX. — Le général, furieux de voir tomber ses
plus braves soldats devant cet obstacle, frappe du
pommeau de son épée la persienne d'une fenêtre du
rez-de-chaussée, et s'écrie d'une voix impérieuse : « Entrez, entrez par là ! »

Au même moment, un coup de fusil parti de la fenêtre
même contre laquelle il s'adosse, lui casse le bras et pénètre dans les reins ; — le général reste un instant immobile, résistant encore dans sa rude énergie à la mort

qui vient de le frapper, puis son épée s'échappe de ses mains, et il tombe pour ne plus se relever (1).

En voyant étendu à leurs pieds le chef dont la bravoure

(1)   GÉNÉRAL DE DIVISION ESPINASSE.

Le général Espinasse est né le 2 avril 1814.

Il entra à l'École militaire de Saint-Cyr le 27 novembre 1833, fut promu élève d'élite le 27 juillet 1835, et nommé sous-lieutenant au 47e de ligne le 1er octobre.

Passé, le 2 décembre 1837, dans la légion étrangère, il devint lieutenant le 27 avril 1838.

Envoyé en Afrique, Espinasse se distingua dans les diverses expéditions auxquelles son régiment prit part, et particulièrement à Medeah, où son nom fut cité à l'ordre de l'armée, le 28 mai 1840.

Lors de la formation des chasseurs à pieds, il fut incorporé dans le 9e bataillon, passa ensuite dans le 1er et fut promu capitaine, le 17 janvier 1844.

A 27 ans, le 14 mai 1842, il recevait la croix de la Légion d'honneur.

Nommé capitaine adjudant-major au 2e régiment de la légion étrangère, le 24 janvier 1843, il se fit remarquer par son intrépidité dans l'expédition de Biskara. — Au combat du 15 mars 1844, atteint de deux coups de feu à la poitrine et au ventre, il se maintient malgré ses blessures, sur le sommet de la crête qu'il avait gravie le premier. Il est là, exposé à la mort, mais la bravant avec un superbe dédain. Deux autres balles le renversent; mais le noble exemple de grande valeur a entraîné ses soldats; les arabes fuient en désordre. — Ce haut fait d'armes fut porté à l'ordre du jour de l'armée.

Chef de bataillon au régiment de zouaves, le 29 octobre 1845, il fit partie de la première expédition de Kabylie en 1847, où il se signala, le 18 avril, à l'attaque de Beni-Slem.

Lieutenant-colonel au 22e de ligne, il fit l'expédition de Rome et reçut à la fin de la campagne la croix de commandeur de l'ordre de Saint-Grégoire le Grand.

De retour en Afrique, il accroissait par de nombreux traits de bravoure son renom militaire, et était nommé, le 2 juillet 1849, officier de la Légion d'honneur.

Colonel d'abord au 14e léger, puis au 42e de ligne en 1851, il fut nommé, le 17 février 1852, aide de camp du Prince-président de la république, et général de brigade le 20 mai suivant.

Avec ce grade, il commanda d'abord, en août 1853, la 2e brigade

les avait électrisés, les zouaves poussent un rugissement terrible, et, comme des lions furieux bondissent autour de cette fenêtre qu'ils brisent en éclats. — La maison est envahie, et ceux qui l'occupaient tués ou faits prisonniers.

Ainsi la journée de Magenta nous coûtait deux généraux, tous deux vaillants hommes de guerre.

Des maisons voisines partait un feu également meurtrier. — Le général de Castagny rallia autour de lui tout ce qu'il put rencontrer d'hommes de sa brigade, et se porta en avant, entrant résolûment au cœur du village, dont chaque maison avait été transformée en forteresse.

CXL. — Pendant que ce triste drame se passait à

d'infanterie du camp d'Helfaut, puis la 1re brigade d'infanterie à l'armée d'Orient le 23 février 1854.

Mis en congé de convalescence le 29 août 1854, il rentra en France, puis reprit, le 8 octobre suivant, ses fonctions en Crimée, et y reçut le commandement de la 1re brigade de la 1re division d'infanterie du 2e corps.

Général de division, le 29 août 1855, il prit, à la tête de la 3e division d'infanterie du 3e corps, une part glorieuse au siége de Sébastopol.

Le 29 mars 1856, il fut chargé d'une mission spéciale à l'armée d'Orient et, à ce titre, investi de pouvoirs extraordinaires. Le 26 avril, il était nommé chevalier compagnon de l'ordre du Bain ; en mai, commandeur de la Légion d'honneur, et le 6 août, il recevait la médaille de la valeur de Sardaigne.

Le 7 février 1858, il était nommé au ministère de l'intérieur, et élevé le 14 juin 1858, en cessant ses fonctions de ministre, à la dignité de sénateur.

Le général Espinasse fut un brave soldat ; il a trouvé sous les murs de Magenta l'honneur d'une mort glorieuse que son courage téméraire semblait rechercher par instinct. — Sa perte a été vivement sentie par l'armée, dont il était un des chefs les plus valeureux.

l'une des entrées du village, le combat continuait sur les autres points.

Un officier de l'état-major du général de Mac-Mahon, était venu porter au général Gault qui gardait Marcallo, l'ordre de marcher sur Magenta; et ce général, laissant ce village sous le commandement du colonel Castex, marchait au canon avec le 71ᵉ de ligne, un bataillon du 72ᵉ et le 11ᵉ bataillon de chasseurs. — Bientôt ces troupes sont séparées par le combat; le général Gault, seul avec son escorte, rencontre le 1ᵉʳ et le 2ᵉ étranger, prêts à rentrer en ligne. — Le capitaine d'état-major Regnier venait de transmettre au colonel Brayer (1ᵉʳ régiment étranger), l'ordre d'attaquer la droite de Magenta, où l'ennemi opposait une vive résistance. — Le colonel se met sous les ordres du général Gault, qui pousse aussitôt sur le village, dont les abords garnis de masses compactes sont attaqués à la fois par les deux divisions.

La lutte prend à chaque instant des proportions croissantes. — En vain le général Auger met de nombreuses pièces en batterie; en vain les commandants Faye et Beaudouin font un feu meurtrier sur le village et sur les colonnes qui se forment dans les vergers et derrière les jardins, rien n'abat la résistance énergique de l'ennemi qui ne se laisse arracher que lambeau par lambeau cette importante position.

Les deux régiments étrangers sont arrivés presqu'à hauteur des talus du chemin de fer; le sol est labouré par les balles et la mitraille.

CXLI. — Sur un signe du général, le colonel Brayer s'élance à la tête de son régiment au cri de Vive l'Empereur! et franchit au galop la chaussée. Tous le suivent au pas de course, en répétant comme un formidable écho le cri de leur colonel, qui a fait placer auprès de lui le drapeau de son régiment; le lieutenant-colonel Butet est à ses côtés. Le commandant de Gramont entraîne son bataillon, et se jette au milieu du feu; comme le 18 juin, à l'attaque du bastion Malakoff, ce brave officier tombe frappé d'une balle. Enfin ils atteignent Magenta, et pénètrent sur une place où ils se maintiennent énergiquement.

C'est dans ce moment que le général de Castagny rejoint le général Gault. — Déjà ce général a fait placer deux pièces de canon à la sortie du village et sur la route par laquelle les Autrichiens commencent à prononcer leur mouvement de retraite.

Pour peindre, comme elles devraient l'être, ces attaques multiples et simultanées qui brisèrent à la fois sur tous les points la résistance de l'ennemi, et nous livrèrent Magenta, il faudrait être partout à la fois, comme partout à la fois était le combat.

CXLII. — Le général de Martimprey (division Vinoy) avait, pendant ce temps, continué son mouvement et s'était resolûment engagé sur la route de Magenta avec 2 bataillons du 52e, cherchant à se relier au 2e corps; il ne tardait pas à rencontrer l'ennemi en face de lui, l'attaquait vigoureusement, et était blessé d'un coup de feu. Partout la bataille était engagée; les 2 bataillons poursuivent leur route sans s'inquiéter du nombre de leurs ennemis. Le commandant Louvent, ne pouvant parvenir à enlever une ferme qui lui barre le passage et que l'ennemi défend avec acharnement, la tourne audacieusement, et, par ce hardi mouvement, force 500 autrichiens à mettre bas les armes.

Enfin la petite troupe a rejoint la division de La Motterouge et combat avec elle.

CXLIII. — Cette division continuait à gagner du terrain : une partie de ses bataillons est en arrière du chemin.

Les uns ont traversé la voie ferrée, et sont avec le général Lefebvre à cheval sur la route de Milan, faisant face à l'église, pendant que d'autres, sous la conduite énergique du général de Polhes, délogent l'ennemi de l'église, et entrent par côté dans Magenta. — La gare du chemin de fer est à nous; les barricades qui en ferment l'entrée sont abattues.

Le général de La Motterouge franchit la chaussée sous un feu meurtrier. Tout à coup, cheval et cavalier roulent en bas du talus. — Un cri douloureux s'échappe de toutes les poitrines : — « le général est mort! » Mais le général se relève presque aussitôt; son cheval seul était tué. — De joyeuses acclamations montent au ciel, cris de reconnaissance envers Dieu.

La mort ne doit-elle pas se trouver satisfaite d'avoir frappé le colonel Drouhot (1), le lieutenant-colonel Mennessier (2), et le lieutenant-colonel de La Bonninière de

(1) COLONEL DROUHOT.

(Pierre Nicolas), né le 18 octobre 1804 à Chemilly (Haute-Saône). — Colonel du 65e de ligne, tué à l'ennemi le 4 juin 1859.

Élève à l'École spéciale militaire, le 5 novembre 1823; caporal, le 31 décembre 1824, il passa sous-lieutenant au 5e de ligne, le 1er octobre 1825; lieutenant, le 20 avril 1831, puis capitaine, le 11 novembre 1837. Major au 6e de même arme, le 28 août 1846, il était nommé lieutenant-colonel au 21e, le 20 octobre 1852, passait en la même qualité au 65e de ligne, le 22 du même mois, et obtenait les épaulettes de colonel, le 29 décembre 1855.

Il avait fait six campagnes en Afrique, de 1854 à 1858. Pendant ces quatre années, le colonel Drouhot avait montré les nobles qualités d'énergie et de loyauté militaires dont il était doué. Ses chefs le signalaient comme un officier plein de vigueur et de résolution, dans lequel on pouvait avoir la confiance la plus absolue. Dans les dernières expéditions de Kabylie, il se distingua brillamment.

Chevalier de la Légion d'honneur, le 30 avril 1850, il était officier depuis le 13 août 1857. — C'était sur le champ de bataille de Magenta que cet officier supérieur devait trouver une fin glorieuse. — En perdant son colonel, le 65e a perdu un chef brillant, et l'armée un de ses membres les plus dévoués à la religion du drapeau.

(2) LE LIEUTENANT-COLONEL MENNESSIER.

(Justin-Charles-Louis), né le 8 août 1815 à Metz (Moselle), lieutenant-colonel du 70e de ligne.

7 campagnes (1855 et 1856, Orient), chevalier de la Légion d'honneur, le 16 avril 1856.

Élève à l'École spéciale militaire, le 14 novembre 1835; caporal id., le 15 janvier 1837, il fut nommé sous-lieutenant au 50e de ligne, le 1er octobre 1837.

Lieutenant, le 27 décembre 1840; capitaine, le 19 octobre 1844; il passa chef de bataillon au 1er de ligne, le 2 janvier 1851; lieutenant-colonel au 70e id., le 8 novembre 1857.

Officier plein de bravoure et d'entrain, il était toujours au premier

Beaumont (1), sous-chef d'état-major du général Mac-Mahon, braves officiers qui inscrivaient leurs noms sur les tombes glorieuses de Magenta.

rang devant l'ennemi, animant ses soldats par l'exemple de son courage. — C'est ainsi qu'il tomba à Magenta en chargeant à la tête de son régiment, déjà son cheval avait été tué sous lui ; il fut transporté à Novare où il succomba malheureusement, le 6 juin, à la suite d'un accès de tétanos.

Jeune encore, il avait déjà parcouru une belle carrière et l'avenir lui réservait encore une large part. Sa perte a été vivement sentie par le brave 70ᵉ qui aimait en lui un chef plein d'équité et de nobles exemples.

(1) LE LIEUTENANT-COLONEL DE LA BONNINIÈRE DE BEAUMONT.

(Louis-Stanislas-Xavier), né le 5 septembre 1814 à Notre-Dame d'Oé (Indre-et-Loire). Lieutenant-colonel, sous-chef d'état-major du 2ᵉ corps de l'armée d'Italie.

Chevalier de la Légion d'honneur, le 23 mars 1821 ; officier, le 22 août 1855.

8 campagnes (1854, 1855 et 1856, Orient).

Élève à l'École spéciale militaire, le 3 décembre 1830, il en sortit comme sous-lieutenant au 30ᵉ de ligne, le 1ᵉʳ octobre 1832. Nommé élève à l'Ecole d'application d'état-major, le 1ᵉʳ janvier 1835, puis lieutenant, il fut désigné pour être employé à la carte de France, le 21 avril 1837. Capitaine, le 27 janvier 1841 ; il passa au 2ᵉ de cuirassiers, le 22 mars 1841. Aide de camp du général Courtot, le 7 mars 1843 et du général Fabvier, le 25 janvier 1844, il devint capitaine de 1ʳᵉ classe, le 2 juillet 1847. Chef d'escadron le 24 novembre 1854, il fut employé comme tel à l'état-major général de l'armée d'Orient, le 4 décembre 1854. Après la guerre de Crimée, il fut mis à la disposition du gouverneur général de l'Algérie, et au printemps dernier, attaché à l'état-major du 2ᵉ corps de l'armée d'Italie.

Nommé lieutenant-colonel, le 10 mai 1859 il devint sous-chef d'état-major général du 2ᵉ corps de l'armée d'Italie, le 3 juin 1859.

Pendant cette rude journée de Magenta, le sous-chef d'état-major de Beaumont ne cessa de donner, sur le champ de bataille, les preuves de la plus grande énergie et de cette intelligence distinguée que ses chefs avaient su souvent apprécier pendant la campagne de Crimée.

Aussitôt que les troupes ont pu s'emparer des deux pavillons de la gare, le général de La Motte-rouge fait demander deux pièces d'artillerie; elles accourent au galop, et, sur son ordre, se mettent en batterie dans l'intérieur même d'un des pavillons, faisant feu par les fenêtres sur une maison crénelée, qui rendait l'entrée du village impossible.

CXLIV.—De son côté, le général Auger a suivi avec son artillerie tous les mouvements du corps d'armée; il fait placer sur la chaussée du chemin de fer les deux batteries de la 1ʳᵉ division et les trois batteries de réserve. — Ces trente pièces réunies tirent à la fois sur le clocher du village et sur la droite de la ligne de bataille ; si l'ennemi refoulé dans l'intérieur de la ville voulait tenter un retour offensif, elles sont prêtes à l'écraser.

De toutes parts, les colonnes autrichiennes sont débordées; par toutes les issues apparaissent, serrées et menaçantes, nos terribles baïonnettes. — Déjà sur plusieurs points, la retraite commence à se dessiner au milieu de la plus effroyable tempête que le génie de la guerre ait inventée et des mugissements de notre artil-

---

— Atteint grièvement par trois blessures : une à la cuisse, une au bras, une à la poitrine, ce brillant officier succombait le 1ᵉʳ juillet 1859.

La mort brisait une belle carrière et un brillant avenir, mais elle la brisait glorieusement, sur un de ces grands champs de bataille dont l'histoire gardera à jamais le souvenir.

Ses états de service portent ces mots qui dans leur laconisme font le plus bel éloge du colonel de La Bonninière. « Officier distingué par son sang-froid et son courage à l'ennemi. »

lerie, dont les boulets labourent les rues, trouent les maisons, ou rebondissent sur les pierres de granit qu'ils ne peuvent entamer.

Le combat cependant continue encore dans l'intérieur de la ville ; les troupes qui se sont réfugiées dans les maisons, se défendent avec acharnement; il faut nous emparer des maisons, une à une, au prix des plus sanglants sacrifices. — De part et d'autre, on sent que Magenta est la clef qui doit nous ouvrir les portes de Milan.

« Rien (écrivait un officier supérieur) ne pourra jamais donner l'idée de cette lutte effroyable, de ce tumulte plein de sang, de ces cris, de ces détonations de l'artillerie mêlées à la fusillade, de cette mêlée furieuse, implacable; resserrés entre des rues étroites, nos hommes dans leurs efforts héroïques, désespérés, semblaient prendre les maisons corps à corps. »

CXLV. — Vers sept heures et demie, la ville de Magenta est en notre pouvoir et les nombreux détachements ennemis, toujours barricadés dans les maisons, sont nos prisonniers.

Le gros des forces autrichiennes cherche à se maintenir en bon ordre, et regagne Robecco, Castellano et Corbeta; une batterie de fuséens couvre sa retraite.

C'est alors que le général Auger, dont l'activité égale seule l'intrépidité audacieuse, place quarante pièces de canon sur le chemin de fer parallèle à la direction de la ligne de retraite de l'ennemi. — Ces pièces prennent d'écharpe et en flanc les colonnes autrichiennes et y sèment le désordre et la mort. C'est un feu terrible, incessant, impitoyable, les boulets succèdent sans relâche aux boulets, et font à tout instant dans ces masses pressées des trouées sanglantes.

A Ponte Nuovo, la garde a reçu la récompense de ses héroïques efforts. — Dégagée par l'attaque générale sur Magenta, et par l'arrivée des troupes du maréchal Canrobert et du général Niel, elle a repris vigoureusement l'offensive en avant du Naviglio, dont elle défend désormais les abords contre toute attaque. Une partie des colonnes ennemies s'est engagée sur le chemin qui conduit de Magenta à Ponte Nuovo ; là, elles rencontrent l'artillerie de la garde que le général de Sévelinges a mise en batterie de Ponte di Magenta à Ponte Vecchio. Pendant tout le combat, cette artillerie avait été tenue en réserve.— L'Empereur, voyant la division des grenadiers de la garde, la seule qu'il eût alors sous la main, assaillie par des forces si supérieures, avait donné ordre au général de Sévelinges de disposer les batteries le long de la rive droite du Tessin, en amont du pont, prêtes, si la retraite sur ce pont fût devenue nécessaire, à balayer la rive gauche à travers le fleuve. A cette artillerie était venue se joindre plus tard celle du 4e corps. Trente pièces de canon croisent donc leur feu avec celui du 2e corps, et foudroient ces masses profondes qui, repoussées des abords de Magenta, où elles n'ont pu se maintenir, opéraient en toute hâte leur mouvement de retraite. Le général Lebœuf, avec son audace habituelle et la sûreté de son coup d'œil, dirigeait en chef le tir de ces pièces ; par leur position elles firent à l'ennemi un mal impossible à calculer.

CXLVI. — Mais si Magenta nous appartient, si les colonnes ennemies s'éloignent épuisées et haletantes sous le
feu de notre artillerie, si de ce côté la victoire est à nous,
la bataille n'est pas encore entièrement perdue pour les
Autrichiens. Il restait au général Giulay un dernier espoir qu'il fallait lui arracher du cœur ; — cet espoir, c'est
celui qu'il avait nourri toute la journée et qui devenait,
dans ce moment cruel de défaite, sa dernière ressource :
— Appeler à lui toutes les troupes qu'il pouvait jeter au
combat, les réunir en un seul bloc puissant, et tenter
un dernier effort sur l'extrême droite de notre position.

S'il réussit à reprendre Ponte-Vecchio et à refouler
jusqu'au Tessin les troupes qui gardent ces importantes
positions, il s'établit fortement à la tête du pont de
Buffalora, et isole du reste de l'armée tout ce qui a passé
ce fleuve.

Le général en chef autrichien, malgré les rapports qui
lui arrivent de tous côtés par les officiers de son état-
major, sur la fatale issue de la bataille, ne peut pas et
ne veut pas croire à une défaite.

Pendant le cours de la journée, des dépêches télégraphiques, envoyées d'heure en heure à l'empereur
d'Autriche, avaient annoncé le progrès croissant de sa
victoire sur l'armée française ; la réalité maintenant venait l'écraser, et ce dernier espoir de son rêve évanoui
devait aussi venir se briser contre notre résistance
inébranlable.

CXLVII.—A tout instant, des têtes de colonnes autri-

chiennes se montraient subitement, tantôt sur la droite
du village, tantôt sur la gauche ; les tambours battaient
la charge, et comme les munitions commençaient à
manquer, les compagnies se lançaient à la baïonnette.

Le général Renault, avec le 41ᵉ, occupe la partie gauche,
et, veillant à tout, défend avec énergie les maisons qui
longent le canal. Le général Jannin exécute ses ordres
avec calme et sang-froid.

Le général Vinoy couvre, du même côté la partie extérieure du village que l'ennemi cherche perpétuellement à traverser. Le général Niel qui s'est porté dès le
commencement de l'action, là, où sa 2ᵉ division combat, dirige sur les points les plus menacés la conduite
des troupes

A droite du canal, le colonel Bellecourt se maintient
dans les maisons du village ; le colonel O'Malley est là
aussi ; ce sont des combats incessants, suprême tentative
de l'ennemi. Le maréchal Canrobert sent que ses troupes doivent être épuisées par de si longs combats ; il est
au milieu d'elles, les animant du geste, de la voix, de
l'exemple. Son chef d'état-major, le brave colonel de
Senneville se multiplie avec une ardeur sans égale,
et se porte tour à tour vers les compagnies disséminées,
soit pour leur donner des ordres, soit pour leur amener
des renforts. A tout instant l'artillerie ennemie lance
des volées de boulets et une pluie d'obus et de fusées.

Le maréchal veut lui-même, avec ce courage téméraire qui ne connaît point de bornes, s'assurer de la position des tirailleurs qu'il a fait placer en avant du vil-

lage. Tout à coup un escadron de hussards hongrois lancés au galop, arrive sur son flanc; les officiers qui entourent le maréchal sont forcés de mettre le sabre à la main; plusieurs sont blessés, et le colonel Bellecourt, qui s'est jeté en avant avec quelques hommes, est foulé aux pieds des chevaux. Le général Renault a vu de l'autre côté du canal, le danger que court le maréchal, il place d'habiles tireurs le long de la berge; chaque balle bien dirigée atteint un cavalier, et bientôt les hussards rebroussent chemin.

CXLVIII. — Cette charge de cavalerie avait pour but de masquer et de précéder l'attaque d'une colonne qui s'avançait vers des bâtiments isolés qu'occupaient quelques compagnies du 3ᵉ bataillon du 56ᵉ. Le colonel de Senneville y est accouru. — Ses compagnies sont peu nombreuses, affaiblies, épuisées; il va de l'une à l'autre, les plaçant en bataille sur la route qu'il faut à tout prix empêcher l'ennemi de franchir. Ce brave officier est superbe d'énergie et de résolution.

« — En avant, mes amis, s'écria-t-il; c'est le cœur qui fait la force, plus que le nombre! »

Et sans s'inquiéter s'il est suivi, il lance son cheval au galop sur la colonne ennemie. Les soldats électrisés par tant de valeur suivent au pas de course le colonel qui est à soixante pas en avant; ils le voient tout à coup s'abattre sur l'encolure de son cheval, puis tomber à terre. — Il était mort; et les soldats qu'il menait si vaillamment au feu, ne ramassent qu'un cadavre qu'ils entourent et défendent comme ils défendraient leur drapeau (1) ; mais l'élan est donné, l'ennemi est encore une fois repoussé.

La division Trochu ne peut tarder à arriver. — Le maréchal, à bout d'hommes, comprend que les Autrichiens s'acharneront sur ce point, et envoie le sous-lieutenant de Lostanges, puis le commandant Clémeur, dire au général de se porter en toute hâte sur Ponte-Vecchio avec tout ce qu'il a d'hommes et de cartouches.

Ces officiers le rencontrèrent près du Naviglio.

CXLIX. — Déjà le général de Martimprey, major gé-

(1)   COLONEL DENIS DE SENNEVILLE.

(Alphonse Robert), né le 23 décembre 1814 à Paris; chef d'état-major général du 3ᵉ corps de l'armée d'Italie; tué à l'ennemi, le 4 juin 1859 (balle en pleine poitrine).

Le colonel de Senneville comptait treize campagnes dans ses états de services, 1837 et 1838, Afrique; 1840 à 1843, Afrique; 1854, 1855, Orient.

Chevalier de la légion d'honneur, le 2 octobre 1842; officier, le 10 octobre 1851; commandeur, au mois d'octobre 1858; cité à l'ordre du jour de l'armée d'Afrique en date du 8 novembre 1841 pour sa conduite au combat du 26 octobre 1841 à Tarkmaretz, où il tua un cavalier de sa propre main.

Les états de service du colonel de Senneville, ses citations à l'ordre du jour, sa vie militaire, disent assez combien sa perte a été vivement sentie par toute l'armée; officier d'une haute capacité, il s'était toujours fait remarquer par une bravoure à toute épreuve. Un bel avenir s'ouvrait devant lui, et s'il est une pensée qui puisse consoler une famille d'un semblable deuil, c'est celle de savoir qu'il est glorieusement tombé en combattant vaillamment les ennemis de la France.

Élève à l'École spéciale militaire, le 20 novembre 1831, il fut nommé sous-lieutenant au 17ᵉ léger, le 27 décembre 1833; passa au 56ᵉ de ligne, le 30 décembre 1833; fut admis élève à l'École d'application d'état-major, le 1ᵉʳ janvier 1834; lieutenant au corps d'état-major, le 1ᵉʳ janvier 1836; capitaine, le 18 janvier 1840; aide de camp du gé-

néral de l'armée, lui indiquait qu'il croyait sa présence très-nécessaire du côté de Ponte-Vecchio. Le général Trochu n'a encore avec lui dans ce moment que le 19ᵉ bataillon de chasseurs (commandant Le Tourneur) et le 43ᵉ qui marche avec le colonel Broutta ; il part aussitôt, laissant l'ordre au reste de sa division, de le rejoindre au fur et à mesure de son arrivée.

Il était alors six heures et demie environ.

Le général s'est porté en avant pour examiner la position. — Il n'y avait plus à Ponte-Vecchio, sur la rive droite, qu'un bataillon du 56ᵉ avec le commandant La-

---

néral Galbois, le 29 février 1840, puis du général Lafontaine, le 19 mars 1841. Il fut ensuite employé à l'état-major de la division d'Oran, le 5 octobre 1841. Il fut attaché comme aide de camp au général Lamoricière, le 23 septembre 1845. Nommé capitaine de 1ʳᵉ classe, le 18 mai 1846 ; aide de camp du ministre de la guerre, le 3 juillet 1848 ; il fut fait chef d'escadron, le 10 juillet 1848 et devint ensuite aide de camp du général Korte, le 5 juillet 1849. Le 17 juillet 1849, il fut mis à la disposition du ministre des affaires étrangères pour accompagner le général Lamoricière à Saint-Pétersbourg. Aide de camp du général Kœnig, le 21 juin 1850 ; il fut fait lieutenant-colonel, le 14 janvier 1853 et nommé chef d'état-major du camp d'Helfaut, le 29 avril de la même année.

Il était chef d'état-major de la 4ᵉ division militaire, quand il fut appelé au même titre à la 1ʳᵉ division militaire de l'armée d'Orient (devenue 1ʳᵉ division du 2ᵉ corps) le 25 février 1854. Colonel le 26 mars 1855, il devint chef d'état-major de la 5ᵉ division militaire le 22 décembre suivant. Sous-chef d'état-major général de l'armée du Nord, le 15 janvier 1856, il passa comme chef d'état-major de la 1ʳᵉ division d'infanterie à l'armée de Paris (devenue 3ᵉ division de l'armée de Lyon) le 26 juillet 1857.

Il fut ensuite chef d'état-major général du commandement supérieur des divisions de l'Est, et en dernier lieu, chef d'état-major général du 3ᵉ corps de l'armée d'Italie, le 24 avril 1859.

trille et une portion du 85ᵉ. Le général Picard avait appuyé à droite pour défendre les collines. Le 86ᵉ couvrait les hauteurs, pour garantir de ce côté le village contre les retours de l'ennemi.

CL. — Le général Trochu fait battre tous les tambours des troupes qu'il amène avec lui, fait sonner tous les clairons des chasseurs, et pendant que la musique du 43ᵉ joue ses marches les plus sonores, il s'avance jusqu'au village qu'il dépasse de 1000 mètres environ.

Les tambours, les clairons, la musique laissent supposer aux ennemis que des renforts puissants arrivent, et raniment les forces épuisées de nos combattants. Bientôt le colonel Pierson rejoint la colonne avec le 44ᵉ.

« Ainsi (écrit le général Trochu au maréchal dans son rapport) je transportais le combat fort en avant du village encombré de morts et de mourants, j'abattais le moral de l'ennemi s'il lui en restait, et j'augmentais celui des anciens défenseurs de la position, désormais à couvert. »

Les Autrichiens supposant, en effet, que des renforts considérables sont survenus, n'essayent plus de retours offensifs et se contentent d'envoyer un feu nourri de projectiles. Au tomber de la nuit, ils s'établissent sur le terrain même, portant leurs avant-postes à 200 mètres au plus de ceux du bataillon de chasseurs déployé sur le front de notre colonne.

22

CLI. — A la gauche de Ponte-Vecchio, les attaques avaient aussi cessé.

Vers sept heures et demie du soir, deux pièces d'artillerie de la division Vinoy étaient arrivées, sous la conduite du capitaine Delange; elles traversent le village au galop et viennent se mettre en batterie sur la route.

A peine sont-elles en ligne, qu'une colonne apparaît tout à coup, sortant des massifs; les artilleurs se jettent à leurs pièces; tout ce qui est à portée court, baïonnette croisée, se ranger derrière les canons pour les défendre. Mais quelques coups à mitraille, lancés dans les champs et dans les vignes qui abritaient cette colonne, l'arrêtent court.

Ce fut aussi, de ce côté, la dernière tentative de l'ennemi qui se borna, jusqu'à neuf heures du soir, à tirer des coups de fusil et à lancer des fusées.

Pendant ce temps, le général Renault faisait, sous ses yeux, travailler sans relâche au rétablissement du pont, afin de rendre possible la communication entre les deux parties du village, et permettre au besoin de se porter un secours mutuel. — Malgré un feu violent d'artillerie dirigé sur ce point, la compagnie du génie, animée par la présence du général, ne cessa pas un seul instant son travail qui fut achevé vers la nuit.

Le général Vinoy faisait, de son côté, barricader les murs extérieurs du village avec tout ce qu'il trouvait sous sa main, des poutres, des charrettes, des tombereaux, des arbres chargés de feuilles.

Les murs des maisons étaient crénelés, ainsi que ceux de l'église, dans laquelle on avait transporté pêle-mêle les blessés autrichiens et français.

Vers neuf heures et demie, le commandant Paturel avec quelques compagnies du 41e enlevait une ferme sur laquelle s'appuyait notre droite vers Magenta, et faisait prisonnière une compagnie qui s'y était retranchée.

CLII. — Partout le bruit de la bataille avait cessé. — Avec la nuit, le calme et le silence semblaient être descendus du ciel sur la terre.

Ce silence, succédant subitement aux cris tumultueux du combat avait une triste et superbe solennité. L'aspect d'un champ de bataille aux pâles clartés de la nuit serre et élève à la fois la pensée et le cœur. Tous ces vaillants morts, qui sont là-bas étendus, semblent dormir comme des lutteurs épuisés, et on dirait qu'au premier signal résonnant du clairon, tous se lèveront pour reprendre leur rang de bataille. — Mais Dieu les garde, et la France ne doit avoir que de glorieuses larmes sur de semblables tombeaux.

De tous côtés les colonnes autrichiennes, il y a quelques heures à peine si sûres de la victoire, sont en retraite ; nos boulets meurtriers, qui les ont poursuivies jusqu'à la fin du jour, cessent enfin de jeter la mort et le désordre dans leurs rangs.

Le colonel de Toulongeon, aide de camp de l'Empereur, après bien des obstacles et des dangers, était enfin parvenu à rejoindre le général de Mac-Mahon.

C'était au tomber de la nuit, le général venait de s'emparer de Magenta, et était sur la chaussée où le général Auger avait établi ses batteries ; il ignorait entièrement ce qui s'était passé sur le Naviglio, n'ayant pu pendant toute la journée avoir aucune communication avec le reste de l'armée. — Autour de lui, le sol couvert de cadavres, jonché d'armes autrichiennes, disait assez combien des deux parts le combat avait été sanglant et acharné.

CLIII. — Certes le général Giulay avait raison quand il écrivait dans son rapport à l'empereur d'Autriche :

« Je crois pouvoir dire avec certitude que l'ennemi a chèrement acheté la possession de Magenta, et qu'il rendra à l'armée de Votre Majesté la justice qu'elle a cédé devant un ennemi également valeureux, après une lutte héroïque. »

Le général de Mac-Mahon, le visage encore animé par les nobles émotions du combat, raconta brièvement à l'aide de camp de l'Empereur tout ce qu'il avait fait, en lui indiquant sur la carte la marche convergente de son corps d'armée sur Magenta.—Les prisonniers autrichiens étaient au nombre de cinq ou six mille, et l'on pouvait évaluer à douze mille hommes au moins les pertes de l'ennemi. — Il chargea le colonel de Toulongeon d'apprendre aussi à Sa Majesté la perte douloureuse qu'elle avait faite, dans la personne d'un de ses aides de camp, le général Espinasse, vaillamment tué pendant la bataille.

Le colonel partit au grand galop, et fut assez heureux pour être le premier à annoncer à l'Empereur la nouvelle de cette grande victoire.

CLIV. — Le général autrichien refoulé dans ses derniers retranchements, voyant son armée sanglante et abattue nous ouvrir, par sa retraite, les portes de Milan, devait se demander quelles étaient donc les forces qu'il fallait accumuler pour tenir tête à de semblables soldats.

Vous demandez pourquoi l'armée française a cet élan indomptable, cette énergie que rien n'arrête ; vous demandez pourquoi nos bataillons se jettent sous le feu, franchissent tous les obstacles, et vont chercher, sur la gueule même des canons, la mort ou la victoire ; vous demandez pourquoi rien ne leur résiste, ni les murs de pierre, ni les murs de fer. — Le secret, le voilà ; c'est que, depuis le sous-lieutenant jusqu'au maréchal de France, tous jettent audacieusement leur vie au hasard et sans y regarder, sur ce terrible tapis des batailles.

Courage insensé souvent, déraisonnable parfois, héroïque toujours, qui fait la force indomptable des masses.

Certes, vos chasseurs tyroliens froidement embusqués dans les blés, derrière les arbres, au milieu des vignes, ont envoyé des balles guidées par un coup d'œil sûr dans ces vaillantes poitrines. Mais, à celui qui tombait succédait un autre ; et si la France pleure de valeureux officiers qui ont trouvé la mort dans cette glorieuse

campagne, la victoire n'a pas un seul instant déserté ses
drapeaux.

Quels immenses résultats obtenus depuis le 30 mai,
jour où l'armée alliée quittait ses positions devant
Alexandrie!

« Cette armée, dit le bulletin de l'Empereur daté, le
5 juin, du quartier général de San-Martino, avait livré
trois combats, gagné une bataille, débarrassé le Piémont des Autrichiens, et ouvert les portes de Milan.

« Depuis le combat de Montebello, l'armée ennemie
avait perdu 25 000 hommes tués ou blessés, 10 000 prisonniers et 17 canons. »

Les troupes qui avaient combattu campèrent sur le
champ de bataille (1).

(1) *Journal historique des mouvements et des opérations militaires
de la garde impériale.*

5 *juin.* — Les corps de la garde sont établis de la manière suivante :

La division de voltigeurs (général Camou), qui a cessé d'être sous
le commandement du général de Mac-Mahon, en arrière de Magenta,
se reliant avec la 2e division.

La division de grenadiers, en avant de Ponte di Magenta, se reliant avec la 3e division.

L'évacuation des blessés a eu lieu pendant toute la journée ; les am
bulances envoient constamment des convois à San-Martino, et les prisonniers autrichiens, qui arrivent en quantité considérable, sont
employés au transport des blessés.

Le quartier général de la garde reste sur la rive gauche du Tessin,
à l'entrée du pont où il était établi depuis la veille.

*Journal historique des mouvements et des opérations militaires
du 2e corps.*

4 *juin.* — Après la prise de Magenta, le village fut occupé par un

CLV. — Mais les Autrichiens n'avaient pas encore abandonné la pensée de reprendre Ponte-Vecchio. — La nuit les avait forcés de suspendre leur attaque, et le lendemain ils devaient tenter encore un dernier effort.

Le général Giulay dit, dans son rapport, que son intention était de recommencer le lendemain la bataille, espérant trouver l'ennemi ébranlé. « Le courage, ajoute-

corps des divisions de La Motterouge et Espinasse ; le reste de ces divisions, ainsi que celle des voltigeurs de la garde, campèrent sur l'emplacement même où elles avaient combattu et où la nuit les surprit.

5 *juin*. — Séjour à Magenta. On s'occupe à ramasser les blessés et à les transporter aux ambulances de Buffalora et de Magenta.

Journal historique des mouvements et des opérations militaires du 3e corps.

4 *juin*. — La tête de colonne de la division Trochu a pris toutes les positions occupées dans le village, sur la rive droite du canal, par la brigade Picard et le 85e. Cette brigade va bivouaquer sur l'emplacement où se trouve déjà le 23e. — La 2e brigade de la division Trochu reste encore longtemps sur la rive droite du Tessin sans pouvoir passer sur le pont, vu l'encombrement.

La 3e division (Bourbaki) n'arrive à son bivouac, entre Ponte di Magenta et Buffalora, qu'à une heure du matin. Toute la nuit du 4 au 5 est ainsi employée, par le restant des troupes du 3e corps, à franchir le Tessin et à aller s'établir au bivouac entre Ponte di Magenta et Buffalora.

Journal historique des mouvements et opérations militaires du 4e corps.

4 *juin*. — La division Vinoy a campé la nuit dans Ponte-Vecchio et aux alentours du village.

5 *juin*. — A 3 heures du matin, les divisions de Luzy et de Failly, qui, la veille, n'ont pu passer le Tessin à cause de l'encombrement de la route, prennent les armes pour rejoindre la division Vinoy, qui a passé la nuit à Ponte-Vecchio. Elles s'y établissent, la division de Luzy à droite de la route de Magenta, et faisant face au village de Robecco ; la division de Failly en arrière et à gauche de la même route.

t-il, déployé par nos troupes dans toutes les actions, me donnait la certitude que leur choc serait décisif et resterait victorieux. »

Des circonstances fortuites, indépendantes de sa volonté et qu'il consigne dans son rapport à l'Empereur d'Autriche, ont seules changé ces résolutions, et lui ont fait ordonner la retraite définitive (1).

CLVI. — Le 5, vers deux heures du matin, les postes placés en avant de Ponte-Vecchio firent prévenir le gé-

---

(1)   *Rapport du général en chef autrichien, comte Giulay.*

« Je fis fortement occuper Robecco et tout disposer pour recommencer l'attaque le 5 au matin. Les pertes énormes de l'ennemi me faisaient espérer de le trouver ébranlé ; le courage déployé par nos troupes dans toutes les actions me donnait la certitude que leur choc serait décisif et resterait victorieux.

« Le 5e et le 8e corps d'armée et une division du 3e corps, qui n'avaient pas encore combattu, pouvaient être jetés dans la balance comme troupes fraîches. J'avais calculé tout cela et je n'attendais, pour commencer l'attaque, que l'avis que les troupes avaient pris leurs positions, et la liste de leurs pertes.

« J'appris alors seulement que les troupes du 1er et du 2e corps d'armée, lesquels avaient le plus souffert de la première attaque de l'ennemi, s'étaient déjà retirées en arrière et qu'elles ne pourraient revenir sur le champ de bataille, qu'après une marche de nuit très-fatigante. Elles étaient parties à trois heures du matin, de sorte qu'elles étaient déjà loin en arrière, à l'heure où j'aurais pu les envoyer en avant. En pareilles circonstances je dus chercher à garder intacts les corps près du lieu du combat, afin de couvrir les autres, et j'ordonnai la retraite.

« Le 5, au matin, le brave régiment d'infanterie grand-duc de Hess attaqua encore une fois Ponte di Magenta pour faciliter le mouvement de retraite. — C'était le dernier effort d'un valeureux régiment (dit le lieutenant feld-maréchal Schwarzenberg dans son rapport). car il avait eu la veille 25 officiers blessés, 1 officier d'état major et 9 chefs tués. sans hésiter une seule fois dans l'attaque, ni faiblir dans la retraite. »

néral Trochu que l'on entendait du bruit et des commandements. — En effet, à travers les dernières obscu-
rités de la nuit, on apercevait un mouvement de colonnes dénotant des projets d'attaque.

Le maréchal Canrobert, qui a passé la nuit à surveiller lui-même l'emplacement de ses troupes et à activer
l'arrivée du reste de son corps d'armée, vient inspecter
le front des troupes avec cette activité qu'aucune fatigue
ne lasse. — A peine a-t-il quitté les positions avancées,
qu'une vive fusillade éclate sur toute la ligne de bataille
des Autrichiens. — Aux premiers coups de feu, le général Trochu accourt sur le front de sa ligne avec cet élan
joyeux qui le caractérise, et porte en avant le 19ᵉ bataillon de chasseurs.

Le général Bataille n'a même pas eu le temps de demander son cheval; il est à pied au milieu des tirailleurs qu'il déploie, pendant que le reste de la division,
échelonnée en arrière, couvre ce mouvement, en refu-
sant sa droite et en appuyant sa gauche au Naviglio.

La colonne s'avance rapidement et atteint bientôt la
ferme de San-Damiano, fortement occupée par l'ennemi.
— Deux escadrons de cavalerie, abrités derrière les bâtiments de cette ferme, sont prêts à charger. — Aussitôt
que les chasseurs les aperçoivent, ils commencent un feu
serré et forcent ces escadrons à rebrousser chemin, sans
avoir même tenté de se jeter sur la tête de colonne qui
marche rapidement. La ferme est tournée et occupée
par nos troupes, qui la dépassent et continuent leur
route.

« L'ennemi (écrit le général Trochu dans son rapport) n'avait pas d'artillerie avec lui, je n'en avais pas non plus; mais je jugeai que, puisqu'il n'amenait pas ses canons, son intention n'était pas d'aller bien avant, et je le fis suivre à la baïonnette pendant quatre kilomètres ; le 19e bataillon, soutenu par le 43e et le 44e de ligne, s'élança à sa poursuite.

A la tête du 19e bataillon de chasseurs était le commandant Le Tourneur. — Le colonel Broutta marchait en tête du 43e de ligne, et le colonel Pierson à la tête du 44e. Avec ces braves régiments, le général Trochu poussa jusqu'à la hauteur de Vajano et de Carpenzago, en tuant du monde à l'ennemi. — A mesure que nos troupes avançaient, les Autrichiens se retiraient; ils laissèrent sur le terrain plusieurs milliers de sacs, se contentant, vers la fin, d'envoyer de l'autre côté du canal quelques décharges d'artillerie.

Ce simulacre d'attaque avait pour but de masquer le mouvement de retraite de l'armée autrichienne qui évacuait Robecco, Abbiate-Grasso, et même la position fortifiée de Castelletto (1).

« C'était, dit le général Giulay, le dernier effort d'un valeureux régiment qui avait eu la veille 35 officiers hors de combat. »

_____

(1) En effet, le lendemain, 6 juin, le maréchal Canrobert se mit en marche avec la division Bourbaki sur Abbiate-Grasso, en suivant la rive droite du Naviglio, pendant que le général Niel se portait sur le même point en suivant la rive gauche. — Ils apprirent qu'à la suite de l'attaque du 5, Abbiate-Grasso et Castelletto avaient été évacués. — On trouva à Abbiate-Grasso un courrier et des approvisionnements considérables en riz et en avoine.

CLVII.—Pendant que le général autrichien s'éloignait désespéré de ce champ de bataille, qu'il croyait conserver en vainqueur, l'Empereur Napoléon III établissait, le soir même, son quartier impérial à San-Martino, tête du pont de Buffalora.

San-Martino mérite à peine le nom de village : c'est une réunion de quelques maisons élevées près des rives du Tessin. — Une sorte d'auberge fut choisie pour le quartier impérial. Le régiment des guides, commandé par le colonel de Mirandol, prit ses bivouacs sur une plate-forme séparée seulement de cette auberge par la route; les cent-gardes s'établirent dans la cour d'une ferme voisine. Un long revêtement en terre et en fascines et un large fossé sont les seules traces qui restent du passage des Autrichiens.

A San-Martino sont aussi les ambulances; une grande maison, près de celle habitée par l'Empereur, sert de dépôt aux prisonniers. La route qui traverse ce campement improvisé est encombrée de bagages et d'impedimenta de toutes sortes.— C'est bien le soir d'une bataille avec sa longue agitation, son mouvement incessant et ce pêle-mêle étrange de soldats joyeux et de pâles blessés. — A tout instant, on voit arriver ou s'éloigner, dans différentes directions, des officiers d'état-major. — La nuit entièrement venue, et quelques coups de fusil qui s'entendaient encore dans le lointain, ajoutent à ce sévère tableau une mâle poésie.

CLVIII. —Après le grand récit du drame héroïque qui

vient de se passer sous nos yeux, il nous semble intéressant d'entrer dans les détails intimes des heures qui suivirent cette mémorable journée, de voir le souverain de
la France, le chef de cette vaillante armée qui vient de
se couvrir de gloire, chercher pour la nuit un abri dans
une misérable habitation, où un de ses aides de camp
lui apporte un morceau de pain et un verre d'eau, sur
une assiette brisée. — N'y a-t-il pas, dans ces faits fu-
tiles en apparence, que la volonté du hasard rapproche
ainsi des événements les plus solennels, quelque chose
de grave comme un enseignement?

Le 4 août au soir, l'Empereur, après avoir longuement causé avec le maréchal Canrobert, qui quittait à
peine le champ de bataille, se jeta tout habillé sur un
lit de roulier pour prendre quelques instants de repos. — A la porte de l'auberge, les sentinelles vigi-
lantes veillaient, et les officiers de la maison militaire
de l'Empereur s'étendirent, les uns dans une salle basse
sur des bottes de foin, les autres en plein air, sur
des sacs de maïs. Quelques-uns, brisés par la fatigue
s'endormirent bientôt profondément; d'autres restèrent éveillés, et purent, plusieurs fois dans le courant
de la nuit, à la lueur de l'unique chandelle qui brû-
lait dans la chambre, voir l'Empereur enveloppé dans
son caban, tantôt se promenant, livré à ses pensées profondes, tantôt s'accoudant à la table, pour relire quelques-uns des rapports qui venaient de lui parvenir.

Pendant ce temps, les troupes continuaient à passer
sur la route, regagnant les divers bivouacs qui leur

avaient été assignés, et l'on entendait au milieu du silence de la nuit le bruit répété de leurs pas, et le tintement monotone des bidons et des gobelets de l'infanterie qui s'entrechoquaient.

Lorsque le jour commença à paraître, les troupes avaient cessé de défiler; l'on ne voyait plus que des cacolets et des charrettes transportant des blessés.

Le 5, dans la matinée, le roi Victor-Emmanuel vint visiter l'Empereur qui se rendit, aussitôt après, sur les rives du Tessin, pour surveiller lui-même le prompt établissement des ponts de bateaux qui devaient servir à transporter rapidement l'artillerie et tous les bagages de l'armée.

Le général Regnaud de Saint-Jean d'Angely avait son quartier général sur la rive gauche du Tessin au débouché du pont de Buffalora. Dès que l'Empereur l'aperçut, il alla à lui, et lui serrant la main avec effusion, il lui dit :

« — Hier, général, vous et la garde impériale, avez bien mérité de la France. »

CLIX. — L'Empereur devait transporter, le 6, le quartier impérial à Magenta. A sept heures du matin, il monta à cheval suivi par tout son état-major. Au moment où Sa Majesté atteignait le canal du Naviglio-Grande, elle aperçut le général de Mac-Mahon qui venait à sa rencontre. — Lui aussi, dans cette vaillante journée, avait bien mérité de la patrie; l'Empereur accueillit le général avec des marques d'affection toute particulière, le compli-

menta chaudement sur la brillante prise de Magenta, et
le garda près de lui pendant toute la durée de la route.

Un beau spectacle se déroulait à chaque pas devant
l'Empereur : c'était son armée bivouaquée sur le champ
de bataille tout couvert encore des traces visibles du
combat. Les soldats et les officiers quittaient leurs
tentes pour accourir sur son passage, et oubliant que
leurs costumes parfois étaient loin d'être réglemen-
taires lui faisaient, tout le long de la route, un cortége
de leurs acclamations joyeuses. — C'est ainsi que Sa
Majesté atteignit Magenta, portée, pour ainsi dire, sur
le cœur de cette armée qui avait foi en lui, comme lui
le souverain avait foi en elle.

Aux abords de Magenta le sol était jonché de débris.
Les maisons étaient percées à jour et broyées par notre
artillerie ; dans certains endroits, des murailles entières
étaient abattues et gisaient dans les jardins qu'elles com-
blaient de pierres amoncelées. Le clocher était resté
debout, mais les boulets y avaient marqué leur empreinte. Ce fut là, dans cette petite ville, témoin deux
jours avant de si sanglants combats, que l'Empereur
voulut apprendre au général de Mac-Mahon qu'il le
nommait maréchal de France et duc de Magenta (1).

---

(1)   LE MARÉCHAL DE MAC-MAHON.

Est né le 13 juin 1808.

Elève à l'Ecole militaire de Saint-Cyr, il en sortit le 1er octobre 1827
avec le grade de sous-lieutenant, élève à l'Ecole d'application d'état-
major.

Détaché au 4e de hussards le 1er janvier 1830, puis au 20e de ligne

Quelques instants après, le général Fleury, en sortant de la chambre où se trouvait l'Empereur, montait à cheval et allait annoncer au général Regnaud de Saint-

le 2 avril suivant, il devint officier d'ordonnance du général Achard le 19 octobre.

Lieutenant au 8e cuirassiers le 20 avril 1831, aide-major le 29 septembre, aide de camp du général Achard le 16 janvier 1832, il assista au siège d'Anvers. Le 15 mars 1833 aide-major au 1er cuirassiers, il est nommé capitaine le 20 décembre de la même année.

Aide de camp du général Bellair le 6 août 1835, du général Bro le 18 octobre 1836, puis du général Damremont le 5 septembre 1837, il passe le 17 février 1838 à l'état-major de la 21e division militaire, et le 1er décembre à celui de la place de Paris.

Détaché le 3 août 1839 à l'état-major du camp de Fontainebleau, il est appelé le 18 décembre aux fonctions d'aide de camp du général de Houdetot, et, le 12 juillet 1840, du général Changarnier.

Chef d'escadron d'état-major, le 28 octobre 1840; il passe au commandement du 10e bataillon de chasseurs à pied.

Lieutenant-colonel de la 2e légion étrangère, le 31 décembre 1842, il est nommé, le 24 avril 1845, colonel du 41e de ligne qu'il quitte, le 20 septembre 1847, pour le 9e de ligne.

Il est nommé général de brigade le 12 juin 1848, et mis à la disposition du gouverneur général de l'Algérie, qui lui confie le 19 février 1850, par intérim, le commandement de la province d'Oran, puis, le 17 mars 1852, le commandement de la division de Constantine.

Général de division le 16 juillet 1852, il est maintenu dans son commandement et remplit en outre les fonctions d'inspecteur général d'infanterie de 1852 à 1854. Il se couvre de gloire dans la grande Kabylie, et par un commandement à l'armée du Nord prélude à sa magnifique campagne de Crimée.

Nous avons décrit dans notre histoire de l'expédition de Crimée le rôle héroïque du général de Mac-Mahon dans cette gigantesque journée de la prise de Sébastopol. Le premier, il entra dans Malakoff et s'y maintint malgré des efforts terribles de l'ennemi.

A partir de la prise de Sébastopol, le général a sous ses ordres toute l'armée de réserve et est nommé sénateur à sa rentrée en France.

Le 13 avril 1857, il fut mis à la disposition du gouverneur général de l'Algérie, le maréchal Randon, et fit la dernière expédition de Kabylie, qui lui valut la médaille militaire, le 27 décembre 1857. Depuis

Jean-d'Angely (1) qu'il était aussi élevé à la haute dignité
de maréchal, et au général de Wimpffen que Sa Majesté
le nommait général de division.

le mois de septembre 1858, il occupait les fonctions de gouverneur des
forces de terre et de mer de l'Algérie, lorsqu'il fut appelé à la tête du
2ᵉ corps de l'armée d'Italie.

Chevalier de la Légion d'honneur, le 14 septembre 1831, officier
le 11 novembre 1837, commandeur le 28 juillet 1849, grand officier
le 10 août 1853, grand'croix le 22 septembre 1855, il est grand'croix de
l'ordre du Bain, de l'ordre des saints Maurice et Lazare de Sardaigne,
du Medjidié et du Nichan de Tunis.

Le duc de Magenta est une des physionomies militaires les plus
sympathiques et les plus justement populaires dans l'armée, dont
il est une des gloires, gloire acquise sur les champs de bataille. — Sa
personne inspire aux soldats une confiance sans bornes, premier gage
de la victoire. Il possède au plus haut degré les qualités que l'on
recherche dans l'armée : la vaillance, la loyauté, l'aménité et une
grande sollicitude pour le soldat. Il appartient à cette vaillante co-
horte d'officiers formée aux rudes travaux des guerres d'Afrique,
et qui a été la pépinière des plus grandes illustrations militaires. —
Après la victoire de Magenta, nos braves légions dont il est l'idole
ont applaudi, avec la France tout entière, à la haute dignité que
l'Empereur lui conférait, en le nommant maréchal de France et duc
de Magenta.

(1)   LE MARÉCHAL REGNAUD DE SAINT-JEAN-D'ANGELY.

Est né à Paris le 30 juillet 1794.

Élève de l'école militaire de cavalerie de Saint-Germain, le 30 mars
1812, il en sortit sous-lieutenant le 21 septembre, et partit pour la
grande armée, où il fut incorporé au 8ᵉ régiment de chasseurs à cheval avec lequel il fit la campagne de Russie.

Nommé lieutenant au 8ᵉ de hussards, le 10 septembre suivant, il
se distinguait brillamment par son courage à la bataille de Leipzig,
où son régiment fut presque entièrement détruit. Il passa ensuite dans
l'état-major comme aide de camp du général Foré, le 6 novembre ;
puis du général Corbineau, le 6 décembre. — Lorsqu'en 1814, la France
eut à lutter contre l'invasion étrangère, Regnaud fit cette campagne
jusqu'à la capitulation de Paris et montra sous les murs de Reims tout

Par ces nominations faites sur le champ de bataille, l'Empereur récompensait noblement de grands services rendus au pays ; il consacrait ainsi aux yeux de l'armée tout entière la valeur de ses chefs et l'immense importance de la victoire de Magenta.

ce que l'on pouvait attendre de son énergie et de sa valeur à toute épreuve.

Capitaine, le 15 mars 1814, il ne vit pas sa nomination sanctionnée par le gouvernement de la Restauration, et entra au 1er hussards, où il servit jusqu'au mois de mai 1815.

Pendant les Cent jours, l'Empereur le dédommagea des rigueurs de la Restauration et l'attacha à sa personne en qualité d'officier d'ordonnance, le 3 mai 1815. Le 21 juin, il recevait le grade de chef d'escadron, que l'Empereur lui avait accordé sur le champ de bataille de Waterloo.

La seconde Restauration refusa encore de ratifier cette nomination et le jeune Regnaud, rayé des cadres de l'armée, rentra dans ses foyers, en août 1815, avec le grade de lieutenant.

Mais, lorsqu'en 1825, la Grèce se leva pour reconquérir son indépendance, il suivit dans ce pays le colonel Fabvier, qui le chargea d'organiser un corps de cavalerie européenne. En 1828, il fit comme volontaire l'expédition de Morée où il fut attaché à l'état-major du maréchal Maison. Nommé de nouveau capitaine, le 27 décembre 1829, il fut réintégré par le gouvernement de juillet dans son grade de chef d'escadron, qui lui avait été contesté.

Il rentra alors au service, devint lieutenant-colonel du 1er chasseurs (devenu 1er lanciers) le 11 septembre 1830, colonel du même régiment le 23 octobre 1832, et fit la campagne de Belgique de 1831 à 1833.

Général de brigade de cavalerie, le 18 décembre 1841, il commanda successivement la 1re brigade de la 1re division de cavalerie du corps d'opérations sur la Marne, le 24 avril 1842, le département de la Meurthe, le 27 décembre, la brigade de cavalerie à Versailles, le 24 octobre 1845, le département d'Indre-et-Loire, le 3 mars 1848, et la 1re brigade de cavalerie légère de la division de l'armée des Alpes, le 10 avril 1848.

Élevé au grade de général de division, le 10 juillet 1848, il commanda par intérim la division de cavalerie de l'armée des Alpes, depuis le 14 juillet 1848 jusqu'au 15 avril 1849. Il fut alors investi du com-

I   32

CLX. — Le prix de cette victoire, c'était la capitale de la Lombardie, que les Autrichiens démoralisés allaient abandonner sans coup férir ; mais elle était chèrement achetée et payée d'un sang généreux.

mandement des troupes de terre du corps expéditionnaire de la Méditerranée et fit la campagne d'Italie en 1849.

En 1851, nommé ministre de la guerre, il exerça ses fonctions du 9 au 24 janvier, en remplacement du général d'Hautpoul et résigna ses hautes fonctions entre les mains du général Randon, son successeur.

Mis en disponibilité le 2 décembre 1851, il entra au sénat dès sa formation le 25 janvier 1852, et, le 1er mai 1854, mis à la tête de la garde impériale, il la conduisit en Orient où elle se couvrit de gloire. Le 29 mars 1855, il recevait le commandement provisoire du corps d'armée de réserve, position confirmée le 28 avril.

Rentré en France le 1er novembre 1855, il est nommé commandant en chef de la garde impériale le 8 avril 1856 et devient, en septembre 1857, major général du camp de Châlons.

Chevalier de la Légion d'honneur, le 4 décembre 1813, officier le 4 mai 1831, commandeur le 19 décembre 1847, grand officier le 12 juillet 1849, grand'croix le 28 décembre 1855, il est en outre décoré de la médaille militaire le 13 juin 1852, chevalier de l'ordre du Sauveur de Grèce, décoré de l'ordre de Nichan de Tunis, le 24 mars 1847, grand'croix de l'ordre de Pie IX en 1849, de l'ordre du Bain en 1856.

Le général Regnaud de Saint-Jean-d'Angely a fait les campagnes de Russie (1812), de Saxe (1813), de France (1814), de Belgique (1831 à 1833), de Rome (1849), d'Orient (1854 à 1856).

Certes il avait fallu à cette nature énergique une inébranlable résolution, pour ne pas se sentir faiblir au milieu de toutes les vicissitudes des tempêtes révolutionnaires qui enlevaient au jeune officier le prix de son sang et de ses nobles fatigues. Le général Regnaud est un des rares soldats des grandes guerres de l'Empire. Tous les champs de bataille illustrés par nos armes, arrosés par notre sang, l'ont vu l'épée à la main et le cœur plein de foi.

Sa belle conduite à la mémorable journée de Magenta lui valait le bâton de maréchal, digne récompense d'une longue carrière vouée tout entière au service de son pays.

Nous avions eu 246 officiers hors de combat (52 tués, 194 blessés), et 4198 hommes tués, blessés ou disparus (1).

(1) *État numérique des officiers, sous-officiers et soldats tués, blessés et disparus à la bataille de Magenta (4 juin 1859), sur les renseignements parvenus au ministère de la guerre.*

DÉSIGNATION des corps.	OFFICIERS			TROUPES		
	tués.	blessés.	disparus.	tués.	blessés.	disparus.
GARDE IMPÉRIALE.						
État-major................	1	3	»	»	»	»
1er grenadiers.............	»	6	»	20	88	3
2e grenadiers.............	2	4	»	26	115	13
3e grenadiers.............	5	11	»	20	235	133
1er voltigeurs.............	»	»	»	4	18	»
3e voltigeurs..............	»	3	»	4	13	»
Bataillon de chasseurs à pied..	»	»	»	5	20	»
Zouaves...................	1	8	»	51	194	8
Chasseurs à cheval.........	»	1	»	»	14	2
Guides....................	»	»	»	1	»	»
Artillerie à pied............	»	»	»	1	4	1
Artillerie à cheval..........	»	»	»	3	4	5
Génie....................	»	»	»	»	2	»
Train des équipages........	»	»	»	»	»	»
	9	36	»	135	707	165
		45			1007	
2e CORPS D'ARMÉE.						
État-major...............	1	3	»	»	»	»
45e de ligne................	1	5	»	8	77	3
65e de ligne................	7	17	»	49	203	73
70e de ligne................	5	12	»	42	215	63
Tirailleurs algériens.........	4	14	»	28	178	78
71e de ligne................	1	2	»	8	76	13
72e de ligne................	»	»	»	5	8	»
2e de zouaves...............	2	12	»	35	198	33
1er rég. de la légion étrangère.	»	5	»	10	40	7
2e rég. de la légion étrangère.	4	7	»	21	74	89
11e bat. de chasseurs à pied...	»	3	»	12	45	10
4e rég. de chasseurs à cheval..	»	2	»	5	7	»
7e rég. de chasseurs à cheval..	»	»	»	1	10	2
Artillerie...................	»	»	»	1	7	»
Génie..............	»	1	»	»	1	»
Train des équipages.........	»	»	»	»	»	»
	25	83	»	225	1139	371
		108			1735	

La France apprit avec enthousiasme la nouvelle de cette mémorable bataille, et des acclamations unanimes d'allégresse et d'orgueil patriotique saluèrent cette belle journée, où les aigles impériales avaient déployé leur vol glorieux sur la terre d'Italie.

DÉSIGNATION des corps.	OFFICIERS			TROUPES		
	tués.	blessés.	disparus.	tués.	blessés.	disparus.
3e CORPS D'ARMÉE.						
État-major..................	2	»	»	»	»	»
23e de ligne................	5	11	»	26	195	65
41e de ligne................	»	1	»	13	54	»
56e de ligne................	»	3	»	4	44	11
90e de ligne................	2	18	»	26	272	49
8e bataillon de chasseurs.....	1	3	»	25	126	23
43e de ligne................	2	7	»	14	88	»
44e de ligne...	"	»	»	2	30	3
64e de ligne................	»	"	»	»	»	»
88e de ligne................	»	1	»	»	»	»
19e bataillon de chasseurs....	»	2	»	11	63	3
14e de ligne............ ...	»	»	»	»	»	»
Artillerie	»	»	»	1	»	»
Génie....................	»	»	»	1	»	»
	12	46	»	123	872	154
		58			1149	
4e CORPS D'ARMÉE.						
État-major..................	»	1	»	»	»	»
Artillerie..................	»	»	»	»	»	»
Gendarmerie................	»	»	»	»	»	»
Génie....................	»	»	»	»	»	»
6e bataillon de chasseurs.....	2	5	»	18	84	»
52e de ligne................	2	13	»	30	246	25
73e de ligne................	2	7	»	7	76	1
85e de ligne................	7	24	»	63	199	25
86e de ligne................'	»	14	»	13	159	2
2e chasseurs à cheval........	»	»	»	»	»	»
	13	64	»	131	765	53
		77			949	

Voir à la fin du présent chapitre la liste nominative avec les états de service des officiers de tous grades tués dans la journée du 4 juin.

Le Dieu protecteur avait veillé sur les soldats de la France; c'était sa volonté toute-puissante qui avait combattu avec nos héroïques bataillons.—C'était vers lui que les premiers hymnes devaient s'élever; c'était au pied de son trône que devaient monter les premières actions de grâces.

Il fut décidé qu'un *Te Deum* solennel serait chanté, le 7 juin, dans l'église de Notre-Dame, et M. Rouland, ministre de l'instruction publique et des cultes adressa à tous les évêques la lettre suivante empreinte des sentiments les plus élevés de religion et de patriotisme :

« Monseigneur,

« Une grande victoire vient d'être remportée par l'armée d'Italie. Après avoir franchi le Tessin sous le feu d'un ennemi supérieur en nombre, nos soldats, conduits par l'Empereur, ont mis en déroute à Magenta l'élite de l'armée autrichienne, et occupé la capitale de la Lombardie. Ces succès, si rapides, montrent assez la main de Dieu bénissant nos drapeaux. L'Empereur et notre auguste Régente, heureux de reconnaître à ces signes non douteux la protection divine, désirent que toute la France s'unisse, à cette occasion, dans un même sentiment d'actions de grâces. Je vous prie, Monseigneur, de vouloir bien répondre à cette pieuse pensée, en ordonnant qu'un *Te Deum* soit chanté dimanche prochain, 12 de ce mois, dans toutes les églises de votre diocèse. »

L'Impératrice, entourée de tous les membres de la famille impériale et des grands officiers de la couronne, se rendit à Notre-Dame, où l'archevêque officiait en personne.

Les rues et les places étaient pavoisées de drapeaux aux couleurs nationales de France et de Sardaigne, et la foule accourue sur le passage de Sa Majesté, fit entendre ses cris d'allégresse et ses vivats joyeux.

De toutes les églises de la France s'éleva la même prière, et les mêmes actions de grâces furent rendues au Tout-Puissant pour le glorieux succès de nos armes.

A côté des immortels souvenirs militaires du passé, à côté de nos récents triomphes qui s'appellent : ALMA, INKERMANN, TRAKTIR, SÉBASTOPOL, la France guerrière inscrivait, au grand livre de l'histoire, d'autres noms glorieux : MONTEBELLO, PALESTRO, TURBIGO, MAGENTA.

Et maintenant, Sire, continuez, à la tête de votre vaillante armée, votre marche audacieuse au cœur de la Lombardie. — D'autres triomphes vous attendent. — Milan vous ouvrira ses portes, et la victoire fidèle accompagnera chacun de vos pas.

*Liste nominative des officiers tués à la bataille de Magenta
avec leurs états de service.*

COMMANDANT BERTRAND.

(Honoré), né le 15 juillet 1811 à Longuyon (Moselle). Chef de bataillon au 70e de ligne. Mort le 5 juin 1859, suite de blessures reçues à Magenta.

Vingt-sept campagnes (1855, Orient). — Chevalier de la Légion
d'honneur, le 29 juillet 1840. Officier, le 27 janvier 1855. — S'est particulièrement distingué à l'expédition de Milianah (Afrique); cité pour
ce fait à l'ordre général de l'armée, le 4 juillet 1840. — Cité par M. le
général Pélissier pour la belle conduite qu'il a tenue dans l'attaque des
embuscades de l'ennemi, pendant la nuit du 18 au 19 mars 1855. —
Cité par M. le général Canrobert pour sa belle conduite pendant la vigoureuse sortie des Russes à l'extrême gauche, dans la nuit du 15 au
16 mars 1855.

Soldat au 26e de ligne, le 26 septembre 1831; caporal, le 23 octobre 1833; sergent, le 6 février 1835; sergent-major, le 21 novembre 1837; sous-lieutenant au 2e de la légion étrangère, le 3 août 1841;
lieutenant, le 12 décembre 1844; capitaine, le 29 novembre 1849;
chef de bataillon au 70e de ligne, le 30 octobre 1857.

COMMANDANT BOULET.

(Achille-Antoine-Marie-Anne); né le 24 octobre 1817, à Lagardelle
(Haute-Garonne). Chef de bataillon au 73e de ligne. Mort le 7 juin 1859,
suite de blessures reçues à Magenta.

Campagnes : 1855 et 1856 en Orient.

Élève à l'Ecole spéciale militaire, le 15 novembre 1856; sous-lieutenant au 30e de ligne, le 1er octobre 1838; lieutenant, le 30 janvier 1841; capitaine, le 3 juin 1847; chef de bataillon au 73e de ligne,
le 13 avril 1856.

COMMANDANT DELORD.

(Marc-Eutrope-Longin), né le 15 mars 1810, à Fraissinet-Gelat (Lot).
Chef de bataillon au 85e de ligne. Tué à l'ennemi, le 4 juin 1859.

Cinq campagnes (1854, 1855 et 1856, Orient). — Chevalier de la Légion d'honneur, le 30 mars 1854.

Nommé sous-lieutenant au 22e de ligne sur la proposition de la Commission des récompenses nationales, le 19 décembre 1830; élève à l'École de Saumur, le 19 janvier 1831 : sous-lieutenant au 19e de ligne, le 1er avril 1831; lieutenant, le 24 août 1838 ; capitaine, le 16 décembre 1842; chef de bataillon au 85e de ligne, le 27 avril 1855.

COMMANDANT DESMÉ DE LISLE.

(Casimir), né le 4 février 1817, à Bagneur (Maine-et-Loire). Chef de bataillon au 2e grenadiers de la garde impériale. Tué à l'ennemi, le 4 juin 1859.

Sept campagnes. Chevalier de la Légion d'honneur, le 26 décembre 1852. Officier, le 8 octobre 1857. Officier capable et distingué.

Élève à l'École spéciale militaire, le 14 novembre 1835; sous-lieutenant au 38e de ligne, le 1er octobre 1837; lieutenant, le 7 mars 1841; capitaine, le 7 août 1847; id. adjudant major, le 3 décembre 1850; capitaine, le 27 avril 1852; chef de bataillon au 66e de ligne, le 2 mars 1854; passé au 2e régiment de grenadiers de la garde, le 24 février 1855.

COMMANDANT FONDREVAYE.

(Joseph), né le 21 mai 1812, à Lunéville (Meurthe). Chef de bataillon au 2e de zouaves. Décédé le 14 août 1859, suite de blessures reçues à Magenta.

Campagnes : 1831, 1832, 1833, Belgique; 1839, 1840, 1842, 1843, 1845, 1846, 1847, Afrique; 1851, France; 1853, 1854, Afrique; 1855, Orient; 1856, 1857, 1858, Afrique. — Chevalier de la Légion d'honneur, le 8 août 1847. Officier, le 13 août 1857. Décoré du Medjidié de 4e classe. — Blessures : Contusion à la tête, le 18 juin 1855, au siége de Sébastopol. — Contusion à l'épaule gauche par un éclat de pierre, le 22 août 1855, au même siége. — Cité nominativement dans le rapport officiel du gouverneur de l'Algérie, en date du 25 février 1843, pour les combats des 15 et 16 février chez les Beni-Menacer.

Soldat au 58e de ligne, le 1er mars 1831; caporal, sergent-fourrier, sergent-major et adjudant; sous-lieutenant, le 16 janvier 1840; lieutenant, le 21 juillet 1843; capitaine, le 25 juin 1849; id. au 16e léger, le 29 août 1853; id. au 91e de ligne, le 1er janvier 1855; chef de bataillon au 2e de zouaves, le 5 septembre 1855.

COMMANDANT MARIOTTI.

(Jérôme), né le 4 mars 1817, à Lucciana (Corse). Chef de bataillon au 90e de ligne. Mort le 3 juillet 1859, suite de blessures reçues à Magenta.

Campagnes : de 1852 à 1855 en Afrique; 1856 en Orient; 1856 en Afrique. Chevalier de la Légion d'honneur le 9 avril 1854.

A reçu une médaille d'argent pour avoir sauvé, à Quimper, le 29 juin 1840, au péril de sa vie, un enfant qui se noyait. Cité à l'ordre général de l'armée d'Afrique cômme ayant été signalé deux fois pour sa bravoure et son intelligence de la guerre dans les dernières expéditions de Kabylie en septembre et octobre 1856.

Soldat au 60ᵉ de ligne, le 15 janvier 1834; caporal, le 11 avril 1835; sergent, le 1ᵉʳ juin 1837; sergent-major, le 26 novembre 1837; adjudant, le 19 août 1839; sous-lieutenant, le 25 août 1840; *idem*, au 72ᵉ de ligne, le 20 novembre 1840; lieutenant, le 25 octobre 1846; capitaine, le 18 mai 1850; passé au 2ᵉ bataillon d'infanterie légère d'Afrique, le 6 janvier 1852; passé au 2ᵉ régiment de la 1ʳᵉ légion étrangère, le 14 juillet 1855; capitaine adjudant-major, le 5 mars 1856; *idem*, au 2ᵉ régiment étranger, le 21 juin 1856; chef de bataillon, le 12 août 1857; *idem*, au 90ᵉ de ligne, le 14 mars 1859.

COMMANDANT DE MAUDHUY.

(Pierre-Adrien), né le 9 juin 1813 à Metz (Moselle). Chef de bataillon au 2ᵉ de grenadiers de la garde. — Tué à l'ennemi, le 4 juin 1859.

Deux campagnes (1855, en Orient). — Chevalier de la Légion d'honneur le 26 décembre 1852. — Officier, le 22 août 1855.

Engagé volontaire au 18ᵉ de ligne le 15 janvier 1832; caporal, le 16 septembre 1832; élève à l'École spéciale militaire, le 17 novembre 1832; sous-lieutenant au 18ᵉ de ligne, le 1ᵉʳ octobre 1835 : lieutenant, le 27 décembre 1840; capitaine, le 21 janvier 1844; id. adjudant-major, le 14 juin 1850; adjudant-major au 2ᵉ régiment de grenadiers de la garde, le 22 juin 1854 : chef de bataillon au 82ᵉ de ligne, le 4 juillet 1855; passé au 2ᵉ grenadiers de la garde, le 23 septembre 1855.

CAPITAINE ALAVOINE.

(Ernest Charles), né le 31 décembre 1829 à La Bassée (Nord); capitaine au 2ᵉ étranger. — Tué à l'ennemi, le 4 juin 1859.

Dix campagnes (1854 et 1855, Orient). Blessé à la cuisse gauche, le 24 juin 1852, en Afrique; blessé au siège de Sébastopol, le 1ᵉʳ mai 1855. — Chevalier de la Légion d'honneur le 17 avril 1855.

Élève à l'École spéciale militaire, le 7 décembre 1848; sous-lieutenant au 1ᵉʳ régiment de la légion étrangère, le 1ᵉʳ octobre 1850; lieutenant, le 21 septembre 1854; id. au 1ᵉʳ régiment de la 1ʳᵉ légion étrangère, le 17 janvier 1855; capitaine, le 20 novembre 1855; capitaine au 2ᵉ régiment étranger, le 21 juin 1856.

CAPITAINE D'ASTIS.

(Joseph-Marie-Isidore), né le 21 février 1818 à Anoye (Basses-Pyrénées). Capitaine au 2ᵉ étranger. — Tué à l'ennemi le 4 juin 1859.

Onze campagnes (1855, 1856, Orient). Blessé d'un coup de feu à la poitrine, siége de Sébastopol (nuit du 22 au 23 mai 1855). — Chevalier de la Légion d'honneur le 1ᵉʳ juin 1855.

Engagé volontaire au 9ᵉ de ligne, le 11 août 1836; caporal, le 1ᵉʳ février 1837; caporal-fourrier, le 11 juin 1837; sergent-fourrier, le 1ᵉʳ août 1837; sergent, le 17 mars 1838; élève à l'École spéciale militaire le 18 novembre 1842; sous-lieutenant au 1ᵉʳ bataillon d'infanterie légère d'Afrique, le 1ᵉʳ octobre 1844; lieutenant, le 3 mai 1848; id. au 32ᵉ de ligne, le 22 juin 1848; capitaine, le 10 juillet 1854; passé au 2ᵉ régiment de la légion étrangère, le 7 novembre 1854; passé au 2ᵉ étranger, le 21 juin 1856.

CAPITAINE BALIGAND.

(Pierre-Alexis), né le 26 novembre 1823 à Metz (Moselle). Capitaine d'état-major de première classe, aide de camp du général Jannin. Tué à l'ennemi le 4 juin 1859.

Officier distingué par ses capacités, son instruction et ses bonnes manières.

Élève à l'École spéciale militaire le 19 novembre 1843; sous-lieutenant au 34ᵉ de ligne le 1ᵉʳ octobre 1845; élève à l'école d'application le 1ᵉʳ janvier 1846; classé au 9ᵉ dragons le 18 janvier 1846; lieutenant au corps royal d'état-major le 1ᵉʳ janvier 1848; détaché au 59ᵉ de ligne le 21 janvier 1848; capitaine de 2ᵉ classe le 25 juin 1851; détaché au 2ᵉ dragons le 3 avril 1850; employé à l'état-major de la division active d'infanterie de l'armée de Lyon le 24 février 1852; nommé à l'état-major de la 8ᵉ division militaire le 10 juin 1853; aide de camp du général de Bourgon le 24 mai 1854; capitaine de 1ʳᵉ classe le 17 mai 1855, aide de camp du général Ladreit de La Charrière le 2 avril 1857; aide de camp du général Jannin le 27 novembre 1858.

CAPITAINE BATTIONI.

(Louis-Auguste), né le 1ᵉʳ janvier 1829 à Lille (Nord). Capitaine au régiment provisoire de tirailleurs algériens. Tué à l'ennemi le 4 juin 1859.

Sept campagnes (1854, 1855 et 1856, Orient).

Élève à l'École spéciale militaire le 2 décembre 1847; sous-lieutenant au 27ᵉ de ligne le 1ᵉʳ octobre 1849; lieutenant le 10 août 1855; capitaine le 30 août 1855 ; id. au 2ᵉ régiment de tirailleurs algériens le 17 octobre 1857; passé au régiment provisoire de tirailleurs algériens le 21 avril 1859.

CAPITAINE BICHEROUX.

(Denis-Eugène), né le 4 mai 1823 à Paris. Capitaine au 23ᵉ de ligne. Tué à l'ennemi le 4 juin 1859.

Treize campagnes. Blessé d'un coup de feu à la cuisse droite, de trois coups de yatagan sur la face et d'un coup à la gorge, le 14 mai 1851 au combat chez les Beni-Abibi, en Kabylie (Afrique). Chevalier de la Légion d'honneur le 7 août 1851.

Engagé volontaire au 18ᵉ léger le 2 juin 1841 ; passé au 12ᵉ de ligne le 10 septembre 1842; caporal le 26 juillet 1842; sergent-fourrier le 16 mai 1843; id. au 2ᵉ régiment de la légion étrangère, le 16 septembre 1844; sergent le 26 novembre 1845; sergent-fourrier le 26 février 1846; sergent-major le 21 février 1847; sous-lieutenant le 19 décembre 1848; porte-drapeau le 24 septembre 1852; lieutenant le 5 mai 1853; id. au 23ᵉ de ligne le 8 décembre 1853; capitaine le 12 août 1857.

CAPITAINE BOUGOZ.

(François-Alphonse), né le 4 août 1818 à Ruffey (Jura). Capitaine du 3ᵉ de grenadiers de la garde. — Tué à l'ennemi, le 4 juin 1859.

Neuf campagnes (1855 et 1856, Orient). — Chevalier de la légion d'honneur le 16 avril 1856.

Engagé volontaire au 19ᵉ de ligne, le 10 janvier 1838; caporal, le 11 septembre 1838; sergent, le 28 avril 1839; sergent-fourrier, le 14 août 1839; sergent-major, le 10 avril 1840; sous-lieutenant, le 21 juillet 1843; lieutenant, le 7 août 1847; capitaine, le 10 juillet 1850; capitaine d'habillement, le 12 juillet 1850; id. au 94ᵉ de ligne, le 1ᵉʳ janvier 1855; capitaine, le 28 septembre 1855; passé au 3ᵉ régiment de grenadiers de la garde, le 13 avril 1856.

CAPITAINE BREUCQ.

(Auguste-Hernesse), né le 15 juin 1817 à Ohain (Nord). Capitaine au 8ᵉ bataillon de chasseurs à pied. — Mort le 24 juillet 1859, suite de blessures reçues à Magenta.

Quatorze campagnes. — Chevalier de la Légion d'honneur, le 28 novembre 1855.

Engagé volontaire au 10ᵉ de ligne, le 14 juillet 1836; libéré comme sergent-major, le 14 juillet 1843; engagé volontaire au régiment de zouaves, le 30 juillet 1843; sergent-fourrier, le 1ᵉʳ octobre 1843; ser-

gent au bataillon de tirailleurs d'Alger, le 28 janvier 1844 ; sergent-fourrier, le 17 avril 1844 ; sergent-major, le 1er février 1845 ; brigadier à
pied dans la légion de gendarmerie d'Afrique, le 10 avril 1847 ; sergent
à la 2e compagnie de pionniers de discipline, le 5 février 1849 ; sous-
lieutenant à la 3e compagnie de fusiliers de discipline, le 24 décembre 1849 ; lieutenant à la 2e de pionniers de discipline, le 23 décembre 1853 ; capitaine à la 5e compagnie de fusiliers de discipline, le
8 août 1858 ; passé au 8e bataillon de chasseurs à pied, le 8 août 1858.

CAPITAINE COURNET.

(Jean-Paul-Emile), né le 9 février 1825, à Millau (Aveyron). Capitaine au 65e de ligne, mort le 18 juin 1859, suite de blessures reçues
à Magenta.
   Campagnes : de 1854 à 1859 en Afrique. Chevalier de la Légion d'honneur, le 16 juin 1859.
   Engagé volontaire au 71e de ligne, le 21 mai 1844 ; élève à l'École
spéciale militaire, le 4 décembre 1845 ; sous-lieutenant au 65e de ligne,
le 1er octobre 1847 ; lieutenant, le 29 février 1852 ; capitaine, le
27 mars 1858.

CAPITAINE DUMANOIR LEPELLEY.

(Charles-René-Auguste), né le 18 mars 1821, à Voiron (Isère). Capitaine au 65e de ligne. — Tué à l'ennemi, le 4 juin 1859.
   Onze campagnes. — Chevalier de la Légion d'honneur, le 10 novembre 1856.
   Élève à l'École spéciale militaire, le 25 avril 1841 ; sous-lieutenant
au 68e de ligne, le 1er avril 1843 ; lieutenant, le 15 mai 1848 ; capitaine, le 30 novembre 1851 ; capitaine adjudant-major, le 22 avril 1853 ;
capitaine, le 14 novembre 1857 ; id. au 65e de ligne, le 14 novembre 1857.

CAPITAINE FAVIER.

(Jean-Claude), né le 1er février 1816, à Vienne (Isère), capitaine au
71e de ligne, tué à l'ennemi, le 4 juin 1859.
   6 campagnes.
   Engagé volontaire au 46e de ligne, le 12 août 1839 ; caporal, le
6 mai 1840 ; passé au 71e de ligne, le 4 novembre 1840 ; sergent,
le 31 décembre 1840 ; sergent-major, le 1er janvier 1846 ; sous-lieutenant le 10 septembre 1846 ; lieutenant, le 1er mars 1849 ; capitaine,
le 30 janvier 1855.

CAPITAINE FAYOUT.

(Joseph), né le 5 septembre 1818, à Mauzens-Mirencourt (Dordogne). Capitaine au 2ᵉ de zouaves, tué à l'ennemi, le 4 juin 1859.

16 campagnes (1854 et 1855, Orient), coups de feu à la région supérieure de la poitrine, le 7 juin 1855 (siége de Sébastopol), chevalier, le 25 juin 1855.

Soldat au 54ᵉ de ligne, le 24 février 1840; renvoyé par anticipation dans ses foyers comme sergent-major, le 25 mars 1844; rappelé au service et entré au régiment de zouaves, le 14 janvier 1845; caporal, le 1ᵉʳ septembre 1845; sergent-fourrier, le 1ᵉʳ novembre 1845; sergent-major, le 11 mai 1846; id. au 2ᵉ régiment de zouaves, le 6 mars 1852; adjudant, le 10 février 1853; sous-lieutenant, le 31 décembre 1853; lieutenant, le 27 février 1855; capitaine le 12 mars 1857.

CAPITAINE FOURNIER.

(Jean-Baptiste-Émile), né le 15 janvier 1828 à Beaune (Côte-d'Or). Capitaine au 45ᵉ de ligne, tué à l'ennemi le 4 juin 1859.

Élève à l'École spéciale militaire, le 12 décembre 1846; sous-lieutenant au 22ᵉ léger, le 28 mai 1848; lieutenant au 25ᵉ léger, le 1ᵉʳ janvier 1855; passé au 100ᵉ de ligne, le 1ᵉʳ janvier 1855; capitaine, le 13 février 1856; passé au 45ᵉ de ligne, le 8 mai 1856.

CAPITAINE GERY.

(Louis-Alexandre), né le 6 juillet 1810, à Montmirail (Marne), capitaine au 70ᵉ de ligne, tué à l'ennemi, le 4 juin 1859.

6 campagnes.

Engagé volontaire au 19ᵉ de ligne, le 20 mars 1831; caporal, le 13 mai 1832; sergent, le 15 octobre 1833; sergent-fourrier, le 12 mai 1838; sergent-major, le 27 octobre 1838; passé au 2ᵉ bataillon de chasseurs à pied, le 9 février 1842; sergent, le 1ᵉʳ décembre 1844; adjudant à l'École polytechnique, le 11 décembre 1844; nommé sous-lieutenant au 70ᵉ de ligne, le 27 avril 1847; sous-lieutenant porte-drapeau, le 10 février 1850; lieutenant, le 27 février 1850; capitaine, le 22 décembre 1855.

CAPITAINE GRANIER.

(Thimoléon-Désiré), né le 1ᵉʳ août 1821 à Paris. Capitaine au 65ᵉ de ligne. Tué à l'ennemi le 4 juin 1859.

Six campagnes.

Engagé volontaire au 65ᵉ de ligne le 5 août 1839; caporal le 5 février 1840; sergent-fourrier le 6 septembre 1840; sergent-major le 26 septembre 1841 ; sous-lieutenant le 4 juin 1848; lieutenant le 6 février 1853; capitaine le 14 mars 1859.

CAPITAINE DE HOUDETOT.

(Félicissime-Frédéric-Marc-Aurèle), né le 4 septembre 1820, à Cosne (Nièvre). Capitaine adjudant-major au 3ᵉ de grenadiers de la garde impériale. Tué à l'ennemi, le 4 juin 1859.

Six campagnes (Afrique, France et Italie). — Chevalier de la Légion d'honneur, le 30 juin 1856.

Engagé volontaire au 2ᵉ léger, le 4 mai 1841; élève à l'École spéciale militaire, le 20 février 1843; sous-lieutenant au 31ᵉ de ligne, le 1ᵉʳ octobre 1844; lieutenant, le 28 juillet 1848; capitaine, le 29 décembre 1851; adjudant-major, le 28 décembre 1853; capitaine au 2ᵉ grenadiers de la garde, le 14 février 1855; capitaine adjudant-major, le 9 mars 1856.

CAPITAINE LAPOUBLE.

(Jean), né le 14 mars 1813 à Estinlescq (Basses-Pyrénées). Capitaine au 23ᵉ de ligne. Tué à l'ennemi le 4 juin 1859.

Neuf campagnes. Chevalier de la légion d'honneur le 11 août 1855. Cité honorablement à l'ordre du général Duvivier, commandant la province de Titery, pour sa conduite dans le combat du 3 juillet 1840 devant Médéah.

Arrivé au 23ᵉ de ligne comme jeune soldat le 3 juin 1835; caporal le 11 janvier 1836; sergent-fourrier le 28 juillet 1836; sergent-major le 20 mars 1838; adjudant le 11 juillet 1840; sous-lieutenant le 28 mars 1841; lieutenant le 3 mai 1848; capitaine le 10 mai 1852.

CAPITAINE LEBOULENGER.

(Pierre), né le 24 septembre 1813, à Cauville (Calvados). Capitaine au 23ᵉ de ligne, mort le 31 juillet 1859, suite de blessures reçues à Magenta.

Campagnes : de 1856 à 1859, en Afrique.

Soldat au 25ᵉ de ligne, le 7 mai 1835; caporal, le 11 décembre 1836; sergent, le 16 novembre 1837; sergent-fourrier, le 22 mai 1840; sergent-major, le 10 novembre 1840; adjudant, le 22 avril 1848; sous-lieutenant au 23ᵉ de ligne, le 27 mars 1849; *idem*, porte-drapeau, le 13 mai 1852; lieutenant, le 2 mars 1854 ; capitaine, le 20 juin 1859.

CAPITAINE LEGA.

(François-Antoine), né le 15 février 1818 à Corte (Corse). Capitaine au 52ᵉ de ligne. Tué à l'ennemi le 4 juin 1859.

Trois campagnes (1856, Orient). Chevalier de la Légion d'honneur le 16 avril 1856.

Engagé volontaire au 19ᵉ de ligne le 24 juillet 1836 ; caporal le 25 août 1837 ; sergent le 1ᵉʳ janvier 1839 ; sergent-fourrier le 6 mai 1839 ; sergent-major au 25ᵉ léger le 18 octobre 1840 ; adjudant le 25 septembre 1845 ; sous-lieutenant au 52ᵉ de ligne le 7 août 1847 ; lieutenant le 13 février 1851 ; capitaine le 12 août 1857.

CAPITAINE LENTE.

(Pierre-Joseph-Stanislas), né le 20 février 1818 à Leforest (Somme). Capitaine au 3ᵉ régiment de voltigeurs de la garde impériale. Décédé à Castiglione, le 23 juillet 1859, suite de blessures reçues à Magenta (coup de feu qui lui a traversé la poitrine).

Élève à l'École spéciale militaire, le 14 novembre 1838 ; sous-lieutenant au 2ᵉ léger, le 1ᵉʳ octobre 1840 ; lieutenant, le 7 février 1847 ; capitaine, le 20 juin 1851 ; id. au 77ᵉ de ligne, le 1ᵉʳ janvier 1855 ; passé au 3ᵉ de voltigeurs de la garde, le 17 avril 1856.

Campagne (1854, Baltique).

Chevalier de la Légion d'honneur.

Véritable officier d'avenir, instruit, intelligent, capable et très-zélé, fera un officier supérieur distingué.   (Note de 1856.)

CAPITAINE MAIGNE.

(Louis-Julien-Joseph), né le 5 janvier 1815, à Lille (Nord). Capitaine au 85ᵉ de ligne, tué à Magenta.

Sept campagnes (1854, 1855 et 1856 en Orient) ; chevalier de la Légion d'honneur, le 2 juin 1856.

Engagé volontaire au 10ᵉ léger, le 13 septembre 1834 ; caporal, le 21 avril 1835 ; caporal-fourrier, le 21 mai 1835 ; sergent-fourrier, le 26 mai 1836 ; sergent-major le 24 juin 1837 ; adjudant, le 1ᵉʳ mai 1840 ; sous-lieutenant, le 2 janvier 1841 ; lieutenant, le 22 mai 1845 ; capitaine, le 18 mai 1850 ; passé au 85ᵉ de ligne, le 1ᵉʳ janvier 1851.

CAPITAINE MANCIP.

(Germain-Jean-Louis), né le 25 juin 1821 à la Motte Chalançon (Drôme). Capitaine au 85ᵉ de ligne, mort le 16 juin 1859, suite des blessures reçues à Magenta.

Huit campagnes (1855 et 1856, Orient).

Soldat au 33ᵉ de ligne, le 10 juin 1842; caporal, le 11 décembre 1842; sous lieutenant au 23ᵉ léger, le 4 juin 1848; passé au 10ᵉ régiment d'infanterie légère, le 30 décembre 1852; lieutenant, le 30 décembre 1854; passé au 85ᵉ de ligne, le 1ᵉʳ janvier 1855; capitaine, le 20 novembre 1855.

CAPITAINE MENNESSIER.

(Stanislas-Henri), né le 1ᵉʳ novembre 1826 à Metz (Moselle). Capitaine au 8ᵉ bataillon de chasseurs à pied. Tué à l'ennemi, le 4 juin 1859.

Élève à l'École spéciale militaire, le 28 novembre 1844; sous-lieutenant au 19ᵉ léger, le 1ᵉʳ octobre 1846; lieutenant, le 19 décembre 1848; id. au 18ᵉ bataillon de chasseurs à pied, le 25 décembre 1853; capitaine au 66ᵉ de ligne, le 30 décembre 1854; passé au 8ᵉ bataillon de chasseurs à pied, le 14 avril 1859.

CAPITAINE MERLIEUX.

(Joseph-François-Pierre), né le 11 janvier 1816, à Paris. Capitaine adjudant-major au 70ᵉ de ligne. — Mort le 5 juin 1859, suite de blessures reçues à Magenta.

Cinq campagnes. — Chevalier de la Légion d'honneur, le 30 décembre 1857.

Soldat au 7ᵉ de ligne, le 23 décembre 1834; caporal, le 1ᵉʳ juillet 1835; sergent-fourrier, le 23 avril 1836; sergent-major, le 21 avril 1837; nommé sous-lieutenant au 70ᵉ de ligne, le 23 décembre 1840; sous-lieutenant porte-drapeau, le 13 juillet 1842; lieutenant, le 22 juin 1845; capitaine, le 8 octobre 1849; capitaine adjudant-major, le 11 avril 1851.

CAPITAINE MEUNIER.

(Alphonse), né le 6 janvier 1827, à Bourg d'Oisans (Isère). Capitaine au 85ᵉ de ligne. — Tué à l'ennemi, le 4 juin 1859.

Quatre campagnes (1854, 1855, 1856, Orient).

Engagé volontaire au 10ᵉ régiment d'infanterie légère, le 14 juillet 1846; caporal, le 3 février 1847; sergent-fourrier, le 21 janvier 1848; sergent, le 9 novembre 1848; sergent-major, le 16 avril 1849; adjudant, le 26 août 1853; sous-lieutenant, le 31 décembre 1853; id. porte-drapeau, le 23 février 1854; passé au 85ᵉ de ligne, le 1ᵉʳ janvier 1855, lieutenant, le 30 août 1855; capitaine, le 21 mai 1859.

CAPITAINE PICHOUD.

(Pierre-Adolphe-François), né le 29 septembre 1817, au Bourg d'Oirans (Isère). Capitaine aux zouaves de la garde. — Décédé à Gênes, le 23 juillet 1859, suite de blessures reçues à Magenta.

Campagnes (1854, 1855, Orient; six en Afrique). — Chevalier de la Légion d'honneur, le 17 juin 1859.—Blessé à Sébastopol par un éclat d'obus, le 22 juillet 1855.

Engagé volontaire au 74e de ligne, le 28 octobre 1845; caporal, le 12 septembre 1846; sergent-fourrier, le 22 décembre 1847; sergent, le 14 avril 1848; sergent-fourrier, le 16 juillet 1848; passé au 1er bataillon d'infanterie légère d'Afrique, le 21 mars 1849; sous-lieutenant au 1er de zouaves, le 5 mars 1852; passé au 3e de zouaves, le 17 mars 1852 ; passé aux zouaves de la garde, le 14 mars 1855; lieutenant, le 1er août 1855; capitaine, le 5 juillet 1859.

CAPITAINE WOGUE.

(Michel), né le 17 février 1811 à Fontainebleau. Capitaine au 65e de ligne. — Tué à l'ennemi, le 4 juin 1859.

Sept campagnes. Chevalier de la Légion d'honneur le 14 mars 1857.

Soldat au 65e de ligne, le 29 octobre 1832; caporal, le 21 janvier 1834; sergent-fourrier, le 11 avril 1835; sergent-major, le 1er mai 1838; sous-lieutenant, le 28 mars 1841; lieutenant, le 20 octobre 1845, capitaine, le 8 février 1851.

LIEUTENANT ANDRÉ.

(Lucien-Dominique), né le 16 octobre 1822 à Sault (Vaucluse). Lieutenant au 2e étranger. — Tué à l'ennemi, le 4 juin 1859.

Dix campagnes (1855, 1856, Orient).

Engagé volontaire au 11e de ligne, le 11 mai 1841; congédié par libération avec le grade de sergent-major, le 5 mai 1850; engagé volontaire au régiment de zouaves, le 17 novembre 1850; passé au 2e régiment de la légion étrangère. le 1er mars 1851; caporal, le 11 avril 1851; sergent-fourrier, le 11 août 1851; sergent-major, le 19 février 1852; sous-lieutenant au 2e régiment de la 1re légion étrangère, le 17 janvier 1855, lieutenant au 2e régiment étranger, le 13 octobre 1856.

LIEUTENANT BONNEAU.

(Jean-Joseph), né le 23 août 1831 à Bazugues (Gers). Lieutenant au 65e de ligne. — Tué à l'ennemi, le 4 juin 1859.

Deux campagnes.

Soldat au 74e de ligne, le 29 juillet 1842; caporal, le 16 mai 1843; sergent le 16 septembre 1844; sergent-fourrier, le 5 novembre 1845;

sergent-major, le 15 octobre 1846; nommé sous-lieutenant au 65ᵉ de ligne, le 27 mars 1849; lieutenant, le 7 mai 1853.

LIEUTENANT DORDET.

(Louis-Alphonse), né le 13 janvier 1834 à Paris. Lieutenant au 85ᵉ de ligne. Tué à l'ennemi, le 4 juin 1859.

Trois campagnes (1855, 1856, Orient).

Élève à l'École impériale spéciale militaire, le 8 novembre 1854; sous-lieutenant au 85ᵉ de ligne, le 1ᵉʳ octobre 1855; lieutenant, le 5 mai 1859.

LIEUTENANT FRAILLON.

(Pierre-François), né le 28 avril 1823, à Lannoy-Cuillère (Oise). Lieutenant au 65ᵉ de ligne. Tué à l'ennemi, le 4 juin 1859.

Six campagnes.

Engagé volontaire au 65ᵉ de ligne, le 30 mars 1844; caporal, le 18 octobre 1844; sergent, le 16 mars 1846; sergent-fourrier, le 3 décembre 1846; sergent-major, le 1ᵉʳ décembre 1848; adjudant, le 16 mars 1852; sous-lieutenant, le 31 mai 1854; id. porte-drapeau, le 27 décembre 1854; lieutenant, le 14 mars 1859.

LIEUTENANT GRUMOS.

(Michel-Antoine-Emmanuel), né le 30 octobre 1821, à Saint-Germain du Bois (Saône-et-Loire). Lieutenant au 43ᵉ de ligne. Tué à l'ennemi, le 4 juin 1859.

Quatorze campagnes (1855 et 1856, Orient).

Engagé volontaire au 2ᵉ de ligne, le 14 avril 1841; caporal, le 24 octobre 1841; sergent, le 29 décembre 1842; passé au 43ᵉ de ligne, le 22 janvier 1844; sergent-fourrier, le 6 mai 1844; sergent-major, le 23 juillet 1845; sous-lieutenant, le 28 mai 1848; id. porte-drapeau, le 5 juin 1850; lieutenant, le 28 décembre 1853.

LIEUTENANT LAFOND.

(François-Adolphe), né le 28 mai 1831, à Bidache (Basses-Pyrénées). Lieutenant au 85ᵉ de ligne. Tué à l'ennemi, le 4 juin 1859.

Quatre campagnes (1854, 1855 et 1856, Orient).

Engagé volontaire au 10ᵉ régiment d'infanterie légère, le 4 mai 1849; caporal, le 3 août 1850; sergent-fourrier, le 17 septembre 1851; sergent, le 1ᵉʳ février 1853; sergent-fourrier, le 6 mai 1853; sergent, le 26 décembre 1853; sergent-major, le 16 mars 1854; passé au 85ᵉ de

ligne, le 1er janvier 1855; sous-lieutenant, le 24 mars 1855; lieutenant, le 14 avril 1856.

LIEUTENANT MIARD.

(Célestin-Louis-Léon), né le 15 avril 1827, à Lamotte d'Aveillam
(Isère). Lieutenant au 6e bataillon de chasseurs à pied. Tué à l'ennemi,
le 4 juin 1859.

5 campagnes (1855 et 1856, Orient).

Engagé volontaire au 10e bataillon de chasseurs à pied, le 8 août 1846;
caporal, le 1er janvier 1848; caporal-fourrier, le 9 janvier 1848; sergent-fourrier, le 3 juillet 1848; sergent, le 20 novembre 1848; sergent-fourrier, le 24 février 1849; sergent-major, le 14 juillet 1849; adjudant, le 24 janvier 1854; sous-lieutenant au 9e bataillon de même
arme, le 14 août 1854; lieutenant au 6e bataillon id., le 20 novembre 1855.

LIEUTENANT MOURRE.

(Mathieu-Émile), né le 13 janvier 1823, à Luc (Var). Lieutenant au
3e de grenadiers de la garde. Tué à l'ennemi, le 4 juin 1859.

7 campagnes (Afrique).

Engagé volontaire au 8e léger, le 24 janvier 1844; caporal, le 26 novembre 1844; sergent-fourrier, le 9 septembre 1846; sergent, le
12 avril 1848; sergent-major, le 27 juin 1848; adjudant sous-officier,
le 22 juin 1850; sous-lieutenant, le 30 décembre 1852; passé au 83e
de ligne, le 1er janvier 1855; lieutenant le 30 janvier 1855; passé au
3e régiment de grenadiers de la garde impériale, le 6 septembre 1858.

LIEUTENANT NARDIN.

(Charles-Eugène), né le 4 décembre 1828, à Héricourt (Haute-
Saône). Lieutenant au 3e grenadiers de la garde impériale. Tué à l'ennemi, le 4 juin 1859.

Sept campagnes.

Élève à l'École spéciale militaire, le 4 décembre 1847; sous-lieutenant au 68e de ligne, le 1er octobre 1849; lieutenant, le 14 août 1854;
passé au 3e régiment de grenadiers de la garde impériale, le 17 avril
1856.

LIEUTENANT NESSLÉ.

(François-Joseph), né le 21 octobre 1826, à Colmar (Haut-Rhin).
Lieutenant au 6e bataillon de chasseurs à pied. Tué à l'ennemi,
le 4 juin 1859.

7 campagnes (1854, 1855 et 1856, Orient). Chevalier de la Légion d'honneur, le 10 octobre 1858.

Engagé volontaire au 63ᵉ de ligne, le 27 mai 1845; caporal, le 9 avril 1845; passé au 22ᵉ léger, le 28 août 1846; sergent-fourrier, le 1ᵉʳ avril 1848; sergent, le 16 mai 1850; sergent-major, le 1ᵉʳ janvier 1851; passé au 1ᵉʳ bataillon de chasseurs à pied, le 26 janvier 1854; sous-lieutenant, le 10 septembre 1854; lieutenant au 6ᵉ bataillon de chasseurs à pied, le 3 novembre 1855.

LIEUTENANT RIANDEY.

(Jacques), né le 12 janvier 1829, à Jussey (Haute-Saône). Lieutenant au 3ᵉ grenadiers de la garde. Tué à l'ennemi, le 4 juin 1859.

9 campagnes (1855 et 1856, Orient).

Engagé volontaire au 22ᵉ léger, le 13 juin 1847; caporal-fourrier, le 13 décembre 1847; sergent-fourrier, le 13 juin 1848; sergent, le 1ᵉʳ décembre 1848; sergent-fourrier, le 11 juillet 1849; sergent-major, le 6 décembre 1851; id. au 2ᵉ régiment de grenadiers de la garde impériale, le 17 juillet 1854; sous-lieutenant au 35ᵉ de ligne, le 17 février 1855; passé au 3ᵉ régiment de grenadiers de la garde impériale, le 13 avril 1856.

LIEUTENANT RIMBAUD.

(Auguste-Jacques-Claude), né le 22 février 1824, à Perpignan (Pyrénées-Orientales). Lieutenant au 23ᵉ de ligne. Tué à l'ennemi le 4 juin 1859.

5 campagnes.

Engagé volontaire au 50ᵉ de ligne, le 31 mars 1842; passé au 23ᵉ de même arme, le 15 octobre 1844; caporal (chef de musique), le 11 novembre 1844; sergent (id.), le 18 mai 1845; sergent-major (id.), le 21 novembre 1845; sous-lieutenant, le 30 novembre 1851; lieutenant, le 13 octobre 1856.

LIEUTENANT ROBIN.

(Eugène-Vincent), né le 4 janvier 1823, à Nantes (Loire-Inférieure). Lieutenant au 23ᵉ de ligne. Tué à l'ennemi, le 4 juin 1859.

4 campagnes.

Engagé volontaire au 23ᵉ de ligne, le 23 mars 1844; caporal, le 21 septembre 1844; caporal-fourrier, le 16 octobre 1845; sergent-fourrier, le 1ᵉʳ janvier 1846; sergent, le 3 novembre 1847; sergent-fourrier, le 16 mars 1848; sergent-major, le 1ᵉʳ avril 1848; adjudant, le 12 mars 1852; sous-lieutenant, le 6 février 1853; id. adjoint au trésorier, le 17 mars 1855; lieutenant, le 12 août 1857.

LIEUTENANT SALENAVE.

(Martin), né le 8 janvier 1825 à Montory (Basses-Pyrénées). Lieutenant au 85ᵉ de ligne. Mort le 2 octobre 1859, suite de blessures reçues à Magenta.

Chevalier de la Légion d'honneur le 29 juin 1859. Campagnes : 1854, 1855, 1856 en Orient.

Soldat au 10ᵉ léger, le 16 décembre 1846; caporal, le 8 novembre 1847; sergent, le 16 août 1848; sergent-fourrier, le 26 décembre 1853; sergent-major, le 16 mars 1854; sous-lieutenant le 23 septembre 1855; lieutenant, le 2 août 1858.

LIEUTENANT SAREY

(Alfred), né le 25 décembre 1823 à Censeau (Jura). Lieutenant au 90ᵉ de ligne, mort le 19 juin 1859, suite de blessures reçues à Magenta.

Campagnes : de 1856 à 1859 en Afrique.

Soldat au 44ᵉ de ligne, le 22 novembre 1844; caporal, le 28 octobre 1845; sergent, le 21 décembre 1846; sergent-major, le 22 février 1848; adjudant, le 1ᵉʳ mai 1851; sous-lieutenant, le 31 décembre 1853; lieutenant, le 27 décembre 1858.

LIEUTENANT STUTEL.

(Jacques-Émile), lieutenant au 3ᵉ grenadiers de la garde impériale. Tué à l'ennemi, le 4 juin 1859.

3 campagnes (1855 et 1856, Orient).

Élève à l'École spéciale militaire, le 12 décembre 1848; sous-lieutenant au 47ᵉ de ligne, le 1ᵉʳ octobre 1850; lieutenant, le 25 décembre 1854; passé au 3ᵉ régiment de grenadiers de la garde impériale, le 13 avril 1856.

LIEUTENANT DE VINCENT.

(Charles-Marie-Prosper), né le 3 septembre 1824 à Passy (Seine). Lieutenant au régiment de zouaves de la garde impériale. Tué à l'ennemi, le 4 juin 1859.

Onze campagnes.

Engagé au 10ᵉ régiment de chasseurs à cheval, le 10 novembre 1844; passé au régiment de zouaves, le 7 octobre 1845; soldat infirmier au bataillon de tirailleurs indigènes d'Alger, le 1ᵉʳ décembre 1845; caporal secrétaire, le 14 janvier 1846; sergent-fourrier, le 21 décembre 1846; passé au 25ᵉ léger, le 28 novembre 1848; sergent, le 6 juillet 1849; passé au 1ᵉʳ régiment de zouaves, le 30 mars 1852; sous-lieutenant, le 23 décembre 1853; passé au régiment de zouaves de la garde, le 5 mars 1855; lieutenant, le 25 juin 1856.

SOUS-LIEUTENANT AURIOL.

(Jean-Joseph-Pauline-Ulysse), né le 16 avrii 1835 à Loubens (Haute-Garonne). Sous-lieutenant au 23ᵉ de ligne. Tué à l'ennemi, le 4 juin 1859.

Élève à l'École impériale militaire, le 16 novembre 1833; sous-lieutenant au 23ᵉ de ligne, le 31 janvier 1855.

SOUS-LIEUTENANT BATTEUX.

(Louis-Auguste), né le 22 mars 1826 à Monampteuil (Aisne). Sous-lieutenant au 70ᵉ de ligne. Tué à l'ennemi, le 4 juin 1859.

Six campagnes.

Soldat au 70ᵉ de ligne, le 27 octobre 1847; caporal, le 1ᵉʳ septembre 1848; caporal-fourrier, le 7 septembre 1848; sergent-fourrier, le 10 septembre 1850; sergent, le 5 décembre 1851; sergent-fourrier, le 21 mai 1853; sergent, le 18 août 1853; sergent-major, le 1ᵉʳ janvier 1854; adjudant, le 25 janvier 1855; sous-lieutenant, le 28 juin 1856; id. adjoint au trésorier, le 13 décembre 1856.

SOUS-LIEUTENANT BOUVIER.

(Justin-Paulin), sous-lieutenant au 3ᵉ de grenadiers de la garde impériale. Tué à l'ennemi, le 4 juin 1859.

3 campagnes (1855 et 1856, Orient).

Engagé volontaire au 3ᵉ bataillon de chasseurs à pied, le 7 octobre 1850, élève à l'École spéciale militaire, le 9 novembre 1851; sous-lieutenant au 62ᵉ de ligne, le 1ᵉʳ octobre 1853; passé au 3ᵉ régiment de grenadiers de la garde impériale, le 13 avril 1856.

SOUS-LIEUTENANT COLTELLONI.

(François-Michel), né le 8 mai 1830 à Tolla (Corse). Sous-lieutenant au 2ᵉ voltigeurs de la garde impériale. Tué à l'ennemi, le 4 juin 1859.

Sept campagnes (1854, 1855 et 1856, Orient).

Engagé volontaire au 7ᵉ de ligne, le 11 décembre 1853; caporal, le 26 mai 1854; sergent, le 30 octobre 1854; sergent-fourrier, le 6 décembre 1854; sergent-major, le 26 avril 1855; sous-lieutenant au 13e de ligne, le 14 avril 1856; passé au 2e régiment de voltigeurs de la garde, le 16 mars 1859.

SOUS-LIEUTENANT FAGNY.

(René-Marie), né le 10 juin 1820 à Paris. Sous-lieutenant au 65e de ligne. Tué à l'ennemi, le 4 juin 1859.

Sept campagnes.

. Engagé volontaire au 65e de ligne, le 5 décembre 1842; caporal, le 15 octobre 1843; sergent-fourrier, le 9 octobre 1844; sergent-major, le 9 décembre 1848; adjudant, le 29 janvier 1854· sous-lieutenant, le 27 décembre 1854.

SOUS-LIEUTENANT FERRAT.

(Charles), né le 5 février 1833 à la Seyne (Var). Sous-lieutenant au régiment provisoire de tirailleurs algériens. Tué à l'ennemi, le 4 juin 1859.

Six campagnes (1855, Orient).

Engagé volontaire au 43e de ligne, le 30 mai 1851; caporal, le 16 décembre 1851; caporal-fourrier, le 1er mars 1852; sergent, le 23 juillet 1852; sergent-fourrier, le 27 octobre 1852; sergent-major, le 14 juillet 1854; sous-lieutenant au 1er régiment de tirailleurs algériens, le 13 mars 1857; passé au régiment provisoire de tirailleurs algériens, le 21 avril 1859.

SOUS-LIEUTENANT FROIDEFOND.

(André), né le 12 janvier 1832 à Brignac (Corrèze). Sous-lieutenant au 1er régiment de carabiniers, détaché à la 2e division du 2e corps de l'armée d'Italie en qualité d'officier d'ordonnance de M. le général Espinasse. Tué à l'ennemi, le 4 juin 1859.

Engagé volontaire au 12e de dragons, le 10 février 1849; brigadier, en octobre 1849; brigadier-fourrier, le 5 septembre 1850; maréchal des logis, le 29 mars 1851; maréchal des logis fourrier, le 2 mai 1853; maréchal des logis chef, le 12 février 1854; sous-lieutenant, le 1er mai 1854; entré aux guides, le 1er mai 1854, puis au 1er de carabiniers, le 27 avril 1859.

SOUS-LIEUTENANT LEVIS.

(Edouard Théophile Joseph), né le 21 janvier 1828 à Saint-Omer

(Pas-de-Calais). Sous-lieutenant au 2ᵉ zouaves. Tué à l'ennemi, le 4 juin 1859.

Quatorze campagnes.

Soldat au régiment de zouaves, le 3 octobre 1847; caporal, le 9 janvier 1851; sergent, le 20 décembre 1851; idem, au 2ᵉ de zouaves, le 1ᵉʳ avril 1852; sergent-fourrier, le 11 janvier 1853; sergent, le 17 juillet 1853; sergent-major, le 26 octobre 1853; sous-lieutenant, le 27 décembre 1858.

SOUS-LIEUTENANT MOHAMMED-BEN-MOHAMMED-BLIDI.

Sous-lieutenant au régiment provisoire de tirailleurs algériens. Tué à l'ennemi, le 4 juin 1859.

Quinze campagnes (1854, 1855, Orient).

Soldat au bataillon de tirailleurs algériens, le 18 mai 1847; caporal, le 26 juillet 1849; sergent, le 14 octobre 1853; sous-lieutenant au régiment provisoire de tirailleurs algériens, le 20 avril 1859.

SOUS-LIEUTENANT RISTON.

(Léon-Charles-Albert), né le 10 novembre 1836, à Bouxières-aux-Dames (Meurthe). Sous-lieutenant au 73ᵉ de ligne, mort le 15 juin 1859, suite de blessures reçues à Magenta.

Chevalier de la Légion d'honneur, le 17 juin 1859.

Élève à l'École impériale militaire, le 11 novembre 1854; sous-lieutenant au 73ᵉ de ligne, le 1ᵉʳ octobre 1855.

SOUS-LIEUTENANT ROULLAND.

(Alfred-Auguste), né le 29 juin 1830, à Rouen (Seine-Inférieure). Sous-lieutenant au 70ᵉ de ligne. Tué à l'ennemi, le 4 juin 1859.

Sept campagnes (1854, 1855, Orient). Blessé d'un coup de feu au cou, au siége de Sébastopol, le 5 novembre 1854.

Engagé volontaire au 19ᵉ de ligne, le 2 octobre 1848; caporal, le 16 mai 1850; sergent, le 6 septembre 1851; sous-lieutenant au 1ᵉʳ régiment de la 1ʳᵉ légion étrangère, le 9 juin 1855; passé au 70ᵉ de ligne, le 25 juin 1856.

SOUS-LIEUTENANT TORTEL.

(Marie-Ernest), né le 8 janvier 1831, à Strasbourg (Bas-Rhin). Sous-lieutenant au 1ᵉʳ grenadiers de la garde impériale. Mort le 9 juin 1859, suite de blessures reçues à Magenta.

Chevalier de la Légion d'honneur par décret du 17 juin 1859. Campagne de 1855 en Orient.

Élève à l'École spéciale militaire, le 9 novembre 1850. Sous-lieutenant au 43ᵉ de ligne, le 1ᵉʳ octobre 1852 ; id. au 62ᵉ de ligne, le 29 décembre 1852 ; passé au 1ᵉʳ régiment de grenadiers de la garde impériale, le 23 septembre 1855.

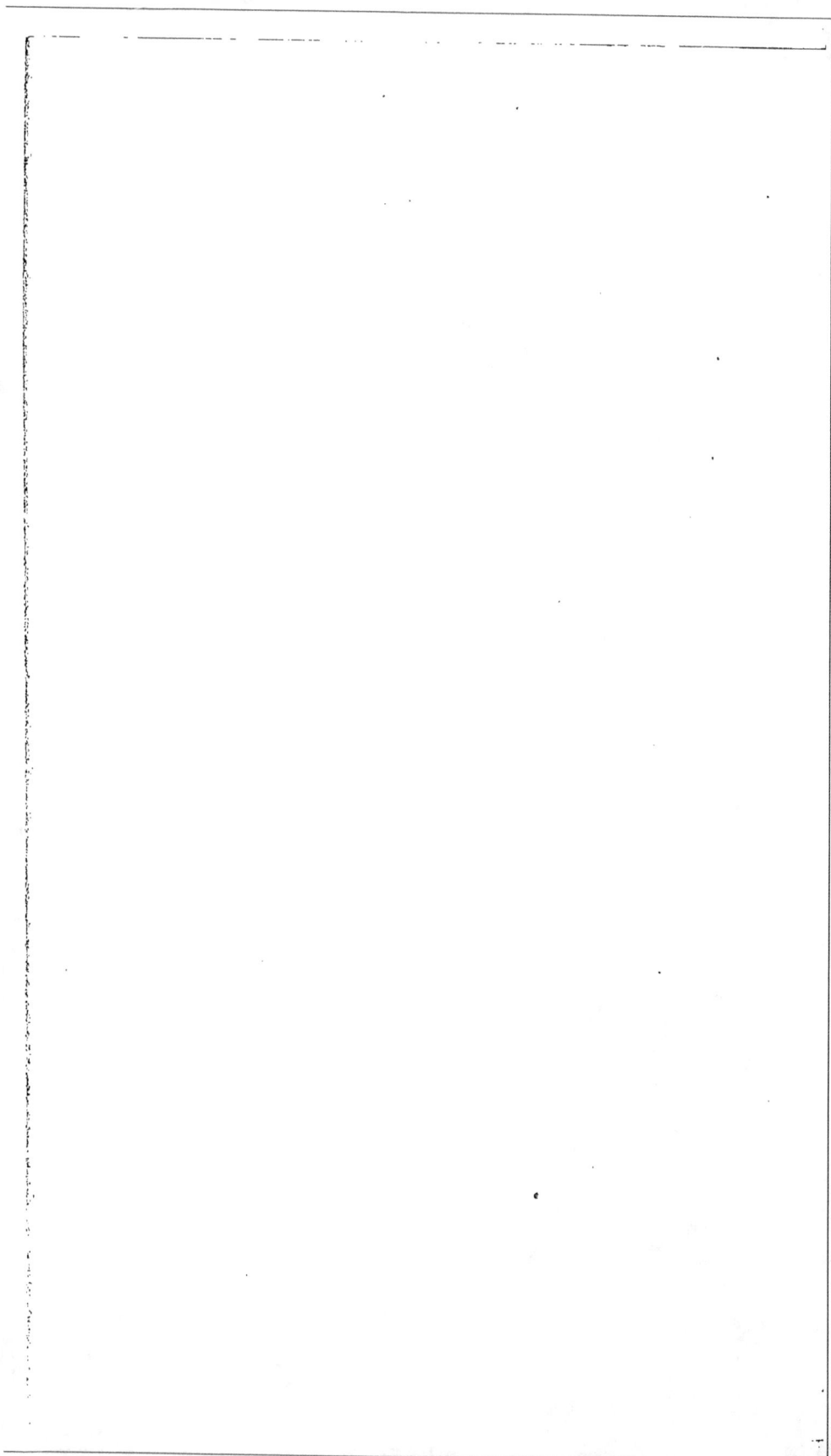

PIÈCES JUSTIFICATIVES.

I

Exposé du gouvernement français, communiqué au Sénat
et au Corps législatif, le 26 avril 1859.

L'état de l'Italie, aggravé par les mesures administratives adoptées dans le royaume Lombard-Vénitien avait déterminé le gouvernement autrichien à faire, dès le mois de décembre dernier, des armements, qui n'ont pas tardé à présenter un caractère assez menaçant pour éveiller en Piémont les plus sérieuses inquiétudes.

Le gouvernement de l'Empereur n'a pu voir surgir ces difficultés sans se montrer vivement préoccupé des conséquences qu'elles pouvaient avoir pour la paix de l'Europe. N'étant point dans le cas d'intervenir directement pour proposer lui-même les moyens de les prévenir, il s'est toutefois empressé d'accueillir les ouvertures qui lui ont été faites. Plein de confiance dans les sentiments du gouvernement de Sa Majesté Britannique, aussi bien que dans les lumières de son ambassadeur à Paris, le gouvernement de l'Empereur a sincèrement applaudi à la mission que M. le comte Cowley est allé remplir à Vienne, comme à une première tentative propre à préparer un rapprochement; et il s'est félicité, avec une satisfaction non moins réelle, d'apprendre que les idées échangées entre M. l'ambassadeur d'Angleterre et le gouvernement autrichien étaient de nature à fournir des éléments de négociations.

La proposition de se réunir en congrès, présentée dans

le même moment par la Russie, répondait à cette situation de la manière la plus heureuse, en appelant les cinq puissances à participer également à la discussion d'une question d'intérêt européen; le gouvernement de l'Empereur n'a pas hésité à faire connaître qu'il adhérait à cette proposition.

En y adhérant de même, le gouvernement anglais a jugé utile de préciser les bases des délibérations éventuelles du congrès. Ces bases sont les suivantes :

1° Déterminer les moyens par lesquels la paix peut être maintenue entre l'Autriche et la Sardaigne;

2° Établir comment l'évacuation des États Romains par les troupes françaises et autrichiennes peut être le mieux effectuée;

3° Examiner s'il convient d'introduire des réformes dans l'administration intérieure de ces États et des autres États de l'Italie, dont l'administration offrirait des défauts, qui tendraient évidemment à créer un état permanent et dangereux de trouble et de mécontentement, et quelles seraient ces réformes;

4° Substituer aux traités entre l'Autriche et les duchés une confédération des États de l'Italie entre eux, pour leur protection mutuelle tant intérieure qu'extérieure.

Le gouvernement de l'Empereur a mis à acquiescer sans réserve à ces bases de la négociation le même empressement qu'il avait montré à accepter la proposition d'un congrès.

Le gouvernement autrichien avait, de son côté, donné son assentiment à la réunion d'un congrès, en l'accompagnant de quelques observations, mais sans y mettre de conditions formelles et absolues, et tout devait faire espérer que les négociations pourraient s'ouvrir dans un délai rapproché.

Le cabinet de Vienne avait parlé du désarmement préalable de la Sardaigne, comme d'une mesure indispensable pour assurer le calme des délibérations, et il en fit plus tard une condition absolue de sa participation au congrès. Cette demande ayant soulevé des objections unanimes, le cabinet de Vienne y substitua la proposition d'un désarmement général et immédiat, en l'ajoutant comme un cinquième point aux bases des négociations.

Ainsi, messieurs, tandis que la France avait successivement accepté, sans hésitation, toutes les propositions qui lui avaient été présentées, l'Autriche, après avoir paru disposée à se prêter aux négociations, soulevait des difficultés inattendues.

Le gouvernement de l'Empereur n'en a pas moins persévéré dans les sentiments de conciliation qu'il avait pris pour règle de sa conduite. Le cabinet anglais, continuant de s'occuper avec la plus loyale sollicitude des moyens de faire disparaître les retards que la question du désarmement apportait à la réunion du congrès, avait pensé que l'on satisferait au cinquième point mis en avant par l'Autriche, si l'on admettait immédiatement le principe du désarmement général, en convenant d'en régler l'exécution à l'ouverture même des délibérations des plénipotentiaires.

Le gouvernement de Sa Majesté a consenti à accepter cette combinaison. Il restait, toutefois, à déterminer si, dans cet état de choses, il était nécessaire que la Sardaigne elle-même souscrivît préalablement au principe du désarmement général. Il ne paraissait pas qu'une pareille condition pût être imposée au gouvernement sarde, s'il était laissé en dehors des délibérations du congrès; mais cette considération même offrait les éléments d'une combinaison nouvelle qui, entièrement conforme aux principes de l'équité, ne semblait pas devoir soulever d'objections. Le gouvernement de l'Empereur déclara au gouvernement anglais qu'il était disposé à engager le cabinet de Turin à donner lui-même son assentiment au principe du désarmement général, pourvu que tous les États italiens fussent invités à faire partie du congrès.

Vous savez déjà, messieurs, que, modifiant cette suggestion de manière à concilier toutes les susceptibilités, le gouvernement de Sa Majesté Britannique a présenté une dernière proposition basée sur le principe du désarmement général simultané et immédiat. L'exécution devait en être réglée par une commission, dans laquelle le Piémont serait représenté. Les plénipotentiaires se réuniraient aussitôt que cette commission serait elle-même rassemblée, et les États italiens seraient invités par le congrès à siéger avec les représentants des cinq grandes puissances, de la même manière qu'au congrès de Laybach en 1821.

Le gouvernement de l'Empereur a voulu manifester de nouveau ses dispositions conciliantes, en adhérant à cette proposition, qui a été, de même, acceptée sans délai par les cours de Prusse et de Russie, et à laquelle le gouvernement piémontais s'est également déclaré prêt à se conformer.

Toutefois, au moment même où le gouvernement de l'Empereur croyait pouvoir nourrir l'espoir d'un entente définitive, nous avons appris que la cour d'Autriche refusait d'accepter la proposition du gouvernement de Sa Majesté Britannique et adressait une sommation directe au gouvernement sarde. Pendant que, d'un côté, le cabinet de Vienne persiste à ne pas consentir à l'admission des États italiens au congrès, dont il rend ainsi la réunion impossible, de l'autre, il demande au Piémont de s'engager à mettre son armée sur le pied de paix et à licencier les volontaires, c'est-à-dire à concéder sans délai et isolément à l'Autriche ce qu'il a déjà accordé aux puissances, sous la seule réserve de s'en entendre avec elles.

Je n'ai pas besoin de faire ressortir le caractère de cette démarche, ni d'insister plus longuement pour mettre en lumière les sentiments de modération dont le gouvernement de l'Empereur n'a cessé, au contraire, de se montrer animé. Si les efforts réitérés des quatre puissances pour sauvegarder la paix ont rencontré des obstacles, notre conduite l'atteste hautement, ces obstacles ne sont point venus de la France. Enfin, messieurs, si la guerre doit sortir des complications présentes, le gouvernement de Sa Majesté aura la ferme conviction d'avoir fait tout ce que sa dignité lui permettait pour prévenir cette extrémité, et ce n'est point sur lui qu'on pourra en faire peser la responsabilité. Les protestations que les gouvernements de la Grande-Bretagne, de la Russie et de la Prusse ont adressées à la cour d'Autriche attestent qu'on nous rend déjà, à cet égard, une entière justice.

En présence de cet état de choses, si la Sardaigne est menacée, si, comme tout le fait présumer, son territoire est envahi, la France ne peut pas hésiter à répondre à l'appel d'une nation alliée à laquelle l'unissent des intérêts communs et des sympathies traditionnelles, rajeunies par une récente confraternité d'armes et par l'union contractée entre les deux maisons régnantes.

Aussi, messieurs, le gouvernement de l'Empereur, fort de la constante modération et de l'esprit de conciliation dont il n'a jamais cessé de s'inspirer, attend avec calme le cours des événements, ayant la confiance que sa conduite, dans les différentes péripéties qui viennent de se succéder, rencontrera l'assentiment unanime de la France et de l'Europe

Composition de l'armée d'Italie, au moment de l'entrée en campagne.

COMMANDANT EN CHEF :

SA MAJESTÉ L'EMPEREUR.

Quartier Impérial.

Maison militaire de l'Empereur.

Aides de camp.......
- Comte Roguet, général de division.
- De Cotte, *id.*
- Comte de Montebello, *id.*
- Yvelin de Béville, général de brigade.
- Prince de La Moskowa, *id.*
- Fleury, général de brigade, 1er écuyer.
- De Waubert de Genlis, colonel d'état-major.
- Marquis de Toulongeon, *id.*
- Comte Lepic, *id.*
- Comte Reille, lieutenant-colonel d'état-major.
- Favé, lieutenant-colonel d'artillerie.

Officiers d'ordonnance.
- Baron de Meneval, lieutenant-colonel d'artillerie.
- Schmitz, chef d'escadron d'état-major.
- Brady, capitaine d'artillerie.

Officiers d'ordonnance.
- Comte d'Andlau, capitaine d'état-major.
- Klein de Kleinenberg, *id.*
- Vicomte Friant, capitaine de cavalerie.
- De Tascher de La Pagerie, capitaine d'infanterie.
- Prince de La Tour d'Auvergne-Lauragais, capitaine d'infanterie.
- Eynard de Clermont-Tonnerre, capitaine d'état-major.
- Darguesse, capitaine d'infanterie.
- Vicomte de Champagny de Cadore, lieutenant de vaisseau.
- Prince Joachim Murat, lieutenant de cavalerie.
- Baron de Bourgoing, écuyer.
- Davilliers, écuyer.
- Baron Nicolas Clary.

Service de santé.....
- Conneau, premier médecin.
- Baron Larrey, chirurgien de l'Empereur.

Aumônier. .... Abbé Lainé, chapelain de l'Empereur.

Secrétaires de cabinet.
- Robert, maître des requêtes.
- Lemarié, auditeur au conseil d'État.

GRAND QUARTIER GÉNÉRAL.

Major général....... Maréchal Vaillant.

Aide-major général... De Martimprey, général de division.

Sous-aide-major général.............. Baret de Rouvray, général de brigade.

Commandant du grand quartier général.... Rose, *id.*

Commandant de l'artillerie........... Lebœuf, général de division.

Commandant du génie. Frossard, *id.*

Intendant général .... Paris de Bollardière, intendant général.

Grand prévôt........ Damiguet de Vernon, colonel de gendarmerie.

Vaguemestre général.. Dalché de La Rive de Desplanels, lieutenant-colonel de gendarmerie.

Commandant des troupes de l'administration.............. N....

I

25

Commandant militaire à Gênes .... } Herbillon, général de division.

GARDE IMPÉRIALE.

Commandant ....,.... { Regnaud de Saint-Jean-d'Angely, général de division.

Chef d'état-major..... Raoult, colonel.

Commandant de l'artillerie............... } De Sevelinges, général.

Commandant du génie. Goury, capitaine.

Intendant........... De Cetty, intendant militaire.

Prévôt.............. { D'Eggs, lieutenant-colonel de gendarmerie.

1ʳᵉ DIVISION D'INFANTERIE.

Commandant........ Mellinet, général de division.

Chef d'état-major..... De Tanlay, colonel.

Commandant de l'artillerie............... } N....

Commandant du génie. N....

Sous-intendant....... Boucher.

Prévôt.............. Guiraud, capitaine de gendarmerie.

1ʳᵉ *Brigade.*

Commandant........ Cler, général de brigade.

Régiment de zouaves { Guignard, colonel.
Porion, lieutenant-colonel.

1ᵉʳ régiment de grenadiers......... } Lenormand de Bretteville, colonel.
Guynet, lieutenant-colonel.

2ᵉ *Brigade.*

Commandant........ De Wimpffen, général de brigade.

2ᵉ régiment de grenadiers......... { D'Alton, colonel.
Guilhem, lieutenant-colonel.

3ᵉ régiment de grenadiers......... { Metman, colonel.
De Tryon, lieutenant-colonel.

Artillerie............ ....

Génie ....

Train des équipages.. ....

2e DIVISION D'INFANTERIE.

Commandant........ Camou, général de division.

Chef d'état-major .... Besson, colonel.

Commandant de l'artil-
lerie.............. } N....

Commandant du génie. N....

Sous-intendant...... Viguier.

Prévôt............. Maurice, capitaine de gendarmerie.

1re *Brigade.*

Commandant........ Manèque, général de brigade.

Bataillon de chas-
seurs.......... } Clinchant, chef de bataillon.

1er régiment de volti- { Mongin, colonel.
geurs.......... } Signorino, lieutenant-colonel.

2e régiment de volti- { Douay, colonel.
eurs.......... } Eudes de Boistertre, lieutenant-colonel.

2e *Brigade.*

Commandant........ Decaen, général de brigade.

3e régiment de volti- { Dubos, colonel.
geurs.......... } Daudel, lieutenant-colonel.

4e régiment de volti- { Montaudon, colonel.
geurs.......... } Bittard Desportes, lieutenant-colonel.

DIVISION DE CAVALERIE.

Commandant........ Morris, général de division.

Chef d'état-major gé-
néral........... } Pajol, colonel.

Commandant de l'artil-
lerie.......... } N....

Sous-intendant ...... Dubut.

Prévôt............. N....

1re *Brigade.*

Commandant........ Marion, général de brigade.

1er régiment de cui- { Ameil, colonel.
rassiers........ } De Chavoy, lieutenant colonel.

2e régiment de cui- \ De La Martinière, colonel.
rassiers......... / De Larocque-Latour, lieutenant-colonel.

2e *Brigade.*

Commandant........ De Champéron, général de brigade.

Dragons .... { Crespin, colonel.
{ Jouve, lieutenant-colonel.

Lanciers......... { Lichtlin, colonel.
{ De Montalembert, lieutenant-colonel.

3e *Brigade.*

Commandant........ De Cassaignolles, général de brigade.

Régiment de chas- \ De Cauvigny, colonel.
seurs.......... / Cassagne, lieutenant-colonel.

Guides .... { De Mirandol, colonel.
{ Massue, lieutenant-colonel.

Artillerie.......... \ 4 batteries à cheval.
/ 2 mixtes.

Génie .... Les 2 compagnies.

Équipages.......... 1re et 2e compagnies.

PREMIER CORPS.

Commandant. ...... Maréchal Baraguey-d'Hilliers.

Chef d'état-major gé- } Foltz, général de brigade.
néral............. }

Commandant de l'artil- } Forgeot, général de brigade.
lerie............. }

Commandant du génie. Bouteilloux, général de brigade.

Intendant.......... Réquier, intendant militaire.

Prévôt............. { Delhorme, chef d'escadron de gendar-
{ merie.

Aumônier.......... { L'abbé Suchet, vicaire général de Mgr l'é-
{ vêque d'Alger.

1re DIVISION D'INFANTERIE.

Commandant........ Forey, général de division.

Chef d'état-major..... D'Auvergne, lieutenant-colonel.

Commandant de l'ar-⎱ N....
tillerie........... ⎰
Commandant du génie. Schuster, chef de bataillon.
Sous-intendant....... N....
Prévôt............. N....

1re *Brigade.*

Commandant. .... Beuret, général de brigade.
17e bataillon de chas-⎰ D'Audebard de Férussac, chef de batail-
seurs.......... ⎱ lon.
74e régiment de ligne⎰ Guyot de Lespart, colonel.
⎱ Bartel, lieutenant-colonel.
84e régiment de ligne⎰ Cambriels, colonel.
⎱ Villermain, lieutenant-colonel.

2e *Brigade.*

Commandant........ Blanchard, général de brigade.
91e régiment de ligne⎰ Méric de Bellefon, colonel.
⎱ Vallet, lieutenant-colonel.
98e régiment de ligne⎰ Conseil-Dumesnil, colonel.
⎱ Maire, lieutenant-colonel.
Artillerie. .... ⎰ 6e batterie du 8e régiment.
⎱ 14e *id.* du 10e régiment.
Génie. .... ⎰ 3e compagnie du 2e bataillon du 2e régi-
⎱ ment du génie.
Train des équipages.. 2e compagnie du 1er escadron.

2e DIVISION D'INFANTERIE.

Commandant .... De Ladmirault, général de division.
Chef d'état-major. ... Hecquard, lieutenant-colonel.
Commandant de l'ar-⎱ N....
tillerie........... ⎰
Commandant du génie. Duval, chef de bataillon.
Sous-intendant...... N....
Prévôt............. N....

1re *Brigade.*

Commandant........ Niol, général de brigade.

10e bataillon de chasseurs .... { Courrech, chef de bataillon.

15e régiment de ligne { Guérin, colonel.
Schneider, lieutenant-colonel.

21e régiment de ligne { De Fontanges de Couzan, colonel.
Le Roy de Dais, lieutenant-colonel.

2e *Brigade.*

Commandant .... De Négrier, général de brigade.

61e régiment de ligne { De Taxis, colonel.
Hémard, lieutenant-colonel.

100e régiment de ligne .... { Mathieu, colonel.
Deparfouru, lieutenant-colonel.

Artillerie .... { 15e batterie du 10e régiment.
7e   *id.*   du 11e   *id.*

Génie .... { 5e compagnie du 1er bataillon du 1er régiment du génie.

Train des équipages .. 1re compagnie du 5e escadron.

3e DIVISION D'INFANTERIE.

Commandant .... Bazaine, général de division.
Chef d'état-major ..... Letellier Valazé, lieutenant-colonel.
Commandant d'artillerie .... { N....
Commandant du génie. Séré de Rivières, chef de bataillon.
Sous-intendant. ..... N....
Prévôt .... N....

1re *Brigade.*

Commandant .... Goze, général de brigade.

1er régiment de zouaves .... { Paulze d'Ivoy, colonel.
Brincourt, lieutenant-colonel.

33e régiment de ligne { Bordas, colonel.
Rey, lieutenant colonel.

34e régiment de ligne { Micheler, colonel.
Silvestre, lieutenant-colonel.

2e *Brigade.*

Commandant .... Dumont, général de brigade.

37e régiment de ligne { Susbielle, colonel.
{ Rivet, lieutenant-colonel.

75e régiment de ligne { Le Vassor Sorval, colonel.
{ Jammes, lieutenant-colonel.

Artillerie........... { 12e batterie du 12e régiment.
{ 9e   *id.*   du 13e   *id.*

Génie. .... { 6e compagnie du 2e bataillon du 1er régi-
{ ment du génie.

Train des équipages.. 2e compagnie du 3e escadron.

DIVISION DE CAVALERIE.

Commandant........ Desvaux, général de division.

Chef d'état-major..... Dupin, lieutenant-colonel.

Commandant de l'ar-
tillerie............ } N....

Sous-intendant....... N....

Prévôt............. N....

1re *Brigade.*

Commandant........ Genestet de Planhol, général de brigade.

5e régiment de hus- { De Montaigu, colonel.
sards.......... { Des Ondes, lieutenant-colonel.

1er régiment de chas- { De Salignac Fénélon, colonel.
seurs d'Afrique.. { Fénin, lieutenant-colonel.

2e *Brigade.*

Commandant........ De Forton, général de brigade.

2e régiment de chas- { De Brémond d'Ars, colonel.
seurs d'Afrique... { Buraud, lieutenant-colonel.

3e régiment de chas- { De Mézange, colonel.
seurs d'Afrique... { Francq, lieutenant-colonel.

Artillerie........... { 8e batterie du 16e régiment.
{ 11e   *id.*   du 8e   *id.*
{ 8e   *id.*   du 9e   *id.*
{ 17e   *id.*   principale du 5e régiment.

DEUXIÈME CORPS.

Commandant........ De Mac-Mahon, général de division.

Chef d'état-major gé-
néral............. } Lebrun, général.

Commandant de l'ar-
tillerie........... } Auger, général de brigade.

Commandant du génie. Lebaron, colonel.

Intendant.......... { Lebrun, sous-intendant de 1re classe, faisant fonctions d'intendant.

Prevôt............. { Beynaguet, chef d'escadron de gendarmerie.

1re DIVISION D'INFANTERIE.

Commandant........ De La Motterouge, général de division.

Chef d'état-major..... De Laveaucoupet, colonel.

Commandant de l'ar-
tillerie............ } N....

Commandant du génie. Humbert, chef de bataillon.

1re *Brigade.*

Commandant........ Lefèvre, général de brigade.

Régiment de tirail-
leurs algériens... { Archinard, colonel. Monfort, lieutenant-colonel.

45e régiment de ligne { Manuelle, colonel. Waubert de Genlis, lieutenant-colonel.

65e régiment de ligne { Drouhot, colonel. D'Argy, lieutenant-colonel.

2e *Brigade.*

Commandant........ Polhes, général de brigade.

70e régiment de ligne { Douay, colonel. Mennessier, lieutenant-colonel.

71e régiment de ligne { Duportal-Dugoasmeur, colonel. Zentz, lieutenant-colonel.

Artillerie........... { 12e batterie du 7e régiment. 11e *id.* du 11e *id.*

Génie. .... { 4e compagnie du 2e bataillon du 2e régiment du génie.

Train des équipages.. 2e compagnie du 5e escadron.

2ᵉ DIVISION D'INFANTERIE.

Commandant......... Espinasse, général de division.

Chef d'état-major...... Poulle, colonel.

Commandant de l'ar-⎫ N....
tillerie ....⎭

Commandant du génie. Gras, chef de bataillon.

Sous-intendant...... N....

Prévôt............. N....

1ʳᵉ *Brigade.*

Commandant. .... Gault, général de brigade.

11ᵉ bataillon de chas-⎫ Dumont, chef de bataillon.
seurs..........⎭

2ᵉ régiment de zoua-⎧ Tixier, colonel.
ves ....⎩ Gambier, lieutenant-colonel.

⎧ Castex, colonel.
72ᵉ régiment de ligne ⎨ Lejumeau de Kergaradec, lieutenant-co-
⎩   lonel.

2ᵉ *Brigade.*

Commandant......... De Castagny, général de brigade.

1ᵉʳ régiment étranger ⎰ Brayer, colonel.
⎱ Butet, lieutenant-colonel.

2ᵉ régiment étranger ⎰ De Chabrière, colonel.
⎱ Martinez, lieutenant-colonel.

Artillerie............ ⎰ 2ᵉ batterie du 9ᵉ régiment.
⎱ 13ᵉ —   du 13ᵉ —

Génie. .... ⎰ 2ᵉ compagnie du 2ᵉ bataillon du 1ᵉʳ ré-
⎱   giment.

Train des équipages... N....

BRIGADE DE CAVALERIE.

Commandant........ Gaudin de Villaine, général de brigade.

4ᵉ régiment de chas-⎰ De Montfort, colonel.
seurs..........⎱ D'Estienne de Lioux, lieutenant-colonel.

7ᵉ régiment de chas-⎰ Savaresse, colonel.
seurs.... ......⎱ De Maubranches, lieutenant-colonel.

Réserve d'artillerie...
- 11e batterie du 10e régiment.
- 14e — du 11e —
- 3e ét 6e batteries du 14e régiment.
- 16e batterie principale du 2e régiment.

TROISIÈME CORPS.

Commandant........ Maréchal Canrobert.

Chef d'état-major gé-néral............ } De Senneville, colonel.

Commandant de l'ar-tillerie............ { Courtois Roussel d'Hurbal, général de brigade.

Commandant du génie. Chauchard, général de brigade.

Intendant.......... Mallarmé, intendant militaire.

Prévôt............. **Arnaud de Saint-Sauveur.**

1re DIVISION D'INFANTERIE.

Commandant........ Renault, général de division.

Chef d'état-major.... Anselme, colonel.

Commandant de l'artil-lerie............. } Barbary de Langlade, chef d'escadron.

Commandant du génie. Jahan, chef de bataillon.

Sous-intendant...... Parmentier

Prévôt............. Cartry.

1re *Brigade.*

Commandant........ Picard, général de brigade.

8e bataillon de chas-seurs.......... } Merle, chef de bataillon.

23e régiment de ligne { Auzouy, colonel.
De Solignac, lieutenant-colonel.

90e régiment de ligne { Charlier, colonel.
Roudière, lieutenant-colonel.

2e *Brigade.*

Commandant........ Jannin, général de brigade.

56e régiment de ligne { Doens, colonel.
De Luxer, lieutenant-colonel.

41ᵉ régiment de ligne { Bourjade, colonel.
Paër, lieutenant-colonel.

Artillerie.......... { 9ᵉ batterie du 8ᵉ régiment.
11ᵉ — du 12ᵉ —

Génie............. { 3ᵉ compagnie du 1ᵉʳ bataillon du 2ᵉ régiment.

Train des équipages.. 1ʳᵉ compagnie du 4ᵉ escadron.

2ᵉ DIVISION D'INFANTERIE.

Commandant........ Trochu, général de division.
Chef d'état-major.... De Place, lieutenant-colonel.
Commandant de l'artillerie............. } N....
Commandant du génie. Rémond, chef de bataillon.
Sous-intendant....... N....
Prévôt............. N....

1ʳᵉ *Brigade.*

Commandant........ Bataille, général de brigade.
19ᵉ bataillon de chasseurs.......... } Le Tourneur, chef de bataillon.
43ᵉ régiment de ligne { Broutta, colonel.
Courbier, lieutenant-colonel.
44ᵉ régiment de ligne { Pierson, colonel.
Vendenheim, lieutenant-colonel.

2ᵉ *Brigade.*

Commandant........ Collineau, général de brigade.
64ᵉ régiment de ligne { De Jouenne d'Esgrigny, colonel.
Boris, lieutenant-colonel.
88ᵉ régiment de ligne { Sanglé-Ferrière, colonel.
Anthoine, lieutenant-colonel.
Artillerie.......... { 7ᵉ batterie du 7ᵉ régiment.
10ᵉ — du 8ᵉ —

Génie. . . . . { 5e compagnie du 1er bataillon du 3e ré-
                              giment.

Train des équipages. . 3e compagnie du 4e escadron.

3e DIVISION D'INFANTERIE.

Commandant. . . . . . . Bourbaki, général de division.

Chef d'état-major. . . . . Martenot de Cordoue, lieutenant-colonel.

Commandant de l'artil-
lerie. . . . . } N. . . .

Commandant du génie. Massu, chef de bataillon.

Sous-intendant. . . . . . N. . . .

Prévôt. . . . . N. . . .

1re *Brigade.*

Commandant. . . . . . . Vergé, général de brigade.

18e bataillon de chas-
seurs. . . . . } Avril de L'Enclos, chef de bataillon.

11e régiment de ligne { Gelly de Montcla, colonel.
                       { Vergnes, lieutenant-colonel.

14e régiment de ligne { Duplessis, colonel.
                       { Barry, lieutenant-colonel.

2e *Brigade.*

Commandant. . . . . Ducrot, général de brigade.

46e régiment de ligne { Blaise, colonel.
                       { Ponsard, lieutenant-colonel.

59e régiment de ligne { Hardy de La Largère, colonel.
                       { Esmieu, lieutenant-colonel.

Artillerie. . . . . { 7e batterie du 9e régiment.
                              { 12e   —   du 11e   —

Génie. . . . . { 1re compagnie du 1er bataillon du 2e ré-
                              giment.

Train des équipages. . . 1re compagnie du 2e escadron.

DIVISION DE CAVALERIE.

Commandant. . . . . . . Partouneaux, général de division.

Chef d'état-major.... De Gaujal, lieutenant-colonel.

Commandant de l'artil-
lerie............ } N....

Sous-intendant....... N....

Prévôt.............. N....

1re *Brigade.*

Commandant........ De Clérambault, général de brigade.

2e régiment de hus-
sards.......... { L'Huillier, colonel.
Le Bègue de Germiny, lieutenant-colonel.

7e régiment de hus-
sards.......... { De Lacombe, colonel.
Rufin, lieutenant-colonel.

2e *Brigade.*

Commandant .... { Dalmas de Lapérouse, général de brigade.

6e régiment de hus-
sards.......... { De Valabrègue, colonel.
Cousin, lieutenant-colonel.

8e régiment de hus-
sards.......... { De Fontenoy, colonel.
De Mathan, lieutenant-colonel.

Artillerie........... 6e batterie du 15e régiment.

Réserve d'artillerie... { 5e et 8e batteries du 7e régiment.
3e et 7e — du 17e —
17e batterie principale du 1er régiment.

QUATRIÈME CORPS.

Commandant........ Niel, général de division.

Chef d'état-major gé-
néral............ } Espivent de La Villeboisnet, colonel.

Commandant de l'artil-
lerie .... } Soleille, général de brigade.

Commandant du génie. Jourjon, colonel.

Intendant.......... Wolff, intendant militaire.

Prévot............. Potié, chef d'escadron de gendarmerie.

1ʳᵉ DIVISION D'INFANTERIE.

Commandant . . . . De Luzy de Pélissac, général de division.

Chef d'état-major. . . . . Pissis, colonel.

Commandant de l'ar-⎫
tillerie. . . . .⎬ N . . . .

Commandant du génie. Worms de Romilly chef de bataillon.

Sous-intendant. . . . . . . N . . . .

Prévôt. . . . . N . . . .

1ʳᵉ *Brigade.*

Commandant. . . . . Douay, général de brigade.

5ᵉ bataillon de chas-⎫
seurs. . . . .⎬ Thouvenin, chef de bataillon.

30ᵉ régiment de ligne ⎰ Lacroix, colonel.
                       ⎱ Guichard, lieutenant-colonel.

49ᵉ régiment de ligne ⎰ De Mallet, colonel.
                       ⎱ Longchamp, lieutenant-colonel.

2ᵉ *Brigade.*

Commandant . . . . Lenoble, général de brigade.

6ᵉ régiment de ligne ⎰ Dupin de Saint-André, colonel.
                      ⎱ De La Bastide, lieutenant-colonel.

8ᵉ régiment de ligne ⎰ Courson de La Villeneuve, colonel.
                      ⎱ De Neuchèze, lieutenant-colonel.

Artillerie. . . . . ⎰ 13ᵉ batterie du 12ᵉ régiment.
                                 ⎱ 7ᵉ   —   du 13ᵉ   —

Génie . . . . ⎰ 3ᵉ compagnie du 1ᵉʳ bataillon du 1ᵉʳ ré-
                                 ⎱ giment.

Train des équipages . . N . . . .

2ᵉ DIVISION D'INFANTERIE.

Commandant . . . . Vinoy, général de division.

Chef d'état-major. . . . . Osmont, colonel.

Commandant de l'artil-⎫
lerie. . . . .⎬ N . . . .

Commandant du génie. Coffyn, chef de bataillon.

Sous-intendant. . . . . . . N . . . .

Prévôt. . . . . N . . . .

1re *Brigade.*

Commandant........ De Martimprey, général de brigade.

6e bataillon de chas-
seurs........... { Fermier de La Provotais, chef de bataillon.

52e régiment de ligne { Capriol de Péchassaut, colonel.
Abbatucci, lieutenant-colonel.

73e régiment de ligne. { O'Malley, colonel.
Giraud, lieutenant-colonel.

2e *Brigade.*

Commandant........ De La Charrière, général de brigade.

85e régiment de ligne { Véron, dit Bellecourt, colonel.
Bigot, lieutenant-colonel.

86e régiment de ligne { De Bertier, colonel.
L'Ileriller, lieutenant-colonel.

Artillerie........... { 12e batterie du 8e régiment.
9e   —   du 9e   —

Génie............. { 7e compagnie du 2e bataillon du 3e régiment.

Train des équipages.. N....

3e DIVISION D'INFANTERIE.

Commandant........ De Failly, général de division.

Chef d'état-mjor..... De Rosières, colonel.

Commandant de l'ar-
tillerie............ } N....

Commandant du génie. Faissolle, chef de bataillon.

Sous-intendant...... N....

Prévôt............. N....

1re *Brigade.*

Commandant........ O'Farrell, général de brigade.

15e bataillon de chas-
seurs............. } Lion, chef de bataillon.

2e régiment de ligne { Lévy, colonel.
Campagnon, lieutenant-colonel.

53e régiment de ligne { Capin, colonel.
{ Gérard, lieutenant-colonel.

2e *Brigade.*

Commandant . . . . Saurin, général de brigade.

55e régiment de ligne { De Maleville, colonel.
{ Pinard, lieutenant-colonel.

76e régiment de ligne { Béchon de Caussade, colonel.
{ Ganteaume, lieutenant-colonel.

Artillerie . . . . { 7e batterie du 10e régiment.
{ 12e   —   du 13e   —

Génie . . . . { 3e compagnie du 2e bataillon du 3e ré-
{ giment.

Train des équipages . . N....

BRIGADE DE CAVALERIE.

Commandant . . . . Richepanse, général de brigade.

2e régiment de chas- { Lepic, colonel.
seurs . . . . { De Cotte, lieutenant-colonel.

10e régiment de chas- { Arbellot, colonel.
seurs . . . . { Amyot, lieutenant-colonel,

Réserve de cavalerie.. { 15e batterie du 12e régiment.
{ 10e   —   du 13e   —
{ 2e   —   du 15e   —
{ 5e   —   du 15e   —
{ 18e   —   principale du 3e.

CINQUIÈME CORPS.

Commandant . . . . S. A. I. le prince Napoléon.

Chef d'état-major gé- { De Beaufort d'Hautpoul, général de bri-
néral . . . . { gade.

Commandant de l'ar- } Fiereck, général de brigade.
tillerie . . . . }

Commandant du génie. Coffinières, général de brigade.

Intendant........... N....
Prévôt. .... N....

1re DIVISION D'INFANTERIE.

Commandant........ D'Autemarre, général de division.
Chef d'état-major .... Desusleau de Malroy, lieutenant-colonel
Commandant de l'ar-
tillerie. .... } N....
Commandant du génie. Fervel, chef de bataillon.
Sous-intendant. ...... N....
Prévôt............. N....

1re *Brigade.*

Commandant........ Neigre, général de brigade.
3e régiment de zoua- { De Chabron, colonel.
ves .... { Berger, lieutenant-colonel.
75e régiment de ligne { De Lestellet, colonel.
{ Thouvenin, lieutenant-colonel.
89e régiment de ligne { Pelletier de Montmarie, colonel.
{ De La Chaise, lieutenant-colonel.

2e *Brigade.*

Commandant........ Corréard, général de brigade.
93e régiment de ligne { Pissonnet de Bellefonds, colonel.
{ Mangin, lieutenant-colonel.
99e régiment de ligne { Gondallier de Tugny, colonel.
{ Compérat, lieutenant-colonel.
Artillerie............ ....
Génie .... { 2e compagnie du 1er bataillon du 2e re-
{ giment.
Train des équipages... ....

2e DIVISION D'INFANTERIE.

Commandant........ Uhrich, général de division.
Chef d'état-major..... Regnard, colonel.

I   26

Commandant de l'ar-⎱ N....
tillerie............⎰

Commandant du génie. De Courville, chef de bataillon.

Sous-intendant...... N....

Prévôt............. N....

1re *Brigade.*

Commandant........ Grandchamp, général de brigade.

14e bataillon de chas-⎱ Severin, chef de bataillon.
seurs...........⎰

18e régiment de ligne ⎰ D'Anterroches, colonel.
⎱ Melcion d'Arc, lieutenant-colonel

26e régiment de ligne ⎰ De Sorbiers, colonel.
⎱ De Latouche, lieutenant-colonel.

2e *Brigade.*

Commandant........ ⎰ Cauvin du Bourguet, général de bri-
⎱   gade.

80e régiment de ligne ⎰ Chardon de Chaumont, colonel.
⎱ Daix, lieutenant colonel.

82e régiment de ligne ⎰ Becquet de Sonnay, colonel.
⎱ Jeanningros, lieutenant-colonel.

Artillerie ....

Génie............. ⎰ 3e compagnie du 1er bataillon du 3e ré-
⎱   giment.

Train des équipages.. ....

BRIGADE DE CAVALERIE.

Commandant........ De Lapeyrouse, général de brigade.

III

Combat de Montebello.

*Rapport officiel de M. le général Forey, transmis par S. Exc.
le maréchal Baraguey-d'Hilliers à S. M. l'Empereur.*

Voghera, le 20 mai 1859, minuit.

Monsieur le maréchal,

J'ai l'honneur de vous rendre compte du combat que ma
division a livré aujourd'hui.

Averti à midi et demi qu'une forte colonne autrichienne,
avec du canon, avait occupé Casteggio et avait repoussé de
Montebello les grand'gardes de cavalerie piémontaise, je
me suis porté immédiatement aux avant-postes, sur la
route de Montebello, avec deux bataillons du 74ᵉ, destinés
à relever deux bataillons du 84ᵉ cantonnés sur cette route,
en avant de Voghera, à hauteur de la Madura.

Pendant ce temps, le reste de ma division prenait les
armes; une batterie d'artillerie (6ᵉ du 8ᵉ régiment) marchait
en tête.

Arrivé au pont jeté sur le ruisseau dit Fossazzo, extrême
limite de nos avant-postes, je fis mettre en batterie une
section d'artillerie, appuyée à droite et à gauche par deux
bataillons du 84ᵉ, bordant le ruisseau avec leurs tirailleurs.

Pendant ce temps, l'ennemi avait poussé de Montebello

sur Ginestrello, et ayant été informé qu'il se dirigeait sur
moi en deux colonnes, l'une par la grande route, l'autre
par la chaussée du chemin de fer, j'ordonnai au bataillon
de gauche du 74ᵉ de couvrir la chaussée à Cascina Nuova,
et à l'autre bataillon de se porter à droite de la route, en
arrière du 84ᵉ.

Ce mouvement était à peine terminé, qu'une vive fusillade
s'engageait sur toute la ligne entre nos tirailleurs et ceux
de l'ennemi qui marchait sur nous, soutenant ses tirailleurs par des têtes de colonne débouchant de Ginestrello.
L'artillerie ouvrit son feu sur elles avec succès; l'ennemi y
riposta.

J'ordonnai alors à ma droite de se porter en avant. L'ennemi se retira devant l'élan de nos troupes; mais, s'apercevant que je n'avais qu'un bataillon à la gauche de la
route, il dirigea contre lui une forte colonne. Grâce à la vigueur et à la fermeté de ce bataillon, commandé par le
colonel Cambriels, et à des charges heureuses de la cavalerie piémontaise, admirablement conduite par le général
de Sonnaz, les Autrichiens durent se retirer.

A ce moment, le général Blanchard, suivi du 98ᵉ et d'un
bataillon du 91ᵉ (les deux autres étaient restés à Oriolo, où
ils ont eu un engagement), me rejoignait et recevait l'ordre
d'aller relever le bataillon du 74ᵉ, chargé de défendre la
chaussée du chemin de fer et de s'établir fortement à Cascina Nuova.

Rassuré de ce côté, je poussai de nouveau ma droite en
avant, et m'emparai, non sans une résistance sérieuse, de
la position de Ginestrello. Jugeant alors qu'en suivant avec
le gros de l'infanterie la ligne des crêtes, et la route avec
mon artillerie protégée par la cavalerie piémontaise, je
m'emparerais plus facilement de Montebello, j'organisai
ainsi mes colonnes d'attaque sous les ordres du général
Beuret :

Le 17ᵉ bataillon de chasseurs, soutenu par le 84ᵉ et le 74ᵉ
disposés en échelons, s'élancèrent sur la partie sud de
Montebello, où l'ennemi s'était fortifié.

Il s'engagea alors un combat corps à corps dans les rues du village, qu'il fallut enlever maison par maison. C'est pendant ce combat que le général Beuret a été blessé mortellement à mes côtés.

Après une résistance opiniâtre, les Autrichiens durent céder devant l'élan de nos troupes, et, bien que vigoureusement retranchés dans le cimetière, ils se virent encore arracher à la baïonnette cette dernière position aux cris mille fois répétés de : Vive l'Empereur!

Il était alors six heures et demie; je jugeai qu'il était prudent de ne pas pousser plus loin le succès de la journée, et j'arrêtai mes troupes derrière le mouvement de terrain sur lequel est situé le cimetière, garnissant la crête avec quatre pièces de canon et de nombreux tirailleurs, qui refoulèrent les dernières colonnes autrichiennes dans Casteggio.

Peu de temps après, je vis les colonnes autrichiennes évacuer Casteggio, en y laissant une arrière-garde, et se retirer par la route de Casatisma.

Je ne saurais trop me louer, monsieur le maréchal, de l'entrain de nos troupes dans cette journée; tous, officiers, sous-officiers et soldats, ont rivalisé d'ardeur. Je n'oublierai pas non plus les officiers de mon état-major, qui m'ont parfaitement secondé.

J'aurai l'honneur de vous adresser ultérieurement les noms de ceux qui se sont le plus particulièrement distingués.

Je ne connais point encore le chiffre exact de nos pertes; elles sont nombreuses, surtout en officiers supérieurs, qui ont payé largement de leur personne. Je les évalue approximativement au chiffre de 600 à 700 hommes tués ou blessés.

Celles de l'ennemi ont dû être considérables, à en juger par le nombre des morts trouvés, surtout dans le village de Montebello.

Nous avons fait environ 200 prisonniers, parmi lesquels se trouvent un colonel et plusieurs officiers.

Plusieurs caissons d'artillerie sont également tombés en notre pouvoir.

Pour moi, monsieur le maréchal, je suis heureux que ma division ait été la première engagée avec l'ennemi. Ce glorieux baptême, qui réveille un des beaux noms de l'Empire, marquera, je l'espère, une de ces étapes signalées dans l'ordre de l'Empereur.

Je suis avec respect, monsieur le maréchal, votre très-humble et très-obéissant serviteur,

Le général commandant la 1re division du 1er corps,

FOREY.

P. S. D'après les renseignements qui me viennent de tous côtés, les forces de l'ennemi ne sauraient être au-dessous de 15 à 18 000 hommes; et, si j'en croyais les rapports des prisonniers, elles dépasseraient de beaucoup ce chiffre.

IV

Combat de Palestro.

Rapport envoyé au Ministère de la guerre.

Palestro, le 31 mai.

Vers les neuf heures du matin, le 3e régiment de zouaves venait d'établir son bivouac sur la droite de ce village et sur la rive droite du canal *della Calcina*, ayant devant lui cet obstacle, lorsque quelques coups de canon, suivis d'une fusillade assez vive, engagée avec des bersagliers et autres troupes sardes déployées devant le 3e zouaves en tirailleurs, annoncèrent l'approche de l'ennemi. Le colonel fit prendre les armes à son régiment et le porta à environ 500 mètres sur sa droite, du côté où la fusillade était le plus vivement engagée.

Les Autrichiens, qui avaient pris l'offensive, s'avancèrent rapidement.

On fit d'abord déployer quatre compagnies en tirailleurs dans les blés qui couvraient les hommes, et le régiment fut formé en colonne d'attaque.

La fusillade s'engagea aussitôt très-vivement. En ce moment, le colonel s'aperçut qu'une forte colonne, appuyée par de l'artillerie, cherchait à tourner la position, ainsi que le village même de Palestro.

Il lança alors tout le régiment contre les masses ennemies.

Après avoir franchi rapidement le canal qui était en avant d'eux, profond d'un mètre environ, les zouaves abordèrent résolûment l'ennemi à la baïonnette, et enlevèrent de suite trois pièces de canon, qui leur avaient fait essuyer un feu meurtrier.

En voyant les zouaves sur les hauteurs où étaient les pièces, l'ennemi s'enfuit en désordre. Deux autres pièces de canon, qu'il avait en arrière, furent enlevées comme les premières.

De là, la colonne d'attaque s'élança sur le gros de l'ennemi, dans la direction du pont de Confienza sur la rivière de la Busca.

Ce pont était fortement défendu par deux pièces d'artillerie.

Les Autrichiens, qui avaient imprudemment engagé une partie de leurs masses en avant de cette rivière, furent violemment refoulés par le choc impétueux de nos hommes ; ils furent presque tous anéantis, dans l'impossibilité où ils s'étaient mis d'effectuer leur retraite.

Plus de 600 restèrent prisonniers entre nos mains ; un grand nombre, que l'on peut évaluer à 800, se noyèrent en cherchant à passer la rivière de la Busca. Beaucoup d'autres furent tués sur place.

Quoique le pont de la Busca fût obstrué par deux pièces de canon et les chevaux attelés à ces pièces (trois étaient tués), le colonel fit passer des hommes sur l'autre rive, et, après en avoir formé une colonne assez forte, il continua son mouvement en avant.

L'ennemi, soutenu par ses réserves, continua sa retraite en bon ordre, en nous abandonnant encore deux pièces de canon.

Il fut poursuivi jusqu'à la rivière de Rizza-Biraza, au village de Robbio.

Là s'arrêta le mouvement en avant. L'ennemi, déjà éloigné, continuait à effectuer rapidement sa retraite.

Le 3e de zouaves a pris neuf canons, fait environ 700 prisonniers, dont 9 officiers.

De notre côté, les pertes ont été sensibles.

46 tués, dont un capitaine.

229 blessés, dont 15 officiers.

20 disparus (ces hommes ont roulé dans la rivière de la Rizza-Biraza en y précipitant lès Autrichiens).

V

Combat de Turbigo.

Rapport adressé à l'Empereur par le général de Mac-Mahon, commandant le 2e corps.

Au quartier général à Turbigo, le 3 juin.

Sire,

Ainsi que j'ai eu l'honneur d'en instruire Votre Majesté par un premier rapport que je lui ai adressé ce matin, l'ennemi a fait sauter le pont de San Martino hier, vers cinq heures du soir, en se retirant sur la rive gauche du Tessin.

Ce matin, à la pointe du jour, le général Espinasse s'est porté, avec une brigade, sur la tête de pont que les Autrichiens avaient abandonnée à son approche. Il y a trouvé trois obusiers, deux canons de campagne et plusieurs chariots de munitions.

D'après les ordres de Votre Majesté, le 2ᵉ corps a quitté Novare ce matin, à huit heures et demie, pour se porter sur Turbigo et y franchir le Tessin sur le pont qui y a été jeté la nuit dernière, sous la protection de la division des voltigeurs de la garde impériale.

Au moment de mon arrivée à Turbigo, j'ai trouvé une brigade de cette division sur la rive droite du Tessin, occupant le village et ses abords, de manière à nous assurer la libre possession du pont, et surveillant la vallée en aval du village.

L'autre brigade de la division Camou était sur la rive droite.

La tête de colonne de la 1ʳᵉ division du 2ᵉ corps franchissait le pont vers une heure et demie. Au moment où, m'étant porté en avant de Turbigo, je reconnaissais le terrain et que je visitais les hauteurs de Robecchetto pour y établir les troupes, je m'aperçus tout à coup que j'avais, à quelques 500 mètres de moi, une colonne autrichienne qui, paraissant venir de Buffalora, marchait sur Robecchetto avec l'intention évidente d'occuper ce village.

Robecchetto se trouve sur la rive gauche du Tessin, à l'est et à 2 kilomètres de Turbigo. C'est un village considérable, qui peut être aisément défendu, et qu'il serait incontestablement très-utile d'occuper fortement pour un corps ennemi qui viendrait de Milan ou de Magenta, avec l'intention de barrer le passage à Turbigo. Ce village est assis sur un vaste plateau horizontal qui domine de 15 à 20 mètres la vallée du Tessin. On y arrive, lorsqu'on sort de Turbigo, par deux chemins praticables à l'artillerie; l'un qui aboutit à l'une de ses rues par la partie sud du village, l'autre par la partie ouest.

Le chemin qui vient de Magenta et de Buffalora y pénètre

par la partie est. C'est ce dernier que suivait la colonne autrichienne.

J'ordonnai au général de La Motterouge, qui n'avait alors avec lui que le régiment des tirailleurs algériens, ses autres régiments étant encore sur la rive gauche de la rivière, de porter ses trois bataillons de tirailleurs sur Robecchetto, et de les disposer en trois colonnes d'attaque de la manière suivante :

Le 1er bataillon formant la droite, en colonne par division, précédé de deux compagnies de tirailleurs, destinées à se porter sur le village en l'attaquant par le sud ;

Le 3e bataillon formant la gauche, disposé de la même façon, destiné à pénétrer dans le village en l'attaquant par l'ouest ;

Le 2e bataillon, au centre et un peu en arrière des 1er et 3e, formant un échelon en réserve, prêt à appuyer les deux autres bataillons, était aussi disposé en colonne et précédé de tirailleurs.

Les trois colonnes, marchant à intervalle de déploiement, devaient, au commandement général, converger sur Robecchetto, et, en y pénétrant par la rue principale qui la traverse de l'ouest à l'est, chercher à le tourner aussi par la partie est, de manière à menacer la retraite de l'ennemi.

Pendant que le général de La Motterouge se mettait en mesure d'exécuter ces mouvements avec le régiment des tirailleurs algériens, je prenais moi-même les dispositions nécessaires pour faire arriver à lui les autres régiments de sa division. Le 45e de ligne, second régiment de la 1re brigade, recevait l'ordre de marcher dans les traces du régiment des tirailleurs algériens.

La 2e brigade, composée des 65e et 70e de ligne, recevait, un peu plus tard, l'ordre de se porter sur le village de Robecchetto par la route de Castano, afin de flanquer l'attaque convergente faite par les tirailleurs algériens.

Vers deux heures, le général de La Motterouge marchait avec ses trois bataillons sur Robecchetto, suivi d'une bat-

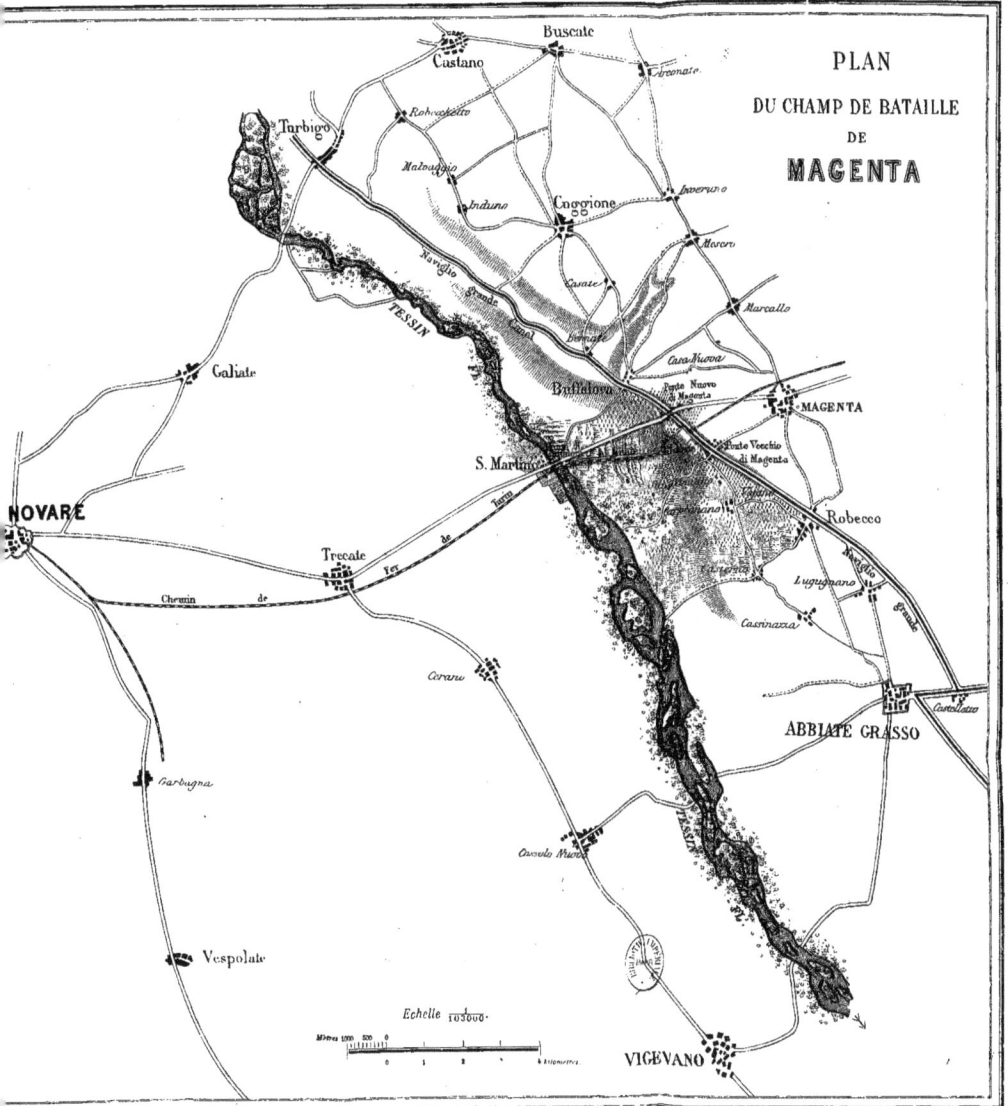

PLAN
DU CHAMP DE BATAILLE
DE
MAGENTA

terie de la réserve générale de l'armée, dirigée par le gé-. néral Auger en personne.

Les colonnes de tirailleurs algériens, enlevées avec la plus grande vigueur, à la voix du général de La Motte-rouge et à celle de leur colonel, marchèrent résolûment sur Robecchetto sans faire usage de leur feu.

Accueillis à l'entrée du village par une très-vive fusillade, nos tirailleurs se précipitèrent tête baissée sur les Autrichiens, qui en défendaient les abords. Dans l'intérieur du village seulement ils firent usage de leur feu, et puis aussitôt se précipitèrent à la baïonnette sur tous ceux qui essayaient de résister et de leur barrer le passage. En dix minutes, l'ennemi était délogé du village et en retraite sur la route par laquelle il était venu.

A la sortie du village, il voulut user de son artillerie et nous envoya une douzaine de coups à mitraille qui n'arrêtèrent en rien l'élan de nos soldats.

Notre artillerie riposta par des coups heureux qui ébranlèrent tout à fait les colonnes ennemies et les mirent alors dans une déroute complète.

Les tirailleurs les poursuivirent au pas de course jusqu'à 2 kilomètres en avant de Robecchetto, et en tuèrent un grand nombre.

Le général Auger, en faisant prendre à la batterie quatre positions successives et très-heureusement choisies, leur fit aussi beaucoup de mal.

C'est dans une de ces positions que le général Auger, croyant apercevoir dans les blés une pièce autrichienne ayant quelque peine à suivre le mouvement de retraite de l'ennemi, se précipita au galop sur elle et s'en empara. Près de la pièce, gisait à terre le commandant de la batterie, coupé en deux par un de nos boulets.

Pendant que ceci se passait vers Robecchetto, une tête de colonne de cavalerie autrichienne se présentait sur notre gauche, venant de Castano. Je portai un bataillon du 65e et deux pièces de canon à sa rencontre. Deux boulets suffirent pour la décider à se retirer précipitamment.

L'ennemi a éprouvé des pertes considérables. Le champ de bataille est couvert de ses morts et d'une quantité considérable d'effets de toute nature qu'il a laissés entre nos mains : effets de campement, sacs complets qu'il a jetés sur le lieu du combat pour fuir avec plus d'agilité. Nous avons ramassé des armes, carabines et fusils. Nous avons fait peu de prisonniers, ce qui s'explique par la nature du terrain sur lequel l'engagement a eu lieu.

De notre côté, nous avons eu un capitaine tué (M. Vaneechout), 4 officiers blessés, dont un colonel d'état-major (M. de Laveaucoupet), 7 soldats tués et 38 blessés, parmi lesquels quatre, m'a-t-on dit, des voltigeurs de la garde, qui a eu ses tirailleurs engagés avec l'ennemi en arrière de Robecchetto.

Je ne puis encore, Sire, donner à Votre Majesté des détails précis sur cette affaire, qui, une fois de plus depuis notre entrée en campagne, montre tout ce qu'elle peut attendre de nos braves soldats.

Je n'ai point encore reçu les rapports particuliers qui doivent signaler ceux qui se sont le plus particulièrement distingués. Tous ont fait bravement et dignement leur devoir ; mais je signalerai, dès à présent, à Votre Majesté, le général de La Motterouge, comme ayant fait preuve d'un élan irrésistible ; le général Auger, pour le fait que j'ai relaté plus haut et qui, aux termes de notre législation militaire, mérite une citation à l'ordre général de l'armée ; le colonel de Laveaucoupet, qui, en combattant corps à corps avec les tirailleurs autrichiens, a reçu un coup de baïonnette à la tête ; le colonel Laure, des tirailleurs algériens, pour l'impulsion intelligente avec laquelle il a conduit ses bataillons à l'ennemi.

Je suis avec le plus profond respect, Sire, de Votre Majesté, le très-humble, très-obéissant et très-fidèle sujet,

Le général de division commandant
en chef le 2ᵉ corps,

De Mac-Mahon.

VI

Passage du Tessin et bataille de Magenta.

Quartier général de San Martino, le 5 juin 1859.

L'armée française, réunie autour d'Alexandrie, avait devant elle de grands obstacles à vaincre. Si elle marchait sur Plaisance, elle avait à faire le siége de cette place et à s'ouvrir de vive force le passage du Pô, qui en cet endroit n'a pas moins de 900 mètres de largeur, et cette opération si difficile devait être exécutée en présence d'une armée ennemie de plus de 200 000 hommes.

Si l'Empereur passait le fleuve à Valenza, il trouvait l'ennemi concentré sur la rive gauche à Mortara, et il ne pouvait l'attaquer dans cette position que par des colonnes séparées, manœuvrant au milieu d'un pays coupé de canaux et de rizières. Il y avait donc des deux côtés un obstacle presque insurmontable : l'Empereur résolut de le tourner, et il donna le change aux Autrichiens en massant son armée sur la droite et en lui faisant occuper Casteggio et même Robbio sur la Trebia.

Le 31 mai, l'armée reçut l'ordre de marcher par la gauche, et franchit le Pô à Casale, dont le pont était resté en notre possession ; elle prit aussitôt la route de Verceil où le passage de la Sesia fut opéré pour protéger et couvrir notre marche rapide sur Novare. Les efforts de l'armée furent dirigés vers la droite sur Robbio, et deux combats glorieux pour les troupes sardes, livrés de ce côté, eurent encore pour effet de faire croire à l'ennemi que nous marchions sur Mortara. Mais pendant ce temps, l'armée française s'était portée vers Novare, et elle y avait pris position sur le même emplacement où dix ans auparavant le roi Charles-Albert avait combattu. Là, elle pouvait faire tête à l'ennemi, s'il se présentait.

Ainsi, cette marche hardie avait été protégée par 100 000 hommes campés sur notre flanc droit à Olengo, en avant de Novare. Dans ces circonstances, c'était donc à la réserve que l'Empereur devait confier l'exécution du mouvement qui se faisait en arrière de la ligne de bataille.

. Le 2 juin, une division de la garde impériale fut dirigée vers Turbigo, sur le Tessin, et, n'y trouvant aucune résistance, elle y jeta trois ponts.

L'Empereur, ayant recueilli des renseignements qui s'accordaient à lui faire connaître que l'ennemi se retirait sur la rive gauche du fleuve, fit passer le Tessin en cet endroit par le corps d'armée du général de Mac-Mahon, suivi le lendemain par une division de l'armée sarde.

Nos troupes avaient à peine pris position sur la rive lombarde, qu'elles y furent attaquées par un corps autrichien venu de Milan par le chemin de fer. Elles le repoussèrent victorieusement sous les yeux de l'Empereur.

Dans la même journée du 2 juin, la division Espinasse s'étant avancée sur la route de Novare à Milan jusqu'à Trecate, d'où elle menaçait la tête de pont de Buffalora, l'ennemi évacua précipitamment les retranchements qu'il avait établis sur ce point et se replia sur la rive gauche en faisant sauter le pont de pierre qui traverse le fleuve en cet endroit. Toutefois, l'effet de ses fourneaux de mine ne fut pas complet, et les deux arches de pont qu'il s'était proposé de renverser s'étant seulement affaissées sur elles-mêmes sans s'écrouler, le passage ne fut pas interrompu.

La journée du 4 avait été fixée par l'Empereur pour la prise de possession définitive de la rive gauche du Tessin. Le corps d'armée du général de Mac-Mahon, renforcé de la division des voltigeurs de la garde impériale et suivi de toute l'armée du roi de Sardaigne, devait se porter de Turbigo sur Buffalora et Magenta, tandis que la division des grenadiers de la garde impériale s'emparerait de la tête du pont de Buffalora sur la rive gauche, et que le corps d'ar-

mée du maréchal Canrobert s'avancerait sur la rive droite
pour passer le Tessin au même point.

L'exécution de ce plan d'opérations fut troublée par
quelques-uns de ces incidents avec lesquels il faut compter
à la guerre. L'armée du roi fut retardée dans son passage
de la rivière, et une seule de ses divisions put suivre d'assez loin le corps du général de Mac-Mahon.

La marche de la division Espinasse souffrait aussi des
retards, et, d'un autre côté, lorsque le corps du maréchal
Canrobert sortit de Novare pour rejoindre l'Empereur, qui
s'était porté de sa personne à la tête du pont de Buffalora,
ce corps trouva la route tellement encombrée qu'il ne put
arriver que fort tard au Tessin.

Telle était la situation des choses, et l'Empereur attendait, non sans anxiété, le signal de l'arrivée du corps du
général de Mac-Mahon à Buffalora, lorsque, vers les deux
heures, il entendit de ce côté une fusillade et une canonnade très-vives : le général arrivait.

C'était le moment de le soutenir en marchant vers Magenta. L'Empereur lança aussitôt la brigade de Wimpffen
contre les positions formidables occupées par les Autrichiens en avant du pont; la brigade Cler suivit le mouvement. Les hauteurs qui bordent le Naviglio (grand canal)
et le village de Buffalora furent promptement emportés par
l'élan de nos troupes; mais elles se trouvèrent alors en face
de masses considérables qu'elles ne purent enfoncer et qui
arrêtèrent leurs progrès.

Cependant le corps d'armée du maréchal Canrobert ne
se montrait point, et, d'un autre côté, la canonnade et la
fusillade qui avaient signalé l'arrivée du général de Mac-
Mahon avaient complétement cessé. La colonne du général avait-elle été repoussée, et la division des grenadiers
de la garde allait-elle avoir à soutenir, à elle seule, tout
l'effort de l'ennemi?

C'est ici le moment d'expliquer la manœuvre que les Autrichiens avaient faite. Lorsqu'ils eurent appris, dans la
nuit du 2 juin, que l'armée française avait surpris le pas-

sage du Tessin à Turbigo, ils avaient fait repasser rapidement ce fleuve, à Vigevano, par trois de leurs corps d'armée, qui brûlèrent les ponts derrière eux. Le 4 au matin, ils étaient devant l'Empereur au nombre de 125 000 hommes, et c'est contre ces forces si disproportionnées que la division des grenadiers de la garde, avec laquelle se trouvait l'Empereur, avait seule à lutter.

Dans cette circonstance critique, le général Regnaud de Saint-Jean-d'Angély fit preuve de la plus grande énergie, ainsi que les généraux qui commandaient sous ses ordres. Le général de division Mellinet eut deux chevaux tués sous lui; le général Cler tomba mortellement frappé; le général de Wimpffen fut blessé à la tête; les commandants Desmé et Maudhuy, des grenadiers de la garde, furent tués; les zouaves perdirent 200 hommes, et les grenadiers subirent des pertes non moins considérables.

Enfin, après une longue attente de quatre heures, pendant laquelle la division Mellinet soutint sans reculer les attaques de l'ennemi, la brigade Picard, le maréchal Canrobert en tête, arriva sur le lieu du combat. Peu après parut la division Vinoy, du corps du général Niel, que l'Empereur avait fait appeler, puis enfin les divisions Renault et Trochu, du corps du maréchal Canrobert.

En même temps, le canon du général de Mac-Mahon se faisait de nouveau entendre dans le lointain. Le corps du général, retardé dans sa marche, et moins nombreux qu'il n'aurait dû l'être, s'était avancé en deux colonnes sur Magenta et Buffalora.

L'ennemi ayant voulu se porter entre ces deux colonnes pour les couper, le général de Mac-Mahon avait rallié celle de droite sur celle de gauche, vers Magenta, et c'est ce qui explique comment le feu avait cessé, dès le début de l'action, du côté de Buffalora.

En effet, les Autrichiens, se voyant pressés sur leur front et sur leur gauche, avaient évacué le village de Buffalora et porté la plus grande partie de leurs forces contre le général de Mac-Mahon, en avant de Magenta. Le 45e de ligne s'élança avec intrépidité à l'attaque de la ferme de Cascina Nuova, qui précède le village, et qui était défendue par deux régiments hongrois. 1500 hommes de l'ennemi y déposèrent les armes, et le drapeau fut enlevé sur le cadavre du colonel. Cependant la division de La Motterouge se trouvait pressée par des forces considérables qui menaçaient de la séparer de la division Espinasse. Le général de Mac-Mahon avait disposé en seconde ligne les treize bataillons des voltigeurs de la garde, sous le commandement du brave général Camou, qui, se portant en première ligne, soutint au centre les efforts de l'ennemi et permit aux divisions de La Motterouge et Espinasse de reprendre vigoureusement l'offensive.

Dans ce moment d'attaque générale, le général Auger, commandant l'artillerie du 2e corps, fit mettre en batterie, sur la chaussée du chemin de fer, quarante bouches à feu, qui, prenant en flanc et d'écharpe les Autrichiens défilant en grand désordre, en firent un carnage affreux.

A Magenta, le combat fut terrible. L'ennemi défendit ce village avec acharnement. On sentait de part et d'autre que c'était là la clef de la position. Nos troupes s'en emparèrent maison par maison, en faisant subir aux Autrichiens des pertes énormes. Plus de 10 000 des leurs furent mis hors de combat, et le général de Mac-Mahon leur fit environ 5000 prisonniers, parmi lesquels un régiment tout entier, le 2e chasseurs à pied, commandé par le colonel Hauser. Mais le corps du général eut lui-même beaucoup à souffrir : 1500 hommes furent tués ou blessés. A l'attaque du village, le général Espinasse et son officier d'ordonnance, le lieutenant Froidefond, étaient tombés frappés à mort. Comme lui, à la tête de leurs troupes, étaient tombés les colonels Drouhot, du 65e de ligne, et de Chabrière, du 2e régiment étranger.

D'un autre côté, les divisions Vinoy et Renault faisaient des prodiges de valeur sous les ordres du maréchal Canrobert et du général Niel. La division Vinoy, partie de Novare dès le matin, arrivait à peine à Trecate, où elle de-

I   27

vait bivouaquer, quand elle fut appelée par l'Empereur. Elle marcha au pas de course jusqu'à Ponte di Magenta, en chassant l'ennemi des positions qu'il occupait et en lui faisant plus de 1000 prisonniers; mais, engagée avec des forces supérieures, elle eut à subir beaucoup de pertes : 11 officiers furent tués et 50 blessés; 650 sous-officiers et soldats furent mis hors de combat. Le 85ᵉ de ligne eut surtout à souffrir : le commandant Delort, de ce régiment, se fit bravement tuer à la tête de son bataillon, et les autres officiers supérieurs furent blessés. Le général de Martimprey fut atteint d'un coup de feu en conduisant sa brigade.

Les troupes du maréchal Canrobert firent aussi des pertes regrettables. Le colonel de Senneville, son chef d'état-major, fut tué à ses côtés; le colonel Charlier, du 90ᵉ, fut mortellement atteint de cinq coups de feu, et plusieurs officiers de la division Renault furent mis hors de combat, pendant que le village de Ponte di Magenta était pris et repris sept fois de suite.

Enfin, vers huit heures et demie du soir, l'armée française restait maîtresse du champ de bataille, et l'ennemi se retirait en laissant entre nos mains quatre canons, dont un pris par les grenadiers de la garde, deux drapeaux et 7000 prisonniers. On peut évaluer à 20 000 environ le nombre des Autrichiens mis hors de combat. On a trouvé sur le champ de bataille 12 000 fusils et 30 000 sacs.

Les corps autrichiens qui ont combattu contre nous, sont ceux de Klam-Gallas, Zobel, Schwartzemberg et Lichtenstein. Le feld-maréchal Giulay commandait en chef.

Ainsi, cinq jours après le départ d'Alexandrie, l'armée alliée avait livré trois combats, gagné une bataille, débarrassé le Piémont des Autrichiens et ouvert les portes de Milan. Depuis le combat de Montebello, l'armée autrichienne a perdu 25 000 hommes tués ou blessés, 10 000 prisonniers et 17 canons.

VII

Bataille de Magenta.

Rapport du général Regnaud de Saint-Jean-d'Angély, commandant en chef la garde impériale.

Au pont de San Martino, le 5 juin 1859.

Sire,

D'après les ordres de Votre Majesté, la 2ᵉ brigade de grenadiers de la garde, sous le commandement du général de Wimpffen, est partie de Trecate, le 4 juin à huit heures du matin, pour aller occuper la tête de pont de San Martino, qui se trouvait évacuée par les Autrichiens. Ceux-ci, en opérant leur retraite la veille, avaient tenté de faire sauter le pont du Tessin. Mais cette opération avait mal réussi; et, bien que deux arches fussent fortement endommagées, elles étaient cependant encore praticables aux fantassins et même à l'artillerie en faisant quelques réparations.

Les grenadiers traversèrent le pont et allèrent reconnaître la rive opposée, sur laquelle l'ennemi ne montrait que peu de forces.

A dix heures du matin, la brigade du général Cler, deux escadrons de chasseurs à cheval de la garde sous les ordres du général de Cassaignolles, trois batteries d'artillerie à pied, et deux batteries d'artillerie à cheval, se mirent en marche de Trecate pour se rendre à la tête de pont de San Martino, où les troupes arrivèrent à onze heures et demie.

A ce moment il y eut quelques coups de canon et de fusils échangés entre les Autrichiens et deux bataillons du général de Wimpffen, appuyés par une section d'artillerie à pied. Les tirailleurs autrichiens et quelques pièces qu'ils avaient montrées furent rejetés au delà du pont du Naviglio. Vers une heure de l'après-midi, j'ordonnai de cesser ce combat sans objet, et il n'y eut plus que de rares coups de fusil échangés entre nos grenadiers, qui s'étaient rapprochés du pont de San Martino, et les tirailleurs ennemis, qui avaient réoccupé leurs anciennes positions en avant du pont du Naviglio.

A une heure et demie, Votre Majesté entendit la canonnade engagée vers la droite de la position de l'ennemi, et en conclut que le corps d'armée du général de Mac-Mahon et la division de voltigeurs de la garde aux ordres du général Camou avaient exécuté leur mouvement tournant.

Laisser ce corps d'armée seul aux prises avec toutes les forces ennemies eût pu rendre plus difficile, ou même indécis, le résultat de l'attaque si bien combinée du général de Mac-Mahon. Afin de diviser l'attention et les forces de l'ennemi, Votre Majesté, connaissant la prochaine arrivée des corps du général Niel et du maréchal Canrobert, ordonna à la division de grenadiers de la garde, forte de moins de 5000 hommes, d'attaquer de front la position de l'ennemi.

Cette position forme un vaste demi-cercle de collines appuyant sa droite au village de Buffalora, son centre à Magenta et sa gauche à Robecco. Toute cette ligne est couverte par un canal large et profond, le Naviglio Grande, coulant à mi-côte, entre deux digues fort escarpées, et franchissables seulement sur trois ponts vis-à-vis les trois villages. En avant et en arrière du pont de Magenta, se trouvent quatre grandes maisons de granit (les bâtiments de la station et de la douane) ; ces maisons occupées par l'ennemi défendaient l'approche du canal et empêchaient ensuite de le franchir.

Le terrain à droite et à gauche de la grande route qui mène du pont de San Martino à celui de Magenta est coupé de fossés remplis d'eau et de rizières inondées qui rendaient très-difficile la marche de l'infanterie en dehors de la route. A gauche, une chaussée étroite conduit au pont de Buffalora; à droite, la levée du chemin de fer mène à celui de Robecco. Pour enlever cette formidable position, je fis attaquer à gauche le village de Buffalora par le 2ᵉ de grenadiers sous les ordres du colonel d'Alton, et je fis marcher à droite sur la chaussée du chemin de fer le 3ᵉ de grenadiers commandé par le colonel Metman. Le régiment de zouaves fut massé dans un pli de terrain près de la grande route, et mis à l'abri du feu de l'ennemi; la route elle-même, à hauteur des zouaves, fut occupée par deux pièces d'artillerie qui soutenaient avec avantage le feu de l'artillerie ennemie.

A droite, le 3ᵉ de grenadiers, dirigé par le général de Wimpffen, enleva à l'ennemi une redoute qui couvrait le pont de Robecco, le rejeta au delà du canal, et, grâce à la vigueur de ce régiment, tous les efforts faits par les Autrichiens pour reprendre ce poste important furent victorieusement repoussés pendant le reste de la journée.

Une fois ce poste enlevé, le lieutenant-colonel de Tryon, avec un bataillon du 3ᵉ grenadiers, se jeta rapidement à gauche et vint attaquer les deux premières maisons qui couvraient l'approche du pont de Magenta; après une vive fusillade, il parvint à s'en emparer, mais sa troupe était trop faible pour déboucher du pont, qui était vigoureusement défendu par des forces très-supérieures. Alors, les zouaves commandés par le colonel Guignard, et dirigés par le général Cler, appuyèrent l'attaque du 3ᵉ grenadiers, forcèrent le passage du pont, s'établirent dans la maison de droite et durent lutter quelque temps encore avant d'enlever la maison de gauche, d'où partait une fusillade meurtrière. Enfin, après une demi-heure d'un combat opiniâtre, ce poste fut enlevé de vive force, et rien ne s'opposa plus au libre passage du pont.

Peut-être eût-il été prudent de s'arrêter à ce succès et de se borner à la possession de cette sorte de tête de pont en attendant l'arrivée des corps d'armée du général Niel et du maréchal Canrobert ; cette mesure était d'autant plus nécessaire que le général de Mac-Mahon avait suspendu son attaque ; mais, entraînées par leur fougue habituelle, nos troupes, à peine fortes de trois bataillons, sortirent du poste qu'elles avaient conquis et se portèrent sur Magenta, centre de la position ennemie. Bientôt, elles se trouvèrent en présence de forces supérieures, et des colonnes ennemies, couvertes de tirailleurs, vinrent menacer leur droite et leur gauche. A ce moment, le général de Cassaignolles, à la tête de 110 chasseurs de la garde, chargea à plusieurs reprises et avec une remarquable énergie sur la gauche, et, malgré la difficulté du terrain planté d'arbres et de vignes, il parvint à sabrer les tirailleurs ennemis et à arrêter la marche offensive de ses colonnes.

Mais l'ennemi, favorisé par la nature du terrain peu praticable à la cavalerie, reprit bientôt l'offensive, et le faible détachement de chasseurs de la garde se retira entre les deux maisons qui forment la tête du pont de Magenta, où il fut bientôt rejoint par l'artillerie et l'infanterie, qui s'étaient portées sur le centre de la position ennemie.

Les deux fermes, à droite et à gauche du pont, furent fortement occupées par le 3ᵉ de grenadiers et les zouaves ; la cavalerie fut renvoyée au delà du pont.

Il était quatre heures du soir, l'ennemi se croyait victorieux.

Il importait au succès de la journée de conserver le débouché du pont sur le Naviglio, pour permettre aux corps d'armée du général Niel et du maréchal Canrobert d'aborder l'ennemi aussitôt qu'ils arriveraient.

Votre Majesté ordonna de défendre le poste avec la plus grande énergie, en attendant l'arrivée des renforts qui approchaient. Les ordres de Votre Majesté furent exécutés : les zouaves, les grenadiers du 3ᵉ, ainsi que ceux du 1ᵉʳ régiment, qui étaient venus les soutenir, résistèrent à toutes les attaques dans les postes qui leur étaient confiés.

Vers cinq heures du soir, la brigade Picard parut à portée du pont ; les grenadiers et les zouaves, reprenant alors l'offensive, s'élancent à la baïonnette, repoussent encore une fois l'ennemi vers Magenta, et assurent un libre débouché aux deux corps d'armée qui arrivaient. La division Vinoy, du corps Niel, entra alors en action. Les opérations du général Niel furent secondées par les feux de l'artillerie de la garde, dirigés avec habileté sur les réserves ennemies abritées derrière les villages de Castello, de Barsi et de Robecco.

Pendant les opérations dont je viens de rendre compte, le régiment du colonel d'Alton s'était emparé de Buffalora, vigoureusement défendu, et, secondé par le 73e de ligne du corps d'armée du général de Mac-Mahon, il s'y était maintenu jusqu'à la fin de la journée contre l'attaque de forces supérieures.

Tous les régiments de la division Mellinet, la cavalerie et l'artillerie, ont dignement fait leur devoir. Toutefois, l'enlèvement d'une position que l'art et la nature semblaient rendre inexpugnable, position défendue par des forces très-supérieures en nombre, n'a pu être obtenu qu'au prix de pertes considérables. Parmi les pertes les plus regrettables, je dois signaler à Votre Majesté celle du brave général Clerc, officier du plus grand mérite, qui a reçu la mort en menant les zouaves à la charge.

Dans l'attaque de Buffalora par le 2e de grenadiers, les commandants de Maudhuy et Desmé de Lisle ont trouvé une mort glorieuse; le général de Wimpffen, en conduisant l'attaque de droite, a été légèrement blessé à la figure.

Le général Mellinet, qui, pendant tout le cours de l'action, m'a secondé avec une rare valeur, a eu deux chevaux tués sous lui.

Je mettrai plus tard sous les yeux de Votre Majesté les noms des officiers qui se sont fait le plus remarquer et qui me paraissent plus particulièrement dignes de récompenses.

Bien que M. le général Lebœuf ne soit pas sous mon commandement, je manquerais à un devoir si je ne signalais pas l'énergique assistance que cet officier général m'a prêtée en dirigeant le feu de mon artillerie pendant le plus chaud de l'action. Son zèle seul l'amenait au milieu de nous : c'est un officier général qu'on est sûr de rencontrer partout où se présente le danger.

Le général commandant en chef la garde impériale,

REGNAUD DE SAINT-JEAN-D'ANGÉLY.

VIII

Bataille de Magenta.

Rapport du général de Mac-Mahon commandant en chef le 2ᵉ corps.

Au quartier général, à Magenta, le 6 juin.

Sire,

Hier j'ai eu l'honneur d'adresser à Votre Majesté un premier rapport succinct sur les opérations du 2ᵉ corps dans la journée du 4; je le complète ce matin, ayant reçu les rapports particuliers des commandants de division.

Conformément aux ordres de Votre Majesté, le 2ᵉ corps et la division des voltigeurs de la garde impériale ont quitté Turbigo, le 4, à dix heures du matin, pour se porter sur Magenta.

La première division du 2ᵉ corps (division de La Motte-rouge) est partie de Turbigo par Robechetto, Malvaggio, Casate et Buffalora, pendant que la division Espinasse se dirigeait sur le même point par Buscate, Inveruno, Mesero et Marcallo.

La division Camou, des voltigeurs de la garde, marchait

dans les traces de la division La Motterouge. Arrivé
à Cuggiono, je m'aperçus que la tête de cette division
(il était midi environ) avait l'ennemi devant elle à Casate.
Les renseignements que j'ai recueillis dans la journée
d'hier indiquent qu'il y avait sur ce point deux régiments
autrichiens.

Je les fis attaquer sur-le-champ par le régiment de tirailleurs algériens. Le village étant enlevé, ce régiment
s'établit à 200 mètres en avant. Je le fis arrêter sur ce
point et je fis déployer la 1re division, la droite à la Cascina Valizio, la gauche vers la Cascina Malastalla, pendant
que l'ennemi, de son côté, réunissait des forces à Buffalora
et à Cascina Guzzafame.

Il m'était démontré, par les dispositions que prenait l'ennemi, que j'allais avoir devant moi des forces considérables.

Pendant que la division La Motterouge formait sa ligne
de bataille, je faisais avancer la division de voltigeurs de
la garde en seconde ligne. Cette division était composée de
treize bataillons, ceux-ci par bataillons en masse, à intervalles de déploiement.

Sur ma gauche, je faisais dire au général Espinasse de
hâter son mouvement sur Mesero et Marcallo.

Vers deux heures, cet officier général m'informait qu'il
avait lui-même l'ennemi devant lui à Marcallo.

Je lui prescrivis aussitôt d'enlever ce village, puis de
s'établir, sa gauche appuyée à Marcallo, sa droite dans la
direction de Cascina Guzzafame. Dès que j'eus la certitude
que ces disposions préparatoires étaient achevées, je fis attaquer vigoureusement Buffalora par la division La Motterouge, soutenue par la division Camou.

La position de Buffalora, si les renseignements que j'ai
reçus sont exacts, se trouvait occupée par 15 000 Autrichiens, ayant en arrière d'eux, entre Buffalora et Magenta,
un corps de 20 000 hommes.

L'ennemi avait sur son front, devant le village de Buffalora, une forte batterie d'artillerie et une batterie de fuséens.

La position fut attaquée vigoureusement par le régiment de tirailleurs indigènes et le 45ᵉ de ligne, pendant que les grenadiers de la garde, débouchant par San Martino, attaquaient également Buffalora et obligeaient l'ennemi à battre en retraite vers Magenta.

Le village de Buffalora étant dépassé par mes troupes, je fis sur-le-champ un quart de conversion à gauche pour former une ligne de bataille appuyée, la droite au chemin de Buffalora à Magenta, la gauche à Cascina Nuova, se ralliant de ce côté avec la division Espinasse, vers Marcallo.

Dès que la division La Motterouge eut achevé de prendre son ordre de bataille, et que la division Camou eut débouché sur la gauche de Buffalora, je fis marcher directement toute la ligne sur Magenta, alors très-fortement occupé par l'ennemi.

A Cascina Nuova, le 45ᵉ de ligne s'engagea, avec la plus grande intrépidité, contre les forces qui s'étaient établies dans l'intérieur et autour de cette grande ferme. Deux régiments hongrois, qui défendaient cette position, furent obligés de céder à notre élan; 1500 hommes environ déposèrent les armes. Un drapeau fut enlevé par le 45ᵉ sur le cadavre du colonel d'un de ces régiments.

Le mouvement se prolongeant en avant vers Cascina Guzzafame, la division La Motterouge se trouva avoir devant elle des forces considérables qui manœuvraient dans l'intention évidente de s'opposer à la jonction de mes deux divisions et d'isoler complétement la division Espinasse.

En ce moment, je ralentis un peu le mouvement de la division La Motterouge, laissant seulement ses tirailleurs s'engager avec l'ennemi, afin de donner le temps aux bataillons de la division de se former en bon ordre, et aux treize bataillons de la division Camou de prendre également leur ligne de bataille à 200 mètres en arrière de la division La Motterouge.

Ceci fait, j'ordonnai au général de La Motterouge de faire effort sur Magenta et de faire prendre pour point de direction à tous ses bataillons le clocher de cette ville, en menaçant par son extrême droite, composée du 45ᵉ, la droite de l'ennemi.

Pendant ce temps, la division Espinasse, marchant de Marcallo par Cascina Medici, abordait l'ennemi par sa droite. Le mouvement convergent des deux divisions s'opéra avec un ensemble et un élan des plus remarquables. La division La Motterouge, se sentant appuyée par les voltigeurs de la garde, et ceux-ci ayant en avant une première ligne formée de régiments dont ils connaissaient toute l'ardeur, les deux troupes rivalisèrent d'entrain pour concourir au même but. L'acharnement de l'ennemi, dans Magenta, fut extrême. Des deux côtés, on sentait que Magenta était réellement la clef de la position. Dans ce mouvement d'attaque générale, le général Auger, commandant l'artillerie du 2ᵉ corps, avait suivi le mouvement de la division La Motterouge, établissant successivement les batteries de cette division et celles de la réserve sur la droite de ma ligne de bataille, afin de répondre vigoureusement à l'artillerie ennemie établie au débouché de la ville sur la route de Buffalora.

Vers sept heures, le gros des forces ennemies dessina son mouvement de retraite vers Robecco, Castellazo et Corbetta. Une partie s'engagea sur le chemin qui conduit de Magenta à Ponte di Magenta.

En ce moment, notre artillerie, avec quarante pièces en batterie sur le chemin de fer parallèle à la direction de la ligne de retraite de l'ennemi, put prendre en flanc et d'écharpe les colonnes autrichiennes qui défilaient de ce côté dans le plus grand désordre. Celles-ci durent éprouver des pertes considérables, reçues qu'elles étaient dans ce moment avec la plus grande vigueur par l'une des divisions du 4ᵉ corps, dont un des régiments, le 52ᵉ de ligne, avait concouru un instant à l'attaque de Magenta.

La ville de Magenta, tombée en notre pouvoir vers sept heures et demie, était encore en ce moment même remplie de nombreux détachements ennemis retranchés et barricadés dans toutes les maisons, se défendant avec intrépidité,

mais auxquels toute retraite était devenue impossible. A
huit heures, le feu cessa des deux côtés, et ces détachements
durent mettre bas les armes. L'attaque de la ville par la
division Espinasse, faite en même temps que celle de la division La Motterouge, fait le plus grand honneur aux régiments de la 2ᵉ division.

Le 2ᵉ de zouaves et le 2ᵉ étranger s'y sont fait remarquer
tout particulièrement.

Le champ de bataille entièrement couvert des cadavres
de l'ennemi, jonché de ses armes et de ses effets de toute
espèce, indique à la fois combien nos troupes ont été vigoureuses et combien les pertes de l'ennemi ont été grandes.

A l'heure qu'il est, j'estime à 5 ou 6000 le nombre des
prisonniers que j'ai fait diriger sur San Martino.

Il y a plus de 10 000 fusils sur le champ de bataille;
nos pertes, quoique sensibles, sont relativement peu considérables.

Le général Espinasse chargeant de sa personne à la tête
d'un de ses bataillons, est tombé mortellement frappé,
ainsi qu'un de ses officiers d'ordonnance, dans la ville de
Magenta.

Brillamment comme lui, à la tête de leurs troupes, sont
tombés les colonels Drouhot, du 65ᵉ de ligne, de Chabrière, du 2ᵉ régiment étranger.

Je ne dois pas omettre de signaler les services que nous
a rendus notre cavalerie dans cette journée. Elle a chargé
plusieurs fois la cavalerie ennemie, qui cherchait à s'engager dans les intervalles de nos colonnes.

Notamment, mon peloton d'escorte a chargé trois fois sur
des parties de uhlans. Nulle part la cavalerie autrichienne
n'a tenu devant la nôtre.

D'après les renseignements fournis par un officier d'ordonnance du général Jellachich, qui a été fait prisonnier, l'ennemi avait devant nous quatre corps d'armée de
30 000 hommes, chacun sur le papier, mais n'ayant, en
réalité, que 25 000 combattants.

Ces corps seraient ceux de Klam-Gallas, Lichtenstein,

Benedek et Zobel, commandés en chef par le feld-maréchal
Giulay.

Je n'ai pas besoin, Sire, de vous dire combien j'ai à me
féliciter de la vigueur et de l'énergie de toutes les troupes
que j'ai l'honneur de commander, à quelques armes qu'elles
appartiennent. J'y comprends, bien entendu, la division de
voltigeurs de la garde qui a été mise un instant sous mes
ordres, et dont le concours m'a été très-utile.

Si j'éprouve un regret, c'est de ne pouvoir dans ce rapport vous donner les noms des officiers et des soldats, en
très-grand nombre, qui méritent d'être mis à l'ordre de
l'armée.

Les officiers généraux, sans exception, sont tous dans
cette catégorie, et j'en puis dire autant de tous les chefs de
corps.

J'ai dirigé hier sur San Martino trois canons autrichiens
qui ont été enlevés à l'ennemi dans la journée du 4 juin.

Je suis avec le plus profond respect,

    Sire,

De Votre Majesté

Le très-humble et très-obéissant serviteur et sujet,

Le général commandant en chef le 2ᵉ corps,

DE MAC-MAHON.

IX

Bataille de Magenta.

*Rapport du maréchal Canrobert, commandant en chef
le 3ᵉ corps.*

Le maréchal commandant le 3ᵉ corps partit de Novare
le 4 juin; dès qu'il a eu passé le pont du Tessin (cinq heures du soir), et pris les ordres de l'Empereur, il s'est porté

rapidement sur le lieu du combat, où la brigade Picard, de la division Renault, arrivée à quatre heures du soir, s'était placée à la droite des grenadiers de la garde qui avaient enlevé avec tant de vaillance des positions vraiment formidables.

A l'arrivée du maréchal, la brigade Picard, aidée de quelques bataillons de la division Vinoy, avait déjà pris et repris plusieurs fois le village de Ponte di Magenta; mais la disposition du terrain qui s'étend entre ce village et la jetée du chemin de fer, présente un contre-fort très-rapproché de cette jetée, la dominant, et dont l'occupation était de ce côté une sorte de clef de position.

Le maréchal le fait occuper par plusieurs compagnies que placent M. le général Courtois d'Hurbal et M. le capitaine de Molènes, un de ses officiers d'ordonnance ; puis il prolonge sa marche jusqu'au village même de Ponte di Magenta, qui, après avoir été pris et repris trois fois, avait encore à être défendu une quatrième contre le retour des Autrichiens.

Le général Picard, le colonel Bellecourt, du 85e, et beaucoup d'officiers, qui donnent aux troupes l'exemple de l'entrain et de la ténacité dans l'entrain, le font reprendre de nouveau.

L'ennemi sentait l'importance de ce point, qui, s'il fût resté en son pouvoir, le menait sur le flanc même de notre ligne de communication avec le pont du Tessin. Cette circonstance explique sa ténacité dans les attaques successives et l'irrésistible entrain des nôtres dans les retours offensifs pour reprendre la position.

La brigade Jannin, ayant à sa tête le général Renault, avait enfin pu déboucher et se porter rapidement sur la ligne autrichienne, s'appuyant à Ponte di Magenta, dans la portion de ce village placée sur la rive gauche du canal Naviglio. Prise et reprise plusieurs fois, cette portion du village, isolée par le pont du Naviglio que l'ennemi avait fait sauter, reste en possession du général Renault, qui s'y établit définitivement.

La division Trochu, qui n'apparaît sur le théâtre de la lutte que vers huit heures du soir avec sa première brigade, s'établit dans le village de Ponte di Magenta et corrobore notre succès par une occupation des plus solides.

De grands éloges doivent être donnés à la troupe, qui, malgré sa faiblesse numérique, les fatigues d'une marche pénible, a constamment suivi l'exemple de ses chefs à tous les degrés de la hiérarchie, et chargé chaque fois énergiquement l'ennemi à la baïonnette.

Le succès a été glorieux, mais chèrement acheté : plus de 1100 hommes ont été frappés. Parmi les officiers tués, j'ai la douleur de citer M. le colonel de Senneville, mon chef d'état-major général, officier supérieur accompli; le colonel Charlier, du 90e, tué à la tête de ses soldats; le capitaine d'état-major Baligand, excellent officier, aide de camp de M. le général Jannin. Parmi les blessés se trouvent l'intendant Mallarmé, le colonel Auzouy, du 23e de ligne, le colonel d'état-major de Cornély, mon premier aide de camp, contusionné par la chute d'un cheval tué sous lui; le capitaine d'état-major Armand, l'un de mes aides de camp, blessé légèrement d'une balle au menton; le sous-lieutenant de Lostanges, atteint d'un léger coup de sabre à la tête.

Nous avons pris à l'ennemi plusieurs centaines de prisonniers, qui ont été immédiatement dirigés sur San Martino.

Tout porte à croire qu'en face de nous la perte de l'ennemi a été au moins triple de la nôtre.

M. le comte de Vimercati, officier piémontais, mis à ma disposition par l'Empereur, m'a été très-utile.

Le maréchal de France, commandant en chef
le 3e corps,

CANROBERT.

X

Bataille de Magenta.

Rapport du général Niel, commandant en chef le 4ᵉ corps

Au quartier général de Ponte di Magenta, 5 juin 1859.

Sire,

Je n'ai pu encore réunir tous les documents relatifs à la part que la division Vinoy, du 4ᵉ corps, a prise à la bataille qui a été livrée hier au débouché du pont du Tessin ; mais je pense que Votre Majesté lira avec intérêt le résumé des renseignements que j'ai déjà pu me procurer.

Au moment où elle venait de prendre son bivouac à Trecate, arrivant de Novare, la division Vinoy a été appelée par l'Empereur. La distance de Trecate à Ponte Nuovo di Magenta a été presque entièrement parcourue au pas de course, et j'ai eu à calmer plutôt qu'à exciter la rapidité de la marche. Il était temps que cette division arrivât. La grande supériorité des forces de l'ennemi faisait éprouver des pertes à la garde impériale, qui était vivement pressée dans ses positions. J'ai dû envoyer des renforts sur les points les plus menacés. Les troupes de la division, combattant par groupes de deux ou trois bataillons, ont été plusieurs fois dans des positions critiques. En ligne, nous étions menacés d'être percés ; et, quand nous formions des colonnes d'attaque, nous étions enveloppés.

L'ennemi a été chassé de toutes les positions que nous voulions occuper, qui sont restées jonchées de ses morts et de ses blessés. La 2ᵉ division a fait plus de 1000 prisonniers.

Un combat si vif a entraîné des pertes sensibles. D'après les rapports qui me sont arrivés jusqu'à ce moment, et qui sont bien près d'être exacts, la division Vinoy a eu 11 officiers tués et 50 blessés; le nombre de sous-officiers et soldats tués ou blessés est de 650. Le 85ᵉ est le corps qui a le plus souffert; le commandant Delord, de ce régiment, s'est fait bravement tuer à la tête de son bataillon, et tous les autres officiers supérieurs ont été mis hors de combat. Le général de Martimprey a été blessé à la tête de sa brigade.

J'aurai beaucoup d'actes de bravoure à faire connaître, mais je crois devoir signaler dès aujourd'hui à Votre Majesté la brillante conduite du général Vinoy. Il est impossible d'allier à un plus haut degré l'ardeur qui électrise le soldat et la présence d'esprit qui fait parer aux cas difficiles et imprévus.

Tout le monde, Sire, a bien fait son devoir dans la 2ᵉ division du 4ᵉ corps. On y était heureux de combattre sous les yeux de Votre Majesté.

Je suis avec le plus profond respect,
        Sire,
                De Votre Majesté,
        Le plus dévoué serviteur et sujet.

Le général de division aide de camp de l'Empereur,
        commandant le 4ᵉ corps.

                        NIEL.

XI

Bataille de Magenta.

Rapport du commandant de la 2ᵉ armée, feldzeugmestre comte Giulay, à l'empereur d'Autriche.

    Sire,

Je m'empresse de transmettre, avec le plus profond respect, à Votre Majesté, par le colonel Weiszirmmel, de l'é-

I

                                            28

tat-major général, un rapport sommaire sur la bataille de Magenta, et je le ferai suivre d'une description détaillée de cet événement glorieux pour les armes de Votre Majesté, bien que le succès n'ait pas couronné nos efforts.

Le 4 juin, à sept heures du matin, le lieutenant-feld-maréchal comte de Clam me fit savoir qu'avec environ 7000 hommes de son corps et le 2e corps il occupait la position de Magenta, et que de fortes masses ennemies s'avançaient vers cette tête de pont, que le même lieutenant-feld-maréchal avait abandonnée peu de jours auparavant, comme ne pouvant pas être défendue.

A l'heure où je reçus cet avis (huit heures un quart du matin), il y avait du 7e corps la division Reischach à Corbetto, le lieutenant-feld-maréchal Lillia à Castelletto, le 3e corps à Abbiate-Grasso, le 5e également en marche pour se rendre à Abbiate-Grasso, le 8e corps en marche de Binasco à Bestazzo, le 9e corps aux abords du Pô, au-dessous de Pavie. Je transmis aux corps l'ordre de se porter de suite encore plus en avant, et je dirigeai le 3e et le 5e corps d'armée sur le flanc droit de l'ennemi, en cas que l'ennemi dût réellement tenter une attaque en partant de San Martino. Il était déjà venu à ma connaissance, le jour précédent, que l'ennemi avait passé le Tessin à Turbigo.

C'était de ce côté que j'attendais son attaque principale. Auparavant déjà la division Gordon, du 1er corps, avait été envoyée à Turbigo : cependant elle avait dû s'en retirer en partie; et, plus tard, lorsque Buffalora fut perdu, elle dut également se retirer de là, parce que l'ennemi l'attaquait dans cette dernière position.

J'ordonnai au lieutenant-feld-maréchal comte Clam de défendre Magenta, et je fis hâter à tous les corps leur marche en avant.

A midi, l'ennemi commença l'attaque. Disposant de forces supérieures, il parvint à prendre la digue du Naviglio et Ponte di Magenta. Il fit à cette occasion des pertes énormes; cependant les digues et le terrain coupé lui permirent de s'établir dans cette position vers deux heures.

A cette heure-là, je m'étais rendu à Magenta avec mon état-major, et je prenais mes dispositions.

Au moment où la première ligne commençait à céder, la division du lieutenant-feld-maréchal baron Reischach reçut l'ordre de reprendre à l'ennemi Ponte di Magenta. Je me rendis à cheval à Robecco pour indiquer au 3e corps d'armée la direction du flanc droit de l'ennemi. Peu de temps après mon arrivée en cet endroit, on m'annonçait la reprise héroïque de Ponte di Magenta et la prise d'un canon rayé.

Sûres de la victoire, les colonnes du 3e corps se portèrent alors en avant, le général-major Ramming sur la rive orientale du Naviglio, la brigade Hartung entre le canal et Carpegnago, la brigade Dürfeld derrière les deux comme réserve.

Lorsque ces brigades s'avancèrent pour l'attaque, la division du lieutenant-feld-maréchal Reischach était aussi rejetée en arrière, bien que cette division, notamment la brigade du général-major Lebzeltern, qui précédait héroïquement le régiment d'infanterie *Empereur* dans une attaque contre Buffalora, ait repoussé vaillamment plusieurs assauts.

L'ennemi faisait constamment avancer en ligne des troupes fraîches ; l'apparition du 13e corps sur le flanc de l'armée alliée fit au commencement un très-bon effet. La brigade du général-major Hartung, appuyée par le général-major Dürfeld, s'élança plusieurs fois contre Ponte Vecchio di Magenta ; ce point fut pris, perdu, puis repris, et enfin il resta au pouvoir de l'ennemi. Des monceaux de cadavres témoignent de l'opiniâtreté dont on a fait preuve de part et d'autre dans cette lutte.

La brigade général-major Ramming, après plusieurs attaques du brave régiment *Roi des Belges* contre Robecco, dut aussi se retirer et s'arrêta devant cette localité. Vers le soir, le 5e corps arriva sur le champ de bataille ; la brigade prince de Hesse essaya en vain, bien que combattant avec une rare bravoure, de repousser l'ennemi, qui s'avançait vers Magenta. Magenta, qui était encore tenu par les troupes épuisées du lieutenant-feld-maréchal comte Clam et du lieutenant-feld-maréchal prince Lichtenstein, dut enfin être évacué devant les attaques d'un ennemi supérieur en nombre qui arrivait aussi du côté du nord. La division du lieutenant-feld-maréchal Lillia reçut alors l'ordre de se porter sur Corbetto, et d'occuper, comme réserve, ce point, par où devait s'effectuer la retraite.

Le soir étant venu, je fis aussi occuper fortement Robecco et tout préparer pour attaquer de nouveau le matin du 5. Les énormes pertes de l'ennemi permettaient aussi d'espérer qu'on le trouverait ébranlé, et la bravoure que nos troupes avaient montrée dans toutes les attaques permettait d'espérer que leur choc aurait culbuté l'ennemi.

Nous avions fait des prisonniers de presque tous les régiments de l'armée française; il semblait, en conséquence, qu'elle eût engagé ses dernières réserves, tandis que, de notre côté, nous avions encore le 5e et le 8e corps d'armée et une division du 3e qui n'avaient pas combattu; ces troupes pouvaient, arrivant toutes fraîches, peser d'un grand poids dans la balance. J'avais bien calculé tout cela, et je n'attendais plus, tout en achevant de prendre mes dispositions pour l'attaque, que d'avoir reçu l'avis que les troupes occupaient leurs positions, et le chiffre des pertes qu'elles avaient faites.

C'est à ce moment solennel que j'appris que les troupes du 1er et du 2e corps d'armée, qui avaient le plus souffert du premier choc de l'ennemi, s'étaient déjà portées en arrière, et qu'elles ne pourraient arriver sur le champ de bataille qu'en faisant une marche de nuit très-fatigante. Ces troupes s'étaient déjà remises en route dès trois heures du matin, de sorte qu'à l'heure où il m'eût été possible de les envoyer de nouveau en avant, elles opéraient déjà leur marche en arrière. Dans de telles circonstances, je dus chercher à maintenir intacts, pour couvrir les autres, les corps qui se trouvaient encore prêts à combattre; il me fallut ordonner la retraite.

Le 5, de bonne heure, le brave régiment d'infanterie grand-duc de Hesse attaqua encore une fois Ponte di Magenta, pour faciliter le mouvement de retraite. Ce fut, dit le lieutenant-feld-maréchal prince Schwarzenberg dans son rapport, le dernier effort d'un brave régiment qui, le jour précédent, avait eu 25 officiers blessés, avait perdu 1 officier d'état-major et 9 capitaines, sans jamais une seule fois hésiter à l'attaque ni plier dans la retraite.

L'ennemi fut laissé à Magenta, puis la retraite fut ordonnée. Je crois pouvoir dire en toute assurance que l'ennemi, malgré ses forces supérieures, a payé cher la possession de Magenta, et qu'il rendra à l'armée de Votre Majesté cette justice que ce n'est pas sans avoir soutenu une lutte héroïque qu'elle a cédé à une armée vaillante et supérieure en nombre.

Je ne suis pas en mesure de donner de plus grands détails sur le combat, attendu que, dans les conditions actuelles, je ne pourrais exiger de recevoir en temps utile les rapports des troupes. Je crois n'être pas loin de la vérité en fixant à 4 ou 5000 le chiffre de nos morts et de nos blessés, et l'ennemi en a certainement perdu moitié plus. Parmi les blessés se trouvent le lieutenant-feld-maréchal Reischach, blessé d'un coup de feu à la hanche, et les généraux Lebzeltern et Dürfeld, blessés tous deux au bras. Je ne manquerai pas, dès que j'aurai reçu les rapports des chefs de corps, d'envoyer à Votre Majesté une relation plus détaillée, et de lui donner les noms de ceux qui se sont particulièrement distingués.

Quartier général de Belgiojoso, le 6 juin 1859.

Feldzeugmestre GIULAY.

FIN DE LA PREMIÈRE PARTIE.

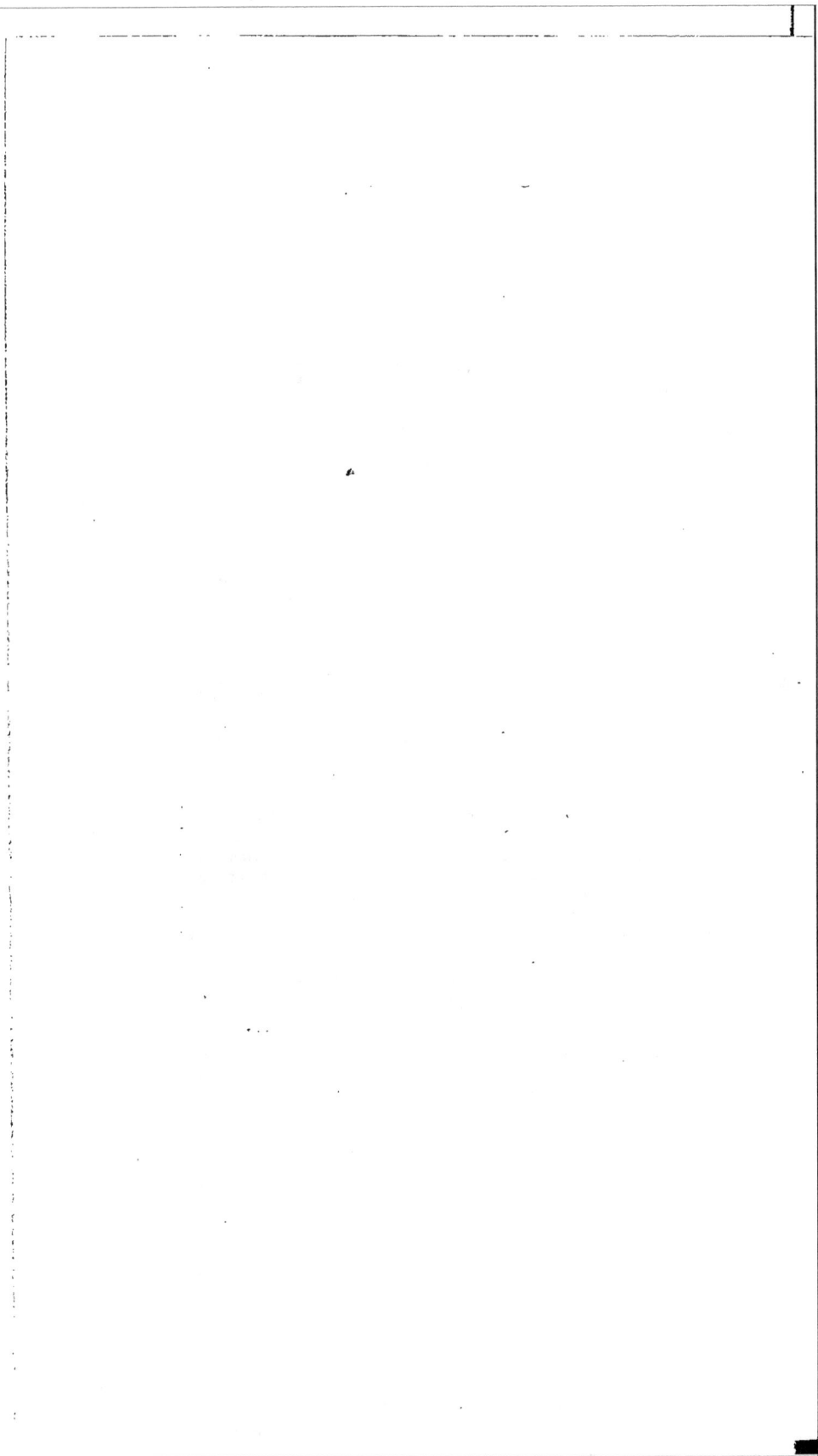

TABLE DES MATIÈRES

DE LA PREMIÈRE PARTIE.

CAUSES DE LA GUERRE D'ITALIE.

LIVRE PREMIER.

CHAPITRE PREMIER.

CHAPITRE II.

CHAPITRE III.

LIVRE II.

CHAPITRE PREMIER.

CHAPITRE II.

CHAPITRE III.

Le général *de La Motterouge* a un cheval tué sous lui. — Mort du colonel *Drouhot* et des lieutenants-colonels *Mennessier* et *de Beaumont*. — Leurs biographies. — Le général *Auger* dirige le feu de trente pièces sur le clocher du village. — Les colonnes autrichiennes sont débordées. — Le combat continue dans l'intérieur de la ville. — Magenta est en notre pouvoir. — L'ennemi est en pleine retraite. — Il est foudroyé par quarante pièces de canon placées par le général *Auger*.—A Ponte Nuovo, la garde a repris l'offensive.— Le général *Le Bœuf* foudroie les colonnes ennemies. — Efforts du général *Giulay* pour reprendre Ponte Vecchio. — Le général *Renault* occupe la partie gauche avec le général *Jannin*. — Le général *Vinoy* couvre la partie antérieure du village. — Le général *Niel* dirige ses troupes.— A droite du canal sont les colonels *Bellecourt* et *O'Malley*. — Le maréchal *Canrobert* anime ses troupes. — Le colonel *de Senneville* se multiplie. — Il est tué. — Sa biographie. — Le général *Trochu* arrive à Ponte Vecchio. — Il transporte le combat au delà du village et s'y établit. — Le général *Renault* fait rétablir le pont. — Le général *Vinoy* fait barricader le village. — Le combat cesse. — L'ennemi est en pleine retraite. — Campements de l'armée française sur le champ de bataille. — Le 5, simulacre d'attaque des Autrichiens pour couvrir la retraite de leur armée. — Le 4 au soir, l'Empereur établit son quartier général à San Martino. — Nuit du 4 au 5 juin. — Habitation de l'Empereur. — Le 6, le quartier général est porté à Magenta. — Passage de l'Empereur à travers son armée. — Enthousiasme des troupes. — Le général *de Mac-Mahon* est nommé maréchal de France et duc de Magenta. — Le général *Regnaud de Saint-Jean-d'Angély*, maréchal de France. — Leurs biographies. — Nos pertes dans la journée du 4 juin. — La nouvelle de la victoire est accueillie en France avec enthousiasme. — Lettre du ministre de l'instruction publique aux évêques. — Un *Te Deum* est chanté dans toutes les églises. — Liste nominative des officiers de tous grades tués à la bataille de Magenta avec leurs états de service...................................... 358 à 376

PIÈCES JUSTIFICATIVES.

FIN DE LA TABLE DE **LA PREMIÈRE PARTIE.**

Paris. — Imprimerie de Ch. Lahure et Cie, rue de Fleurus, **9.**

www.ingramcontent.com/pod-product-compliance
Lightning Source LLC
Chambersburg PA
CBHW070713280326
41926CB00087B/1897